Albrecht Müller

Meinungsmache

W0245429

Albrecht Müller

Meinungsmache

Wie Wirtschaft, Politik und Medien
uns das Denken abgewöhnen wollen

Droemer

Für Anke

Dank
Ein solches Buch kann nicht auf den Gedanken und Recherchen eines
Einzelnen gründen. Viele Anregungen und Informationen verdanke ich
Freunden und Gesprächspartnern. Wolfgang Lieb hat zwei Kapitel ge-
schrieben und ein drittes inspiriert. Das gesamte Team und viele Nutzer
von www.nachDenkSeiten.de haben interessante Informationen und Hin-
weise beigesteuert.
Herzlichen Dank.

Die Folie des Schutzumschlags sowie die Einschweißfolie sind
PE-Folien und biologisch abbaubar.
Dieses Buch wurde auf chlor- und säurefreiem Papier gedruckt.

Besuchen Sie uns im Internet:
www.droemer.de

Inhalt

* Autor dieses Kapitels ist Wolfgang Lieb

Vorbemerkung des Autors
zu unser aller Betroffenheit

Seit meiner Studienzeit beobachte ich das politische Geschehen und dabei insbesondere die Wege politischer Meinungsbildung und ihre Bedeutung für politische Entscheidungen. Als Student der Nationalökonomie habe ich mich damit beschäftigt, welche Wirkung Sprache in der Wirtschaftspolitik als Träger von Vorurteilen hat, und außerhalb meines Fachbereichs damit, welche Bedeutung der Propaganda beim Niedergang der Weimarer Republik zukam. Später musste ich beruflich die Wege der Meinungsmache beobachten und selbst – mit anderen zusammen – Strategien der Meinungsbeeinflussung entwickeln. Als Redenschreiber des Bundeswirtschaftsministers Karl Schiller in den Jahren 1968 und 1969, danach als Verantwortlicher für Willy Brandts Wahlkampf und dann als Leiter der Planungsabteilung im Bundeskanzleramt bei Brandt und Schmidt war ich ständig mit diesem Sujet befasst.

Ich bin also persönlich geprägt und beruflich vorbelastet, so könnte man sagen, ich bin sozusagen zu einem Spezialisten der Beobachtung von Meinungsbildung und zu einem Kenner der Meinungsbeeinflussung geworden. Ich habe solche Vorgänge nicht nur miterlebt, sondern aktiv mitgestaltet. Die Ostpolitik der Regierung Willy Brandt zum Beispiel hätte ohne eine eigene Öffentlichkeitsarbeit und die dahinterstehenden Strategien der Meinungsbildung gar nicht mehrheitsfähig werden können; Voraussetzung dafür waren Überlegungen zu den Prozessen der Meinungsbildung in einem Volk, das bis zum Mauerbau in Kategorien der Ost-West-Konfrontation und im Denken des Kalten Krieges verfangen war. Die Ostpolitik in den Köpfen und Herzen unseres Volkes zu verankern war eine der Hauptaufgaben Ende der sechziger und Anfang der siebziger Jahre, als ich für die Öffentlichkeitsarbeit der damaligen SPD und ihres Vorsitzenden, Bundeskanzler Brandt, verantwortlich war.

Immer wieder waren schon damals die Kämpfe um politische

Entscheidungen auch zugleich Kämpfe um die Meinungsführerschaft, also um die Prägung der öffentlichen Meinung und der veröffentlichten Meinung, also der Meinung unter Multiplikatoren, vor allem der Medien. Ausbau der Kernenergie? Kindergeld oder Kindersteuerfreibeträge? Steuersenkung oben oder unten? Gibt es eine Raketenlücke? Sind die SS-20-Raketen der Sowjetunion eine Bedrohung oder nicht? Nachrüstung ja oder nein? Wichtige politische Entscheidungen waren auch damals Gegenstand öffentlicher Debatten.

Später, Ende der siebziger und Anfang der achtziger Jahre, regte die von mir geleitete Planungsabteilung des Bundeskanzleramts beim damaligen Bundeskanzler Helmut Schmidt an, dass es um der Erhaltung der demokratischen Meinungsbildung willen wichtig sei, sich der Kommerzialisierung des Fernsehens und der Vermehrung der Programme zu widersetzen, sie jedenfalls nicht mit öffentlichen Finanzen zu fördern. Das zusammen mit Freunden initiierte Internetprojekt »www.NachDenkSeiten.de« setzt den Kampf um eine einigermaßen demokratische Willensbildung und um Aufklärung fort. »›NachDenkSeiten‹ wollen hinter die interessengebundenen Kampagnen der öffentlichen Meinungsbeeinflussung leuchten und systematisch betriebene Manipulationen aufdecken«, heißt es in der Begründung für den Start dieser kritischen Internetseite.

Wie auch immer – ich habe gelernt zu beobachten, welchen Einfluss Meinungsmache und Meinungsbildung auf politische Entscheidungen haben. Vor dem Hintergrund dieser Erfahrungen komme ich zu fünf Feststellungen:

Erstens: Meinung macht Politik. Die öffentliche Meinung ist oft maßgeblich für die politischen Entscheidungen.

Zweitens: In vielen Fällen bestimmt allein die *veröffentlichte* Meinung, also die von den tonangebenden Personen, Gruppen und Medien mehrheitlich vertretene Meinung, die politischen Entscheidungen.

Drittens: Meinung kann man machen. Das wissen auch jene, die zur Durchsetzung ihrer Interessen politische Entscheidungen bestimmen wollen.

Viertens: Wer über viel Geld und/oder publizistische Macht verfügt, kann die politischen Entscheidungen massiv beeinflussen. Die öffentliche Meinungsbildung ist zum Einfallstor für den politischen Einfluss der neoliberalen Ideologie und der damit verbundenen finanziellen und politischen Interessen geworden. In einer von Medien und Geld geprägten Gesellschaft ist das zum Problem der Mehrheit unseres Volkes geworden, zum Problem des sogenannten Mittelstands und vor allem der Arbeitnehmerschaft und der Gewerkschaften, denn diese Mehrheit und ihre Interessen werden zunehmend kaltgestellt. Das erklärt die breite und wachsende Kluft zwischen den Interessen der Mehrheit und den von oben eingeleiteten politischen Entscheidungen.

Fünftens: Die totale Manipulation ist möglich. Die gleichgerichtete Prägung des Denkens vieler Menschen ist möglich.

George Orwell schrieb in seinem Roman »1984«: »Und wenn alle anderen die von der Partei verbreitete Lüge glaubten – wenn alle Aufzeichnungen gleich lauteten –, dann ging die Lüge in die Geschichte ein und wurde Wahrheit.«

Wenn Sie diese Beobachtung von George Orwell gelegentlich zu Rate ziehen, werden Sie vieles, was um uns herum vorgeht, um vieles besser verstehen, als wenn Sie nach objektiven, in der Sache liegenden Erklärungen von für Sie rätselhaften Vorgängen suchen. Diese Mühe ist in der Regel nämlich müßig, denn das, was wir täglich hören und sehen und was uns als demokratisch gesonnene Staatsbürger häufig das Leben so schwer macht, sind in Wahrheit Mythen, Legenden und Lügen. Sie bestimmen in weitem Maß die öffentliche Debatte und damit auch die politischen Entscheidungen, die sich massiv auf unsere konkrete Lebenssituation am Arbeitsplatz, bei der sozialen Absicherung oder im Alter auswirken. Sie berühren und betreffen ganz unmittelbar unseren Alltag. Wenn Sie die Wirkung perfekter Meinungsmache durchschauen, dann werden Sie auch verstehen, dass wir als Steuerzahler so lautlos die Wettschulden derer bezahlen, die sich auf den internationalen Finanzmärkten verspekuliert haben und das Casino so weiterbetreiben, als wäre nichts geschehen.

Einführung

Jeder dritte Deutsche hat kein Vertrauen mehr in die demokratische Staatsform, in Ostdeutschland sind es sogar 53 Prozent.[1] Das hat Konsequenzen: Das Interesse an Politik schwindet. Die Wahlbeteiligung bei der letzten Landtagswahl in Sachsen-Anhalt 2006 lag bei 44,4 Prozent – und war die bisher niedrigste auf Bundes- und Landesebene. Der dann weiterregierende Ministerpräsident Wolfgang Böhmer (CDU) ist von gerade mal 15,7 Prozent der Wahlberechtigten gewählt worden. Auch bei anderen Wahlen geht es mit dem Interesse der Wähler bergab; im Januar 2009 in Hessen von 64,3 auf 61 Prozent und davor in Hamburg von 68,7 auf 63,5 Prozent, zur Wahl des Oberbürgermeisters in Kiel am 15. März 2009 gingen gerade mal 36,5 Prozent der Wahlberechtigten und zur Europawahl 2009 nur 43,3 Prozent. Ein Tiefpunkt. Fast überall gibt es historisch niedrige Wahlbeteiligungen.

Die meisten Parteien verlieren Mitglieder, zum Teil massiv. Die SPD ist von über einer Million auf weniger als die Hälfte geschrumpft, der CDU geht es nicht viel besser. Nur noch 34 Prozent sind zufrieden mit der Arbeit der Bundesregierung.[2] Immer mehr Bürgerinnen und Bürger wenden sich von der Politik ab.

Sie tun dies, weil sie sich ohnmächtig fühlen und weil sie die politischen Entscheidungen nicht mehr nachvollziehen können oder sogar als gegen sich gerichtet sehen. Das ist eine gefährliche Entwicklung, die den Nerv der demokratischen Kultur berührt. Ich will in diesem Buch einer wichtigen Ursache des Unbehagens und des Gefühls der Ohnmacht und der Resignation nachgehen: dem Zugriff mächtiger Personen und Gruppen auf das Denken und die Meinung anderer – auf das Denken und die Meinung der Mehrheit.

Wir alle sind auf den Austausch von Gedanken mit anderen Menschen angewiesen, in einer arbeitsteiligen Welt sowieso. Beim Erkennen und Bewerten von Sachverhalten orientieren wir uns an den Urteilen anderer. Das fängt im Alltag schon bei relativ einfachen Fragen an: Wir tauschen uns über die Qualität von Büchern und Kinofilmen aus. Wir fragen andere nach der Qualität der Schulen in unserem Umfeld, wenn die Einschulung unserer Kinder oder Enkel bevorsteht. Erst recht sind wir bei komplexeren Fragen auf das Urteil von Fachleuten und Instituten angewiesen, denen wir vertrauen: zum Beispiel wenn es um die Chancen oder Gefahren der Kernenergie geht, um die Gentechnik oder die Beurteilung wirtschaftlicher Zusammenhänge. Wollen wir zum Beispiel die Zinspolitik der Europäischen Zentralbank beurteilen, dann schaffen wir das kaum auf der Basis eigener Studien.

Nicht zu allem sich selbst ein Urteil bilden zu können und sich an anderen zu orientieren ist also gängige Praxis, ja sogar unumgänglich. Es ist auch ökonomisch sinnvoll, sich auf die Gedankenarbeit anderer zu verlassen. Dazu gibt es seit Menschengedenken Institutionen, die das Denken geprägt haben: Kirchen zum Beispiel und Hochschulen – von den alten Ägyptern über die Griechen bis zu den mittelalterlichen Universitäten.

Heute werden wir allerdings auf vielen Feldern und in schnellem Rhythmus zum Opfer von bewusst angelegten Kampagnen der Meinungsbeeinflussung. Diese Kampagnen werden systematisch und strategisch geplant. Hinter ihnen steckt oft der Einfluss starker Personen und Gruppen, die entdeckt haben, dass sie ihre Interessen in der Politik durchsetzen beziehungsweise absichern können oder ihrem Einwirken auf die politisch handelnden Personen Nachdruck und Legitimität verleihen können, wenn es ihnen gelingt, die Meinung der Medien, der Multiplikatoren und möglichst vieler Bürgerinnen und Bürger zu beeinflussen und so die politischen Entscheidungen zu prägen.

Durch gezielte Meinungsmache beherrschen heutzutage große Interessen mit teilweise feudalem Charakter das gesellschaftliche und politische Geschehen. Das geschieht in engem Schulterschluss mit der neoliberalen Bewegung, deren Glauben an die heilsame Wirkung von Privatisierung, Deregulierung, Entstaatlichung und Kommerzialisierung aller Lebensbereiche hierzulande mit gekonnter und gut organisierter Meinungsbeeinflussung in politische Entscheidungen umgesetzt wurde. Der Siegeszug der neoliberalen Ideologie wäre ohne begleitende massive Propaganda nicht möglich gewesen.

Umso erstaunlicher ist es, dass sich viele Menschen der Fremdbestimmung entziehen. So ist Umfragen zufolge eine große Mehrheit immer noch gegen die Auflösung der sozialen Sicherheit und für einen solidarischen Staat; eine große Mehrheit war gegen Hartz IV und gegen die Rente mit 67; und ist für die Einführung von Mindestlöhnen. Wir befinden uns also in einer Phase, wo die herrschende Politik und die Meinungsmacher bei wichtigen Fragen gegen einen beachtlichen Teil des Volkes stehen, manchmal sogar gegen die Mehrheit. Aber steter Tropfen höhlt den Stein. Darauf setzen die Meinungsführer.

Wie wir ganz konkret durch Meinungsmache manipuliert werden und wie damit Politik gemacht wird, das illustrieren die folgenden Beispiele. Das Muster ist stets dasselbe: Unser Vertrauen in Experten, in Wissenschaftler, in Medien und in politische Parteien wird missbraucht. Das fängt bei einfachen Dingen an – eine nur kleine wirtschaftliche Belebung wird von den als unabhängig geltenden Professoren zum Boom erklärt, und viele Menschen glauben das. Es wird behauptet, die Agenda 2010 sei ein Erfolg, der Generationenvertrag trage nicht mehr, Altersarmut sei unabwendbar, wenn man nicht privat vorsorge, und so weiter ... Und wir glauben mehr und mehr an diese Botschaften, weil fast alle dasselbe sagen und schreiben und senden. Es wird behauptet, die Finanzkrise komme aus Amerika und sei sozusagen überraschend über uns gekommen; es wird gesagt, wir müssten alle Banken retten, denn sie seien systemrelevant. Wir glauben es, weil die Verantwortlichen die Fakten über die hausgemachte Spekulation und die unseriösen Bankgeschäfte verschweigen und wir uns selbst nur schwer ein Urteil bilden können. Und auf der Basis dieser Meinungsmache zahlen wir Milliarden. Hunderte von Milliarden.

Man mutet uns auch die wendige Korrektur gemachter Meinungen zu. Jahrelang hat man uns erzählt, Konjunkturprogramme seien Strohfeuer. Neuerdings verabschieden die Erzähler selbst Konjunkturpakete. Immerhin ein Fortschritt. Aber das Werk von Wendehälsen.

Meinungsmache und Manipulation sind seit Jahrhunderten geläufige Erscheinungen. In jüngster Zeit jedoch entfalten diese Kampagnen eine zerstörerische Wirkung, wie sich an gravierenden Fällen belegen lässt: die Auslieferung unserer öffentlichen Universitäten an die Wirtschaft, die Zerstörung des Vertrauens in die sozialen Sicherheitssysteme, die bewusst betriebene Verarmung des Staates, die Kommerzialisierung und Privatisierung unserer Medien, der Verkehrssysteme und kommunaler Versorgungseinrichtungen. Gespielt, gezockt und geplündert wird aber nicht nur im öffentlichen Bereich, geplündert wird zu Lasten der betroffenen Arbeitnehmer und zu Lasten der Gemeinschaft auch im Bereich der privaten Unternehmen. Deutschland im Ausverkauf. Auch die Unfähigkeit zu einer wirksamen Wirtschafts- und Beschäftigungspolitik folgt aus der systematischen Irreführung des Publikums. Systematisch hat man auch versucht, uns beizubringen, die traumhaften Renditen und Boni der von nahezu allen Regeln befreiten Finanzwirtschaft kämen auf anständige Weise zusammen und seien deshalb erstrebenswert. Jetzt zahlen wir Steuerzahler die Zeche. Die neoliberale Ideologie erweist sich über weite Strecken als Instrument zur Bedienung privater Interessen zu Lasten der Allgemeinheit.

Nach gängiger politischer Theorie sollten wir vor der Bedrohung und dem Verlust unserer Gedankenfreiheit geschützt werden; das ist schon in Artikel 5 des Grundgesetzes niedergelegt, der das Grundrecht auf Meinungsfreiheit festschreibt. Bei dem Versuch, uns eine eigene und von der Sache und unseren Erfahrungen geprägte Meinung zu bilden, sollten wir unterstützt werden von den politischen Parteien und den Medien. Sie sollten als grundgesetzlich verbriefte Stützen einer sachlichen Meinungsbildung fungieren, doch über weite Strecken sind sie selbst zu einem Teil der Propaganda geworden. Viele Journalisten stehen unter massivem Druck, denn die Kommerzialisierung vor allem des Fernsehens und des Hörfunks und der Konzentrationsprozess in den Medien werden von Medienkonzernen und Sendern dazu benutzt, die personelle Ausstattung der Redaktionen immer weiter herunterzufahren und gleichzeitig nur noch Gefälliges zu bieten.

Hinzu kommt, dass den Medien und den Journalisten heute Public-Relations-Agenturen und ähnlich orientierte Beratungsunternehmen gegenüber- und zur Seite stehen, die über große finanzielle Mittel und über die organisatorische Kapazität zur Gleichschaltung der Meinung verfügen. Diese Public-Relations-Agenturen und die damit verbundenen Beratungsunternehmen sind die eigentlichen Produzenten der Meinungsmache. Ihre Macht über die Medien ist groß – Journalisten, die sich dem Mainstream widersetzen, müssen damit rechnen, isoliert zu werden.

Unsere Demokratie befindet sich am Rand ihrer Existenz. Wichtige Voraussetzungen für das Gedeihen demokratischer Willensbildungsprozesse sind nicht mehr gegeben. Vor allem wird uns keine wirkliche Alternative geboten, die Chancen hätte, die politische Macht zu erringen.

Mit der Lektüre dieses Buches wird Sie vermutlich nicht nur Zorn über den Missbrauch Ihres Vertrauens erfassen. Sie werden beim Lesen auch mehr und mehr spüren, dass es Lust bereitet, sich nichts vormachen zu lassen, selbst zu denken und seinen Gedanken wieder eine Stimme zu geben. Sie werden spüren, dass es guttut, wieder zweifeln zu lernen.

I. Der Boden, auf dem Meinungsmache gedeiht

Kapitel 1
Ein verbreitetes Gefühl der Ohnmacht

Vermutlich war die Stimmung der Bürgerinnen und Bürger noch nie so miserabel wie heute. Die politischen Entscheidungen erscheinen rätselhaft, schlecht und gegen das Volk gerichtet. In den siebziger Jahren konnte man in der Sozialforschung immer wieder das Phänomen beobachten, dass eine überwiegende Mehrheit der Menschen die allgemeine wirtschaftliche Lage kritisch sah, während gleichzeitig ein ähnlich hoher Prozentsatz mit der eigenen wirtschaftlichen Lage zufrieden war. Heute gibt es diese Wahrnehmungslücke, die sogenannte Angstlücke, nicht mehr. Heute hat die Unzufriedenheit und Unsicherheit über die allgemeine Lage bei vielen Menschen eine reale Basis in ihrer persönlichen Lebenssituation:

Die Masseneinkommen stagnieren seit nunmehr 15 Jahren; seit 1995 sind sie real um 0,9 Prozent gesunken, während gleichzeitig die Spitzengehälter und die Einkommen aus Gewinnen und Vermögen mit einer Steigerung um 36 Prozent explodierten.[3] Die Kluft zwischen den Bezügen der Manager und jenen der Mitarbeiter der Unternehmen ist maßlos gewachsen. Die Vorstände von DAX-Unternehmen verdienten 1987 im Durchschnitt 14-mal so viel wie die Beschäftigten, 2006 44-mal so viel.[4]

Vor allem diese Extreme sind es, die viele Menschen aufwühlen. Sie selbst müssen reale Verluste hinnehmen und gleichzeitig hören, dass die Einkommen der Vorstände der DAX-Unternehmen wieder zweistellig gewachsen sind. Um 650 Prozent sind sie in den letzten 20 Jahren gestiegen. Oder sie lesen, dass der Gründer des Hedgefonds Paulson & Co. im Jahr 2007 3,7 Milliarden Dollar verdient hat.[5] Ohne Experte zu sein, kann man wissen, dass diese Einkommen nicht vom Himmel fallen, sondern auf irgendeine Weise von anderen bezahlt werden müssen.

Wie es sich auswirkt, wenn oben zugelegt und unten weggenommen wird, kann man an der sogenannten Lohnquote ablesen. Die Lohnquote[6], der Anteil der Arbeitnehmereinkommen am Bruttoinlandsprodukt, ist von 69,8 Prozent im Jahr 1982 auf 62,3 Prozent im Jahr 2007 gesunken.[7] Damit liegt die Lohnquote um mehr als neun Punkte niedriger als Mitte der siebziger Jahre, als sie 1974 den Spitzenwert von 71,4 Prozent erreichte. Hinter dieser statistisch erfassten Verschiebung der Einkommensverteilung verbergen sich zutiefst ungerechte Verschiebungen der Lebenschancen. Das spüren viele Menschen, und das deprimiert und empört sie.

Besonders betroffen sind jene, die in den sogenannten Niedriglohnsektor abgewandert sind. 2006 gehörten schon gut 22 Prozent zu den »Niedriglöhnern«, 43 Prozent mehr als 1995. Der Anteil der Beschäftigten mit abgeschlossener Berufsausbildung ist in der gleichen Zeit von 58,6 Prozent auf 67,5 Prozent gestiegen, das heißt: Menschen ohne abgeschlossene Ausbildung werden zusehends ausgegrenzt. Vor allem jüngere, gering Qualifizierte, Frauen und Ausländer/-innen beziehen Niedriglöhne. Auch im internationalen Vergleich hat sich die Lage in Deutschland wesentlich verschlechtert.[8]

Während sich die Löhne auf der einen Seite und Gewinne und Vermögenseinkommen auf der anderen markant auseinanderentwickeln, ist die Produktivität der Arbeitnehmer stärker gestiegen als ihre Löhne. Dabei könnten die Löhne und Gehälter mindestens im Rahmen der Produktivitätsentwicklung steigen, ohne dass dies einen volkswirtschaftlichen Schaden zur Folge hätte. Realität ist aber, dass die Einkommen seit nunmehr mindestens 15 Jahren von der Steigerung der Produktivität der Arbeitnehmer abgekoppelt sind. Und wie zum Hohn wird von einigen Wissenschaftlern und Medienvertretern gefordert, die Löhne sollten weiter sinken.

Als Reaktion auf die Verschlechterung der Lebensbedingungen und auf den Versuch, diese Entwicklung auch noch als alternativlos darzustellen, wachsen Ohnmacht und Wut.

Vielen Menschen geht es noch schlechter. Sie sind arbeitslos. Oder sie werden in schlechte Jobs abgeschoben, entweder in

Minijobs oder in Leiharbeit. Viele müssen ein gesichertes Arbeitsverhältnis aufgeben, um dann für die gleiche Tätigkeit in einem prekären Arbeitsverhältnis wieder angeheuert zu werden – zu einem niedrigeren Lohn. Auch das wird von manchen als Fortschritt gefeiert. »Mehr Flexibilität«, heißt die Parole. Was »Mehr Flexibilität« praktisch heißt, erfahren die Leiharbeiter reihenweise in der Wirtschaftskrise. Sie werden als Erste entlassen. Was empfinden die Betroffenen, wenn ehemalige Minister wie Wolfgang Clement, die in ihrer Amtszeit die Leiharbeit gefördert haben, nach dem Abschied aus der Politik in die Dienste von großen Leiharbeitsfirmen eintreten und so von diesen labilen Arbeitsverhältnissen profitieren?[9]

Einige Politiker und Wissenschaftler haben schon vor zehn Jahren für den sogenannten Niedriglohnsektor zu werben begonnen. Und so sieht das Ergebnis aus: Minijobs, Ein-Euro-Jobs, 400-Euro-Jobs, Hartz-IV-Aufstocker – diese Entwicklung drückt auf das Lohnniveau auch jener Menschen, die noch in gesicherten Arbeitsverhältnissen stehen. Kein Wunder, dass die Armut zunimmt. Zugleich wächst die Sorge vor dem sozialen Abstieg. Das betrifft auch gut ausgebildete Menschen und Familien aus dem sogenannten Mittelstand. In den vergangenen 15 Jahren nahm die Zahl der Haushalte im mittleren Einkommensbereich um 14 Prozent ab.[10]

In einer Marktwirtschaft verschlechtert sich die Einkommensverteilung für die Mehrheit der Menschen, wenn die Verhandlungsmacht zwischen den Nachfragern nach Arbeit, den Arbeitnehmern, und den Anbietern von Arbeitsplätzen so ungleich verteilt ist wie in den letzten 20 Jahren. Das Sinken der Lohnquote zeigt das Ergebnis: Die Einkommensverteilung hat sich zu Lasten der Arbeitnehmer verschoben. In einer solchen Situation versucht die Politik normalerweise, die Verteilung über die Steuerpolitik ein bisschen zu korrigieren. Die verantwortlichen Politiker aber haben nach der Wahl vom September 2005 noch einen draufgesetzt und eine steuerliche Umverteilung zu Lasten der Schwächeren und der Mitte und zugunsten der Oberen betrieben: Nach der

schon vorher beschlossenen und umgesetzten Senkung des Spit-
zensteuersatzes und der Streichung der Vermögensteuer, die bereits zu Zeiten von Kanzler Helmut Kohl vorgenommen wurde,
folgten 2007 weitere Steuergeschenke an die Unternehmen. Zuvor wurden alle Normalverdiener und die Einkommensschwächeren – die Rentner, die Arbeitslosen, die Auszubildenden und
die Studenten – durch die Erhöhung der Mehrwertsteuer um drei
Punkte zusätzlich belastet. Auch dies mussten die Wählerinnen
und Wähler hinnehmen, obwohl sie in dieser Frage bei der Wahl
2005 betrogen worden sind.

Im Wahlkampf 2005 hatte die Union mit Angela Merkel als
Spitzenkandidatin eine Mehrwertsteuererhöhung um zwei Prozentpunkte gefordert, die SPD hatte sich dagegen mit einer Kampagne gegen die »Merkelsteuer« gewehrt. Nach der Wahl war
dann vom Widerstand gegen die Mehrwertsteuererhöhung keine
Rede mehr. Sie wurde sogar um drei Prozentpunkte erhöht.

Auch dieses Manöver mussten die Menschen hinnehmen, ohne
sich gegen den Betrug wehren zu können. Die Wahl war vorbei,
und weder die Opposition noch die Medien übten harte Kritik an
diesem Vorgang. Franz Müntefering setzte sogar noch einen
drauf. Laut »Tagesspiegel« vom 29. August 2006 sagte er: »Wir
werden als Koalition an dem gemessen, was in Wahlkämpfen
gesagt worden ist. Das ist unfair!«

Man lässt uns unsere Ohnmacht spüren. Im konkreten Fall
auch im Geldbeutel. Und nicht einmal die Medien artikulieren
mehrheitlich unsere Betroffenheit und unsere Gefühle, im Gegenteil. Nach jeder schlimmen Tat hebt ein Sturm der Meinungsmache an: Es gebe keine Alternative! Und viele Menschen glauben tatsächlich, dass es so ist.

Wir registrieren die Beliebigkeit und Verantwortungslosigkeit
der Regierenden. Sie sind zum Beispiel im Herbst 2007 fähig,
einen kleinen Aufschwung zum Boom aufzubauschen und diesen
vermeintlichen Erfolg den Reformen der Agenda 2010 zuzuschreiben. Und wenn es dann bergab geht wie im Frühjahr 2008,
ist die internationale Finanzkrise daran schuld. Ein Tross von
Meinungsmachern in den Medien, der Wissenschaft und den PR-

Agenturen macht diese beliebigen Deutungen in allen Wendungen kritiklos mit.

Die wirtschaftspolitische Kompetenz der herrschenden Kreise steht auf tönernen Füßen. Wo gibt es in Regierung und Opposition jemanden, der sich in der Makroökonomie wie auch in der Theorie der Marktwirtschaft auskennt? Statt Fachkenntnis herrschen Ideologie und Phrasen und Stereotype. Eichel, der Sparkommissar. Steinbrück, der gute Hausvater. Merz, der Wirtschaftsfachmann. Eine Bierdeckelsteuerreform als Kompetenznachweis.

In der Finanzkrise lässt man uns unsere Ohnmacht besonders hart spüren. Jahrelang hat man uns zum Beispiel Sparen gepredigt. Wenn es um Ausgaben für eine bessere Bildung und für ein gutes soziales Netz ging, dann wurde um jede Milliarde geknausert. Jetzt werden weit über 100 Milliarden für eine einzige Bank und nicht einmal eine große, für die Hypo Real Estate (HRE) in München, bereitgestellt. Und die Brandstifter gebärden sich als Feuerwehrleute. Unser stummer Protest prallt ab an einer wohlwollenden Medienbegleitung, die jeden Winkelzug nachvollzieht. Wir erleben so, dass das Grundelement der Demokratie außer Kraft gesetzt wird. Wer gravierende Fehler macht, muss nicht mehr mit der Sanktion der Abwahl rechnen, wenn er oder sie die mächtigen Medien auf die eigene Seite zu ziehen vermag.

Wir müssen mit ansehen, wie unsere soziale Sicherheit innerhalb weniger Jahre ruiniert wird. Wenn wir »Hartz IV« hören, denken wir vor allem an die direkt Betroffenen, an die schon arbeitslos Gewordenen. Hartz IV hat jedoch für nahezu alle, die noch Arbeit haben, gravierende Folgen: Ihnen wird nämlich signalisiert, dass sie im Falle der Arbeitslosigkeit ein Jahr (bei Älteren ein bisschen länger) Arbeitslosengeld I erhalten und dann auf das Niveau des Arbeitslosengeldes II entlassen werden. Damit hat dieses soziale Sicherungssystem die Funktion einer Versicherung verloren. Das widerspricht den berechtigten Erwartungen der meisten Menschen, die davon ausgegangen sind, dass die Arbeitslosenversicherung zwar nicht ewig trägt, aber dennoch den Charakter einer Versicherung hat, die sie finanziell zumindest so weit auffängt, dass sie sich einigermaßen in Ruhe einen neuen Job suchen können. Diese Sicherheit ist weg. Das prägt das Lebensgefühl der Menschen, und es prägt ihr Verhalten als Arbeitnehmer und als Gewerkschafter im Betrieb oder bei Tarifauseinandersetzungen.

Mit Hartz IV ist der Arbeitnehmerschaft der Schneid abgekauft worden. Das ist die eigentliche Funktion dieser Gesetze. Die Leute spüren ihre Ohnmacht; sie fühlen sich von diesem Staat unfair behandelt.

Obwohl alle Umfragen seit Jahrzehnten erkennen lassen, dass eine Mehrheit solidarische Lösungen bevorzugt, ist den meisten Menschen die soziale und solidarisch organisierte Sicherheit vor den Risiken des Älterwerdens und der Arbeitslosigkeit genommen worden. Offenkundig spielt der Wille des Volkes hier keine Rolle. Es entscheidet der Wille der Versicherungswirtschaft und der Banken.

Die Mehrheit des Volkes und die Mehrheit der Betroffenen sind auch dagegen, die Altersgrenze für den Renteneintritt auf 67 Jahre zu erhöhen. Fünfzigjährige werden in die Arbeitslosigkeit geschickt. Von den über Sechzigjährigen sind nur noch weniger als 20 Prozent in Arbeit.[11] Die anderen sind arbeitslos, ausgebrannt, krank oder im Vorruhestand – aus welchen Gründen auch immer. Jedenfalls gibt es wenig Arbeit für Menschen über 55, für die über 60 noch viel weniger und für über 65-jährige schon gar nicht. In dieser Situation das Renteneintrittsalter weiter zu erhöhen ist ein eindeutiges Signal zur Förderung der Privatvorsorge.

Wieder lässt man uns unsere Ohnmacht spüren. Logik und Lebenserfahrung, die Kosten, die Sicherheit und die Rendite – alles hätte dafür gesprochen, die gesetzliche Rente zu stabilisieren und auszubauen. Das Gegenteil geschieht, unfreiwillig subventioniert von den Steuerzahlern. Niemand hat uns gefragt, ob wir mit unseren Steuergeldern die Riesterförderung von Frau X. und Herrn Y. bezahlen wollen. Niemand hat den Geringverdiener, der sich nie im Leben ausreichend zu riestern wird leisten können, gefragt, ob er mit einer höheren Mehrwertsteuer die Riesterförderung der Besserverdienenden bezahlen will.

Wir erleben: Der Kommerz macht vor nichts halt – nicht vor der Versorgung von Kranken und Alten, nicht vor unseren Kindern, nicht vor der Schule. Ein Viertel der Schüler muss Nachhilfestunden nehmen, es ist ein Milliardenmarkt entstanden. Es ist das gleiche Bild wie an vielen anderen Stellen: Wenn der Staat seinen Aufgaben nicht nachkommt, weil ihm die Mittel genommen worden sind, macht die Privatwirtschaft Gewinne.

Wir sehen: Die Grundlinien der neoliberalen Ideologie und die daraus folgenden Forderungen und Rezepte – Privatisierung, Deregulierung und Entstaatlichung – werden gegen den erkennbaren Willen und das Interesse der Mehrheit durchgesetzt.

Die Mehrheit der Deutschen ist offensichtlich auch gegen die Privatisierung der Deutschen Bahn. Trotzdem würde dieses Projekt rücksichtslos durchgezogen – vermutlich weil Einzelne daran verdienen wollen –, hätte nicht die Finanzkrise zum vorläufigen Anhalten gezwungen.

Die Mehrheit der Menschen hat nichts davon, wenn die Wasserwerke und die kommunale Abfallwirtschaft, wenn Stadtwerke und Schulen, Hochschulen und Verwaltungen privatisiert oder teilprivatisiert werden. In den meisten Gemeinden und Kreisen, die solche Projekte verfolgen, werden die betroffenen Menschen nicht um ihre Meinung gefragt. In der Regel werden die zugrundeliegenden Verträge mit privaten Unternehmen nicht offengelegt. Was ist das für eine Demokratie? Da wird Volksvermögen verscherbelt, und wir erfahren nicht einmal, zu welchem Preis.

Bei wesentlichen Entscheidungen zur Gestaltung unserer Gesellschaft wird heute gegen den Willen des Volkes regiert. Nach Sinn und Zweck wird häufig gar nicht gefragt, sondern es werden irgendwelche von außen vorgegebenen Pläne umgesetzt, weil sie von angeblichen Experten empfohlen werden oder auch nur weil »Modernisierung« zu betreiben international Mode geworden ist.

Sind Sie gefragt worden, ob unsere Universitäten der Wirtschaft überantwortet werden und in den Kontrollgremien von niemandem gewählte Wirtschaftsmanager das Sagen haben sollen? Dabei sind doch Sie es, sind wir alle als Steuerzahler es, die die Universitäten finanzieren. Haben die Mitglieder der Parteien unter sich, auf regionalen Parteitagen oder mit uns als Bürgerinnen und Bürger darüber gesprochen, ob wir es für gut und sinnvoll halten, Studiengebühren einzuführen? Gab es eine öffentliche Debatte darüber, ob Sie und unsere Jugend Studienabschlüsse in Form der angelsächsischen Bachelor- und Master-Abschlüsse wollen? Ist das wirklich eine Verbesserung, oder war unsere Form des Studiums und der Abschlüsse mit Diplomen und Staatsexamen besser? Zwingt uns die internationale Vergleichbarkeit zu dieser Lösung? Öffentliches Thema waren alle diese Fragen nicht.

In den Parteien und meist auch in den Parlamenten gibt es keine Auseinandersetzung mehr darüber. Gerade in der Hochschulpolitik liegt das daran, dass einflussreiche Meinungsmacher wie die Bertelsmann Stiftung über Jahre hinweg für Studiengebühren und für die unternehmerische Hochschule getrommelt haben. Meinungsmache von außen hat die innere Willensbildung in unserem Volk ersetzt.

Sicher, man könnte einwenden, dass wir in einer parlamentarischen Demokratie leben. Wir wollen diesen Hinweis auch ernst nehmen. In vielen Fällen ist es gut, dass wir den Filter des Parlaments haben. Doch damit kann auch Missbrauch betrieben werden: In einer parlamentarischen Demokratie zu leben darf nicht dazu führen, dass die gewählten Personen sich einer Ideologie verpflichtet fühlen, die den Interessen der Bevölkerung entgegensteht. Dieser grundlegende Widerstreit zwischen den grundlegenden Vorstellungen der Mehrheit der Menschen und der angeblich alternativlosen Grundlinie der neoliberalen Bewegung ist zu einem ernsthaften Problem geworden. Praktisch ist die herrschende neoliberale Ideologie nicht zu versöhnen mit den Vorstellungen der Mehrheit von einer einigermaßen solidarisch gestalteten Gesellschaft.

Wir könnten besser miteinander auskommen, besser leben, solidarischer und auch effizienter sein, wenn uns die Ideologie der neoliberalen Bewegung nicht so im Griff hätte – Privatisierung, Deregulierung, Kommerzialisierung aller Lebensbereiche, Markt und Wettbewerb auch da, wo diese Prinzipien nichts zu suchen haben. Unsere Ohnmacht ist nicht gottgegeben. Sie ist das Ergebnis der politischen Vorherrschaft von Leuten, die nichts kennen außer ihrem Glaubensbekenntnis – und ihrem persönlichen Vorteil.

Unsere Eliten reagieren auf die Kluft, die zwischen ihrem Denken und ihren Absichten auf der einen Seite und dem erkennbaren Willen der Mehrheit der Menschen auf der anderen herrscht, auf zweierlei Weise:

Erstens: Sie versuchen einen Teil der Betroffenen in die politische Abstinenz abzudrängen. Das gelingt in beachtlichem Maße, wie sich am Niedergang der politischen Beteiligung zeigt.

Zweitens: Einen Teil der Betroffenen versuchen sie auf ihre Seite zu ziehen, indem sie Propaganda machen und die tatsächliche Kluft zwischen ihrer Ideologie und dem Widerstand der Menschen zu einem Vermittlungsproblem erklären. Und sie steigern sich in die durch keinerlei Fakten erschütterbare Gewissheit, das einzig Richtige zu tun, wie die Zukunft schon noch weisen werde.

So wird die Politik gegen die Interessen des Volkes zum Selbstzweck überhöht: »Für die Investoren ist entscheidend, dass es der Regierung gelungen ist, ein Projekt gegen die Mehrheit der Bevölkerung durchzusetzen«, erklärte Michael Hüther, Direktor des arbeitgebernahen Instituts der deutschen Wirtschaft, zur Verabschiedung der Erhöhung des Renteneintrittsalters auf 67 Jahre.[12] Gegen die Mehrheit der Bevölkerung Politik zu machen wird zur Tugend erklärt, und wer das kritisiert, wird des Populismus bezichtigt. Populisten sind dann alle, die den Wünschen des Volkes eine Stimme geben. Das kann sogar Politiker aus dem Lager der etablierten Parteien treffen wie Jürgen Rüttgers, den Ministerpräsidenten von Nordrhein-Westfalen, wenn diese sich ein soziales Image zu geben versuchen. Vor allem aber werden die Linken unter den Dauerverdacht des Populismus gestellt. Oskar Lafontaine ist solch ein dankbares Objekt, das in jeder zweiten Zeitungszeile als Watschenmann herhalten muss.

Dass die Forderungen nach einer faireren und gerechteren Gesellschaft immer mehr Menschen bewegen, so dass bereits von einem Linksruck gesprochen wurde, irritiert die herrschende Gruppe nur wenig. Unbeirrt bleiben sie bei dem altbewährten Erklärungsmuster: Die Menschen seien vom Populismus verführt und von der Schwierigkeit der Materie überfordert. Nicht die Sache an sich sei das Problem, es gebe lediglich ein Vermittlungsproblem, behaupten die Merkels, die Kauders, Schäubles, Steinmeiers, Müntefelings, Becks und Steinbrücks. Bundesfinanzminister Peer Steinbrück hat sogar ein Gutachten in Auftrag gegeben zur Erforschung der Reformwiderstände. Die Untersuchung mit dem Titel »Psychologie, Wachstum und Reformfähigkeit« wurde vom Zentrum für Europäische Wirtschaftsforschung in Mannheim (ZEW) zusammen mit Vertretern der Universität Salzburg und der Münchner Ludwig-Maximilians-Universität erstellt und befasst sich mit der Frage, warum die Reformpolitik von der Mehrheit der Bevölkerung nicht befürwortet wird.

Hier wird eines der Kernprobleme sichtbar: Die herrschenden Kreise reagieren auf die Ablehnung einer Serie von politischen Maßnahmen und auf die Ablehnung der politischen Grundlinie nicht mit Reflexion und Nachdenken, sondern mit Verachtung des Volkes. Sowohl um dem Willen der Mehrheit zu entsprechen wie auch aus der Sache heraus erscheint eine Kurskorrektur notwendig. Doch die Eliten in Politik und Wirtschaft machen stur weiter und vergeben lieber Forschungsaufträge, um ermitteln zu lassen, wie man das Volk rumkriegen kann. Die Steuerzahler bezahlen, was zu ihrer Manipulation entwickelt wird. Auf der Strecke bleibt der Glauben an die demokratische Verfassung.

Die heute tonangebenden »Eliten« stehen nicht auf dem Boden der freiheitlich demokratischen Grundordnung. Sie nehmen den Willen des Volkes nicht ernst und eine Reihe von Versprechen unseres Grundgesetzes auch nicht – das Demokratieversprechen nicht, das Sozialstaatsgebot nicht, das Gebot, Meinungspluralität zu sichern, nicht. Der Verfassungsschutz müsste sich mit diesen Meinungsmachern beschäftigen: mit den Matadoren der neoliberalen Bewegung, auch mit den Spitzen unseres Staates, mit der »Bild«-Zeitung, mit der Bertelsmann Stiftung, mit der Initiative Neue Soziale Marktwirtschaft und den vielen anderen Initiativen, die einzig der Agitation zugunsten mächtiger Einzelinteressen dienen.

Im Zusammenhang mit dem Versprechen der Sozialstaatlichkeit in Artikel 20 des Grundgesetzes wird ein Widerstandsrecht zugesagt:

Artikel 20 Grundgesetz

(1) Die Bundesrepublik Deutschland ist ein demokratischer und sozialer Bundesstaat.

(2) Alle Staatsgewalt geht vom Volke aus. Sie wird vom Volke in Wahlen und Abstimmungen und durch besondere Organe der Gesetzgebung, der vollziehenden Gewalt und der Rechtsprechung ausgeübt.

(3) Die Gesetzgebung ist an die verfassungsmäßige Ordnung, die vollziehende Gewalt und die Rechtsprechung sind an Gesetz und Recht gebunden.

(4) Gegen jeden, der es unternimmt, diese Ordnung zu beseitigen, haben alle Deutschen das Recht zum Widerstand, wenn andere Abhilfe nicht möglich ist.

Was hier leider nicht gesagt wird, ist, wie wir das anstellen sollen. Auch in klugen Kommentaren des Grundgesetzes ist keine praktische Handlungsanweisung zu finden. Also sind wir auf uns selbst gestellt. Die Möglichkeit zum Widerstand liegt unter Umständen genau da, wo die Herrschenden ansetzen, um die Mehrheit der von ihnen Drangsalierten auf ihre Seite zu ziehen: im Versuch, Einfluss zu nehmen auf die öffentliche Meinungsbildung, im Aufbau einer Gegenöffentlichkeit.

Kapitel 2
Meinungsbildung: Ideal und Wirklichkeit

In der Theorie funktioniert die demokratische Meinungsbildung wie folgt: Wir leben in einer parlamentarischen Demokratie, und nach Artikel 21 Absatz 1 des Grundgesetzes wirken Parteien an der Willensbildung des Volkes mit. Das Volk ist der Souverän, Volkes Wille steht über allem. Der Wille des Souveräns muss sich zu allen die Politik und den Staat betreffenden Fragen aber erst bilden. Hierbei mitzuwirken, dazu sind die Parteien durch das Grundgesetz ausdrücklich aufgerufen. In der modernen Massendemokratie gibt es weitere »Faktoren« und »Medien« der Meinungsbildung (wie das Bundesverfassungsgericht das nennt): unter anderem die Gerichte (als dritte Gewalt), die Medien (gerne auch vierte Gewalt genannt), außerdem gesellschaftliche Gruppen wie die Wissenschaft, die Verbände, die Kirchen und mehr oder weniger organisierte Interessen. Den im Zusammenwirken dieser Faktoren gebildeten Willen umsetzen sollen die von den Parteien ausgewählten und vom Volk gewählten Abgeordneten in der Volksvertretung, dem Parlament. Die Mehrheit der Parlamentarier wiederum wählt, kontrolliert und bestimmt die Regierung und entscheidet über die Politik der Exekutive. Anders als etwa in der Schweiz sind die Elemente direkter Demokratie in Deutschland nicht sehr ausgeprägt. Das Parlament hat nach den Vorstellungen des Grundgesetzes eine Vertretungs- und Filterfunktion. Stimmungen, Vorurteile oder gar der Volkszorn sollen nicht unmittelbar in politisches Handeln durchschlagen.

Das Kernelement der Willensbildung ist die Meinungsfreiheit. Und da die kollektive Meinungsbildung in einer Massendemokratie nicht mehr wie im alten Griechenland auf dem Marktplatz stattfinden kann, sind Presse- und Rundfunkfreiheit, die Freiheit von Kunst und Wissenschaft, die Freiheit, sich in Vereinen und Verbänden zusammenzuschließen, und vor allem auch die Koalitionsfreiheit, also der Zusammenschluss zu Gewerkschaften und

Arbeitgeberverbänden, wichtige Errungenschaften der Demokratie und des demokratischen Verfassungsstaats.

Die Mütter und Väter des Grundgesetzes haben nach den bitteren Erfahrungen mit der Rolle der Medien beim Niedergang der Weimarer Republik Wert darauf gelegt, dass es Meinungspluralität und damit unabhängige Medien gibt. Das postuliert Artikel 5 des Grundgesetzes.

Im Großen und Ganzen funktionierte die parlamentarische Demokratie in der Bundesrepublik Deutschland recht gut. Es gab eine einigermaßen pluralistische Meinungs- und Willensbildung, nicht perfekt, aber doch im Sinne des Grundgesetzes. Es gab Parteien, die für ihre unterschiedlichen Konzepte warben und sie in Wahlen zur Abstimmung stellten, es gab eine Vielzahl und vor allem auch eine gewisse Vielfalt der Medien, es gab eine zwar meist konservativ geprägte, aber unabhängige Wissenschaft, das Wort der Kirchen fand Gehör, Interessenverbände wurden als solche wahrgenommen und beurteilt, die Gewerkschaften waren mächtig genug, um der Arbeitgeberseite einigermaßen Paroli zu bieten. Insgesamt kein Glanzbild, aber besser als je zuvor – und besser als heute.

Es standen in der Geschichte der alten Bundesrepublik viele grundlegende Entscheidungen an, über die in der Gesellschaft heftig debattiert und gerungen wurde. Das gilt für die Westorientierung der Bundesrepublik unter Adenauer genauso wie für die neue Ostpolitik Willy Brandts. An diesem letzteren Wechsel des politischen Paradigmas lässt sich beispielhaft skizzieren, wie eine pluralistische Meinungsbildung funktioniert:

Schon in den fünfziger Jahren und dann insbesondere nach dem Bau der Mauer war einigen Verantwortlichen – namentlich Willy Brandt und Egon Bahr, Helmut Schmidt und Herbert Wehner in der SPD, Richard von Weizsäcker und Walter Scheel in CDU und FDP – klargeworden, dass mit der Westpolitik und der Westbindung allein die Frage der deutschen Einheit nicht zu lösen sein würde. Gleichzeitig gab es in den Parteien und außerhalb, zum Beispiel in Gewerkschaften und in den Kirchen, ein wachsendes Unbehagen an der Stagnation und Unbeweglichkeit der damals von der Union verantworteten Außen- und Deutschlandpolitik, vor allem an der Konfrontation von West und Ost.

Die Willensbildung für die neue Ostpolitik spielte sich innerhalb der gewählten Parlamente wie auch außerhalb ab – in den Parteien und Verbänden und gesellschaftlichen und privaten Zirkeln. In einigen Medien und Teilen der Parteien gab es damals heftige Gegenwehr gegen eine Neuorientierung. Die Debatte für eine Veränderung der bisherigen Linie war aber so virulent, dass ab 1966 auch auf der Ebene der Bundesregierung – damals eine große Koalition mit Kurt Georg Kiesinger als Bundeskanzler – die Weichen in Richtung einer neuen Politik gestellt werden konnten. Willy Brandt, den das Scheitern der Konfrontationspolitik seit den fünfziger Jahren umtrieb, war Außenminister geworden, die neue Linie war mit dem Koalitionspartner, der Union, grob ausgehandelt. Dort waren die Widerstände dennoch groß. Dass sich die Union später dann doch unter Schmerzen zu einer Veränderung ihrer politischen Linie durchrang, war auch von der öffentlichen Debatte in den Parteien, in den Kirchen, in konservativen Kreisen und in der Wirtschaft, die Interesse am Osthandel hatte, geprägt.

Doch dieser Paradigmenwechsel geschah nicht ohne Widerstände. Nach dem Kanzlerwechsel 1969 von Kiesinger (CDU) zu Brandt (SPD) gab es gerade wegen der Ost- und Reformpolitik einen massiven Versuch der Meinungsmache: Die Ostpolitik wurde umgedeutet in die Unterstellung, die Regierung Brandt wolle mit der Verständigung mit dem Osten auch den dortigen Sozialismus übernehmen. Doch trotz massiven Einsatzes finanzieller Mittel war diese Kampagne nicht erfolgreich; die damaligen Anhänger der sozialliberalen Koalition dominierten die Debatte inhaltlich, wobei auch ihre starke emotionale Beteiligung half, so dass sich dieser Versuch der Meinungsmache schließlich gegen die Verursacher selbst wendete.

Sowohl für die sicherheitspolitische Debatte wie auch für die beginnende Reformdebatte der sechziger und siebziger Jahre waren Impulse aus der Mitte der Gesellschaft, den Gewerkschaften, den Verbänden und Parteien wichtig. Die ungerechte Einkommens- und Vermögensverteilung, der Muff an den Hochschulen, die Undurchlässigkeit des Schulsystems, die skandalösen Spekulationsgewinne auf den Grundstücksmärkten, die ungelösten Probleme des modernen Städtebaus, die ökologische Belastung in Regionen wie dem Ruhrgebiet, ein verstaubtes Strafrecht und ein als inhuman erkannter Strafvollzug, eine einseitige Abtreibungsgesetzgebung, das Verdrängen der Nazivergangenheit durch die Älteren, die Gefahren kriegerischer Konflikte mit Atomwaffen und Raketen hochgerüsteter Gegner in Ost und West – dies und vieles mehr waren Themen von lebendigen Debatten in Studentenkreisen und Zirkeln von Wissenschaftlern, bei Gewerkschaften, in den Betrieben und in bildungsbürgerlichen Kreisen wie auf vielen Ebenen der Parteien, hier wiederum insbesondere der SPD, die bis Dezember 1966 auf Bundesebene in der Opposition geblieben war. Auch im konservativen Lager wurde in den sechziger und siebziger Jahren um Positionen etwa zur Ostpolitik oder zur Mitbestimmung gerungen.

In den Ortsvereinen und Kreisverbänden gab es damals inhaltliche Debatten auch jenseits der unmittelbar interessierenden Kommunalpolitik. Die Steuerreformkommission und die Bodenreformkommission der SPD zum Beispiel waren nicht zuerst von der Parteiführung angestoßen, sondern entsprachen dem Wunsch vieler Mitglieder.

In der FDP gab es eine bemerkenswerte Debatte um das Freiburger Programm von 1971, mit dem die Liberalen einen Richtungswechsel hin zu einer sozialen Verpflichtung der Wirtschaftsordnung vollzogen. Wer sich vor Augen hält, wie die FDP in einer Zeit wirtschaftlicher Verwerfungen wie heute, da eine erneute Positionsbestimmung dringend erforderlich wäre, von der Abwesenheit einer wirklichen inhaltlichen Debatte geprägt ist, erkennt, was sich in der Zwischenzeit verändert hat.

Auch wichtige Impulse für den Umweltschutz kamen in den sechziger und siebziger Jahren nicht nur von den politischen Spitzen, sondern aus den verschiedensten Ecken, zum Beispiel aus den Wirtschaftswissenschaften: In der Nationalökonomie waren die theoretischen Ansätze Jahrzehnte vorher in den sogenannten Welfare Economics formuliert worden. Lange vor der öffentlichen umweltpolitischen Debatte wurde hier die Vorstellung entwickelt und formuliert, dass es bei der Produktion von Gütern und Dienstleistungen externe Effekte geben könne (»external economies« und »diseconomies«) . Wenn ein Lkw von Rotterdam nach Basel fährt, verursacht er Kosten, die nicht beim Spediteur anfallen, sondern bei den Menschen, die entlang der befahrenen Strecke wohnen, und bei uns allen, die wir mit unseren Steuern für die Straßen aufkommen und unter der Belastung des Klimas leiden. Dass der Markt in diesen Fällen versagt und deshalb staatliche Entscheidungen getroffen werden müssen, die die externen Effekte in die privaten Kalkulationen zwingen, war unter Ökonomen, die sich mit diesen Fragen beschäftigten, unstrittig. In den Sechzigern erreichte die einschlägige wissenschaftliche Diskussion allmählich die publizistische und politische Ebene. 1972 erschien der Bericht des Club of Rome »Die Grenzen des Wachstums«. Im April desselben Jahres veranstaltete die IG Metall unter dem Vorsitz von Otto Brenner eine Konferenz zum Thema Lebensqualität. Der Begriff zierte dann ein halbes Jahr später den Titel des SPD-Wahlprogramms. Diese öffentliche Debatte hatte immerhin den Effekt, dass ab 1969 eine größere Zahl von politischen Entscheidungen pro Umweltschutz getroffen wurde. Erst 1979/80 gründeten sich die Grünen, die den Umweltschutz zum Leitmotiv ihres Parteiprogramms machten.

Aufgrund solcher inhaltlicher Debatten waren die Parteien für Außenstehende attraktiv; junge Leute und Menschen, die fachlich etwas zu bieten hatten, traten ihnen wegen des inhaltlichen Engagements bei. Dass die SPD einmal mehr als eine Million Mitglieder zählte, folgte ja nicht aus der Erwartung von Hunderttausenden, mit dem Parteibeitritt Karriere machen zu können, sondern sie wollten etwas bewegen. Das reichte den meisten. Und sie haben tatsächlich viel bewegt.

Unter den damaligen Umständen konnten die Parteiführungen nicht ohne Rücksicht auf die inhaltliche Orientierung der Parteimitglieder und Funktionäre programmatisch schalten und walten, wie sie wollten. Ihre Bindung an die Willensbildung unter den Parteimitgliedern und in den Parteigliederungen wurde in den Auseinandersetzungen mit den Eurokommunisten in Italien damals sogar zum Gütesiegel für den demokratischen Charakter einer Partei erklärt.

Innerparteiliche Debatte und innerparteiliches Ringen um Inhalte sind eine – kleine – Garantie dafür, dass die Parteiführungen nicht machen können, was sie wollen. Das Thema ist nach wie vor hochaktuell. Der italienische Ministerpräsident Silvio Berlusconi und seine Partei sind Musterbeispiele für mangelhafte innerparteiliche Demokratie. Was die deutschen Konservativen von damals von den italienischen Eurokommunisten forderten, müssten ihre Nachfolger heute ebenso dringlich von ihrer Schwesterpartei, Berlusconis »Partei der Freiheit«, fordern. Und von sich selbst auch.

Heute entsprechen die meisten Parteien dem Bild, das sich konservative Kreise in Deutschland in den siebziger Jahren von Italiens Eurokommunisten machten: Inhaltliche Debatte? Weitgehend Fehlanzeige.

Entsprechend frei und unabhängig von der Willensbildung der eigenen Mitgliedschaft sind die Parteiführungen heute. Ob sie von anderen Instanzen und vor allem von großen Interessen frei sind, ist eine andere Frage.

1999, mit dem Wechsel von Oskar Lafontaine zu Hans Eichel im Bundesfinanzministerium, und dann offener nach der Wahl 2002 vollzog die Regierung Schröder einen Kurswechsel: weg von ihrem bei der Wahl 1998 in Aussicht gestellten Kurs rotgrüner Reformen, hin zu einer neoliberal geprägten Politik. Ende Dezember 2002 erschien ein Kanzleramtspapier, das über weite Strecken dem entsprach, was die Initiative Neue Soziale Marktwirtschaft und andere wirtschaftsliberal geprägte Organisationen und Personen forderten. Das geschah vor allem auf der Basis einiger Behauptungen, die weltweit zum Zwecke des Sozialabbaus in die Debatte eingeführt worden waren: Die Lohnnebenkosten müssten gesenkt werden; der Sozialstaat sei in Zeiten der Globalisierung nicht mehr finanzierbar; die Steuern müssten gesenkt werden, damit die Unternehmen wettbewerbsfähig würden; der schlanke Staat wurde propagiert; der Markt könne alles besser; wir müssten endlich den sogenannten Reformstau überwinden ...

Die Senkung der Lohnnebenkosten war die Kernforderung des Kanzleramtspapiers, und dieses wiederum war die Basis der Agenda 2010. Wir wissen heute, dass dieses Werk in hohem Maße auf die Einflüsterungen des britischen Premierministers Tony Blair zurückging, der die Labour Party zu »New Labour« umgestaltete, und auf den Einfluss und die Zuarbeit der Bertelsmann Stiftung.

Am 14. März 2003 wurde die Agenda 2010 verkündet. In der SPD regte sich heftiger Widerstand. Die Linken in der SPD verkündeten, sie wollten die Agenda 2010 einer Mitgliederbefragung unterwerfen. Das klang gut und war ein sympathisches Unterfangen. 25 Jahre früher wäre ein solcher Versuch vermutlich auch erfolgreich gewesen. Unter den aktuellen Bedingungen jedoch, die durch die Möglichkeit gekennzeichnet sind, die Willensbildung der Parteimitglieder und der Parteifunktionäre auf allen Ebenen von außen zu bestimmen, indem man sich der Mithilfe von PR-Agenturen und der Medien bedient, war das ein aussichtsloses Unternehmen.

Der innere Wille unserer Parteien wird heute in der Regel von außen gemacht

Der damalige SPD-Vorsitzende Gerhard Schröder wusste, dass er eine Mitgliederbefragung gewinnen würde, wenn er mit Unterstützung aus Politik, Wirtschaft und Wissenschaft über die Medien und zusätzlich direkt über die Kanäle seiner Partei die Meinung der Mitglieder und Funktionäre beeinflussen kann. Wichtig dabei ist, dass diese Meinungsmache nicht nur von einer Seite kommt, sondern aus verschiedenen Ecken auf die Mitglieder einwirkt. Schröder wusste, was PR-Agenturen, was »Bild‹ und Glotze« zu leisten vermögen. Das war schon deshalb absehbar, weil das größte Medienunternehmen, Bertelsmann, am Entstehen der Agenda 2010 direkt beteiligt war – und Bertelsmanns wirtschaftlich-publizistischer Einfluss reicht bis zum »Spiegel«. Auch Springer, und damit »Bild«, sind der Agenda 2010 eng verbunden; ebenso die meisten anderen, stark von Arbeitgeberinteressen geprägten Medienunternehmen – und inzwischen leider auch die öffentlich-rechtlichen Rundfunkanstalten.

Wie die Willensbildung der Parteien über gezielte Meinungsmache fremdbestimmt und damit massiv von der Idealvorstellung unseres Grundgesetzes abgewichen wird, lässt sich an weiteren Beispielen ganz ähnlich beobachten wie bei der Agenda 2010. So wurde auch die Entmachtung des sozialen Flügels der Union bis hin zu seiner völligen Bedeutungslosigkeit mit Unterstützung der Medien betrieben und war nicht Ergebnis einer Debatte innerhalb der Unionsparteien. Beispielhaft dafür ist die mediale Demontage des früheren Arbeitsministers und Vorsitzenden der CDU-Sozialausschüsse Norbert Blüm. Die Häme ihm gegenüber und welcher Erfolg ihr in der öffentlichen Meinungsbildung beschieden war, blieb nicht ohne Folgen für die Richtungsentscheidung der CDU. Der Arbeitnehmerflügel wurde degradiert und ist heute nahezu ohne messbaren Einfluss.

Ähnlich ist die Lage bei den Grünen. Ohne die andauernde Einmischung der Medien und jener, die sich ihrer bedienen, in die innere Willensbildung der Grünen wäre das Erstarken der Realos so nicht möglich gewesen.[13]

Wie unabhängig die Unionsführung von den Interessen ihrer Sympathisanten und wohl auch ihrer Mitglieder agieren kann, zeigt die Erhöhung der Mehrwertsteuer um drei Punkte. Davon betroffen war ein großer Teil von Anhängern der Union im Einzelhandel, beim Handwerk, in der Gastronomie und im gewerblichen Mittelstand. Doch deren Interessen und Meinungen wurden durch ein Dekret einfach übergangen.

Nicht immer gelingt die Fremdbestimmung auf Anhieb

Zumindest bisher scheint von den Mitgliedern der beiden großen Parteien, der Linken und der Grünen noch nicht akzeptiert zu sein, dass die Deutsche Bahn AG zum Teil privatisiert werden soll. Bei Umfragen hatten sich zuletzt 78 Prozent der Wahlberechtigten gegen eine Privatisierung der Bahn ausgesprochen.[14] Trotz dieser seit langem erkennbaren Mehrheitsmeinung fällte das Kabinett am 30. April 2008 den Beschluss zur Teilprivatisierung der Bahn – um den Börsengang dann im November 2008 angesichts des Tiefs auf den Aktienmärkten bis auf weiteres zu verschieben. Mit Öffentlichkeitsarbeit wird aber weiterhin versucht werden, den Mehrheitsunwillen zu korrigieren.

Die Privatisierung von kommunalen öffentlichen Einrichtungen stößt ebenfalls noch auf Widerstand, obwohl gerade hier der Außeneinfluss enorm groß ist. Auch bei kriegerischen Einsätzen gibt es einen Widerstand, der nicht so leicht zu überwinden ist. Aber penetrante Meinungsmache wie im Fall des Kosovo-Kriegs, als der britische NATO-Sprecher Jamie Shea[15] und der deutsche Verteidigungsminister Rudolf Scharping mit spannenden, weil mit Filmen und Fotos von militärischen Aktionen angereicherten Pressekonferenzen fast täglich die Bildschirme belegten, zeigt auch bei einer widerstrebenden Bevölkerung auf Dauer Wirkung.

Willensbildung und Entscheidungsfindung funktionieren also heute oft auf dem kurzen Weg – und werden hinterher über Meinungsmache medial abgesichert. Mitunter werden aber auch Fakten geschaffen, ohne sich die Mühe zu machen, die Mehrheit wenigstens nachträglich zu überzeugen. So hat die Bundesregierung in einer beeindruckend schnellen Aktion die Befugnis zur Verteilung von 480 Milliarden Euro auf den Sonderfonds Finanzmarktstabilisierung (Soffin) ausgelagert und damit der parlamentarischen Kontrolle weitgehend entzogen. Die politisch Verantwortlichen machen sich nicht einmal die Mühe, uns diesen erstaunlichen Vorgang wenigstens nachträglich zu erklären.

Was politisch zu geschehen hat, wird zwischen der politischen

Führungsschicht und einflussreichen Kreisen um Bertelsmann, Springer und andere Medienunternehmen sowie der Finanzindustrie und der Großwirtschaft besprochen oder auch nur erfühlt. Angela Merkel, der Bundesfinanzminister und der Verkehrsminister hören in diesen Kreisen, dass die Privatisierung der Bahn erwünscht sei und dass man sich ja darauf verständigen könne zu sagen, die Privatisierung, genannt »Bahnreform«, sei notwendig, um Kapital zu beschaffen, also folgen sie dem. Einigkeit herrscht in diesen Kreisen samt der angegliederten Politik auch darüber, dass die Finanzwirtschaft Erleichterungen braucht und dass die Unternehmenssteuern sinken sollten, während die Steuerzahler die Wettschulden der Spekulanten wie im Falle der IKB Deutsche Industriebank zehn Milliarden Euro, der HRE über 102 Milliarden Euro, der Commerzbank im Kontext der Übernahme der Dresdner Bank 18,2 Milliarden Euro[16] und vielen anderen bezahlen sollten. Die entscheidenden Personen in den Zirkeln der Entscheidungsfindung sind inzwischen so abgehoben und so unabhängig von uns, dass sie sich die groteskesten Einlassungen erlauben können. So beklagten die Bundeskanzlerin und der Bundesfinanzminister öffentlich, die Banken wollten unser Geld nicht nehmen, und sie baten inständig darum, die Herren möchten doch so gnädig sein.

Zwischen den Staats- und Regierungschefs und ohne Beteiligung des Volkes ist das neue europäische Vertragswerk ausgehandelt worden. Am 18. und 19. Oktober 2007 einigten sich die Regierenden auf den endgültigen Vertragstext. Er wurde am 13. Dezember 2007 in Lissabon unterzeichnet. Über die weitreichenden Entscheidungen im Kontext dieses Vertrages, mit dem der in Frankreich und den Niederlanden abgelehnte Vertrag über eine europäische Verfassung ersetzt werden soll, gab es in der Bundesrepublik keine öffentliche Debatte, die auch nur einen Teil des Volkes einbezogen hätte. Auch die Parteien – das heißt: ihre Mitglieder, die Ortsvereine und sonstigen Gliederungen – sind nicht am Willensbildungsprozess beteiligt gewesen. Ausnahme: die Iren, die zur Volksabstimmung aufgerufen waren und mit Nein gestimmt haben.

Wenn man das Schema der Willensbildung nach diesem Muster im Blick hat, versteht man etwas besser, dass die führenden Personen in Politik und Wirtschaft es für legitim halten, wenn Mitarbeiter der Wirtschaft zur Bearbeitung, zur Steuerung und zur Kontrolle von politischen Entscheidungen sowie zur Beratung und Formulierung von Gesetzen direkt in den Ministerien plaziert werden. Nach Auskunft des Bundesrechnungshofs waren allein zwischen 2004 und 2006 jedes Jahr im Durchschnitt einhundert dieser sogenannten Leihbeamten in den Ministerien tätig.[17]

Die Politik wird immer den Eindruck zu erwecken versuchen, sie bestimme das Geschehen allein und die Entscheidungen fielen im vorgesehenen demokratischen Prozess. In Wahrheit fallen die wichtigsten Entscheidungen in kleinen Zirkeln. Sie sind geprägt von einer auf den eigenen Vorteil bedachten Selbstbedienungsmentalität. Das Volk wird wenig gefragt, weil man sich in den Führungsetagen der eigenen Meinungsbildungsmacht bewusst ist. Man braucht die Rückkopplung nicht. Man braucht das Volk für Entscheidungen nicht. Damit es nicht aufbegehrt, jedenfalls nicht in seiner Mehrheit, wird Stimmung für die getroffenen wie für die zu treffenden Entscheidungen gemacht.

II. Meinungsmache beherrscht das politische Geschehen und wichtige Teile von Wirtschaft und Gesellschaft

Kapitel 3
Meinung macht Politik

Mit der Manipulation von Meinung wird Politik gemacht. Das ist keine graue Theorie. Das geschieht unentwegt und auf verschiedenen Feldern des politischen Geschehens. Eine Reihe von konkreten Beispielen soll veranschaulichen, wie Meinungsmache und die gleichgerichtete Prägung des Denkens hierzulande das politische Geschehen über weite Strecken bestimmen:

1. Es wurde uns erzählt, die deutschen Akademikerinnen seien zu 40 Prozent oder gar zu 43 Prozent kinderlos – und siehe da: Unsere politische Führungselite streicht das Erziehungsgeld und setzt dafür ein Elterngeld durch, das den Besserverdienenden und damit vielen Akademikerinnen 1800 Euro pro Kind und Monat bringt und den Schlechtverdienenden und Arbeitslosen 300 Euro. Dabei konnte man schon im Jahr 2005 in den Medien lesen, dass die Angaben über die Zahl der kinderlosen Akademikerinnen nicht stimmen.[18] Die Bestätigung der Manipulation lag damals allerdings noch nicht vor. Hier ist sie:

   »Haben wir über ein Phantomproblem geklagt?«, fragt der »Spiegel« die CDU-Bundestagsabgeordnete Kristina Koehler im August 2007. »Es spricht einiges dafür«, sagt sie. »Nach einer Schätzung des Deutschen Instituts für Wirtschaftsforschung [DIW] bleiben 25 Prozent der Frauen mit Hochschulabschluss ohne Kinder – und das ist nur ein geringer Unterschied zur Quote der kinderlosen Frauen insgesamt.«

   Als Kristina Koehler dies eingesteht, war die politische Entscheidung zur Umstellung vom Erziehungsgeld zum Elterngeld schon längst gefallen.

2. »Mindestlöhne kosten 200 000 Arbeitsplätze« (DIW) – Mindestlöhne führen zu höheren Preisen, behaupten »Bild« und die Initiative Neue Soziale Marktwirtschaft – »Mindestlöhne

unterminieren die Gesellschaft«, meint Professor Hans-Werner Sinn. 20 von 27 EU-Ländern hatten schon zum 1. Januar 2007 einen branchenübergreifenden gesetzlichen Mindestlohn eingeführt, berichtete das Statistische Bundesamt. In Frankreich, in Großbritannien, in den Niederlanden, in Luxemburg gilt ein Mindestlohn von acht Euro und darüber; Großbritannien hat gute Erfahrungen damit gemacht, und auch die USA kennen diese Einrichtung. Nur bei uns tut man so, als folge der wirtschaftliche und gesellschaftliche Zusammenbruch, wenn der Gesetzgeber dafür sorgen würde, dass eine Untergrenze für Löhne eingezogen wird, die den Betroffenen wenigstens die Basis ihres Lebensunterhalts sichert. Diese Agitation hat politische Folgen: Die Position von CDU/CSU und FDP in dieser Frage hat sich völlig verhärtet; sie werden ihre Hand zu einer positiven Entscheidung nicht reichen. Sachliche Erwägungen, selbst der Rat von Beobachtern außerhalb Deutschlands, machen keinen Eindruck. Im August 2008 trafen 14 Nobelpreisträger der Wirtschaftswissenschaften in Lindau zusammen. Der amerikanische Professor Robert Solow legte eine Studie zum Vergleich der Mindestlöhne in europäischen Ländern und den USA vor. Es sei in der Praxis kaum belegbar, dass Mindestlöhne die Beschäftigung im Niedriglohnsektor von Ländern wie Deutschland gefährden, meinte er. Doch die Meinungsmache ist abgehoben von sachlichen Erwägungen, und sie wird ungeachtet der Tatsache betrieben, dass eine überwiegende Mehrheit in Deutschland für die Einführung eines Mindestlohns ist. »Beim Thema Mindestlohn ist weiterhin eine große Mehrheit von 78 Prozent für die Einführung eines gesetzlichen Mindestlohns für alle Branchen«, heißt es im Pressebericht zum ZDF-Politbarometer vom August 2007.

3. »Wer arbeitet, ist der Dumme!« So prangte es am 11. Februar 2008 in Riesenlettern auf der »Bild«-Zeitung. Im Text wird behauptet, dass immer mehr Arbeitnehmer weniger Geld bekommen als Hartz-IV-Empfänger. Auf der gleichen Welle schwimmt auch der »Stern«, dessen damaliger stellvertreten-

der Chefredakteur Hans-Ulrich Jörges schon im Mai 2006 sagte, der Kommunismus siege, Arbeit werde verhöhnt, Nichtstun belohnt. – Das sind gängige Parolen. Die Essener Professorin Helga Spindler hat die Aussagen von Jörges für die »NachDenkSeiten« überprüft:[19] Der vom »Stern« beschworene Kommunismus konnte bei gerade mal 147 Familien in ganz Deutschland gefunden werden, das sind 0,1 Prozent der sogenannten Bedarfsgemeinschaften. Doch diese Kampagnen haben Wirkung. Hartz-IV-Empfänger werden damit stigmatisiert und jede Debatte um eine Verbesserung der Leistungen von vornherein blockiert.

Die Agitation vom angeblich grassierenden sozialen Missbrauch war übrigens Grundlage der Politik, die mit der Agenda 2010 und den Hartz-Gesetzen Einzug gehalten hat. Der Missbrauch, den es bei allen sozialen Leistungen schon immer gegeben hat und den ich nicht verniedlichen will, wurde im Vorfeld der politischen Umorientierung der Regierung Schröder jedem und jeder unterstellt. Jeder und jede ist zum Zielobjekt des »Forderns« geworden, jedem wird unterstellt, dass sie oder er nicht von sich aus dringlich Arbeit suchen und dass man ihnen deshalb Druck machen müsse. Die Folge: Allen möglicherweise Betroffenen wird gewissermaßen mit einem staatlich verordneten Misstrauen begegnet. Das ist ein komplett anderes Menschenbild, als es dem Sozialstaat Bundesrepublik Deutschland bisher gemäß war. Selbst wenn soziale Leistungen heute häufiger missbraucht werden als früher, ist das noch lange kein Grund, alle Menschen unter den Verdacht des Missbrauchs zu stellen. Wir haben mit dem Vertrauen in die Leistungsbereitschaft von Menschen in der Geschichte der Bundesrepublik beste Erfahrungen gemacht. Die hervorragenden Leistungen im Wirtschaftswunderland Deutschland wären gar nicht möglich gewesen, wenn nicht Millionen von Menschen gerne und verantwortungsvoll gearbeitet hätten, mit Phantasie und Engagement. Dieses Kapital aufs Spiel zu setzen durch die Verbreitung der Vorstellung, dass Menschen nur dann richtig parieren, wenn sie

»gefordert« werden, ist leichtfertig. Und doch wird diese borniere betriebswirtschaftliche Sicht der Welt heute von den Meinungsmachern und Meinungsführern im Schild geführt.

4. »Mehr Netto vom Brutto!« (Erwin Huber, CSU). »Sozial ist, wer/was Arbeit schafft.« (Alfred Hugenberg, Medienzar und Wegbereiter des Nationalsozialismus; leider ähnlich auch Wolfgang Clement) – Natürlich wäre es schön, mehr netto zu haben. Und es ist auch nicht falsch, dass Arbeit zu schaffen eine auch gesellschaftlich und sozial vernünftige Tat ist. Aber die Sprüche haben zugleich eine gegen den Sozialstaat gewandte Stoßrichtung. Warum sollte man nicht Arbeit schaffen und gleichzeitig für eine Korrektur der Ungerechtigkeiten kämpfen? »Mehr Netto vom Brutto« stützt zugleich die Entstaatlichungskampagne und zielt wohl auch genau darauf ab. Doch die hat schon genug Unheil angerichtet.

5. Es wurde und es wird uns immer noch erzählt, Konjunkturprogramme seien Strohfeuer, sie führten nur zu neuen Schulden; Keynes sei out; wir seien im nationalen Rahmen ohnehin wirtschaftspolitisch nicht mehr handlungsfähig – und als Folge dieser wiederkehrenden Behauptungen wird über Jahre hinweg, inzwischen schon über zwei Jahrzehnte lang, keine aktive Steuerung mehr zum Ausgleich konjunktureller Schwankungen betrieben. Diese Missachtung der makroökonomischen Verantwortung für das Ganze führt zu einer Unterauslastung unserer Kapazitäten. Die Vorurteile über die angebliche Unmöglichkeit konjunktureller Steuerung haben konkret dazu geführt, dass hierzulande die Warnzeichen einer abkühlenden Konjunktur nicht gesehen wurden und nicht rechtzeitig gegengesteuert wurde. Der herrschende Dogmatismus kostet Millionen von Arbeitnehmern und Hunderttausenden von Selbständigen die Existenz und ihre finanzielle und soziale Sicherheit.

Ein Appell international renommierter Ökonomen unter Federführung des amerikanischen Nobelpreisträgers Robert Solow unter dem Titel »Der Staat muss die Nachfrage stimulieren« ist angesichts dieser Front neoliberaler Dogmatik ebenso

verhallt wie die Mahnungen von deutschen Wirtschaftswis-
senschaftlern wie Peter Bofinger, Heiner Flassbeck, Gustav
Horn, den Ökonomen der »Memorandum-Gruppe« (wie die
Bremer Arbeitsgruppe Alternative Wirtschaftspolitik auch
genannt wird) und weitere Analysten. Die Dominanz der
neoliberalen Dogmatiker ist erdrückend. Ideologie macht Politik, Meinung macht Politik – auf Dauer ist das höchst ge-
fährlich für unser Land.

Man könnte die Aversion der herrschenden Lehre gegen Investitionsprogramme gerade noch ertragen, wenn verlangt
würde, es solle Geld in unsinnige Projekte investiert werden.
Das Gegenteil ist aber der Fall. Wir haben einen enormen
Nachholbedarf bei den öffentlichen Investitionen. »Deutsche
Infrastruktur braucht 700 Milliarden Euro«, das konnte man
am 19. August 2008 bei »welt.de« lesen, einem Medium, das
nicht verdächtig ist, die Argumente für keynesianische Investitionsprogramme zu liefern. Und weiter: »Lange haben es
die Kommunen schamhaft verschwiegen, jetzt ist es nicht
mehr von der Hand zu weisen: Den Städten drohen giganti-
sche Kosten wegen des Erneuerungsbedarfs der Infrastruktur.
Bis 2020 sind kommunale Investitionen von mehr als 704
Milliarden Euro notwendig – eine Zahl, die nun auch den
Deutschen Städte- und Gemeindebund (DStGB) alarmiert. Errechnet wurde sie vom größten deutschen Stadtforschungs-
institut, dem Deutschen Institut für Urbanistik (Difu) in Berlin. Laut Difu zeigt sich der größte Investitionsbedarf bei
Straßen (162 Mrd. Euro), Schulen (73 Mrd. Euro) und bei der
kommunalen Abwasserbeseitigung (58 Mrd. Euro).«

Noch im Oktober 2008 warnten Vertreter der Großen Koalition vor »irrationalen Konjunkturprogrammen«[20]. »SpiegelOnline« vom 20. Oktober 2008 offenbart die Befangenheit in
Sprachformeln und Meinungsmache beispielhaft: »Obwohl
die Zielrichtung klar ist, sind beide Koalitionspartner weiterhin peinlichst darum bemüht, das Wort Konjunkturprogramm
zu vermeiden. Es gehe nicht um ein ›traditionelles, schulden-
finanziertes Konjunkturprogramm‹, sagte Regierungssprecher

Steg. Vielmehr gehe es um ›punktgenaue‹ und ›branchenspezifische‹ Maßnahmen. ... Müntefering erklärte, die SPD rede nicht von einem Konjunkturprogramm, weil es nicht um die Konjunktur gehe. ›Konjunktur ist nicht das, was bei den Menschen ankommt.‹« – Das ist wirr und fast schon ein bisschen komisch, aber es ist selbst in diesem Rückzugsgefecht noch der Versuch verschleiernder Meinungsmache. 14 Tage später, am 5. November 2008, wurde das erste Konjunkturpaket beschlossen und dann am 13. Januar 2009 das zweite. Die zuvor betriebene kollektive Meinungsmache hat die Verantwortlichen daran gehindert, diese Entscheidungen rechtzeitig und gebündelt zu treffen. Daran war die Bundesregierung durch ihre eigene Propaganda und entsprechend falsche Analysen gehindert.

»Der Aufschwung kommt bei den Menschen an«, sagte Bundeskanzlerin Merkel im Deutschen Bundestag am 28. November 2007. »Im vergangenen Jahr betrug das Wirtschaftswachstum 2,9 Prozent. Für 2007 werden 2,4 Prozent erwartet und 2008 noch einmal zwei Prozent. Die deutsche Wirtschaft zieht die europäische Wirtschaft wieder ›nach vorne‹.« – Seit 2006 hat man uns erzählt, wir hätten einen kräftigen Aufschwung. Die von Angela Merkel genannten Wachstumsraten sind aber alles andere als ein kräftiger Aufschwung und schon gar kein Boom. Sie sind lächerlich gering, denn sie liegen knapp über der Steigerung der Arbeitsproduktivität und weit unter den Werten von drei bis vier Prozent, die ein Land mehrmals hintereinander benötigt, um aus einer Rezession herauszukommen, wie wir sie nach 1993 und insbesondere – nach einem kleinen Zwischenhoch – nach dem Jahr 2001 erlebten. Aber in der Darstellung von Deutschlands Meinungsmachern erscheinen die Wachstumsraten als groß und großartig. Mit wem die Bundeskanzlerin wohl spricht? Mit Einzelhändlern, mit Gastronomen und mit den Betrieben, die für den Binnenmarkt produzieren, sicher nicht.

Die Behauptung, wir hätten einen Boom, hatte Konsequenzen: Die Bundesregierung stützte den kleinen Aufschwung nicht. Trotz flehentlicher Warnungen, es fehle an innerer Dynamik, wurde unserer Volkswirtschaft schon zum 1. Januar 2007 eine Erhöhung der Mehrwertsteuer um drei Punkte aufgebürdet. Das dicke Ende war noch 2007 erkennbar, als das Statistische Bundesamt meldete, die Einzelhandelsumsätze hätten im Juli 2007 unter denen des Jahres 2006 gelegen. Ende Oktober wurde gemeldet, sie hätten im September 2007 real um 2,2 Prozent unter denen des Vorjahrs gelegen. Am 2. Mai 2008 teilte das Statistische Bundesamt mit, im März 2008 lägen die Einzelhandelsumsätze sogar real um 6,3 Prozent unter dem März 2007. Das ist die Folge des Niedergangs der Löhne und der Renten. Fazit: Wir hatten schon vor Beginn der Finanzkrise weder einen kräftigen, sich selbst tragenden Aufschwung, noch ist das bisschen Wirtschaftsbelebung bei den Menschen angekommen. Dass dies so gekommen ist, ist die direkte Folge schlechter Analysen unserer meinungsführenden Ökonomen und Politiker und einer Meinungsmache, die schon im Jahre 2006 einen vermeintlichen Boom diagnostizierte. Dieses Fehlurteil und seine Verstärkung durch Multiplikatoren und Medien kosten uns nicht nur Milliarden, sondern es beraubt viele Menschen einer guten wirtschaftlichen Perspektive, viele auch ihres Arbeitsplatzes oder der Hoffnung darauf. Dabei war diese Entwicklung nicht erst im Sommer 2008, sondern bereits 2006, vor der Mehrwertsteuererhöhung, zu erkennen.[21] Die Verantwortlichen in Berlin wollten die Gefahren einer ausgezehrten Binnennachfrage nicht sehen. So sind sie und unsere Volkswirtschaft mit einer ausgesprochen schwachen Binnenkonjunktur in die Krise der Weltfinanzmärkte getorkelt – eine doppelte Belastung.

Bewundernswert ist Angela Merkels Chuzpe beim Versuch, Stimmung zu machen. Wohl wissend, dass man etwas auch dann vermitteln kann, wenn es nicht stimmt, vorausgesetzt, man tritt nur entsprechend fest auf und setzt geschickt die Hebel der Meinungsmache an, behauptete sie, die deutsche

Wirtschaft ziehe die europäische Wirtschaft wieder »nach vorne«. Was eine solche Formulierung bezwecken soll, liegt auf der Hand: Wenn wir die andern nach vorne ziehen, dann muss es bei uns besonders gut laufen. Mit der Botschaft B (»Wir ziehen die andern nach vorne mit«) gewinnt die Botschaft A (»Wir haben einen Boom«) an Glaubwürdigkeit.

Pech für uns: Das stimmt alles nicht. Im November 2007, also im Monat von Merkels Rede vor dem Bundestag, hatte die EU ihre Prognosen für das Jahr 2008 veröffentlicht: durchschnittlich 2,4 Prozent reales Wachstum für die EU insgesamt, 2,2 Prozent für die Eurozone und 2,1 Prozent für Deutschland. Trotz hoher Exportüberschüsse schlägt bei uns die Schwäche des Konsums also so stark durch, dass wir uns schwächer entwickeln als der Durchschnitt der anderen EU-Länder. Aber unsere Bundeskanzlerin hat den Mut, das Gegenteil zu behaupten.

Von den Mainstream-Medien in Deutschland ist sie für diesen Propagandatrick nicht kritisiert worden. Wir werden auch in Zukunft erleben, dass Angela Merkel nahezu alles behaupten kann. Dank ihrer Kontakte zu den Spitzen der deutschen Medien wird man ihr zumindest bis zum Wahltag im September 2009 nahezu alles an Meinungsmache durchgehen lassen. Das ist eine erhebliche Gefahr für die Qualität der politischen Entscheidungen. Denn auch eine ziemlich miserable, das heißt eine durch Fakten nicht gestützte Meinung macht nämlich Politik – und schafft ihre eigenen Fakten.

6. Nachdem die Bundesregierung im Frühjahr 2008 ihre Erwartungen zum Aufschwung zurücknehmen musste, wurde uns erzählt, das sei die Folge der internationalen Finanzkrise. Wenn diese Präsentation eines Sündenbocks akzeptiert wird, dann werden die Verantwortlichen in Zukunft weiterhin davon befreit, rechtzeitig das Richtige zu tun: zur Förderung der Binnennachfrage aktiv zu werden.

7. Den Deutschen ist jahrelang erzählt worden, Inflation sei das Erzübel (was vor dem Hintergrund historischer Erfahrung auch glaubwürdig war) und deshalb sei Preisstabilität das

oberste Ziel der Wirtschafts- und Finanzpolitik. Und siehe
da: Die historisch begründete Angst konnte von den interessierten Kräften in der Bundesbank, der Wissenschaft, den
Medien und der Politik zu weitreichenden Entscheidungen
genutzt werden: Das Ziel, für eine gute Beschäftigung zu sorgen, das nach dem geltenden Stabilitäts- und Wachstumsge-
setz gleichberechtigt neben dem Ziel der Preisstabilität steht,
konnte aus dem Aufgabenkatalog der Bundesbank gestrichen
werden; die Bundesbank konnte mehrmals – 1973, 1980,
1992 und dann nochmals Anfang des neuen Jahrtausends –
mit ihrer Geldpolitik im Namen der Inflationsbekämpfung
die Konjunktur abwürgen helfen, ohne dass sie für die damit
verursachte Arbeitslosigkeit und die Vernichtung selbständi-
ger Existenzen zur Rechenschaft gezogen wurde.

Die Europäische Zentralbank wurde auf deutschen Druck hin
ähnlich programmiert und hat sich darauf verpflichtet, die
Preissteigerungen bei maximal zwei Prozent festzuhalten –
das ist ihr bisher zwar nicht gelungen, aber sie versucht es
immer wieder und schadet damit der wirtschaftlichen Entwicklung in der Eurozone in beachtlichem Maße. Die einseitige Fixierung auf Preisstabilität führte letztlich zum sogenannten Stabilitätspakt, und dieser wiederum zwingt die
Staaten der Eurozone reihum dazu, auch in beschäftigungs-
politisch kritischen Zeiten sparen zu müssen und damit eine
sogenannte prozyklische Politik zu betreiben, die diese Entwicklung noch unterstützt, statt ihr gegenzusteuern. Die Europäische Zentralbank selbst hat mitten in einer kritischen
Lage, im Juli 2008, den Leitzins angehoben.

Auch in der neuen für Millionen Arbeitsplätze bedrohlichen
Finanz- und Wirtschaftskrise wird die Inflationsangst missbraucht, um gegen die Forderung nach weiterreichenden
Konjunkturprogrammen als Antwort auf die massiv einge-
brochenen Auftragseingänge Front zu machen. Zum Beispiel hat Bundesfinanzminister Steinbrück im Frühjahr 2009
mehrmals massiv vor einer Inflationsgefahr gewarnt, die
nach seiner Meinung aus weiteren Konjunkturprogrammen

folgen könnte. Steinbrück hat nicht verstanden, dass die deutsche Volkswirtschaft wie die Weltwirtschaft insgesamt vor der Gefahr einer Deflation steht, also vor der Gefahr einer Spirale nach unten, gespeist vom Einbruch der Auftragseingänge, von schnell wachsender Arbeitslosigkeit, sinkenden Löhnen und Gewinnen, damit weiter sinkender Nachfrage, Verlust von Aufträgen, sinkende Einkommen usw. In Verkennung dieser wirklichen Gefahren baut der Bundesfinanzminister auf tiefsitzende Ängste. Dabei nutzt er eine Geschichtsklitterung: Die letzte große Weltwirtschaftskrise 1929, auf die jetzt mit Recht häufig verwiesen wird, war nicht zugleich die Zeit der großen Inflation. Diese grassierte mit massiver Geldentwertung sechs Jahre früher, Anfang der zwanziger Jahre des letzten Jahrhunderts. Hier werden also verschiedene geschichtliche Erfahrungen zusammengezogen, um Ängste zu mobilisieren und damit Meinung gegen notwendige konjunkturpolitische Maßnahmen zu machen.

8. Angesichts der steigenden Energiepreise bekommen wir immer wieder zu hören, Atomstrom sei billig und die entsprechende Technologie sicher. Die Absicht ist klar: Hier soll der Beschluss zum Auslaufenlassen der Kernenergie revidiert werden. Dabei wird unterschlagen, dass Kernenergie unglaublich teuer ist. Dazu nur zwei Zahlen: Zwischen 1974 und 2007 hat die Bundesregierung allein die kerntechnische Forschung an den Helmholtz-Zentren mit 4,44 Milliarden Euro institutionell gefördert, im gleichen Zeitraum flossen noch einmal 1,81 Milliarden für die Sicherheitsforschung. Die Entsorgungskosten der Kernenergie werden noch Generationen belasten, ein Ende ist nicht absehbar. Hinzu kommen die ungelösten Sicherheitsprobleme.[22]

9. Es wird uns seit Jahren erzählt, Leistung müsse sich wieder lohnen - und siehe da: Obwohl die Einkommensverteilung zwischen oben und unten immer ungerechter wird, korrigiert die Steuerpolitik nicht und legt stattdessen oben immer wieder drauf. Die den Steuerzahlern entwendeten Milliarden zur Rettung der Banken sind das Tüpfelchen auf dem i. Mit der

Dauerparole, Leistung müsse sich wieder lohnen, wird also eine Menge bewegt: es wird die zunehmend ungerechte Einkommens- und Vermögensverteilung legitimiert; es werden die explodierenden Managergehälter gerechtfertigt; es werden die zunehmende Lohnspreizung und die wachsende Ungleichheit verteidigt. Und wer das kritisiert, dem wird vorgehalten, er führe eine Neiddebatte. So ist es gelungen, mit einer permanenten Polemik gegen eine sogenannte Umverteilungspolitik eine massive Umverteilung von unten nach oben durchzusetzen. Wie weit die von unseren Spitzenverdienern geprägte öffentliche Debatte von der Realität entfernt ist, kann man auch daran erkennen, dass die These vom »Verteilungsstaat« immer mal wieder aus der Mottenkiste geholt wird – gerade so, als gäbe es aktuell einen solchen »Verteilungsstaat«. Gleichzeitig werden seltsame Debatten über Gerechtigkeit geführt. Da wird so getan, als sei es unschicklich, von der Gleichheit der Menschen zu sprechen. Die »Egalité« der französischen Revolution ist eher eine belastende Vorstellung und wird als »Gleichmacherei« verunglimpft. Also spricht man von »Chancengleichheit« oder von »Chancengerechtigkeit«, um sich nicht dem Verdacht auszusetzen, man halte die Gleichheit der Menschen für ein berechtigtes Anliegen. Eine ideologiefreie Diskussion über das Selbstverständlichste ist offenbar nicht mehr möglich.

10. Die Meinungsmacher haben es geschafft, in vielen Köpfen die Vorstellung zu verankern, man müsse bei den Gutverdienenden kräftig drauflegen, dann komme das auch der großen Mehrheit der abhängig Arbeitenden und weniger Verdienenden zugute. In volkstümlicher Ausdrucksweise ist das die sogenannte Pferdeäpfeltheorie; vornehmer und auf Englisch spricht man vom »Trickle-down-Effekt«. Gemeint ist, dass dann, wenn man die Pferde kräftig füttert, auch noch etwas für die Spatzen übrig bleibt. Der amerikanische Ökonom Paul Krugmann hat am 26.5.2008 in einem Interview mit »mm. de«, der Online-Ausgabe des »Managermagazins«, angemahnt, dass er nun seit 30 Jahren darauf warte, der immer

größer werdende Reichtum der Reichen werde sich im Lebensstandard der gesamten Gesellschaft niederschlagen. Bisher habe er vergeblich gewartet, meinte Krugmann.

11. Es wird uns erzählt, die Lohnkosten und die Lohnnebenkosten seien zu hoch und wir seien bald nicht mehr wettbewerbsfähig. – Und siehe da: Die Politiker glauben es mehrheitlich. Die Journalisten glauben es mehrheitlich. Die der herrschenden Lehre folgenden Wirtschaftswissenschaftler glauben es. Die Geistes- und Sozialwissenschaftler glauben es sowieso zum großen Teil. Die Industrie glaubt es schon lange. Und der Mittelstand glaubt es, weil es die Großen der Wirtschaft verkünden. Selbst manche Gewerkschafter haben sich mit dem weitverbreiteten Glauben abgefunden, Deutschland hätte extrem hohe Arbeitskosten. Richtig ist: Die Arbeitskosten und die Lohnnebenkosten stagnieren seit Jahren, sie sinken sogar. Unsere Wirtschaft ist ausgesprochen wettbewerbsfähig. Wir haben einen extrem hohen, ja sogar einen zu hohen Leistungsbilanzüberschuss – 164,9 Milliarden Euro im Jahr 2008, nach 191,3 Milliarden im Jahr 2007 und 150,9 im Jahr 2006.[23] Damit bringen wir unsere europäischen Partner in große Wettbewerbschwierigkeiten, denn deren Leistungsbilanzen werden im Gegenzug schlechter. Das ist eine Gefahr für die Eurozone, weil die Balance innerhalb dieses Wirtschaftsraums eine einigermaßen vergleichbare Lohnentwicklung der beteiligten Länder voraussetzt.

Arbeitskosten und Lohnnebenkosten im
EU-Vergleich für das Jahr 2008

Nach Mitteilung des Statistischen Bundesamtes (Destatis) bezahlten Arbeitgeber im Jahr 2008 in der deutschen Privatwirtschaft durchschnittlich 29,80 Euro für eine geleistete Arbeitsstunde. Im europäischen Vergleich lag das Arbeitskostenniveau in Deutschland damit nach Dänemark, Luxemburg, Belgien, Schweden, Frankreich und den Niederlanden auf Rang sieben. Dänemark wies mit 36,50 Euro die höchsten, Bulgarien mit 2,50 Euro die niedrigsten Arbeitskosten je geleistete Stunde auf. »Gemessen in der jeweiligen Landeswährung hatte Deutschland in der Privatwirtschaft mit + 2,5% im Vergleich zum Vorjahr hinter Malta (+ 1,8%) das geringste Wachstum der Arbeitskosten aller Mitgliedstaaten der Europäischen Union. Damit setzte Deutschland auch im Jahr 2008 den Trend fort, seit 2001 stets zu den EU-Staaten mit den geringsten Wachstumsraten der Arbeitskosten zu zählen«.

Quelle: Pressemitteilung Nr. 179 des Statistischen Bundesamtes vom 13.5.2009 http://www.destatis.de/jetspeed/portal/cms/Sites/destatis/Internet/ DE/Presse/pm/2009/05/PD09__179__624,templateId=renderPrint.psml

Dass Deutschland bei den Arbeitskosten je geleistete Stunde 2007 innerhalb der Europäischen Union auf Platz 7 rangiert, dürfte für die meisten Menschen eine Überraschung sein. Viele glauben aufgrund der herrschenden Meinungsmache, wir hätten die höchsten Arbeitskosten der Eurozone und der EU. Interessant ist auch, wie die Interessenlage einer bestimmten Gruppe die Wertorientierung der deutschen Sprache prägt. Die »Spiegel-Online«-Meldung zur Mitteilung des Statistischen Bundesamtes für das Jahr 2007, die ein ähnliches Ergebnis wie für 2008 meldete, lautete: »Deutschland verbessert sich bei Arbeitskosten« – nicht ohne gleich die Propaganda fortzuschreiben und anzufügen: »Arbeit in Deutschland bleibt

teuer«. Hier wirkt alleine das Interesse der deutschen Export-
wirtschaft. Denn im Interesse der Arbeitnehmer liegt es nicht,
wenn ihre Löhne sinken. Aus ihrer Perspektive kann man
nicht sagen, es habe sich etwas »verbessert«. Auch der von der
Binnenmarktentwicklung abhängige Mittelstand (Einzelhandel, Handwerker, Gastronomie) kann über sinkende Löhne der
Kundschaft nicht frohlocken.

Und makroökonomisch ist die Sache sowieso klar: Volkswirtschaftlich haben wir kein Interesse an einer massiven Stö-
rung des Leistungsbilanzgefüges innerhalb der EU. Wir haben kein Interesse an einem überzogen hohen Leistungsbilanzüberschuss. Dennoch prägt das Interesse einer einzelnen,
wenn auch dominanten Gruppe, nämlich der Exportwirt-
schaft, die Sprache des »Nachrichtenmagazins«. Deutschland,
das sind demzufolge wohl die Arbeitgeber in der Exportwirt-
schaft. Deutschlands Interessen sind nach gängigem Sprachgebrauch jedenfalls nicht die Interessen der Arbeitnehmer.

Übrigens, beim Lohnnebenkostenanteil, also den Sozialbeiträ-
gen der Arbeitgeber gemessen am Bruttolohn, liegt Deutschland mit einem Anteil von 32 Prozent unter dem europäischen
Durchschnitt von 36 Prozent. Mit Rang 14 innerhalb der Europäischen Union liegt unser Land ungefähr in der Mitte. Vergleichen Sie diese Fakten mit dem Eindruck, den Sie aus den
Medien gewonnen haben – der ist eindeutig die Folge von
Meinungsmache. Und wieder hat das weitreichende Konsequenzen: Die Agenda 2010 zum Beispiel wurde vor allem mit
den angeblich extrem hohen Lohnnebenkosten begründet.[24]

12. Es wird uns erzählt, die Arbeitsplätze wandern ab. Dieses
Thema begleitet uns schon über ein Jahrzehnt, durchaus in
Wellen und in Variationen. Bei Professor Hans-Werner Sinn
vom Münchner ifo-Institut wird daraus eine Geschichte über
den Verfall unserer Volkswirtschaft zu einer »Basarökonomie«, wie er das nennt. Sinn verweist auf die Herstellung der
Audi-Fahrzeuge. Die Produktion der Motoren und anderer
wichtiger Teile sei ins Ausland verlagert, und hier bei uns
würden die Teile nur noch zusammengesteckt. Auch intelli-

gente Zeitgenossen werden Opfer dieser Agitation, denn tatsächlich wird ja immer irgendwo ein Betrieb verlagert, oder die Unternehmensleitung droht den Arbeitnehmern und Gewerkschaften mit Verlagerungsplänen, um Lohnkürzungen, Arbeitszeitverlängerungen oder die Kürzung von Sozialleistungen durchzusetzen. Wenn Zeitungen und andere Medien immer wieder davon berichten, meinen erstaunlich viele Menschen, dass alle Industriearbeitsplätze zur Disposition stehen oder tatsächlich verlagert werden.

Das Thema Verlagerung ist ernst. Dennoch sollte man sich gerade bei einem so schwierigen Sujet nicht mit falschen Theorien wappnen. Tatsächlich kann die These von der Basarökonomie nicht stimmen. Wenn das nämlich so wäre, dann hätte Deutschland keine Leistungsbilanzüberschüsse erreicht – und schon gar keine derart hohen. Diese erzielt unsere Volkswirtschaft nur, wenn mehr hierzulande geschaffene Werte exportiert als importiert werden. Ohne nennenswerte Wertschöpfung im Inland gibt es keinen Leistungsbilanzüberschuss.

Es ist richtig, dass die internationale Verflechtung gewachsen ist, es wird mehr exportiert und mehr importiert, die Arbeitsteilung hat zugenommen. Es ist auch richtig, dass Arbeitsplätze verlagert werden. Aber die Entwicklung unserer Leistungsbilanz zeigt, dass Wertschöpfung bei uns nicht abgewandert, sondern eher zugewandert ist, denn die für die inländische Produktion importierten Vorprodukte werden bei der Ermittlung der Leistungsbilanz ausdrücklich berücksichtigt, das heißt, sie mindern den Überschuss.

»Weniger Unternehmen als bisher verlagern Arbeitsplätze ins Ausland, oft genug beschert der Job-Export ihnen nur Probleme. Deutschland wird wettbewerbsfähiger – denn gleichzeitig schwinden die Kostennachteile«, meldete »Spiegel-Online« am 22. April 2008. Und weiter: »Deutschland hat als Produktionsstandort an Attraktivität gewonnen – das ist das Ergebnis einer Studie des Fraunhofer Instituts [...]. Die Produktionsverlagerung ins Ausland sei merklich zurückgegangen, ein Drittel der Verlagerung bringe nicht die erwünschten

Effekte.« Das konnte man alles auch schon vier Jahre und acht Jahre früher wissen. Als ich 2003 und 2004 für mein Buch »Die Reformlüge« recherchierte, wurde diese Debatte bereits geführt.[25] Im Dezember 2003 hatte der bayerische Ministerpräsident Edmund Stoiber mehrmals öffentlich behauptet, jeden Monat würden 50 000 Arbeitsplätze und jährlich 600 000 ins Ausland verlagert. Das entbehrte jeder Realität und war eine gemachte Meinung.

Die öffentliche Beschwörung dieses angeblichen Faktums, kombiniert mit den Nachrichten über tatsächliche Verlagerung und Verlagerungsdrohungen in den Betrieben, hat jedoch faktische Bedeutung bei Lohnverhandlungen. Dass die Löhne in Deutschland sich so schlecht entwickelt haben, hat auch etwas mit dieser Verlagerungsdebatte zu tun.

Bleibt anzumerken, dass die wachsende internationale Arbeitsteilung sektorale, also einzelne Industriezweige betreffende Strukturveränderungen mit sich bringt, die durchaus wirtschaftspolitische Aufmerksamkeit verlangen. Relativ arbeitsintensive Betriebe im Bereich der Konsumgüter verlieren Aufträge, der Maschinenbau gewinnt neue Aufträge und neue Kunden unter den ausländischen Konkurrenten der heimischen, arbeitsintensiven Betriebe. Dadurch entstehen Probleme für die eine Gruppe von Unternehmen und Arbeitnehmern, doch zugleich wachsen die Chancen für Arbeitsplätze in anderen Bereichen. In dieser Situation ist die Wirtschafts- und Geldpolitik gefordert. Sie muss die Strukturveränderungen erleichtern, fördern und abfedern; sie muss vor allem dafür sorgen, dass genügend »Dampf«, also konjunkturelle Zugkraft, in der Ökonomie ist, um diese Umstrukturierungen zu bewerkstelligen und den von Arbeitsplatzverlust bedrohten Arbeitnehmern und auch den Unternehmern in diesem Bereich den Wechsel leichter zu machen. Denn sie brauchen Alternativen, die es aber nur bei einer guten Konjunktur gibt. Auch deshalb ist eine gute Makroökonomie so wichtig. Das gilt auch in Zeiten der großen Wirtschafts- und Finanzkrise, die alle sonstigen Debatten inzwischen überlagert.

13. Von strategischer Bedeutung zur Rechtfertigung der »Modernisierungspolitik« ist die Parole, wir hätten es mit völlig neuen Herausforderungen zu tun, und die neuen Zeiten erforderten neue Antworten. – Die siebziger Jahre seien vorbei, ermahnte mich der Generalsekretär der baden-württembergischen SPD in einer Mail von Mitte Mai 2008: »Ökonomisch, politisch und personell.« Es ist zwar logisch, dass die personelle Ausstattung unserer Republik gelegentlich wechselt. Aber es erschließt sich nicht von allein, warum zum Beispiel die Säulen unseres Zivilrechts oder die Haftpflichtversicherung für Autobesitzer oder das analytische Konzept des Multiplikators in der Konjunkturforschung das Zeitliche segnen sollten. Auch die Einrichtung öffentlicher Schulen oder des Kindergelds oder die Möglichkeit der Steuerprogression oder einer Mehrwertsteuer sind 50, 100 und noch mehr Jahre brauchbar. Warum nicht? Ausgerechnet der arme Willy Brandt wird von den Modernisierern in diesem Zusammenhang als Zeuge zu Hilfe gerufen: Er habe kurz vor seinem Tod einmal gesagt, jede Zeit brauche ihre eigenen Antworten, was in dieser allgemeinen Form sicher immer richtig ist. Doch jetzt sollen mit diesem Zitat unentwegt die Agenda 2010 und andere umwälzende Untaten gerechtfertigt werden, mit denen wichtige Errungenschaften unseres Landes zerstört werden. – »Alles ist neu« ist eine gemachte Meinung mit großen Folgen. Folgen, die wir alle zu spüren bekommen. »Alles ist neu« wird vermutlich auch auf dem Grabstein der SPD stehen, wenn die sogenannten Modernisierer sie endgültig ruiniert haben.

14. Es wird uns in einer Orgie von Propaganda wieder und wieder erzählt, wir hätten einen Reformstau, und dann werden sogenannte Reformen angeboten. Am Ende ist dieser Begriff »Reform« umgedeutet: von Veränderungen zugunsten der Mehrheit der Bürger (und vor allem auch der Einkommensschwächeren) hin zu Veränderungen zugunsten der Besserverdienenden und Vermögenden. In nur wenigen Jahren einen eingeführten Begriff so umzudeuten ist eine »Meister-

leistung«, die man vor allem Gerhard Schröder zuschreiben kann. Meinungsmache hat in diesem Zusammenhang sehr viel Politik gemacht. Denn ohne das gute Image des Wortes »Reform« hätte diese Politik zumindest beim ehedem kritischen Bürgertum und bei den Bildungsbürgern nicht so verfangen.

15. Es wird uns erzählt, es gäbe keine Alternative zu der herrschenden Lehre. Das ist ein klassischer Satz aus dem Handbuch der Manipulation: »There is no alternative – TINA«. Das TINA-Prinzip beherrscht weite Bereiche unserer Politik und hat sich in viele Köpfe eingefressen: Es gibt zu den Reformen keine Alternative. Es gibt zur Sparpolitik und damit zur prozyklischen Wirtschaftspolitik keine Alternative. Es gibt zur Senkung der Lohnnebenkosten keine Alternative. Diese lähmende Meinungsmache hat einen sehr konkreten Sinn: Über Alternativen zum neoliberalen Weg soll nicht nachgedacht werden.

16. Die Agitation zum angeblichen Reformstau baute auf dem systematisch betriebenen Versuch auf, unser Land in düsteren Farben darzustellen. Die Lage der Bundesrepublik und ihrer Wirtschaft wurde über lange Zeit verzerrt porträtiert. Von Lambsdorffs Klagen, beginnend in den Siebzigern, über die unendlichen Standortdebatten in der Kohl-Ära bis zu Angela Merkels Etikett »Deutschland ist ein Sanierungsfall« vom Juni 2006 – wenn die interessierten Kreise ein Krisengemälde brauchten, um ihren Reformforderungen Nachdruck zu verleihen, dann wurde ein Krisengemälde gemalt. Wenn es dagegen opportun war, einen Aufschwung zu konstatieren, dann mutierte der »Sanierungsfall« innerhalb eines Jahres zum »Wirtschaftswunderland«. So sind die Versuche der Meinungsmache gelaufen, und sie haben Wirkung erzielt. Die gesamte Reformpolitik, samt Agenda 2010, Hartz IV und den wiederholten Unternehmenssteuersenkungen, baute auf dem systematischen Schlechtmachen auf. Das Hin und Her einschließlich der 180-Grad-Wende zum Boom-Standort Deutschland zeugt von der Beliebigkeit der Meinungsmache: Sie wird eingesetzt, wie es gerade passt.

17. Es wurde uns erzählt, der Sozialstaat sei quasi an allem schuld: an den Staatsschulden, der Arbeitslosigkeit, der angeblich mangelnden Wettbewerbsfähigkeit. Und dann wurde die im Grundgesetz versprochene soziale Sicherheit ausgedünnt: Hartz IV wurde beschlossen und damit die Substanz der jahrzehntelang bewährten Arbeitslosenversicherung zerstört. Wer heute arbeitslos wird, kann sich nicht mehr darauf verlassen, über eine gewisse Zeit wenigstens finanziell abgesichert zu sein. Nach einem Jahr schon droht Arbeitslosengeld II – das ist Sozialhilfeniveau.[26] Wir tun alles, um die einigermaßen solidarische gesetzliche Rente in ihrer Leistungsfähigkeit zu beschränken. Die Leistungen der solidarischen, gesetzlichen Krankenversicherung werden ebenfalls zusammengestrichen. Ohne den Vorlauf an massiver Propaganda gegen den Sozialstaat, die übrigens beim breiten Volk bis heute nicht richtig verfängt, wäre der Konsens unter den politischen, wissenschaftlichen und medialen Eliten, endlich einmal ordentliche Einschnitte zu wagen, nicht zustande gekommen. Das ist ein typisches Beispiel dafür, wie sich die Wirkung von Meinungsmache zwar auf die Führungskader beschränkt, aber dennoch in den politischen Entscheidungen wirksam wird. Der Konnex, die Kommunikation mit den Bürgern und die Kontrolle durch das Volk, ist hier ausgesetzt.

18. Es wird uns erzählt, der demographische Wandel führe zu Altersarmut, wenn wir die gesetzliche Rente nicht durch eine private Vorsorge ergänzen – und siehe da: Milliarden werden zugunsten der Finanzwirtschaft ausgegeben, das Vertrauen in die gesetzliche Rente wird systematisch zerstört. Zu diesem Zweck entfachen Politik und Versicherungswirtschaft, Banken und Finanzdienstleister gemeinsam ein Propagandafeuerwerk. Und es werden politische Entscheidungen getroffen, die die Leistungsfähigkeit der gesetzlichen Rente mindern. (Näheres siehe Kapitel 19)

19. Es wird uns unentwegt erzählt, die Globalisierung sei ein völlig neues Phänomen, und es wird damit gleichzeitig insinuiert, wir müssten deshalb unsere Gesellschaft umstruktu-

rieren, von Grund auf reformieren und den Sozialstaat abbauen. Unter dem Dauerfeuer dieser Propaganda gehen eine nüchterne Analyse und Handlungsmöglichkeiten unter. Man kann heute über den Grad der Globalisierung und die Schwere der Veränderungen nicht mehr differenziert und kritisch schreiben, ohne an den Pranger gestellt zu werden. Es gibt Politiker und Publizisten, deren Selbstbewusstsein und Selbstfindung an den Glauben geknüpft sind, die Globalisierung sei etwas völlig Neues.

Unsere Wettbewerbsfähigkeit zeigt, dass die globale Veränderung nicht unser Hauptproblem ist. Wir hätten aufgrund der hohen Leistungsbilanzüberschüsse viel Luft gehabt, die innere wirtschaftliche Entwicklung zu beleben. Auch kräftige Einkommenszuwächse hätten die Bilanz aus Exporten und Importen noch nicht aus dem Gleichgewicht gebracht, selbst dann nicht, wenn unter dem Einfluss steigender Löhne und steigender Staatsausgaben die Importe stärker wüchsen als die Exporte. In der Dauerpropaganda zur Globalisierung verschwindet auch die einfache, nüchterne Frage, wieso ein Land wie Schweden zum Beispiel die Bedrohung durch die Globalisierung besser übersteht, obwohl dort der Staatsanteil und die Rolle des Sozialstaats insgesamt größer sind als bei uns. Und obwohl Schweden obendrein einen kleineren Binnenmarkt hat als die Bundesrepublik und somit eigentlich abhängiger sein müsste von der globalisierten Welt.

Im Wirbel der Meinungsmache zur Globalisierung geht unter, welche Möglichkeiten zur Gestaltung unserer globalen Beziehungen wir immer noch hätten, und vor allem, welche Möglichkeiten wir hätten, die Folgen der Globalisierung im Innern zu regulieren.

mm.de: Damit soll ernsthaft nicht mehr gelten, dass die Globalisierung der dominierende Faktor für wirtschaftliche und politische Entwicklungen im eigenen Land ist?
Krugmann: Ganz recht! Nicht, dass der Weltmarkt unwichtig wäre. Aber verfallen Sie nicht dem Fatalismus, man könne national nichts ausrichten, weil die Globalisierung dieses oder jenes erfordere. Dafür gibt es keine seriösen wissenschaftlichen Belege – aber es ist eine beliebte Ausrede der Politik. Nur weil es die Globalisierung gibt, kommen Sie nicht umhin, national politische Entscheidungen zu treffen.

Die Gestaltung unserer Beziehungen zu anderen Volkswirtschaften haben wir nicht ausgereizt. Niemand hat uns beispielsweise gezwungen, im Januar 2004 Hedgefonds in Deutschland zuzulassen.[27] Sie sind die Ursache vieler Irritationen bei einzelnen Betrieben, die fälschlicherweise der globalen Verstrickung der Kapitalmärkte zugeordnet werden, tatsächlich aber auf diesen Beschluss der Bundesregierung zurückgehen.
Niemand hindert uns daran, endlich laut und entschieden aktiv zu werden, um die Transportkosten zwischen den einzelnen Volkswirtschaften den realen Kosten anzupassen. Solange der Flugverkehr subventioniert wird, indem es keine Steuer auf Kerosin gibt, und damit die weltweiten Emissionen des Luftverkehrs nicht als Kosten in die Kalkulationen der Fluggesellschaften und damit der Spediteure hineingezwungen werden, solange auch die sonstigen Verkehrsmittel die vollen Kosten nicht tragen, findet mehr Transport statt, als ökonomisch sinnvoll ist. Wenn wir das Notwendige täten, würde sich eine dezentralere Produktionsweise ergeben, die mit weniger Verkehr und einer nicht so übertriebenen globalen Vernetzung der Handelsströme verbunden ist.

Wir haben auch noch nicht ernsthaft versucht, wenigstens innerhalb der Europäischen Union den Steuerwettlauf einzudämmen. Dass es innerhalb der EU Länder gibt wie Irland, die systematisch Steuerdumping betreiben, um Unternehmen aus anderen Ländern der Wirtschaftsunion zur Steuerverschiebung und Steuerflucht zu veranlassen, ist Ausdruck eines Konstruktionsfehlers der EU. Mit Globalisierung hat das nichts zu tun.

Hat unsere Regierung vor der Finanzkrise ernsthaft versucht, sich mit anderen zusammenzutun, um die Steueroasen auszutrocknen? Diese sind für viele negative Begleiterscheinungen der sogenannten Globalisierung verantwortlich. Warum geschah nichts und geschieht trotz großer Reden des Bundesfinanzministers wenig? Sind unsere Führungseliten mit den Nutznießern dieser Steueroasen möglicherweise zu sehr verschwägert? Dann wäre dies das Problem und nicht die Globalisierung.

Der Freiraum für Gestaltung ist um vieles größer, als die Dauerthematisierung der Globalisierung zu erkennen gibt. Vor allem im Innern hätten wir großartige Möglichkeiten, noch besser mit der gewachsenen internationalen Arbeitsteilung zurechtzukommen: durch eine Top-Infrastruktur, beste Ausbildung für unsere Jugend, kulturellen Reichtum und Vielfalt, Offenheit und Liberalität im Umgang mit anderen Völkern, beispiellose Gewaltfreiheit in unseren Städten und Gemeinden, ein Land ohne Aggressionen und mit möglichst wenigen sozialen Problemen – um alle diese Standortfaktoren müsste die Politik sich kümmern. Das wäre ein sehr viel produktiveres Betätigungsfeld als die ewige Jammerei über die Bedrohung durch die globale Welt. Die Meinungsmache zum Thema Globalisierung wirkt wie ein Vorwand für die eigene Untätigkeit – dabei gäbe es viel zu tun.

20. Es wird uns erzählt, das Kapital sei ein scheues Reh, es fliehe, wenn wir uns nicht nach seinen Wünschen richten. Der Spielraum für eigene Politik sei deshalb in der globalisierten Welt sehr klein. Meinungsmache mit praktischen Folgen:

Damit wird der gesamte Forderungskatalog nach kapitalfreundlichen Reformen begründet. Dabei ist auch diese Warnung übertrieben, sofern in einer Volkswirtschaft von der Politik geleistet wird, was an sinnvollen Maßnahmen zur Verbesserung der Standortqualität einer Gesellschaft möglich ist. Die Kapitalisten sind nicht so dumm, wie die Mehrheit ihrer Agitatoren meint. Sie schauen nicht nur auf die Arbeitskosten.

21. Der freie Markt regele beinahe alles, man müsse ihn nur frei walten lassen, deshalb müsse man deregulieren, also möglichst viele vorhandene Regeln abschaffen. Das geschieht dann auch, teilweise mit verheerenden Folgen. Das Ur-Missverständnis ist die Vorstellung, Märkte könnten ohne Regeln arbeiten. Das tun sie nirgendwo. Allein schon deshalb ist die Deregulierungsforderung prinzipiell zu hinterfragen. Auf den Kapitalmärkten haben wir im Jahr 2007 und 2008 wieder einmal gesehen, welche Folgen der Verzicht auf gute Regeln hat. Man hat sich regellos verspekuliert, und überall mussten und müssen die Steuerzahler auf Geheiß der politischen Spitzen nachfinanzieren, auch bei uns, bei den Landesbanken und sogar bei den privaten Banken IKB, HRE, Commerzbank, voraussichtlich bei der Postbank, der Dresdner Bank und so fort.

22. Es wird uns erzählt, unsere Schulen und Hochschulen seien um vieles schlechter als in vergleichbaren Ländern der OECD und in der Welt, das habe Pisa erwiesen – und siehe da, das Stichwort »Pisa« wurde zu einer Art Blackbox, die kritisches Denken und Fragen überflüssig zu machen scheint und ein schnelles Urteil und die entsprechende politische Tat erlaubt. Überall wurden Tests und Vergleiche eingeführt, gerade so, als würde die Sau vom Wiegen fett. Und dann hat man mit leuchtenden Augen auch für den Bildungsbereich übernommen, was uns von interessierter Seite als »modern« dargestellt wird: das Turbo-Abitur in acht Jahren, das sogenannte G 8; die »selbständige« Schule oder gar private Schulen und Kindergärten als Allheilmittel; »Exzellenz«-Universitäten, die

unter anderem an der Einwerbung von Drittmitteln gemessen werden. Und natürlich Studiengebühren. Überall »Reformen« – jedoch nicht als Ergebnis eigener Überlegung, sondern auf der Basis einer Meinungsmache, betrieben von Kräften, die außerhalb öffentlicher Verantwortung stehen.

Die meisten dieser Maßnahmen, vor deren Folgen viele Menschen nun hilflos stehen, wurden mit Meinungsmache propagiert und durchgesetzt. Die planmäßig gemachte öffentliche Meinung, in diesem Fall massiv gefördert von Bertelsmann und seiner Stiftung, bewirkt gravierende politische Entscheidungen, die ans Mark unserer gesellschaftlichen Institutionen gehen.

Die Meinungsmache hat in der Regel nichts dazu beigetragen, die wirklichen Probleme unserer Schulen und Bildungseinrichtungen anzugehen: Die Klassen sind weiterhin viel zu groß, die Klassengröße entspricht nicht der Notwendigkeit, heterogene Schülergruppen angemessen zu betreuen und auf Kinder mit Lernschwächen einzugehen. Testen geht vor Fördern, Messen (Evaluieren) vor einer Diskussion über die Inhalte, quantitatives Vergleichen vor einer Erörterung der Qualitätsmaßstäbe. In vielen Bundesländern wurde die Pflichtstundenzahl erhöht. Auch das basiert auf einem weitverbreiteten und von der Politik geförderten Vorurteil: Die Lehrer sind faul, also kann man ihnen auch größere Klassen und mehr Unterrichtsverpflichtung zumuten.

23. Es wurde uns weisgemacht, Deutschlands Studienabschlüsse entsprächen nicht dem internationalen Standard und bei uns würde viel zu lange studiert. Und siehe da, wir haben uns diesen von vordergründigem Effizienzdenken geprägten Maßstäben gebeugt und das angloamerikanische gestufte Studiensystem mit Bachelor- und Masterabschlüssen übernommen. Dieser Vorgang ist typisch für jene Sorte von Meinungsmache, die sich innerhalb eines kleinen Zirkels abspielt. Die Mehrheit, selbst die Mehrheit der akademisch Gebildeten in Deutschland, hat vermutlich nicht einmal mitbekommen, welcher fragwürdige Umsturz auf der Basis einer internatio-

nal geführten Propaganda zum sogenannten Bologna-Prozess bei uns stattfindet.

24. Über Personen wird gerne viel erzählt. Mit angehefteten Etiketten wird Meinung gemacht, häufig mit Folgen für die weitere politische Karriere und seltsam ungleichgewichtig verteilt nach den verschiedenen politischen Lagern. Helmut Kohl – »der Pfälzer«, »die Birne«. Ihm hat das nicht geschadet. Helmut Kohl hatte sein Milieu und viele Medien hinter sich. Selbst der Spendenskandal und der damit verbundene Bruch von demokratischen Sitten und Gesetzen haben ihm letztlich nicht geschadet. Er kann weiterhin schweigen zur Herkunft der Mittel. Und als der »Einheitskanzler« gilt Helmut Kohl ohne Abstriche. – Willy Brandt – »der Zauderer«, der »lau badet«, »keine Ahnung von Wirtschaft« hat. Ihm hatten diese Etiketten sehr geschadet. Meinungsmache war ein wesentliches Mittel der Hetzjagd, die zu seinem Rücktritt im Mai 1974 führte. – Oskar Lafontaine – »der gefährlichste Mann Europas«, so die britische »Sun« mit einem lauten Echo in Deutschland und entsprechendem Erfolg im März 1999. »Der Mann, der den Bettel einfach hingeworfen hat«. Heute: »der Populist«. »Der Populist«. »Der Populist« – in unendlicher Wiederholung. Kaum ein Artikel ohne dieses Etikett. Die Fakten und die wirklichen Umstände des Rückzugs von Lafontaine im Jahr 1999 interessieren nicht. Kein Journalist wird je gezwungen, sich dafür zu interessieren, weil das Meinungsbild darüber festgezurrt ist.– Kurt Beck – »der Dilettant«, er sei »überfordert«, »ruiniere seine Partei«, und, wie schon bei Kohl: »der Pfälzer«. Ihn hat die Meinungsmache die Kanzlerkandidatur und den SPD-Vorsitz gekostet. – Meinung macht Personalpolitik.

Anders liegt die Sache bei Jürgen Rüttgers und Friedrich Merz. Rüttgers ist »der Arbeiterführer« – Meinungsmache zur Erweiterung des Profils, durchaus so gewollt, deshalb auch so geplant. Diese Meinungsmache sichert Rüttgers auf absehbare Zeit die Macht in Nordrhein-Westfalen. Und Friedrich Merz ist trotz (oder wegen) des Vorschlags für eine Bierdeckel-Steuerreform der Wirtschafts- und Finanzfachmann par excellence. Die positive Meinungsmache gibt ihm als Anwalt die Freiheit zu allen möglichen Geschäften mit ausländischen Hedgefonds. – Horst Köhler wurde zu einem der besten Bundespräsidenten hochstilisiert, den wir je hatten.

Die Beispiele zeigen: Auch bei Personalfragen hat Meinungsmache eine Schlagseite zugunsten der Konservativen und der wirtschaftsnahen Personen. Die gesamte politische Linke einschließlich vieler Sozialdemokraten hingegen ist zur Zielscheibe geworden.

Mit geballter kommunikativer Kraft ist es möglich, das Ansehen von Politikern nahezu unabhängig von der politischen Leistung zu prägen. Des neuen Bundeswirtschaftsministers von und zu Guttenbergs Ansehen sprang auf der Basis guter PR-Kampagnen nach oben – ohne Bezug zur Leistung. Auch das gute Image des SPD-Vorsitzenden Müntefering ist sozusagen bodenlos. Obwohl sein Name und sein Wirken mit dem Niedergang der SPD seit 1998 eng verbunden ist, obwohl er wesentlich daran beteiligt war, die sozialdemokratische Kanzlerschaft mit dem Neuwahlbegehren um ein Jahr zu verkürzen und damit zugleich die Chance für einen Wahlsieg 2005 gegen null zu drücken, und obwohl er mit politischen Entscheidungen wie mit der Rente mit 67 und der massiven Förderung der Privatvorsorge zu Lasten des Ansehens der gesetzlichen Rente Tausende von Sozialdemokraten aus der Partei und Hunderttausende aus der Wählerschaft vertrieben hat, wurde im August 2008 nach ihm als Retter gerufen.

25. Es wird uns erzählt, Andrea Ypsilanti habe alles falsch angelegt, sie habe »gepatzt«; es wird uns erzählt, die SPD rücke nach links, und die Union rücke nach und leide an Sozialdemokratisierung. Alle diese Behauptungen haben, auch wenn sie halt- und bodenlos sind, tiefgreifende Folgen für die Entscheidung der Wähler, für die Koalitionsoption und für die innere Entwicklung der Parteien.

26. Mit Meinungsmache kann man übrigens auch aus einem unternehmerisch Erfolglosen einen guten Manager machen. Das

haben wir bei Hartmut Mehdorn erlebt. Er hat sich mit seinem versuchten Börsengang verrannt, er hat dem Unternehmen mit einem obskuren Preissystem geschadet, er hat mit Affären und Skandalen und mit Sparen am falschen Fleck den Ruf der Bahn beschädigt. Dann nahm er seinen Hut und brannte, unterstützt von einigen in der Politik und vielen in den Medien, ein Feuerwerk der Meinungsmache ab. Von der Bundeskanzlerin bis zu Steffen Seibert vom ZDF wurde Mehdorn zum erfolgreichen Manager und Sanierer der Bahn hochstilisiert. Das ging Ende März 2009 Schlag auf Schlag und nahezu völlig gleichgerichtet in den deutschen Medien. Diese erstaunlich wahrheitswidrige Imagebildung hatte für die Macher dieser Meinung ihren Sinn: Es sollte für die Deutsche Bahn AG die Fortsetzung des Kurses von Mehdorn und die Wahl eines Nachfolgers, der auf seiner Linie liegt, vorbereitet werden. Die Umdeutung von Scheitern in Erfolg war kein Zufall. Und sie war erfolgreich.

27. Es wurde und wird uns erzählt, die Deutsche Bahn brauche das Geld, das bei dem ersehnten Börsengang hereinkommt, für dringend notwendige Investitionen, auf anderem Wege bekäme sie das Geld nicht. Tatsächlich kann sich die Bahn aber auch ohne diese Teilprivatisierung relativ günstig finanzieren, weil sie als sicherer Schuldner gilt. Jeder andere Finanzierungsweg ist deutlich teurer: Die sogenannten Investoren werden mehr verlangen als die fünf bis sechs Prozent, die bei einer Anleihe bezahlt werden müssten. Und dennoch hat dieses seit langem konsequent und immer wieder erzählte Propagandastück bewirkt, dass mit dieser Begründung zunächst in der SPD innerhalb einer Arbeitsgruppe und dann in der Bundesregierung die Weichen für die Privatisierung gestellt wurden. Meinungsmache hat über rationale Argumente und sachliche Erwägungen gesiegt.

28. Wenn ich im Fall der Deutschen Bahn von »Privatisierung« spreche, drücke ich mich im Sinne der Meinungsmacher nicht korrekt aus. Diese benutzen zur Bezeichnung des Privatisierungsvorgangs meist den schönen Begriff »Reform«. Es wird

uns erzählt, die Privatisierung sei Teil der Anfang der neunziger Jahre begonnenen Bahnreform. Was am Verkauf von 24,9 Prozent – oder später einmal von 49,5 Prozent oder auch von 100 Prozent – »Reform« sein soll, ist nicht zu begreifen. Warum wird hier privatisiert, obwohl andere Länder wie zum Beispiel Großbritannien und Neuseeland schlechte Erfahrungen mit einer privatisierten Bahn gemacht haben? Offenkundig spielen auch hier sachliche Erwägungen keine Rolle. Stattdessen Wortgeklingel: »Reform« klingt gut. Kombiniert mit der Falschaussage über die angeblich anders nicht mögliche Beschaffung von Geld reicht das zur Begründung und zur Durchsetzung der notwendigen politischen Entscheidungen. So wirksam ist Meinungsmache.

29. Es wurde und wird uns immer noch erzählt, wir müssten den Finanzplatz Deutschland ausbauen und attraktiver machen,[28] wir müssten die Finanzindustrie fördern, wir müssten Investoren anlocken, damit in neue Wagnisunternehmen neu investiert würde, die Finanzwirtschaft sei der effizienteste Kontrolleur der realen Wirtschaft – und siehe da: Unsere sogenannten Eliten hegen und pflegen die Heuschrecken wie in einem überdimensionierten Streichelzoo, wir bauen die Regulierungen des Finanzsektors ab, und wir laden sie ein, mit ihren dubiosen Geschäften auch noch unsere reale Wirtschaft zu kontrollieren und massiv zu belasten, wie in der seit Frühjahr 2007 offenbaren Finanzkrise geschehen. Das kam nicht von ungefähr. Das war so gewollt. Hans Tietmeyer, damals Präsident der Deutschen Bundesbank, hat im Februar 1996 beim Weltwirtschaftsforum in Davos die Kapitulation der Politik vor den sogenannten Finanzmärkten offen postuliert, als er zu den versammelten Staatsoberhäuptern, Ministerpräsidenten und Ministern sagte: »Von nun an stehen Sie unter der Kontrolle der Finanzmärkte!«[29] Und noch am 28. Februar 2008 sagte Bundesfinanzminister Peer Steinbrück: »Schließlich steht außer Zweifel, dass wir einen starken und wettbewerbsfähigen Finanzplatz Deutschland brauchen. Wer anderes propagiert, streut den Menschen Sand in die Augen

und gefährdet Wachstum, Wohlstand und Arbeitsplätze in Deutschland.«[30]

Tietmeyers Äußerung ist an Anmaßung nicht zu überbieten, aber Tietmeyer ist bestens anerkannt im Establishment der Bundesrepublik und weit darüber hinaus. Spätestens seit der im Jahr 2007 aufgebrochenen Finanzkrise wissen wir, welchem Lug und Trug wir da aufgesessen sind. Jetzt, wo es darum geht, die Pleiten zu verhindern, wird nach dem Staat gerufen; jetzt darf der Steuerzahler Milliarden aufbringen, um die Verluste zu sozialisieren.

30. Es wird uns erzählt, Banken dürften nicht insolvent werden. Da wegen der von Bankenpleiten ausgehenden Gefahren für die Wirtschaft etwas an dieser Behauptung dran sein könnte, sind wir rundum erpressbar. Wir zahlen die Wettschulden der Spieler im Casino des internationalen Kapitalmarkts. Wir tun dies klaglos und lautlos, weil wir mit zwei wechselweise gebrauchten Wörtern perfekter Meinungsmache stillgestellt worden sind: »Systemrelevant« sei quasi jede Bank, »systemisch« heißt es in Variation und geheimnisvoll. Wissenschaftler, Journalisten, Abgeordnete, wir Bürgerinnen und Bürger sowieso, wir alle haben aufgehört zu fragen. Man erzählt uns, wir müssten jede Bank retten, weil andernfalls eine Kettenreaktion von Insolvenzen im Finanzsystem ausgelöst würde. Aber man begründet und erläutert uns nicht, ob das wirklich stimmt und ob es wirklich lohnt, fast das Doppelte des Bundeshaushalts zur Rettung von Banken einzusetzen. Wir stellen mindestens 480 Milliarden € zur Rettung dieser »systemischen« Finanzinstitute bereit. Das ist die bisher teuerste Konsequenz systematisch geplanter und umgesetzter Meinungsmache. Wir meinen, unser Wirtschaftssystem mit diesen Milliarden zu retten, weil es angeblich gefährdet sei, wenn wir als Steuerzahler die Milliarden verweigern. Vielleicht retten wir damit aber nicht unser Wirtschaftssystem, sondern das System des Casinobetriebs, der Kettenbriefe und der Wetten, auf die sich die Finanzindustrie in den letzten Jahren kapriziert hat. Die Meinungsmache ist übrigens so

wirksam, dass wir inzwischen – wenn auch unter leichtem Protest – mit staatlichen Rettungsaktionen sogar direkt für die Bonuszahlungen aufkommen, die mitten in der Krise in Milliardenhöhe an Investmentbanker ausgeschüttet werden.

31. Es wurde uns erzählt, eine besonders verlustreiche Bank, die Industriekreditbank (IKB) in Düsseldorf, sei eine öffentliche Bank. Und siehe da, aufgrund dieser Lüge, die von vielen Menschen geglaubt wird, beugen wir uns als Steuerzahler dem Zwang, für eine solche Bank und ihre Spekulationsgeschäfte zu bürgen und dann auch zu zahlen. Den ohnehin damit verwobenen Politikern erleichtert die Meinungsmache das Geschäft, einer mehrheitlich im Besitz anderer privater Banken befindlichen privaten Bank Steuergelder zuzuschieben. Die Verantwortlichen meldeten sich in diesem Sinne mit markigen Worten zu Wort. So zum Beispiel unser Bundesfinanzminister am 15. Februar 2008 vor dem Bundestag in einer Regierungserklärung: »Der Nachteil einer drohenden Insolvenz verbunden mit einer drohenden Erschütterungsdynamik für den gesamten Finanzplatz Deutschland war gegen den Nachteil abzuwägen, auch mit Steuergeldern ein Institut zu stützen, das sich am Markt verzockt hat und eigentlich vom Markt bestraft werden müsste.«

Es wurde nach Bekanntwerden der hohen Verluste der IKB auf mehreren Kanälen und von verschiedenen Absendern, die meist der Wirtschaft, der Union und der FDP nahestanden, verbreitet, die Sprecherin des Vorstands der (damals) 38-Prozent-Eignerin an der IKB, der Kreditanstalt für Wiederaufbau (KfW), Ingrid Matthäus-Maier, sei wegen schlechten Krisenmanagements schuld an der Misere der IKB. Und obwohl sie erst 2006 das Amt der Sprecherin der KfW übernommen hatte, obwohl die meisten riskanten finanziellen Engagements der IKB vor ihrer Amtsübernahme bei der KfW stattgefunden hatten und obwohl die anderen, privaten Eigentümer die Mehrheit bei der IKB hatten – einschließlich der Besetzung der Mehrheit im Aufsichtsrat und der Besetzung des Aufsichtsratsvorsitzes –, sah sich Ingrid Matthäus-Maier genötigt, das Handtuch zu werfen und damit auch in der Wahrnehmung der Öffentlichkeit die Verantwortung zu übernehmen.

Das ist ein gutes Beispiel dafür, wie das Netz der herrschenden Kreise durch Meinungsmache Personalpolitik macht und gleichzeitig im konkreten Fall noch absichert, dass das besondere finanzielle Opfer des Bundes als Eigentümer der KfW (und damit der Steuerzahler) für die Rettung der privaten IKB nicht in Frage gestellt wird und das Geld weiter fließen kann. Eine Schuldige kann präsentiert werden. Die gefügigen Politiker wie etwa der Bundesfinanzminister und sein zuständiger Abteilungsleiter für Finanzen und spätere Staatssekretär, Jörg Asmussen, wie auch vor allem die privaten Banker bleiben verschont. Der Zusammenhang zwischen Meinungsmache und Ergebnis ist eklatant.

Vermutlich werden in einem solchen Fall auch teuer bezahlte Public-Relations-Agenturen eingeschaltet. Auch wenn diese Machenschaften im Dunkel bleiben, ist es für die eigene Einschätzung wichtig zu wissen, dass solche Entscheidungen wie beschrieben vorbereitet werden und ablaufen. Die Kommunikation, genauer gesagt: Propaganda und Lobbying, spielt eine wichtige Rolle dabei.

Die Sache endete mit dem Verkauf des inzwischen durch staatliche Stützung auf 91 Prozent angewachsenen Anteils der bundeseigenen Kreditanstalt für Wiederaufbau an der IKB an den sogenannten Investor Lonestar aus den USA. Die »Frankfurter Allgemeine Zeitung« bilanziert: Die Rettung der im Vergleich kleinen IKB habe nach heutigen Erkenntnissen 10,7 Milliarden Euro gekostet. 9,2 Milliarden Euro davon tragen die staatseigene Kreditanstalt für Wiederaufbau und der Bund, mithin der Steuerzahler. »Rund 125 Euro hat also jeder Bundesbürger unfreiwillig für eine Bank bezahlt, die der Finanzinvestor jetzt von nahezu allen Risiken befreit geschenkt bekommt.« Die »FAZ« nennt das am 21. August 2008 einen »beispiellosen Bankenskandal«: »Die privaten Banken jedenfalls sind bei dem Geschäft prima weggekommen. Dabei bleibt festzuhalten, dass die staatliche KfW stets Minderheitsaktionär und die IKB grundsätzlich eine private Bank war und bleibt: eine private Bank, die mit Milliarden Steuergeld gerettet wurde. Bei allem Verständnis für die Sorgen der 1750 Mitarbeiter, das war es nicht wert. Der Fall IKB ist genau genommen kein Bankendesaster, er ist ein Bankenskandal.«[31] Es handelt sich hier um eine bestens eingefädelte Plünderung öffentlichen Vermögens. Die Größenordnungen sind skandalös. Man vergleiche nur einmal die Bereitschaft der Regierung, die Verluste dieses privaten Bank-Instituts zu übernehmen, mit der Verweigerung von öffentlichen Mitteln für notwendige öffentliche Aufgaben: Die gesamten öffentlichen Ausgaben für die Lehre an allen deutschen Hochschulen liegen nur um die Hälfte höher als die Kosten dieser Rettungsaktion zugunsten der privaten Eigentümer einer einzigen Bank.

Die öffentlich betriebene Schuldzuweisung hatte für die amtlichen Versager, die Finanzaufsicht aus Bundesbank und Bundesanstalt für Finanzdienstleistungsaufsicht (BaFin), noch einen angenehmen Nebeneffekt: Sie sind aus dem Blickfeld geraten. Man hat einen Schuldigen für die Milliardenverluste zu Lasten der Steuerzahler – also behalten die Vertreter der Bundesbank ihren Heiligenschein, obwohl auch sie auf die Anklagebank gehören.

Die Agitation zur angeblich staatlichen IKB und die schnelle Bereitschaft zur Zahlung von zehn Milliarden und zur erneuten schnellen Privatisierung wirken wie ein Vorspiel zu dem, was ein gutes halbes Jahr später folgte: der bereitwillig aufgespannte Rettungsschirm mit 35, dann 92 und wenig später 102 Milliarden für die HRE, mit 18,2 Milliarden für die Commerzbank zur Finanzierung der Übernahme der Dresdner Bank und absehbare Verpflichtungen für die Postbank, für die Dresdner Bank usw. Allein schon die Finanzierung der Übernahme einer Bank, der Dresdner Bank, durch eine andere Bank, die Commerzbank, mit Hilfe von Steuergeldern ist

ein Riesenskandal. Auch das war von gezielter Meinungsmache begleitet. Von einem »zweiten nationalen Cham-
pion« war mit Hinweis auf die Übernahme der Dresdner Bank
durch die Commerzbank die Rede, es formiere sich eine neue
»Superbank«[32] »Die Fusion stärkt den Finanzplatz Deutschland«, sagte Finanzminister Peer Steinbrück (SPD).[33]

32. Seit dem öffentlich erkennbaren Ausbruch der Finanzkrise
sind wir einer Reihe weiterer Versuche gezielter und dann
auch erfolgreicher Irreführungen ausgeliefert. Es wird uns erzählt, die Finanzkrise komme aus den USA und die bei uns
Verantwortlichen seien von ihr völlig überrascht worden. Der
Bundesfinanzminister spricht sogar davon, er sei von einem
»Spring-ins-Feld-Teufel« angefallen worden.[34] Kaum etwas
davon stimmt. Die Spitzen der Bundesregierung, Bundeskanzler Schröder mit den Ministern Clement und Eichel, haben schon zu Anfang 2003 mit den Spitzen der Banken und
Versicherungen zusammengesessen und beraten, ob und wie
man riskante Papiere, die bei den Banken und Versicherungen lagerten, in eine sogenannte Bad Bank, in eine üble
Bank, auslagern könnte. Was im Jahr 2008 wie ein neuer
Plan präsentiert worden ist, lag also schon fünf Jahre früher
als Überlegung vor. Im Bundesfinanzministerium waren damals wie heute die gleichen leitenden Beamten damit beschäftigt. »Indiskretion nach Spitzentreffen – ›Bad Bank‹
sorgt für Aufregung« titelte das »Handelsblatt« am 24. Februar 2003[35]. Nach dieser Veröffentlichung wurde eine Bad
Bank, eine üble Bank, offiziell nicht gegründet. Die Risiken
wurden in Zweckgesellschaften, in existente Banken wie die
IKB und in Neugründungen wie die HRE (2003) ausgelagert.
Die Risiken bei der HRE sind wahrscheinlich so hoch wie bei
der gestrandeten US-Investmentbank Lehmann Brothers. Die
Behauptung, das Unheil sei nur aus den USA gekommen, ist
nicht zu halten.

Dass dies alles ohne Wissen der Bundesregierung geschehen
sein könnte, ist unvorstellbar. Die Bundesregierung hat ja sogar daran mitgewirkt, die für die besonderen Spekulationen

mit besonderen Papieren benötigten sogenannten innovativen Finanzprodukte zu entwickeln, sie hat die Hedgefonds in Deutschland zugelassen und andere unseriöse Praktiken durch Steuererleichterungen und durch Deregulierung gefördert. Sowohl die rot-grüne als auch die schwarz-rote Bundesregierung haben am Entstehen der Finanzkrise mitgewirkt. Eine beachtenswerte Kontinuität. Sie haben auch unseriösen Vorstellungen von einer Kapitalrendite von 25 Prozent nicht widersprochen. Im Gegenteil, Josef Ackermann und seine Bank waren immer wieder begehrte Berater der Regierungsspitzen.

33. Es wurde uns erzählt, wir müssten die »Deutschland AG« auflösen. Das hörte sich ganz gut an. Nur wenige widersprachen der von der Regierung Schröder durchgesetzten Steuerbefreiung der Gewinne beim Verkauf von Unternehmen und Unternehmensteilen. Mit der Konsequenz, dass Milliarden von Steuergeldern ausblieben und bisher schon über 6000 deutsche Unternehmen vor allem an ausländische Hedgefonds, Private Equity-Gesellschaften und andere sogenannte Investoren verkauft worden sind. Es wurde uns erzählt, unser Land benötige dieses Geld. Es wurde uns nicht gesagt, dass viele dieser sogenannten Investoren nur um die 20 Prozent aus eigenen finanziellen Mitteln investieren und den Rest über Schulden finanzieren, die sie den gekauften Unternehmen aufbürden. Heute können wir die Opfer dieser von Rot-Grün und von Schwarz-Rot gefeierten Auflösung der Deutschland AG am Wegesrand der Wirtschaftskrise auflesen – wiederum mit öffentlichem Geld und belastet mit der Existenzangst und den Sorgen Tausender Arbeitnehmer.

Die Abschiebung der Verantwortung für die Finanzkrise allein auf die USA und die Verbreitung der Botschaft, die Verantwortlichen bei uns seien von der Krise überrascht worden, hatte praktische Folgen für das Ansehen der Hauptverantwortlichen. Noch im Dezember 2008 bescheinigten 66 Prozent der von Infratest-dimap[36] Befragten der Berliner Politik ein schnelles und entschlossenes Handeln. Anfang Februar

2009 waren es dann nur noch 58 Prozent. Das ist gemessen an der Sachlage immer noch zu viel.

Insgesamt kann man feststellen, dass die Meinungsmache zur Rolle der USA und das Überraschtsein der hierzulande Verantwortlichen es diesen möglich machte, von der Rolle der Brandstifter in die angenehme Rolle der Feuerwehrleute zu schlüpfen. Die Mehrheit der Medien hat dies mit Kräften unterstützt. Sie haben eine Art Schutzschirm über die politisch Verantwortlichen gebreitet.

34. Angela Merkel und Peer Steinbrück haben uns klagend berichtet, die Banken würden das Rettungspaket nicht annehmen. Sie haben die Banken in aller Härte aufgefordert, dies doch endlich zu tun. Ich kenne Menschen, die nicht begreifen konnten, warum die vom deutschen Volk Gewählten die Banken anbetteln, doch endlich unser Geld zu nehmen, um ihre Spielschulden bezahlen zu können. Wenn man die Gesetze der Meinungsmache kennt, dann bleibt einem auch dieser Schachzug kein Rätsel: Mit diesem Trick ist es gelungen, die Banken aus der Bittstellerrolle herauszubringen. Und damit ist es psychologisch leichter geworden, bei unserem Volk – jedenfalls bei unseren Eliten – durchzusetzen, dass Milliarden an die Banken gezahlt werden. Auch das eine Meinungsmache mit teuren Folgen.

Kapitel 4
Meinungsmache prägt wirtschaftliche Entscheidungen

Meinungsmache beeinflusst Unternehmer und Manager – stärker als wir annehmen, weil wir Wirtschaftsführer für rational handelnde Menschen halten. Mit gezielter Meinungsmache wird die Entwicklung der Kurse an den Börsen beeinflusst – stärker als wir vermuten, weil wir lange meinten, die Entscheidung über die Anlage von Geld folge sachorientierten Kriterien. Aber der Zusammenhang zwischen Meinungsmache und wirtschaftlichen Entscheidungen ist ähnlich eng wie bei politischen Entscheidungen zur Sache und zur Person.

1. Es wurde und wird uns erzählt, Unternehmen könnten nur bestehen, wenn sie zum Global Player werden. Also hat Daimler-Benz den amerikanischen Konzern Chrysler und Teile des japanischen Konzerns Mitsubishi übernommen. Beides erwies sich als teures Abenteuer, das Milliarden gekostet hat, die von Mitarbeitern durch Lohnsenkungen und Entlassungen aufgebracht werden mussten und an den Reserven für die nun eingetretene Krise zehren. Andere Unternehmen haben ähnliche von modischen Trends geprägte Entscheidungen getroffen. Derartige negative Erfahrungen sprechen nicht prinzipiell gegen die weltweite Tätigkeit eines Unternehmens. Sie sprechen allerdings dafür, sich nicht an gemachten Stimmungen zu orientieren, sondern an sachlichen Erwägungen. – Möglicherweise hatte die Entscheidung zur Übernahme von Chrysler übrigens doch eine »sachliche« Komponente: Sie war von dem Wunsch des deutschen Daimler-Vorstands motiviert, dass seine Bezüge an die höheren amerikanischen Gehälter angeglichen werden. Dieser Wunsch wurde erfüllt.

2. Vor 25 Jahren wurde uns erzählt, die Unternehmen müssten diversifizieren. Das ist dann der Meinungsmache entsprechend von vielen Unternehmen so praktiziert worden – auch von Daimler-Benz. Der damalige Daimler-Chef Edzard Reuter

sah es als unabdingbar an, aus Daimler einen »integrierten Technologiekonzern« zu Lande, zu Wasser und in der Luft zu basteln. Im Weltraum liege die Zukunft, wurde uns erzählt. Also wurden die AEG, verschiedene Rüstungsfirmen und Flugzeughersteller gekauft. Genauso bei Bayer, Mannesmann, Siemens Automotive, dem Maschinenbauer Jagenberg und anderen.

Dann schlug das Pendel wieder in die andere Richtung aus, und man entdeckte die Konzentration auf die Kernbereiche. Und wieder wurde dieser Stimmung entsprechend gehandelt, die Unternehmen wurden verschlankt, Beteiligungen verkauft.

3. Der Schauspieler Manfred Krug erzählte uns, die Telekom-Aktie sei eine Volksaktie, die jeder haben müsse. Menschen, die seiner Werbebotschaft vertrauten, kauften Telekom-Aktien zu 60, zu 70 und zu 80 Euro. Wenn sie nicht verkauft haben, dann sitzen sie noch heute auf ihren Papieren, die am 18. Mai 2009 einen Wert von 8,44 Euro hatten.

4. Im Zeitalter der New Economy hat man uns erzählt, den damaligen Startups gehöre die Zukunft. Oft jedoch überstieg das Wagniskapital dieser jungen Unternehmen die Umsätze um ein Vielfaches. Milliarden Euro wechselten damals den Eigentümer – von gutgläubigen Anlegern zu maßlos überschätzten Jungunternehmern. Diese wurden durch Meinungsmache reich, viele Anleger arm.

Beim neuen Aktienboom zwischen 2003 und 2008 funktionierte die Stimmungsmache nach demselben Muster. Zu viele Menschen vertrauen den Gurus in den Börsennachrichten, die sich wie die Schneekönige freuen, wenn die Kurse steigen. Ganz als sei dies eine öffentlich-rechtliche Angelegenheit und von gesellschaftlichem Belang. Bei der allabendlichen Stimmungsmache zur besten Sendezeit sollte man im Kopf haben, dass dieses Thema gerade einmal 5,4 Prozent der Menschen in Deutschland betrifft. So viele sind Besitzer von Aktien.

Von den Bewunderern der Aktienbörsen wird uns immer

wieder erzählt, die Kursentwicklung spiegelte auch die Entwicklung und Leistungsfähigkeit der Unternehmen wider. Ein Blick auf die Aktienkursentwicklung der letzten Jahrzehnte zeigt, dass dies ein Märchen ist. Seit den achtziger Jahren des letzten Jahrhunderts haben die Aktienkurse so exorbitante Ausschläge zu verzeichnen, dass man beim besten Willen darin kein Spiegelbild der Unternehmensentwicklung sehen kann.

Die Abbildung zeigt die Kursentwicklung der sogenannten DAX-Unternehmen von 1959-2008.

(Anmerkung: Als zusammengefasste Maßzahl der Aktienkursentwicklung gibt es den DAX erst seit 1. Juli 1988: für die Zeit davor ist er rückberechnet worden.)

Zwischen 1959 und 1983 blieb die Kursentwicklung erstaunlich stabil. 1960 überschritt der Dax zum ersten Mal die Marke von 500 Punkten. Die gesamten sechziger und siebziger Jahre schwankte der Index um eine Linie zwischen 500 und 600 Punkten. Es gab keine größeren Ausschläge. Ab 1983 änderte sich das markant. Im Jahr 1994 überschritt der DAX die Schwelle von 2000 Punkten und dann im März 2000 die

Marke von 8064. Das ist in sechs Jahren eine Vervierfachung der Kurswerte der DAX-Unternehmen. Danach sackte der DAX bis zum März 2003 auf 2202 Punkte ab, also fast auf ein Viertel. Dann ging es wieder steil nach oben. Gut vier Jahre später, im Juli 2007, überstieg der DAX wieder die Marke von 8100 Punkten und fiel dann auf 4127 im November 2008. Seitdem schwankt er zwischen 4000 und 5000 Punkten (Stand Mitte Mai 2009).

Mit der wirtschaftlichen Entwicklung der gelisteten Unternehmen und mit der Entwicklung unserer Volkswirtschaft hat diese Kursentwicklung nahezu nichts zu tun. Als sich der DAX kaum bewegte, wie zwischen 1959 und 1982, »bewegten« sich viele Unternehmen in Deutschland nach oben. Auch die Vervierfachung des Wertes in sechs Jahren zwischen 1993 und 2000 ist nicht das Spiegelbild der realen Entwicklung der Unternehmen, genauso wie der rasante Abstieg danach und der Wiederaufstieg ab dem Jahr 2003 nicht Abbilder einer hektisch veränderten Leistungsfähigkeit und Produktivität sind.

Das Fazit: Vieles spricht dafür, dass es eine engere Verzahnung zwischen Meinungsmache und dem Börsengeschehen gibt als zwischen der realen wirtschaftlichen Entwicklung und den Börsenkursen.

5. Übernahmeschlachten wie jene, die sich Vodafone mit Mannesmann und D2 leistete, werden wesentlich durch PR-Kampagnen und Meinungsmache gesteuert und begleitet. Das gilt auch für die Übernahme eines Teils der Deutschen Börse durch den britischen Hedgefonds TCI und die Übernahmeschlacht um die niederländische Bank ABN Amro, bei der TCI als Stimmungsmacher ebenfalls eine Rolle gespielt hat.

Heute können sich einzelne sogenannte Investoren mit vier, fünf oder sechs Prozent in ein Unternehmen einkaufen. Sie beginnen dann mit aggressiver Öffentlichkeitsarbeit gegen das Management, ziehen auf diese Weise einige weitere größere Kleinaktionäre auf ihre Seite und prägen schließlich die Stimmung auf der nächsten Hauptversammlung. Mit Öffent-

lichkeitsarbeit drängen sie in den Aufsichtsrat. Der Gesetzgeber sieht tatenlos zu.

Meinung macht wirtschaftliche Gewinne und wirtschaftliche
Katastrophen. Gesellschaftspolitisch sind diese Erscheinungen ausgesprochen fragwürdig. Offensichtlich funktioniert
der Markt auf diesem Feld der Kapitalbewegungen nicht im
Sinne einer optimalen Allokation der Ressourcen. Es werden
sehr viele Ressourcen verschwendet, um den Casinobetrieb
auf den Finanzmärkten am Laufen zu halten; intelligente
und gut ausgebildete junge Leute beschäftigen sich mit Spe-
kulationsgeschäften, mit Finanzwetten und der Erfindung
neuer Finanzprodukte. Das sind vergeudete Ressourcen genauso wie die Prachtbauten unserer Banken und Versicherungen. Wie kann eine aufgeklärte Gesellschaft das hinnehmen?

Kapitel 5

Meinungsmache bereitet Kriege vor

Die Fälle sind bekannt, jedoch wieder schnell vergessen und in der Regel nicht präsent, wenn der nächste Krieg vorbereitet wird:

1. Die Behauptung, Saddam Husseins Irak besitze Massenvernichtungswaffen, diente als vorgeschobenes Argument für den zweiten Irakkrieg. Das amerikanische Volk und einige andere Nationen haben dieser Propaganda zumindest teilweise geglaubt. Immer dann, wenn ihre eigene Regierung sich an der Meinungsmache massiv beteiligt, übernimmt ein großer Teil der Bevölkerung diese Propaganda. Im Januar 2008 berichtete die Weltgesundheitsorganisation WHO von 150 000 toten Zivilisten in den ersten drei Jahren dieses Krieges – die Opfer der gezielten Meinungsmanipulation.

   Um sich ins rechte Licht zu setzen, gab das Pentagon im Jahr 2009 4,7 Milliarden (!) US-Dollar aus.[37] 27 000 Personen beschäftigt das amerikanische Verteidigungsministerium zum Zwecke der Werbung und PR-Arbeit. Das sind gewaltige Summen und eine sehr große Mitarbeiterzahl. Sie werden dafür bezahlt, Kriege als nützlich erscheinen zu lassen.

2. Kriegspropaganda beim Golfkrieg 1990: Damals zeigten amerikanische Fernsehstationen Aufnahmen angeblicher Iraker, die kuwaitische Babys aus Brutkästen rissen. Die Aufnahmen waren gestellt.

3. Wir selbst wurden Zeugen einer perfekten Operation Meinungsmache im Vorfeld und während der militärischen Intervention der Nato im Kosovo/Serbien-Konflikt. Exemplarisch zeigt sich hier das Zusammenwirken von höchst professioneller Öffentlichkeitsarbeit auf der einen Seite und begleitender politischer Arbeit auf der anderen – inklusive der Dynamik, die die veröffentlichte Meinung sowohl bei den Medien als auch auf die öffentliche Meinung hat, und der

wiederum daraus folgenden weiteren politischen Entscheidungen.

Noch vor ihrer Wahl zum Bundes- und zum Vizekanzler wurden Gerhard Schröder und Joschka Fischer im Oktober 1998 auf Drängen von US-Präsident Bill Clinton darauf verpflichtet, bei einer möglichen militärischen Intervention in Serbien/Kosovo mitzumachen.[38] Das Ziel im Hintergrund war Insidern schon damals klar: Es kam den USA, der Nato und den damit verbundenen hiesigen politischen Kräften darauf an, dass die Deutschen endlich ihren Widerstand gegen den Einsatz der Bundeswehr und der Nato außerhalb des Nato-Bereichs aufgeben.

Akzeptiert wird etwas am ehesten, wenn man es praktisch einübt. Zunächst wurde in Rambouillet bei Paris noch verhandelt. Nicht sehr ernsthaft, aber das Verhandeln war wichtig, um die Akzeptanz des weiteren Vorgehens sicherzustellen. Ab 24. März 1999 wurde gebombt. Parallel dazu wurde ein wahres Schauspiel von »Informationsarbeit« inszeniert. Die Fernsehsender machten genüsslich mit – billiger als mit den Übertragungen der Pressekonferenzen von Scharping und Shea, durchmischt von Aufnahmen mit Starts, Landungen und Einsätzen von Kampfflugzeugen, konnte man ein Programm nicht herstellen.

Der deutsche Fernsehzuschauer war ausreichend weit weg vom Geschehen. Deutsche waren auch nicht in großer Gefahr. Es war spannend, und außerdem stand man auf Seiten der Guten. »Nie wieder Auschwitz« – das war eine eindrucksvolle Einlassung der Grünen zur Stützung des angenehmen Grundgefühls, auf der richtigen Seite zu sein.

Und so kam, was man bezweckt hatte: Der Out-of-Area-Einsatz wurde auf dem Wege des »Learning by doing« akzeptiert. Seitdem werden Auslandseinsätze der Bundeswehr auch außerhalb des Nato-Territoriums für selbstverständlich gehalten – auch dann, wenn damit ein Bruch des Völkerrechts verbunden sein könnte.[39] Über die eigenen Toten spricht man dabei wenig, über die fremden Toten und die fremden Leiden sowieso nicht. Wissen Sie, wie viele Tote die Bundeswehr in Afghanistan bisher zu beklagen hat? Und wie viele deutsche Soldaten traumatisiert nach Hause gekommen sind? – Weil Sie das nicht wissen und vermutlich auch nicht persönlich betroffen sind, sind Sie beruhigt. Das ist nicht Ihre Schuld. Es ist die Folge des Verschweigens. Verschweigen ist eine typische Methode der Meinungsmache.

Der Kosovo-Vorgang ist auch noch in anderer Hinsicht interessant: Wir sind fähig, wichtige Informationen bei uns selbst auszublenden beziehungsweise sie nicht an uns heranzulassen, wenn sie nicht ins Schema passen. Im konkreten Fall waren Gut und Böse fest verteilt. Zumindest wussten wir alle, wo das Böse ist: bei Serbenführer Slobodan Milošević in Belgrad. Mehrheitlich machten wir dann das Gute bei den Kosovo-Albanern fest. Ohne nachzufragen, welche Führungsfiguren dort die Szene beherrschen. Wir nahmen mehrheitlich auch nicht wahr, wie Schröder und Fischer im Oktober 1998 in Washington aufs Mitbomben festgelegt wurden. Dann wollten wir die enge Verflechtung zwischen Joschka Fischer und der amerikanischen Außenministerin Madeleine Albright nicht wahrnehmen. Dann übersahen wir geflissentlich, dass die Vermittler in Rambouillet alles andere als neutral waren; während der Verhandlungen erschien zum Beispiel im »Spiegel« vom 8. Februar 1999 ein Interview mit Wolfgang Petritsch, dem EU-Beauftragten in der Vermittlergruppe. Darin sagte er, und das war auch die Überschrift: »Da wird nicht mehr lange gepokert. 80 Prozent unserer Vorstellungen werden einfach durchgepeitscht. (...) Die Serben werden fauchen.« Dass in Frankreich nicht neutral verhandelt wurde, konnte man als einigermaßen belesener Bürger wissen. Als Journalist hätte man die deutschen Mitglieder innerhalb der OSZE-Beobachtergruppe befragen können. Einem von ihnen, einem Angehörigen der Bundeswehr, der in Diensten des Auswärtigen Amts im Kosovo stand, bin ich zufällig am Abend vor dem Kriegsausbruch begegnet. Er war bitter enttäuscht, dass sie ihre friedensstiftende Beobachtungsarbeit im Kosovo aufgeben mussten. Er berichtete davon, dass die Ursachen von Scharmützeln zwischen Serben und Albanern ziemlich gleich verteilt waren, dass aber die Berichte über solche Ereignisse von den amerikanischen und britischen Vorgesetzten regelmäßig überarbeitet und gefälscht worden sind. Eine solche Quelle, die mir zufällig im Zug zwischen dem Flughafen Frankfurt, wo dieser Beobachter vom Kosovo kommend gerade gelandet war, und Karlsruhe begegnete, konnte von jedem aufmerksamen Journalisten mit ein bisschen Mühe jederzeit aufgetan werden. Haben Sie davon irgendetwas in den Medien mitbekommen? – Meinungsmache durch Verschweigen.

Propaganda zur Vorbereitung von Kriegen und zur Rechtfertigung von Kriegseinsätzen ist nichts Neues. Man hätte allerdings erwartet, Inszenierungen wie die Olympischen Spiele 1936 oder der fingierte Überfall auf den Sender Gleiwitz, der 1939 als Vorwand für den Überfall auf Polen herhalten musste, seien passé. Dem ist nicht so. Propaganda und Kriegshandlungen sind auch in modernen Zeiten eng miteinander verknüpft.

George W. Bush hat das Spiel auf die Spitze getrieben. Die »New York Times« skizzierte am 20. April 2008, wie die Desinformation zum Irakkrieg in den USA ablief: Das US-Verteidigungsministerium stellte den Medien eine Gruppe von sogenannten Militärexperten zur Verfügung. Dabei handelte es sich um mehr als 75 ehemalige Offiziere des US-Militärs, die den Medien für Beratung, Analysen und Interviews zur Seite gestellt wurden. Sie wurden von den Medien selbst bezahlt, hatten Zugang zum Verteidigungsministerium und zum Militär und gewährleisteten in der engen Verknüpfung von Regierung und Medien die gewünschte Tendenz der Meldungen und Analysen.

In einer solchen symbiotischen Arbeitsweise geht ein wesentliches Element demokratischer Meinungsbildung verloren: die kritische Begleitung und Analyse politischer und militärischer Ereignisse, Absichten und Handlungen. Das ist installierte Meinungsmache und führt im konkreten Fall dazu, dass man aus

Kriegen immer weniger lernen wird und somit immer weniger geneigt sein wird, sie zu vermeiden.

Sanktionen gegenüber jenen, die leichtfertig kriegerische Handlungen beginnen und meinen, Krieg sei die Fortsetzung der Politik mit anderen Mitteln, unterbleiben in solchen Konstellationen. Gezielte und durchtriebene Meinungsmache hat endgültig die Oberhand gewonnen und stellt die veröffentlichte Meinung und die öffentliche Meinung in der Regel still.

Im März 2008 nannte George W. Bush zum fünften Jahrestag den Irakkrieg »gerecht, nobel und notwendig« und verschwieg das Schreckliche und das Vergebliche dieses Krieges: die Toten, die Zerstörung von Land und Kultur, das Leid der Vertriebenen, die Spaltung des irakischen und des amerikanischen Volkes.

Bei Äußerungen über den »Krieg gegen den Terror«, an dem auch die Bundesrepublik beteiligt ist, bei der Meinungsbildung über den Verlauf des Afghanistankriegs also, zeigen sich die schon mehrmals beobachteten Parallelöffentlichkeiten: In einem Segment der deutschen Öffentlichkeit – bei den in Afghanistan arbeitenden Nichtregierungsorganisationen (NGOs), den Hilfsorganisationen zum Beispiel – wird wahrgenommen, dass die Intervention in Afghanistan wenig gebracht hat, eher die zivile Hilfe erschwert und den Taliban sichtbar in die Hände spielt; doch das wird überlagert von der Mehrheitsmeinung der Hauptmedien. Gleichzeitig dominieren in der Politik zumindest verhaltene Erfolgsmeldungen.

Das beklemmende Fazit: In modernen Zeiten ebnet Meinungsmache eher dem Krieg als dem Frieden den Weg.

Rückkehr der Konfrontation Ost/West in Europa?

Das Ende der Konfrontation zwischen Ost und West im Jahr 1989 ist mit Sicherheit das segensreichste Ereignis seit dem Zweiten Weltkrieg. So empfinden es jedenfalls Menschen, die die immer wieder aufbrechenden Konflikte und die gegeneinander gerichtete militärische Rüstung der beiden Blöcke in Europa miterlebt haben. Wer diese Zeit noch im Gedächtnis hat, hört, sieht beunruhigt, wie in diesem als befriedet betrachteten Europa neue Konflikte schwelen: eine kriegerische Auseinandersetzung zwischen Georgien und Russland, Raketenstationen in Polen und Tschechien; Streit um eine Gasleitung, um Gasblockaden zwischen der Ukraine und Russland. Und zu allem der Aufmarsch der Armeen der Meinungsmacher. In unseren Köpfen entstand eine neue Grenze – einige Hunderte Kilometer nach Osten verschoben.

Wir verspielen ein Erbe, für dessen Aufbau in Europa und besonders in Deutschland fast zwei Generationen gearbeitet haben. In den fünfziger Jahren herrschte der Kalte Krieg. Die Welt der Reaktionäre im Westen wie im Osten war in Ordnung, sie hatten ihr festgefügtes Feindbild, wussten, wo das Böse ist, und konnten sich im Spiegel des Bösen als die Guten betrachten. In Deutschland war diese Stimmungslage Balsam auf die mit Schuld beladenen Seelen ehemaliger Nationalsozialisten und Mitläufer. Aber dieses Wohlbefinden der Ideologen auf beiden Seiten hatte einige gefährliche Seiten: Der kalte Krieg konnte zum heißen werden; die Konfrontation kostete unnötige Ressourcen; im Fall Deutschlands war mit der Konfrontation die Teilung zementiert und menschliches Leid verbunden.

Es war das große Verdienst der SPD, namentlich Willy Brandts und Egon Bahrs, mit dem Abbau der Konfrontation zu beginnen und durch das Aufbrechen der verhärteten äußeren Beziehungen zugleich einen Wandel im Inneren der Sowjetunion und anderer Staaten des sogenannten Ostblocks möglich zu machen: »Wandel durch Annäherung«.

Wir hatten 1989, als die Mauer zwischen Ost und West fiel, eine großartige Chance: Wir hätten beide Blöcke abbauen können. Im Berliner Grundsatzprogramm der SPD vom Dezember 1989 war dies als Ziel auch so formuliert. Die SPD wollte damals ein System kollektiver Sicherheit in Europa ohne Warschauer Pakt und ohne Nato. Wir wollten die volle Integration Russlands in Europa. Heute sind wir schon im Gebrauch der Sprache weit weg von diesem vernünftigen Ziel. Nicht nur im russisch-georgischen Konflikt und im russisch-ukrainischen Streit um den

Gaspreis wurde von Nato hier und Russland dort gesprochen. Schon ist zu hören: Europa hier und Russland dort. Hier werden Erfolge der Entspannungspolitik verspielt. Und auch dabei spielen die Meinungsmache und der Gebrauch der Sprache eine wesentliche Rolle. Bis zur Amtseinführung Barack Obamas wurde die Konfrontation angeheizt – ohne Rücksicht darauf, was das für die innere Entwicklung in Russland, für die Rüstungsausgaben und für den Frieden bedeuten kann.

Wenn die Propaganda und die begleitenden politischen und militärischen Schritte so weitergehen, dann werden auf beiden Seiten jene Kräfte die Oberhand gewinnen, die los zu sein wir gehofft hatten. Auch in Russland gibt es Kräfte, die die Konfrontation wollen. Wenn der russische Präsident vom Bestrafen der Verantwortlichen in Georgien spricht, dann kann man das vielleicht emotional erklären. Verstehen kann man es nicht, denn das ist keine Kategorie des Umgangs miteinander. Die Entspannungspolitik und Friedenspolitik hat sich jedenfalls einer anderen Sprache befleißigt. Auch deshalb war sie erfolgreich.

Die deutsche Regierung könnte daran anknüpfen, aber Bundeskanzlerin Merkel will das offensichtlich nicht. Beim Georgien-Konflikt wurde sichtbar, dass sie an der kurzen Leine der von Bush formulierten amerikanischen Interessen geführt wurde. Dieses Schicksal teilte sie zwar mit einer Reihe von Journalisten und anderen Persönlichkeiten, aber leider ist es auch unser Schicksal, denn über Frieden oder Krieg entscheiden in modernen Zeiten Meinungsmache und Propaganda.

Unsere Hoffnung ruht jetzt auf dem neuen Präsidenten der USA. Bei Barack Obama können wir hoffen, dass das Zusammenspiel von Meinungsbildung und Entscheidungsfindung auch in den zentralen Fragen von Krieg und Frieden zum Besseren gewendet wird. Barack Obama lässt erkennen, dass er sich anderen Werten als Bush verpflichtet fühlt. Er setzt auf Kooperation und zielt auch nicht darauf, kriegerische Auseinandersetzungen außerhalb der USA für die Mehrheitsbeschaffung in den USA zu benutzen. Schon das löst den Zusammenhang von Meinungsbildung und Entscheidungsfindung in der Sicherheitspolitik ein gutes Stück weit auf.

Kapitel 6
Meinungsmache bestimmt das Bild der Geschichte

»Das wird die Geschichtsschreibung erweisen«, sagen wir gelegentlich, wenn wir uns untereinander nicht einig werden, wie ein gesellschaftlicher, ein kultureller oder ein politischer Vorgang einzuordnen sind. In dieser Feststellung schwingt das Vertrauen mit, dass Geschichtsschreibung die Geschehnisse trotz allem Zwang zur Auswahl und zur Bewertung objektiv abbildet. Sobald man jedoch Selbsterfahrenes als Folie auf die niedergeschriebenen historischen Abhandlungen legt, kommt man zu ziemlich anderen Schlüssen. Über beachtlich weite Strecken ist die Geschichtsschreibung offenbar davon bestimmt, was zur Zeit des Geschehens öffentliche und veröffentlichte Meinung war:

1. Es wird schon seit 1990 fortwährend gesagt, Helmut Kohl sei der Kanzler der deutschen Einheit, der Einheitskanzler – und am Ende wird in den Geschichtsbüchern vor allem hängenbleiben, dass wir die deutsche Vereinigung fast ausschließlich ihm verdanken, vielleicht noch George Bush senior und Michail Gorbatschow. Helmut Kohl war in der Zeit der deutschen Vereinigung Bundeskanzler. Er hat in dieser Phase vieles für die Einheit Wichtige klug und beherzt angepackt. Aber dass die von Willy Brandt und seinen Freunden eingeleitete und dann von Brandt als Außenminister und Bundeskanzler betriebene und bei heftigem Widerstand eines großen Teils von CDU und CSU durchgesetzte Entspannungspolitik überhaupt erst die Grundlagen dafür schuf, wird mehr und mehr beiseitegeschoben. Auch Geschichtsschreibung wird gemacht, und wer mehr publizistische Macht hat und über die größere Meinungsmacht verfügt, macht eben mehr Geschichtsschreibung.

2. Es wird schon seit den siebziger Jahren notiert, Bundeskanzler Brandt sei ein »Außenkanzler« gewesen, von Wirtschaftspolitik habe er nicht viel verstanden, und er habe sich

auch sonst um Fragen der Innenpolitik kaum gekümmert –
und siehe da: Heute hat sich dieses Urteil festgesetzt, unabhängig von den gegensätzlichen Fakten einer gerade wirt-
schafts- und gesellschaftspolitisch erfolgreichen Kanzlerschaft.

Aus Werken von Geschichtsschreibern:

»Vor allem rückt die Krise [die erste Ölkrise von 1973] die zweifelhafte Kompetenz Willy Brandts auf dem Gebiet der Wirt-
schafts- und Finanzpolitik in ein grelles Licht.«

Gregor Schöllgen[40]

»Wenn der Regierungschef in nicht einmal drei Jahren zwei Finanzminister verschleißt, ist das nicht gerade ein Vertrauensbe-
weis für eine solide Finanz- und Wirtschaftspolitik, es belegt eher
eine immanente Schwäche seiner innenpolitischen Führungs-
fähigkeit.«

Peter Merseburger[41]

»Nach dem Ende der ostpolitischen Sturm- und Drangphase war
es sehr viel weniger möglich, Schwächen in der inneren Politik
durch außenpolitische Erfolge zu kompensieren.«

Wolther von Kieseritzky[42]

Anders als der Biograph Schöllgen insinuiert, hat die Regierung Brandt schnell und recht wirkungsvoll auf die erste
Ölpreisexplosion reagiert, zum Beispiel mit einem Energie-
sicherungsgesetz und einem Energiesparprogramm. Während
Brandts Kanzlerschaft wurde mit der Umweltschutzpolitik
begonnen. Es gab ein Städtebauförderungsgesetz und eine
Reihe von sozialen Reformen und Rechtsreformen. Die Arbeitnehmereinkommen und das Bruttoinlandsprodukt (BIP)
stiegen in der Zeit seiner Regierung so stark wie nie in der
Zeit danach. Damals wurde im Jahresdurchschnitt ein Wachstum von über vier Prozent erreicht. Die Lohnquote, also der

Anteil der Arbeitnehmer am BIP, am gemeinsam Erarbeiteten, stieg auf einen Rekordwert von 71,4 Prozent.

Die von Peter Merseburger erwähnten Schwierigkeiten mit Finanz- beziehungsweise Finanz- und Wirtschaftsminister Alex Möller und Karl Schiller hatten andere Ursachen als die angeblich mangelnde Wirtschaftskompetenz Brandts. Es ging nicht um Konflikte zwischen den Ministern und dem Kanzler. Möller zum Beispiel wollte den umfänglichen Forderungen des Bundesverteidigungsministers Helmut Schmidt nach Geld für die Hardthöhe zu Lasten des Bundeshaushalts nicht nachkommen. Als aufmerksamer Beobachter jener Zeit weiß Merseburger vermutlich, dass der rechte Flügel der SPD Willy Brandt von Anfang an bekämpft hatte und ihm das Leben als Bundeskanzler schwermachte – nach dem bis heute gültigen Motto: Wenn wir, wenn unsere Richtung nicht die Macht in der SPD hat, dann braucht die SPD auch nicht die Macht im Staat.

Die zitierten Darlegungen in den historischen Werken sind schlicht eine Wiedergabe dessen, was in den Medien zuvor an Meinung gemacht worden ist und dann weiter verbreitet wird.[43] Bei der Behauptung mangelnder Wirtschaftskompetenz ist sogar nachweisbar, welche Rolle der »Spiegel« dabei spielte: Mit diesem Thema setzten sich der »Spiegel« und sein Herausgeber Rudolf Augstein aus der vermeintlich allzu großen Nähe zu Willy Brandt ab. Es steckte also ein Motiv dahinter, das mit Brandts angeblicher Inkompetenz nichts zu tun hatte.

Die Rolle von Herbert Wehner und Helmut Schmidt bei dieser Meinungsprägung und der damit verbundenen Demontage Willy Brandts ist von den Historikern noch nicht korrekt beschrieben. Stattdessen schreiben sie das allgemein Übliche, das sich dann als Wahrheit über Willy Brandt und seine Zeit verfestigt. Ein amüsanter neuer Beleg für das Abschreiben von Urteilen samt angeblichen Belegen findet sich in einem DOSSIERextra der »Zeit« zu 60 Jahren Bundesrepublik.[44] Der Publizist Robert Leicht schreibt dort, was Peter

Merseburger sechs Jahre früher über die angebliche wirtschafts- und finanzpolitische Schwäche Willy Brandts zu vermitteln suchte:

»Und Helmut Schmidt rügte Brandts mangelnde Einsicht in die *necessità* der Wirtschafts- und Finanzpolitik. In der Tat: Ein Kanzler, der drei eminente Finanzminister (Alex Möller, Karl Schiller, Helmut Schmidt) nacheinander zur Verzweiflung treibt, macht irgendwas falsch.«

So werden sie weiter voneinander abschreiben – mit fremden Wörtern aufgehübscht und damit Expertise vermittelnd, bis am Ende die Urteile in den Geschichtsbüchern richtig festsitzen. Im konkreten Fall bleibt nachzutragen, dass es Willy Brandts Pech war, schon 1992 gestorben zu sein und so die Meinungsmache über seine Zeit wesentlich weniger lange mitbestimmen zu können wie sein Nachfolger Helmut Schmidt.

3. Es wird in vielen Zeitungsspalten und Talkshows behauptet, die 68er seien schuld an der moralischen Misere und überhaupt an manchem deutschen Unglück. So wird die damalige Studenten- und Reformbewegung aus der Aktivseite der deutschen Geschichte hinauskomplimentiert, auf dass nur noch die Leistungen der konservativen Parteien und des konservativen Teils unserer Gesellschaft die Nachkriegszeit von 1945 bis heute bestimmen. Das wäre ein famoses Polster für die Zukunft und die Machterhaltung dieser heute weitgehend neoliberal geprägten Bewegung. Völlig verloren geht dabei, was uns die Politik der konservativen Kräfte in den fünfziger und den beginnenden sechziger Jahren an Verkrustungen und Fehlentwicklungen hinterlassen hat. Man müsste den 68ern Denkmäler setzen, weil sie mit anderen Kräften zusammen den Schutt und den Muff weggeräumt haben. Die konservativ gefärbten Historiker können das nicht richtig einordnen – auch deshalb nicht, weil die gängige Pauschalierung – *die* 68er – unterschlägt, welch vielfältige Bewegung das war. Manches kritische Etikett gilt für die einen zu Recht und für andere nicht. Das Ergebnis ist eine fatal

schlechte Geschichtsschreibung zu dieser Periode deutscher Geschichte.

4. Es wurde und wird immer wieder erklärt, die Konjunkturprogramme Helmut Schmidts in den siebziger Jahren hätten nichts gebracht. Und siehe da, wir glauben das, obwohl dieselben Quellen und dieselben Institute, die heute das Scheitern bezeugen, damals den Erfolg der Konjunktur- und Investitionsprogramme, einschließlich des Zukunftsinvestitionsprogramms (ZIP), belegt und gefeiert hatten. »Wachstumsprogramm verhindert Anstieg der Arbeitslosigkeit«, verlautbarte das ifo-Institut 1978. Zusammen mit dem Deutschen Institut für Wirtschaftsforschung (DIW) und dem Institut für Arbeitsmarkt- und Berufsforschung (IAB) plädierte es in den achtziger Jahren sogar für ähnliche Programme zum Kampf gegen die Arbeitslosigkeit.[45] Es kam aber anders. Ende der Siebziger setzte die Propaganda gegen eine aktive Konjunktursteuerung ein, eine penetrante Meinungsmache gegen die Konjunkturprogramme in der Zeit von Bundeskanzler Schmidt. Die Aggressionen gegen diese makroökonomische Steuerung konnte ich mir damals nicht erklären. Ich fand es deplaziert, wider alle Fakten ständig im Fernsehen und in anderen Medien zu verkünden, Helmut Schmidts Konjunkturprogramme hätten nichts gebracht. Heute ist klar: Diese wirtschaftspolitische Linie sollte entsorgt werden. An ihre Stelle trat die Agitation zugunsten der neoliberalen Theorie und einer monetären Politik. Deshalb die Penetranz.

5. Es wird uns immer wieder erzählt, die siebziger Jahre hätten uns schwere Hypotheken hinterlassen – und siehe da: aus goldenen Jahren wird eine Periode, die nicht nur von den jungen Lesern der Geschichtsbücher, sondern auch schon von älteren Personen scheel angesehen wird.

Zur Versachlichung ein paar Zahlen:

Reales Wachstum des Bruttoinlandsprodukts im Jahresdurchschnitt:
    Kanzlerschaft Willy Brandt: 4,27 Prozent
    Siebziger Jahre insgesamt: 3,26 Prozent
    Kanzlerschaft Helmut Schmidt: 1,88 Prozent
    Kanzlerschaft Helmut Kohl: 2,28 Prozent
    Kanzlerschaft Gerhard Schröder: 1,26 Prozent

Arbeitslosenquote:
    am Ende der Regierung Brandt: 2,3 Prozent
    am Ende der Regierung Schmidt: 6,8 Prozent
    am Ende der Regierung Kohl: 11,1 Prozent
    am Ende der Regierung Schröder: 11,7 Prozent

Lohnquote:
(bereinigte Lohnquote Westdeutschland =
Anteil der Arbeitnehmereinkommen am BIP)
    zu Beginn der Regierung Brandt: 66,9 Prozent
    am Ende der Regierung Brandt: 71,4 Prozent
    am Ende der Regierung Schmidt: 69,8 Prozent
    am Ende der Regierung Kohl: 65 Prozent
    am Ende der Regierung Schröder: 63,5 Prozent
    Regierung Angela Merkel 2007: 62,3 Prozent

Entwicklung der öffentlichen Schulden:
(Anteil am Bruttoinlandsprodukt, ab 1992 konsolidierter Brutto-
schuldenstand des Staates)
    Schuldenstand 1950: 19,2 Prozent
    Schuldenstand 1955: 23,3 Prozent
    Schuldenstand 1960: 18,7 Prozent
    Schuldenstand 1968: 22,4 Prozent
    Schuldenstand 1969 (Beginn Regierung Brandt): 20,3 Prozent

Schuldenstand 1974 (Ende Regierung Brandt): 19,6 Prozent
Schuldenstand 1982 (Ende Regierung Schmidt): 38,3 Prozent
Schuldenstand 1989 (Regierung Kohl – letztes Jahr vor der deutschen Vereinigung): 41,6 Prozent
Schuldenstand 1998 (Ende Regierung Kohl): 61,2 Prozent
Schuldenstand 2005 (Ende Regierung Schröder): 67,9 Prozent

In den Angriffen auf die siebziger Jahre wird vor allem insinuiert, die Staatsschulden von heute seien die Folgen von Brandts »inneren Reformen«. Diese Zahlen sprechen eine andere Sprache. Selbst wenn man in Rechnung stellt, dass die Regierung Kohl mit den Kosten der deutschen Vereinigung und die Regierung Schmidt mit der Last zweier Ölpreisexplosionen zu kämpfen hatten, bleibt eines: Die öffentliche Meinungsmache gegen Brandt und die siebziger Jahre hat mit der Realität wenig gemein. Bei Kohl ging der Schuldenstand kräftig nach oben: von 38,3 Prozent auf 61,2 Prozent. Und die großen »Sparkommissare« Eichel und Schröder haben noch einmal zugelegt.

Historiker prägen die offiziöse Geschichte sehr viel weniger als die Publizisten und Medien, die die Meinung einflussreicher Zeitgenossen transportieren. Geschichte wird von denen geschrieben, die die Meinungsmacht haben. Die Deutungshoheit nicht nur zu aktuellen Fragen und Problemen, sondern auch für den Rückblick auf vergangene Zeiten und deren Hintergründe liegt bei den Meinungsmachern. Selbstverständlich gibt es Historiker, die sich um ein unabhängiges Urteil bemühen, aber auch sie sind abhängig von den zeitgeschichtlichen Interpretationen, und diese sind geprägt von der herrschenden Meinung.

Diese Einschätzung lässt sich vielfach belegen. Auch zur Agenda 2010, zu den Lohnnebenkosten, zum angeblichen Versagen von Keynes[46], zur Ursache der Staatsschulden und so weiter wird sich in den Geschichtsbüchern die herrschende Lehre niederschlagen. Dass das »Große Geld« durch massiven Einsatz von

Geld und Propaganda Anfang der siebziger Jahre den Regierungswechsel von 1969 zu korrigieren versuchte, kommt in den historischen Werken allenfalls am Rande vor. Es sind die großen Interessen, die die Meinung bestimmen und die Geschichtsschreibung prägen.

Nachtrag: Eines ist sicher, die Ostdeutschen schreiben die Geschichte ihres früheren Landes und die Geschichte der Vereinigung der beiden Teile Deutschlands *nicht*. Das besorgen die Meinungsführer im Westen. Die Botschaften sind klar: Die DDR war rundum marode, und die meisten Betriebe waren nicht zu retten. In den Geschichtsbüchern wird nicht stehen, wie systematisch und zielführend die Betriebe im Osten abgewickelt worden sind; es wird nicht zu lesen sein, dass die ostdeutschen Banken für ein Trinkgeld an die westdeutschen verramscht wurden;[47] es wird schon gar nicht heißen, dass Westdeutsche und Ausländer den Ostdeutschen ihre geringen Vermögen weggenommen haben und im Gegenzug viel zu oft die zweite Garnitur von Beamten nach Osten verschickten. Auch über die Verbrüderung mancher westdeutschen Eliten vom Typ Strauß (CSU) und Schröder (SPD) mit ostdeutschen Führungskräften wird man in den Geschichtsbüchern wenig lesen. Ich habe noch im Ohr, wie mehrere Minister am Kabinettstisch der Regierung Schmidt ungefähr zehn Jahre vor dem Fall der Mauer von einer Begegnung mit dem SED-Wirtschaftsexperten und Staatsratsmitglied der DDR, Günter Mittag, und dessen Qualitäten schwärmten. Das alles ist heute natürlich nicht mehr wahr, weil es nicht in die Meinungslage passt und damit auch nicht in die Annalen der Geschichte.

Die Geschichtsschreibung zum Vereinigungsprozess wird sich vermutlich auch nicht darum kümmern, welche Rolle die Meinungsmache im Prozess selbst gespielt hat. Wie zum Beispiel aus dem Slogan der DDR-Bürgerrechtsbewegung »Wir sind das Volk« über Nacht der Slogan »Wir sind ein Volk« wurde und welche Kräfte mit welchen werblichen und finanziellen Mitteln diese entscheidende Umorientierung bewirkt haben, wird sich vermutlich in den Geschichtsbüchern nicht breit und damit nicht gebührend niederschlagen.

Kapitel 7

Meinungsmache bestimmt, in welcher Gesellschaft wir leben

Mit Meinungsmache wurde der Weg bereitet zur Ablösung des erfolgreichen Modells einer einigermaßen sozial geprägten Marktwirtschaft und zum Sieg der neoliberalen Bewegung.

Ich hatte ein recht differenziertes Bild von den Erfolgen und Misserfolgen der Politik in den Jahren von 1968 bis zum Ende der siebziger Jahre und der Wende zu Kohl 1982. Dieses Bild war schon deshalb differenziert, weil ich als Mitarbeiter von Karl Schiller, Willy Brandt und Helmut Schmidt und den jeweils zugeordneten Chefs des Bundeskanzleramts das Gezerre um die politischen Inhalte und um die Personen unmittelbar und oft als entnervend miterlebt habe. Natürlich habe ich auch manches Versäumnis erlebt und mitzutragen.

Und doch: Betrachtet man das Geschehen aus heutiger Sicht und vor dem Hintergrund heutiger Erfahrungen, dann bleibt der Eindruck, dass das eine vergleichsweise goldene Zeit war – auch die politischen Entscheidungen waren überwiegend rational und lagen in der Regel im Interesse der großen Mehrheit der Menschen.

Hinter den damaligen Entscheidungen steckten oft politische Visionen und Konzepte, klare Strategien wie bei der Entspannungspolitik und der Politik der inneren Reformen. Die meinungsmachenden Sprüche »Mehr Demokratie wagen«, »Versöhnung« mit den Völkern im Osten und »soziales Netz« waren in weiten Teilen fundiert von der praktischen Politik. Der von Helmut Schmidt 1976 verwandte Klammerbegriff »Modell Deutschland« fasste all das zusammen.

Das, was sich hinter dem »Modell Deutschland« konzeptionell verbarg, wäre immer noch zeitgemäß. Dies waren seine Elemente:

• Effiziente Makropolitik zur Steuerung der gesamtwirtschaftlichen Entwicklung, das heißt auch: klare Verantwortung für mehr Beschäftigung.

- Pflegende Sorge um Wettbewerb und um Machtkontrolle.
- So viel Markt wie möglich, so viel Intervention wie nötig.
- Ein starkes und engmaschiges soziales Netz.
- Ein starker Staat, staatliche Verantwortung für die Daseinsvorsorge und die Chancengleichheit.
- Gute Nachbarschaft mit anderen Völkern, Kriegvermeidungsstrategien.
- Liberalität und Toleranz.
- Schutz der Meinungsfreiheit.

Es ist nicht alles realisiert worden, aber tendenziell ging die Politik in die richtige Richtung, und die politisch handelnden Personen haben den Sinn dieser Ziele nicht in Frage gestellt. Ohne das Geschehen schönzureden, kann man sagen, dass die politisch Verantwortlichen im Ganzen geradlinig dachten und handelten.

Das Wichtigste: Das Ergebnis stimmte. Die Einkommen stiegen, die Arbeitnehmer bekamen etwas ab vom ökonomischen Fortschritt, die soziale Sicherung wurde ausgebaut und nicht abgebaut, wichtige, lange versäumte Investitionen in Bildung, Umwelt und Infrastruktur, in Wasserversorgung und Städtebau wurden getätigt. Die erste und die zweite Ölpreisexplosion wurden einigermaßen gut abgefedert – jedenfalls um vieles besser, als ähnliche Gefahren und Bedrängnisse heute bewältigt werden. Ich hatte, ehrlich gesagt, gedacht, dieses Bild von den sechziger/siebziger Jahren werde allgemein anerkannt. Und es werde damit zugleich anerkannt, dass die uns vom Grundgesetz versprochene Sozialstaatlichkeit, kombiniert mit moderner Wirtschaftspolitik, nicht nur ein gerechtes, sondern zugleich auch ein produktives Modell des Zusammenlebens darstellt.

Doch das ist wohl eine Täuschung. Vor allem ist es wohl eine Täuschung anzunehmen, westliche Demokratien seien dagegen gefeit, dass ihre Geschichte umgeschrieben wird, wenn das den später Gewählten notwendig erscheint.

Auf Seiten der Union gab es ein ganz praktisches, wahlkampfpolitisches Bedürfnis an der »Niederschreibung« dieser Periode deutscher Geschichte. Man kann das sogar ein bisschen verstehen, obwohl solche Umdeutungen der geschichtlichen Abläufe bürgerlichen Vorstellungen von staatspolitischer Verantwortung und von demokratischen Gepflogenheiten widersprechen.

Von Seiten der Union wurden schon Anfang der siebziger Jahre Versuche gestartet, den Zeitgeist zu wenden. Man suggerierte mit Hilfe des Begriffs »Tendenzwende«, der von Spitzenpolitikern der Union und von Wissenschaftlern schon 1973 benutzt wurde, der Geist der Zeit wende sich gegen die inneren Reformen der damaligen sozialliberalen Koalition und gegen ein Zuviel an solidarischer Gesellschaft. Und man versuchte, die Reformen lächerlich zu machen und als übertrieben darzustellen, indem man von »Reformitis«, von »Sozialklimbim« und »sozialer Hängematte« sprach.

Rolf Zundel, der Bonner Korrespondent der »Zeit«, schrieb am 13. Dezember 1974 über diese angebliche Tendenzwende und ihre tiefe Wirkung in verschiedenen Bereichen der Politik und des gesellschaftlichen Lebens. In seinem hier in Auszügen wiedergegebenen Beitrag weist er auf die Bedeutung des Vokabulars für den Stimmungsumschwung hin, der sich damals andeutete. Dieser Einsatz der Sprache und der sprachlichen Neu- und Umdefinition in der politischen Propaganda wie im Alltagsleben bezeichnete man in der analysierenden Debatte als »Semantik«.[48]

Tendenzwende – mehr als Einbildung

Den Konservativen regnet es Sterntaler in die Schürze / Von Rolf Zundel

An Begriffen mangelt es nicht, die den Stimmungsumschwung in der Bundesrepublik dingfest machen sollen. Da sprechen Linke, Zorn und Empörung in der Stimme, vom konservativen _backlash_ oder gar von einem neuen »Rechtskartell«, da reden Rechte mit frommem Augenaufschlag von der Rückkehr zu Maß, Mitte und Realismus. Da werden die Gesetze der politischen Mechanik bemüht – ein »normaler politischer Pendelschlag« wird diagnostiziert. Andere glauben, das geheimnisvolle Wirken politischer Metaphysik zu spüren – »Tendenzwende« raunte man jüngst in München. All diese Begriffe, auch wenn darin Vorurteile, Hoffnungen und Wünsche einfließen, beschreiben ein Stück der Wirklichkeit. [...]

Der CDU-Generalsekretär Biedenkopf hat jüngst geschrieben, die Revolution finde heute nicht mehr »durch gewaltsame Besetzung der Zitadellen staatlicher Macht«, sondern durch die Umwertung der Begriffe statt. Aber von all den Begriffen jedenfalls, mit denen die sozialliberale Koalition vor fünf Jahren viele Wähler faszinierte, ist heute kein einziger mehr unbeschädigt: Reform, Emanzipation, Demokratisierung, sozialer Liberalismus oder demokratischer Sozialismus. Wer diese Worte benutzt, muss neuerdings eine entschuldigende Erklärung mitliefern. Der aufklärerischen Renaissance in der Bundesrepublik, so scheint es, war nur ein kurzes Leben vergönnt. Mittlerweile ist der Fortschritt an sich selber irre geworden. Das gilt für die Außenpolitik und Innenpolitik gleichermaßen. [...]

Der Artikel von Rolf Zundel ist ein für unser Thema wertvolles Dokument, denn er zeigt, dass schon fünf Jahre nach Beginn der Kanzlerschaft Brandts, die in den Augen eines Teils der Bürger eine neue Zeit einläutete, und nur zwei Jahre nachdem die neue politische, gesellschaftspolitische und ideologische Richtung durch die Bundestagswahl vom 19. November 1972 bestätigt worden war, dieser neuen Zeit das Sterbeglöckchen geläutet wurde. Nicht nur der Wechsel in der Kanzlerschaft von Brandt zu Schmidt im Mai 1974 signalisiert eine gravierende Veränderung, auch bei der Stimmung »kam« es nach so kurzer Zeit schon zum Umschwung, eben zur Tendenzwende.

Ob dieser sich abzeichnende Niedergang, die Tendenzwende, nur durch objektive Faktoren, durch Fakten, begründet ist oder vor allem das Ergebnis einer Stimmungsmache ist, lässt Rolf Zundel offen. Der Hinweis auf die Semantik, auf die Umwertung der Begriffe, deutet auf die Bedeutung des Letzteren hin. Aber ganz gleich, ob durch Fakten erzwungen oder durch Meinungsmache gemacht – die Veränderung, die sich damals abzuzeichnen begann, färbte auf die weitere Entwicklung beherrschend ab.

Die Sympathisanten der Tendenzwende würden bis heute – trotz der damals stolz gefeierten Neuentdeckung der Semantik – darauf bestehen, objektive Faktoren hätten die Umorientierung erzwungen. Dass die Tendenzwende und dann die politische Wende hin zu einem konservativen Kanzler Kohl mit einer anderen gesellschaftspolitischen Konzeption über weite Strecken das Ergebnis von Meinungsmache und Stimmungsmache waren, würden sie weit von sich weisen.

Bei diesem Versuch, die Tendenzwende in objektiven Gegebenheiten und Zwängen zu verorten, haben sie die Mehrheit der professionellen Beobachter hinter sich, denn in Publizistik und Wissenschaft sucht man in der Regel nach objektiven Hintergründen für eine solche Veränderung. Dass eine derartige Tendenzwende jedoch auch das Werk professioneller Kommunikationsstrategen sein kann oder zumindest eines Bündels von kleineren Strategien, kommt im Suchraster dieser Beobachter nicht vor.

An mehreren Beispielen lässt sich zeigen, dass die politische Wende bis hin zur Agenda 2010 vor allem mit einer Hegemonie über die Meinungsbildung bewirkt worden ist und nicht durch

objektive Faktoren wie die später bemühten Standortschwierig-
keiten, die angeblich neue Globalisierung und die angeblich
schwierige demographische Entwicklung.

Schon damals wurde dieser Versuch der Meinungsmache sei-
tens der Union (am Anfang noch ohne massive Beteiligung der
FDP) von Teilen der SPD unterstützt. Bei den Sozialdemokraten
wird die innerparteiliche Auseinandersetzung immer auch auf
dem Rücken des Ansehens der Gesamtpartei geführt. Wenn es der
innerparteilichen Machtfestigung oder Machteroberung diente,
bediente man sich freimütig der Parolen der Gegenseite. Auch in
rechten SPD-Kreisen wurde von »Reformitis« gesprochen, es wurde die angebliche Übertreibung der Reformen durch Willy Brandt
beklagt. Man erfand sogar eine besondere Denkfigur, die man in
neueren Auseinandersetzungen wiederfindet: die konservativen
Seeheimer und ihre Vertreter im Führungskreis der SPD warfen
Willy Brandt vor, er habe »zu hohe Erwartungen geweckt«. Diese
Behauptung wurde im konservativen Lager sowieso geglaubt, aber
auch bis weit in die Reihen der SPD als Erklärung für Wahlnieder-
lagen und andere politische Schwierigkeiten herangezogen.

Das ist schon damals eine besonders törichte Art der Meinungsmache gewesen. Wer nämlich weiß, wie schwierig es ist, in
einer Koalition mit ziemlich grundlegenden neuen Linien der Politik zu beginnen, wie das 1969 bei der Übernahme der Kanzlerschaft durch Willy Brandt geschah, der weiß, dass man eine solch
heterogene Gruppe nur zusammenhalten und motivieren kann,
wenn man als Anführer positive Gefühle ins Spiel bringt, wenn
man überhöht, wenn man Werte statt Programm beziehungsweise praktische Politik plus Werte anbietet. Auch das ist natürlich
Meinungsmache, auch unter Brandt wurde Meinung gemacht,
um politische Entscheidungen abzusichern und durchzusetzen.
Die neue Ostpolitik wurde »Versöhnungspolitik« genannt und
entsprechend emotional begründet. Die emotionalen Formeln für
die inneren Reformen lauteten »Mehr Demokratie wagen« und
»Wir fangen erst richtig an«. Die Beurteilung der Meinungsmache
jedoch hängt von den Zielen ab, die angestrebt werden. Und vom
Grad der Wahrhaftigkeit.

Übrigens: Der nachhaltige Abstieg der SPD von ihren 45,8 Prozent bei der Bundestagswahl 1972 auf heute in Umfragen erhobene rund 25 Prozent dürfte viel damit zu tun haben, dass nach Willy Brandt kein sozialdemokratischer Spitzenpolitiker richtig verstanden hat, dass auch das progressive Lager eine Emotion braucht, um das Gegenbild zum konservativen beziehungsweise neoliberalen Gesellschaftsbild attraktiv zu machen, um es in den Köpfen und Herzen der Menschen zu verankern und damit Mehrheiten zu erringen. Barack Obama hat die Mechanismen verstanden. Einer der wenigen seit immerhin 40 Jahren.

Zwischen den Siebzigern und heute verschoben sich die herrschenden Ideologien. Unser Land wird heute von anderen Ideen beherrscht als damals, vor allem aber ist unter den Ideologien jeglicher Wettstreit versiegt. Es gibt nur noch die eine Lehre, die neoliberale, in deren Glaubensbekenntnis Deregulierung, wirtschaftliche Liberalisierung, Privatisierung, der Rückzug des Staates, »Freie Fahrt für freie Bürger« (als Formel für den hemmungslosen Umgang mit den natürlichen Ressourcen) und die Umverteilung zugunsten der Besserverdienenden dominieren.

Deutschland wird heute von neoliberaler Ideologie und Praxis beherrscht – mehr als einige andere europäische Länder und vermutlich auch weiterhin trotz des mit der Wirtschafts- und Finanzkrise sichtbar gewordenen Scheiterns. Dieser Ideologie fühlen sich breite Kreise unserer Führungsschicht verpflichtet, auch wenn viele von ihnen das nicht zugeben und anders umschreiben. Sie sagen, sie seien »Modernisierer« oder »Reformer« oder »Realisten«. Oder sie verbergen ihre tatsächlichen Ziele hinter anders tönenden Appellen als Wertorientierung. Helmut Kohl etwa sprach von der »geistig-moralischen Erneuerung« und leitete hinter diesem Paravent eine Politik zur Kommerzialisierung aller Lebensbereiche ein. Tatsache ist, dass diese neoliberale Ideologie heute bei uns nahezu alle gesellschaftlichen Bereiche okkupiert hat: die Politik, die Wirtschaft sowieso, weite Teile der Wissenschaft und der Medien, sogar die Kunst, die Philosophen, die Historiker, das Bildungsbürgertum und die konservativen Intellektuellen.

Sachlich begründet ist diese »geistige Wende« nicht. Weder die viel bemühte Globalisierung noch die demographische Entwicklung oder der Wegfall der Konfrontation zwischen West und Ost haben sie erzwungen. Sie ist zum größeren Teil das Ergebnis gut geplanter, gut gezielter und massiv betriebener Meinungsmache – man könnte auch sagen: Umerziehung.

Gut geplant und gut umgesetzt war etwa der Kampf um den Begriff des »dritten Wegs«. Nachdem die Mauer gefallen war und offenbar war, dass die zentrale Planwirtschaft wie in der DDR und der Sowjetunion nicht gerade die besten Ergebnisse erbringt, hätte es nahegelegen, von sozialdemokratischer Seite den »dritten Weg« als einen erfolgreich gangbaren Weg zwischen dem neoliberalen und dem im Osten praktizierten Weg anzubieten. (Hier ist nicht der »dritte Weg« gemeint, den später Blair und Schröder gehen wollten.) Die neoliberale/konservative Seite hat damals sofort zugegriffen und Experimente dieser Art unterbunden und propagandistisch und mit viel Geld der EG/EU den neoliberalen Weg auch in Osteuropa implementiert. Diese Chance, bei den Völkern Mittel- und Osteuropas für ein Konzept von Marktwirtschaft und Sozialstaatlichkeit zu werben, wurde verschlafen. Das ist sicher eines der größten Versäumnisse der westlichen sozialdemokratischen Linken.

Stationen des Siegeszugs der neoliberalen Bewegung in Deutschland

Das konservative Lager in Deutschland und die Spitzen der Wirtschaft haben sich schon unmittelbar nach dem Wechsel im Kanzleramt von 1969 neu zu organisieren und zu sammeln begonnen. Im Landtagswahlkampf von Baden-Württemberg im Frühjahr 1972 und im Wahlkampf für die Bundestagswahl vom November 1972 formierten sich anonyme Gruppen mit viel Geld und setzten alleine auf Propaganda, auf bezahlte Propaganda.

Nachdem dieser von eigens gegründeten Initiativen und obskuren Vereinigungen getragene Feldzug erfolglos blieb, wurde die in zahlreichen Variationen wiederkehrende Gegenüberstellung von Freiheit auf der einen Seite und Sozialismus auf der anderen Seite in die offene Auseinandersetzung zwischen den großen Parteien übernommen: »Freiheit statt Sozialismus« oder »Freiheit oder Sozialismus« waren für längere Zeit die Parolen in der ideologischen Auseinandersetzung. Der heutige FDP-Vorsitzende Guido Westerwelle hat sich wohl daran erinnert und benutzt 35 Jahre später den gleichen Slogan in Variation.[49] Es scheint, als habe diese Metapher eine besondere Meinungsmache-Qualität.

»Freiheit statt Sozialismus« war in der Auseinandersetzung zwischen der Union auf der einen Seite – personifiziert durch Helmut Kohl und Franz Josef Strauß – und der SPD beziehungsweise der sozialliberalen Koalition auf der anderen Seite – personifiziert durch Willy Brandt, Helmut Schmidt und Herbert Wehner und, zumindest in der Anfangsphase, durch die Liberalen Walter Scheel und Hans-Dietrich Genscher – nie sonderlich glaubwürdig. Eigentlich war es sogar eine geradezu verrückte Parole, weit weg von der Realität. Weder Brandt noch Schmidt, weder Herbert Wehner noch die nachgeordneten, aber wichtigen Personen wie Hans-Jürgen Wischnewski, Johannes Rau oder Hans-Jochen Vogel hatten je irgendwelche Absichten, den Sozialismus in Deutschland einzuführen – die rechten Flügelleute sowieso nicht.

Trotzdem verfing die Parole, dann nämlich, als die SPD es aufgegeben hatte, Sozialismus selbst zu definieren. Zum letzten Mal hatte sie das in der zweiten Hälfte des Jahres 1972 versucht.

Das Beispiel zeigt: Parolen können sich vollständig von der Realität ablösen, ohne dass ihre Absender ausgelacht werden. »Freiheit statt Sozialismus«, diese Parole hatte eine Sammlungs- und Bindefunktion für das rechte Lager, und gleichzeitig diente sie in Kombination mit anderen Kampagnen der Meinungsmache und mit Unterstützung einiger Medien zur Verunsicherung eines breiteren Publikums.

Unterstützt wurde die Glaubwürdigkeit der Parole »Freiheit

statt Sozialismus« durch die Behauptung, die SPD sei nach links gerückt, sie werde von den Jusos und anderen Linken beherrscht. Diese Propaganda war damals so wirksam und so weit verbreitet, dass man als Sozialdemokrat und leitender Mitarbeiter des Bundeskanzleramts am »German Desk«, dem Deutschlandreferat des State Departements in Washington, gleich zu Beginn eines Gesprächs mit der Frage konfrontiert wurde: »What's about the Jusos?« So geschehen bei einem Besuch in den USA im Herbst 1973. In Washington schien man wirklich zu glauben, die Machtübernahme durch die Jusos in der SPD und dann auch in der Bundesrepublik stehe unmittelbar bevor. Das war die Folge der öffentlichen Debatte in Deutschland und einer bewussten Meinungsmache von Politikern der Union und vermutlich auch von Journalisten, Vertretern der Wirtschaft und Wissenschaftlern jenseits des Atlantiks. Wahrscheinlich haben auch Vertreter des rechten Flügels der SPD in den USA ihre innerparteiliche Wahrnehmung, ihre Partei rücke nach links, zum Besten gegeben.

Wenn man sich die Präsidiumsprotokolle der SPD aus dem Jahr 1972 anschaut, muss man den Eindruck gewinnen, dass die Rechte in der SPD entweder wirklich glaubte, Willy Brandt wolle den Sozialismus einführen und die marxistischen Teile der Jusos stünden ante portas, oder dass die Rechte in der SPD diesen angeblichen Linksruck in ihre Strategie zur innerparteilichen Machterhaltung integriert hatte. Die spätere Bundestagspräsidentin Annemarie Renger zum Beispiel beklagte sich darüber, dass Willy Brandt am 20.8.1972 zum 20. Todestag von Kurt Schumacher eine Rede gehalten hatte, in welcher der Begriff »demokratischer Sozialismus« vorkam, und sie war empört darüber, dass die SPD damals Anzeigen unter der Schlagzeile »Erfolg von 109 Jahren Demokratischem Sozialismus« in wichtigen Zeitschriften und Zeitungen schaltete.

Die Parallele zu heute ist überraschend groß. Was sich im Frühjahr 2008 nach der Wahl in Hessen abspielte, ähnelt dem damaligen Muster: Mit einem angeblichen Linksruck wird Meinungsmache betrieben, um eine Umsteuerung zu erreichen. Was Kurt Beck im Kontext mit Hessen und der leichten Öffnung gegenüber der Linken an agitatorischem Sperrfeuer erlebte, hat Willy Brandt während seiner gesamten Regierungszeit und darüber hinaus als Parteivorsitzender begleitet.

Die bloße Behauptung eines angeblichen Linksrucks hatte immer wieder faktische sachliche und personelle Folgen. In der Regierungserklärung zur zweiten Amtszeit vom Januar 1973 machte Willy Brandt schon tiefe Verbeugungen vor der sogenannten Mitte und enttäuschte damit die engagiertesten Anhänger und Helfer im Wahlkampf 1972; die Überprüfungspraxis im öffentlichen Dienst, bekannt als »Radikalenerlass«, war ein ähnlicher Tribut; die Stimmungsmache zum Linksruck half den Konservativen, Wählerinnen und Wähler aus der Mitte zu fischen; der Abwehr dieses Vorwurfs dienten die ersten Konzessionen in der Wirtschafts- und Gesellschaftspolitik an die Monetaristen und Anti-Keynsianer ab 1974, noch verstärkt in der zweiten Hälfte der siebziger Jahre und insbesondere bei der »Operation 82«, einem Programm zur Kappung sozialer Leistungen im Sommer 1981 – mit der Folge erster Konflikte der sozialdemokratisch geführten Bundesregierung Schmidt mit der IG-Metall des Franz Steinkühler im Herbst 1981.

»Linksruck«, »Freiheit statt Sozialismus«, »Tendenzwende« – das waren Kampfbegriffe der Meinungsmache von unterschwellig starker Wirkung. Sie bereiteten den Boden für die Präsentation des Lambsdorff-Papiers im September 1982, das den Koalitionswechsel durch die FDP und die Wende zu Helmut Kohl einleitete. Damals wie heute wird die Realität durch Meinungsmache überlagert und beiseitegeschoben. Und damals wie heute ging es um die Eroberung beziehungsweise Festigung der neoliberalen Hegemonie.

Neben den schon bekannten Variationen der Meinungsmache zur wirtschafts- und gesellschaftspolitischen Linie wie »Tendenzwende«, »Linksruck«, »Freiheit statt Sozialismus«, »zu hohe Abzüge«, »Sozialklimbim«, »Reformitis« und »soziale Hängematte« kamen mit dem Lambsdorff-Papier[50] weitere Formeln ins Spiel, die uns bis heute begleiten: die wirtschaftliche Leistung wieder stärker belohnen, Eigeninitiative und Selbstvorsorge wieder mehr

Raum geben, keine Erhöhung der Gesamtabgabenbelastung, mehr Flexibilität.

Einzelne konkrete Forderungen im Lambsdorff-Papier erinnern unmittelbar an die Agenda 2010 und die Hartz-Reformen:

- Begrenzung des Arbeitslosengeldbezugs auf maximal ein Jahr
- schrittweise Abschaffung der Gewerbesteuer
- Flexibilisierung der Arbeitszeit
- Anhebung der Beteiligung der Rentner an den Kosten ihrer Krankenversicherung
- Anhebung der Altersgrenze
- Selbstbeteiligung im Krankenversicherungsbereich
- strengere Regelung für die Zumutbarkeit einer dem Hilfesuchenden möglichen Arbeit
- betriebliche Flexibilisierung der Arbeitszeit
- Abbau von unnötiger Reglementierung und Bürokratie in allen Bereichen der Wirtschaft und stärkere Verlagerung bisher öffentlich angebotener Leistungen auf den privaten Bereich

Dieses Programm stammt aus dem September 1982. In Ansätzen wurden die darin enthaltenen Vorschläge schon von der Regierung Schmidt, also zu Zeiten der sozialliberalen Koalition, unter dem Druck von Wirtschaftsminister Otto Graf Lambsdorff und dessen Gehilfen Hans Tietmeyer, damals Leiter der Abteilung Wirtschaftspolitik im Bundeswirtschaftsministerium, und Staatssekretär Otto Schlecht verwirklicht. Lambsdorff war dann in der Regierung Kohl wieder Wirtschaftsminister. Ohne sonderlich großen Erfolg der wesentlich von ihm bewirkten Wende von Helmut Schmidt zu Helmut Kohl: Die Arbeitslosenquote stieg bis zum Ende der Regierung Kohl von 6,8 auf 11,1 Prozent. Der Schuldenstand stieg auch, von 38,3 auf 61,2 Prozent. Das Wachstum war mit 2,28 Prozent im Jahresdurchschnitt der Kanzlerschaft Kohl nicht beeindruckend.

Obwohl also die neoliberale Wende bereits Anfang der siebziger Jahre eingeleitet wurde und mit Beginn der achtziger Jahre auch verstärkt in die Politik Eingang fand, wurden die immer wieder selben Elemente der Meinungsmache weiterhin endlos wiederholt. Das gipfelte bei der Einführung von Schröders Reformen in der Behauptung, bis dahin, nämlich bis 2003, habe es einen »Reformstau« gegeben. Die Kapazität der Meinungsmache zur Manipulation ist so groß, dass die Verantwortlichen, wenn es ihnen passt, sogar das Gegenteil dessen behaupten können, was tatsächlich geschehen ist. Die totale Manipulation ist möglich. Die Feststellung eines »Reformstaus« durch Gerhard Schröder ist ein solcher willkürlicher Akt, jenseits der Realität.

Ein wichtiges Element bei den Zwischenstationen auf dem Weg dorthin war eine Debatte um die Standortbedingungen und über die angeblich zu hohen Lohnnebenkosten, die während der gesamten Regierungszeit Kohls die öffentliche Meinungsbildung bestimmte. Der Standort Deutschland und seine angeblich mangelnde Qualität waren in der zweiten Hälfte der achtziger und in den neunziger Jahren der rote Faden. Die Auswahl dieses Themas zeigt zugleich, dass wir es bei den damals wie heute herrschenden Ideologen nicht mit besonders umsichtigen Politikern und Fachleuten zu tun haben und dass sie es nicht sonderlich gut meinten mit unserem Land. Denn es ist geradezu schizophren, als Vertreter der deutschen Volkswirtschaft oder als Verantwortlicher für die Wirtschafts- und Gesellschaftspolitik das eigene Land, die eigene Volkswirtschaft, den eigenen Wirtschaftsstandort schlechtzureden und zu meinen, das werde keine Folgen für die Investitionsbereitschaft und die Sicherheit der Menschen und Unternehmer insgesamt haben. Doch die Agitatoren waren und sind offenbar bis heute so erfüllt von ihrer Mission, die Strukturen unserer Gesellschaft zu ändern und insbesondere deren sozialstaatlichen Charakter niederzumachen, dass sie blind sind für den Schaden, den sie mit solcher »Miesmache« anrichten.

Das sind keine isolierten Ereignisse. Als hierzulande 1973 begonnen wurde, von einer Tendenzwende zu sprechen beziehungsweise sie herbeizureden, und als etwa zur gleichen Zeit die Deutsche Bundesbank sich der Verantwortung für die Beschäftigung entledigte[51], geschah mehr als 13 000 Kilometer weiter etwas Schreckliches: Der chilenische General Augusto Pinochet putschte gegen den Sozialisten Salvador Allende – unterstützt aus den USA und wohlwollend begleitet von einigen deutschen Medien, konservativen Kreisen und Teilen der Union. Pinochet übernahm die Macht in Chile und terrorisierte sein Volk. Zur gleichen Zeit weilten die Vertreter einer Schule der ökonomischen Wissenschaft in Chile und begleiteten den Putsch mit wirtschaftspolitischen und gesellschaftspolitischen Ratschlägen: Chilenische und US-amerikanische Vertreter der neoliberalen Chicago-Schule, Anhänger von Milton Friedman und sogar Milton Friedman persönlich.

Auf diesen Vorgang geht Naomi Klein in ihrem Buch »Schock-Strategie«[52] ausführlich ein. Naomi Klein beschreibt die enge Kooperation zwischen den »Chicago Boys« um Milton Friedman und dem chilenischen Diktator Pinochet und seinen Schergen. Die Vertreter jener ökonomischen Schule, die heute die Wirtschafts- und Gesellschaftspolitik auch bei uns prägen, erwarteten vom Sturz des gewählten Präsidenten Allende einiges: zumindest ein interessantes Experimentierfeld für einen wirtschafts- und gesellschaftspolitischen Großversuch. Die in verschiedenen Papieren niedergelegten Vorstellungen der neuen Herrscher ähnelten Milton Friedmans Ideen und der heute anzutreffenden Ideologie: »Privatisierung, Deregulierung und Einschnitte bei den Sozialausgaben – die Dreifaltigkeit des freien Marktes.« So umschreibt das Naomi Klein.

Sie berichtet, die in den USA ausgebildeten Ökonomen aus Chile hätten zunächst versucht, ihre Vorstellungen friedfertig und im Rahmen demokratischer Auseinandersetzungen in Chile einzuführen. Aber sie waren damit auf Ablehnung gestoßen. Nach dem Putsch war das Klima für ihre radikale Ideologie günstiger: »In dieser neuen Ära musste niemand außer einer Handvoll Männer in Uniform ihnen zustimmen. Ihre standhaftesten politischen Gegner waren entweder im Gefängnis, tot oder auf der Flucht in den Untergrund; das Spektakel der Kampfflugzeuge und der Todeskarawanen sorgte dafür, dass alle anderen stillhielten.«

Der Umsturz vom 11. September 1973 in Chile und die darauf aufbauende Gegenrevolution war der »erste konkrete Sieg« der Chicago-Schule. Chile war das Experimentierfeld. Und Pinochets mörderische Diktatur war die Basis des Experiments. Allein dies müsste eine solche Ideologie für alle Zeit diskreditieren.

Ich erinnere mich noch gut an die vielen Glückwunschadressen, die in Deutschlands rechten bürgerlichen Blättern zum Umsturz in Chile veröffentlicht wurden. Und wenn ich heute Vertreter der Union die undemokratische Vergangenheit mancher Linker beklagen höre, dann klingen in meinen Ohren die lobenden Worte mit, die der damalige CSU-Vorsitzende Franz Josef Strauß und der Geschäftsführer der Konrad-Adenauer-Stiftung und ehemalige Generalsekretär der CDU, Bruno Heck, für den brutalen Diktator Pinochet gefunden hatten.

Die in der chilenischen Diktatur ausprobierte Ideologie feiert heute ihre teilweise Durchsetzung in vielen Staaten Europas und in der Europäischen Union. Die Lissabon-Strategie, der Bologna-Prozess, das Lambsdorff-Papier von 1982 und die Agenda 2010 sind infiziert vom gleichen Geist: Privatisierung, Deregulierung, Abbau des Sozialstaats, Stagnation und realer Rückgang der Masseneinkommen auf der einen Seite und das freie Floaten der Spitzeneinkommen nach oben auf der anderen Seite. Entstaatlichung, Plünderung öffentlichen Vermögens zugunsten der Konten und Taschen der Herrschenden – das gab es nach dem Putsch in Chile, und das gibt es heute hier bei uns.

An diesem Prozess der Entsolidarisierung wirken bis heute auch in Europa Personen mit, die ihr Handwerk bei Pinochet gelernt haben. Bei Naomi Klein begegnete ich auf Seite 113 einem alten Bekannten: José Piñera. Er war bei Pinochet Minister für Arbeit und Bergbau und hatte 1980 dort die Privatisierung der Altersvorsorge für die Arbeitnehmer durchgesetzt. Seit dem Ende der Ost-West-Konfrontation betreibt Piñera sein Beratungsgeschäft in Europa.

Machen Sie sich das zweifelhafte Vergnügen, auf diese Website http://www.josepinera.com/pag/pag_tex_penschile_ge.htm zu klicken. Hier finden Sie einen Text von Piñera auf Deutsch:

»Auf dem Weg zum mündigen Bürger: Reform der Altersversorgung am Beispiel Chile. Das Gespenst bankrotter staatlicher Rentensysteme.«

Pinochets ehemaliger Arbeitsminister beschönigt in diesem Beitrag die Lage der privatisierten Rentenversicherung in Chile auf dreiste Weise. Und er argumentiert im Kern so, wie die Vertreter der Riester-Rente und der Erhöhung des Renteneintrittsalters auch bei uns argumentieren. Bitter kann man da nur feststellen: Walter Riester und Franz Müntefering, Bernd Rürup, Meinhard Miegel und Bernd Raffelhüschen, die Vorkämpfer für die private Rente, stehen offenbar in der Tradition des 1980 gewaltsam umgesetzten Experiments in Chile. – Die Privatisierung der Altersvorsorge hat in Chile übrigens die Gefahr großer Altersarmut heraufbeschworen. Darauf wies Ricardo Lagos, der damalige Präsident Chiles, schon bei einem Berlin-Besuch im Januar 2005 hin.

Eine andere bemerkenswerte Parallele ist die in Chile nach dem Umsturz bewusst erzeugte Massenarbeitslosigkeit. Man hat damals Hunderttausende von Menschen aus dem öffentlichen Sektor entlassen. Milton Friedmann empfahl diese Methode mit der Begründung, die Entlassenen »bekämen rasch im Privatsektor neue Jobs, der bald boomen werde, wenn Pinochet so viele Hindernisse wie möglich beseitige, die jetzt den privaten Markt einschränken«. Dieser Glaube bewahrheitete sich nicht. Und dennoch lebt auch eine Reihe derjenigen, die bei uns den mehrmaligen Abbruch einer beginnenden guten Konjunktur zu verantworten haben, in diesem Glauben. Bei uns hat man den öffentlichen Sektor ausgedünnt. Und man hat zusätzlich eine restriktive Geld- und Fiskalpolitik betrieben, die uns in den achtziger Jahren und dann vor allem ab 1993 und noch einmal ab 2001 eine beachtlich große »Reservearmee« von Arbeitslosen bescherte. Das war nicht ganz so radikal wie in Chile. Aber es hat eine ähnliche Wirkung: Druck auf die Löhne und Gehälter der arbeitenden Bevölkerung und Anstieg der Gewinn- und Vermögenseinkommen.

Genau die gleiche Bewertung verdient die bewusste Verschlechterung der Einkommens- und Vermögensverteilung. Es ist kein Geheimnis, dass Armut ein Teufelskreis ist und die Chancen der in Armut lebenden Erwachsenen und Kinder auf eine gleichwertige Beteiligung nachhaltig mindert. Das ist keine Basis für eine demokratisch verfasste Gesellschaft. In einer Demokratie absolut unerträglich ist das massenhafte Plündern öffentlichen Vermögens, wie wir es heute bei uns erleben.

Ein weiteres Beispiel ist die bewusst betriebene Dominanz der Wirtschaft und des großen Geldes im öffentlichen Leben. Was so schön klingt wie »Zivilgesellschaft« oder »Förderung des Stiftungswesens«, läuft im Kern häufig auf eine Entdemokratisierung des öffentlichen Lebens hinaus. Unsere Universitäten werden dem Einfluss des Staates schrittweise entzogen und Gremien überlassen, in denen Vertreter der Wirtschaft das Sagen haben. Die Öffentlichkeit darf allerdings weiter zahlen. Wenn öffentliche Leistungen durch Mittel aus Stiftungen und durch Sponsoring ersetzt werden, ist damit in der Regel verbunden, dass der Einfluss finanzieller Interessen wächst und der der demokratischen Öffentlichkeit schwindet. So ist es offensichtlich gewollt.

Angesichts der Parallelen zwischen den Vorgängen in Chile und denen bei uns stellt sich die Frage: Hat es schon 1973 und kurz darauf Kontakte zwischen neoliberal gesinnten Personen und neoliberal gesinnten Kreisen in Deutschland und den Betreibern des gesellschaftspolitischen Umsturzes in Chile gegeben?

Wenn die Verfechter der neoliberalen Art des Zusammenlebens nur versuchten, uns ihre Grundideologie zu vermitteln – jeder ist seines Glückes Schmied, und der Markt soll alles regeln –, dann wäre das akzeptabel. Aber dieses Modell ist in der Realität der neoliberal geprägten Länder von Anfang an pervertiert. Die Verfechter der neoliberalen Idee entpuppen sich nämlich als Ausbeuter öffentlicher Ressourcen: Sie sind für Privatisierung, um daran zu verdienen. Sie reden vom Markt und fördern die Konzentration der Unternehmen. Sie nehmen Massenarbeitslosigkeit und eine Reservearmee von Nicht-Beschäftigten gerne hin, um billiger an die Leistungen von anderen Menschen zu kommen.

Sie zerstören wichtige gesellschaftliche Einrichtungen nicht nur, weil sie andere Institutionen aus ideologischen Gründen vorziehen, sondern auch, um dabei Geld zu machen. In der Praxis sind die neoliberal agierenden Gruppen und Personen vor allem Ausbeuter öffentlicher Ressourcen. Sie werden reich – und der Staat und wir alle werden ärmer.

Kapitel 8

Exkurs: Zu den hirnphysiologischen Grundlagen der Meinungsmache[53]

Dass neoliberale Ideen in unserer gesellschaftlichen Wirklichkeit weithin vorherrschen, ist eine Tatsache – ebenso wie der Umstand, dass bis in die siebziger Jahre mehrheitlich ganz andere moralische Kategorien das politische Handeln und die Denkmuster eines Großteils der Bevölkerung bestimmten. Diesen gravierenden Wandel auf Meinungsmache zurückzuführen löst Abwehr und Widerstand aus – verständlicherweise: Es für unmöglich zu halten, dass die Lebenswirklichkeit in unserer Gesellschaft weitgehend manipulativ erzeugt worden sein soll, ist gewissermaßen eine natürliche Reaktion.

»Auf leisen Sohlen ins Gehirn« heißt ein Buch[54] des Linguisten George Lakoff und der Mitautorin Elisabeth Wehling, die darin dem Phänomen nachgehen, wie durch Sprachgebrauch in Medien, Politik und öffentlichem Leben der Vereinigten Staaten Meinung gemacht wird, die dann über entsprechende Wahlerfolge der Konservativen die innen- und außenpolitische Realität in den USA bestimmt.

Basis für den Klärungsversuch von Lakoff/Wehling ist die Überlegung, dass »Denken« und »Meinungen haben« Vorgänge sind, die auf physiologischen Grundlagen fußen. In diesem Zusammenhang sind die modernen Lerntheorien von Bedeutung: Seit Mitte der neunziger Jahre ist das Wissen über Lernvorgänge im Gehirn geradezu explosionsartig gewachsen. Die Neurophysiologen können schon recht differenziert nachweisen, was bei nachhaltiger Informationsaufnahme im Nervensystem geschieht. Bei dieser Informationsaufnahme – dem physiologischen »Lernen« – ist natürlich kein »Filter« eingebaut, der sachlich Falsches von sachlich Richtigem trennt. Meinungsmache muss also nur den entsprechenden physiologischen Mechanismus für den gewünschten Informationsspeicher bedienen – und schon ist »Meinung gemacht«.

Denken funktioniert wie alle Leistungen des zentralen Nervensystems durch die Ausbildung von Kontakten der Nervenzellen untereinander, durch synaptische Verbindungen. Die Netzwerke dieser synaptischen Verbindungen sind die Basis für alle Leistungen des menschlichen Organismus; sie entstehen durch Benutzung. Grundlage sind die Erfahrungen, die ein Mensch von Geburt an macht. Alles, was er erlebt, hinterlässt im Gehirn Spuren in Form der synaptischen Verbindungen, die Wahrnehmungen, Reize und Reaktionen geknüpft haben. Ein Charakteristikum dieser Spurenbildung ist, dass sich ein bestimmtes Denkmuster umso tiefer, unter Umständen sogar unumkehrbar ausbildet, je häufiger ein bestimmtes Netz mobilisiert wird. So werden, bedingt durch wiederkehrende Erfahrungen, Metaphern installiert, die ursprünglich unabhängig voneinander existierende Sachverhalte verknüpfen.

Wir alle lernen also automatisch ein höchst komplexes Metaphernsystem, das – ohne dass wir uns dessen bewusst wären – grundlegend für unser alltägliches Weltverständnis ist und für unser Handeln. Das gilt selbstverständlich auch für die Politik. Das heißt: Je nachdem, welcher Metapher wir uns im politischen Sprachgebrauch bedienen, werden bestimmte Denkmuster mobilisiert, die beeinflussen, wie eine bestimmte Situation wahrgenommen wird.

Grob skizziert, haben Lakoff und Wehling Folgendes herausgefunden: Am Beispiel der USA analysieren sie, wie sich die Metapherntheorie auf politische Debatten anwenden lässt. Sie beschreiben, dass der politische Wertekampf in den USA nicht nur politische Interessen erfasst, sondern vielmehr eine Auseinandersetzung über moralische Werte ist, die zu einer grundsätzlichen Spaltung zwischen Konservativen und Progressiven führt.

Hirnphysiologisch wird die Metaphernbildung über Moral in der Politik begründet durch die Erfahrungen, die ein Kind im Familienleben macht. Lakoff und Wehling stellen dar, dass das erlebte Verständnis von moralischer Autorität in der Familie unbewusst auf die Politik übertragen wird. Bestätigt wird das durch den gängigen Sprachgebrauch: Man spricht vom »Vaterland«, hat eine »Muttersprache« und denkt historisch an die »Väter der Nation«. Unbewusst wendet man also Kategorien der Familie auf die Nation an und überträgt folglich Wissen und Erfahrungen aus der Familie auf die Nation. Einander widersprechende Auffassungen über die Nation lassen sich durch unterschiedliche Vorstellungen von Familie erklären. Unterschiedene politische Programmpunkte führen Lakoff/Wehling auf die Moralvorstellungen zweier gegensätzlicher Familienmodelle zurück: das konservative Familienmodell mit einer »Strenger-Vater-Moral« und das progressive Familienmodell mit einer »Fürsorgliche-Eltern-Moral«.

Das konservative Familienmodell ist durch die Autorität des »strengen Vaters« geprägt, der moralisch stark genug sein muss, um die Familie gegen Böses zu verteidigen und vor Schaden zu schützen. Er tritt mit anderen in Wettbewerb, um seine Familie zu ernähren, und muss sich gegen diese anderen behaupten, um die Familie zu versorgen. Zudem wird vorausgesetzt, dass er die Kategorien »richtig« und »falsch« beherrscht: »Father knows best« – »Vater weiß den rechten Rat«. Richtiges Verhalten muss er seinen Kindern beibringen. Er belohnt und bestraft, wobei die Bestrafung das wirksamere Mittel zur Disziplinierung ist. Sein Motto: »No pain, no gain!« (sinngemäß: »Es muss weh tun, damit was hängenbleibt!«). Oder: »Was uns nicht umbringt, macht uns stark!«

Die Philosophie dieses Familienmodells: Erreicht das Kind Selbstdisziplin, ist es moralisch stark und in der Lage, sein Eigeninteresse zu verfolgen und im Leben Erfolg zu haben. Letzteres ist grundsätzlich jedem möglich; jeder kann es vom Tellerwäscher zum Millionär bringen. Und wenn ein Mensch nicht erfolgreich ist, dann ist er einfach nicht diszipliniert genug und verfügt nicht über genügend moralische Stärke. Solche Menschen zum Beispiel mit Sozialprogrammen zu »belohnen« ist in den Augen der Konservativen schlicht unmoralisch, weil man sie damit der Möglichkeit beraubt, innerlich zu wachsen. Auch in Deutschland beruht die Rücknahme der sozialen Absicherung, wie sie beispielsweise durch Hartz IV erfolgt ist, auf einer solchen Denkstruktur.

Frauen und Männer, die nicht ausschließlich ihr Eigeninteresse verfolgen, sondern anderen zu helfen versuchen, werden in der politischen Rhetorik diffamiert, in den USA als »do-gooders«, in Deutschland als »Gutmenschen«. In den Augen der Konservativen schaden die do-gooders mit ihren Interventionen den sozial Benachteiligten, weil sie diese Menschen hindern, innere Disziplin zu entwickeln und ihr Eigeninteresse zu verfolgen. Wem das aber gelingt, der wird durch Wohlstand belohnt. Aus dieser Überzeugung entwickeln die Konservativen unter anderem ihre moralische Position zur Steuerreform: Nach ihrem Verständnis bestrafen hohe Steuern die selbstdisziplinierten erfolgreichen Bürger und sind somit ein unmoralischer Akt des Staates.

Überhaupt sind nach diesen Denkmustern Interventionen des Staates verdächtig; ein prägnantes Beispiel dafür ist das Postulat für den »freien Markt«: Wenn jeder in der Gesellschaft sein eigenes Wohlergehen verfolgt, dann wird automatisch das Wohlergehen aller verbessert. Also lautet der konservative moralische Grundsatz: Trete innerhalb des freien Marktes mit anderen in Wettbewerb und verfolge dabei dein Eigeninteresse. Das Ergebnis wird sein, dass es allen gutgeht.

Die kognitive Dissonanz an diesem Denkmuster beruht darin – wie Lakoff und Wehling zutreffend darstellen –, dass der angeblich freie Markt ein Mythos ist. Denn alle Märkte haben Regeln, die von Menschen konstruiert worden sind. Der freie Markt ist nur frei innerhalb bestimmter Regeln, die für ihn aufgestellt sind. Was sollte uns daran hindern, diese Regeln zu ändern, wenn eine Änderung als sachlich notwendig erkannt wird? Es wird allerdings schwierig, dieses progressive Denkmuster zu etablieren, wenn die konservative Metapher vom freien Markt akzeptiert ist. Dann werden nämlich diejenigen, die den angeblich freien Markt neu regulieren wollen, zu Leuten, die ihn unfrei machen.

Der Struktur des progressiven Modells der Familienmoral liegt nach Lakoff und Wehling folgende Idee zugrunde: »Fürsorgliche

Eltern« erziehen ihre Kinder auf der Basis von Fürsorge und Verantwortung. Moralischer Kernpunkt des Modells ist, das Kind so zu erziehen, dass es in der Lage ist, sich auch für andere einzusetzen und sie zu fördern. Fürsorge setzt Einfühlungsvermögen und Übernahme von Verantwortung voraus. Sie ist geprägt von dialogischer Kommunikation: Man spricht mit dem Kind auf gleicher Ebene und nimmt seine Ideen und Belange ernst. Indem das Kind von seinen Eltern Verständnis erfährt, kann es lernen, andere zu verstehen.

Das Kind folgt den Eltern, weil es sie liebt, und entwickelt den Wunsch, von ihnen anerkannt zu werden, sie stolz zu machen. Als Erfolge gelten dabei nicht ausschließlich »Siege gegen andere«, Lob erfährt das Kind vielmehr auch, wenn es anderen verantwortungsvoll geholfen hat.

Die progressive Familienmoral folgt dabei nicht dem Ziel, Kinder ausschließlich zur Uneigennützigkeit zu erziehen. Voraussetzung, für andere da sein zu können, ist zunächst einmal, für die eigene Person Verantwortung zu übernehmen, für sich selbst sorgen zu können, um darüber hinaus dann auch für andere Verantwortung zu tragen. Soziale Kompetenz ist ein wichtiges Erziehungsziel der Progressiven.

Moralisches Verhalten äußert sich nicht wie bei den sehr traditionellen Konservativen als Gehorsam gegenüber dem Vater, sondern im Umgang mit anderen Menschen. Dabei ergibt sich »richtig« oder »falsch« aus dem Kontext der jeweiligen Situation. Die progressive Weltsicht hat nichts zu tun mit einer grundsätzlichen Aufteilung der Welt in Gut und Böse, sondern »richtiges« Verhalten besteht darin, sich in andere Menschen und ihre Situation »hineinzudenken«. Deshalb ist aus progressiver Weltsicht Toleranz ein moralischer Grundwert – und kann es auch sein, weil es keine vom Vater festgelegten moralischen Kategorien gibt, die ohne Wenn und Aber akzeptiert werden müssten. Toleranz hat ihre Grenze da, wo andere Menschen zu Schaden kommen. Aus Sicht der Progressiven ist es ein grundsätzlicher moralischer Wert, dafür zu sorgen, dass niemand in der Gesellschaft jemand anderem Schaden zufügt.

Eine Fülle gesellschaftspolitischer Intentionen ergibt sich aus dieser Philosophie: Verbraucher- und Umweltschutz, seriöse Sexualerziehung, restriktiver Waffen- und Munitionsverkauf und staatliche Fürsorge in Form von Sozialprogrammen.

Lakoff und Wehling erinnern daran, dass dieses Denkmuster zu den Zeiten von Präsident Franklin D. Roosevelt in den USA in Politik umgesetzt wurde. Damit der Staat seine Pflicht erfüllen konnte, für das Wohlergehen eines jeden Bürgers Sorge zu tragen, musste das gemeinsame Vermögen, das Common Wealth, genutzt werden. Also wurden Steuern erhoben, um damit für das gemeinsame Wohlergehen zu sorgen.

Das Steuersenkungsthema in Deutschland erhält vor diesem Hintergrund die Bestätigung, die die SPD trefflich anfangs der siebziger Jahren zur Sprache brachte, als sie formulierte: »Nur Reiche können sich einen armen Staat leisten.« Viele Menschen nehmen nicht wahr, dass es nur dann allen gutgehen kann, wenn das gemeinsame Vermögen nicht armgeredet wird, was nach Lakoff und Wehling auch damit zu tun hat, dass aus konservativer Weltsicht der Vater nicht mit der Gesellschaft kooperiert, sondern sich in ihr behauptet. Das Element der Hilfe durch andere ist in diesem Denkmuster ausgeblendet, das Common-Wealth-Prinzip hat gedanklich keinen Platz darin.

Realistisch muss man annehmen, dass die Menschen nicht jeweils auf nur eines dieser beiden Modelle festgelegt sind. Die Erfahrungen nämlich, die die Menschen prägen, sind in nur seltenen Fällen eindimensional. Viele sind »bi-konzeptionell«. Der propagandistische Kampf der beiden Lager aber geht darum, in möglichst vielen Menschen die Saiten anklingen zu lassen, die dem eigenen Konzept entsprechen. Dabei sind nach Meinung von Lakoff und Wehling nicht jene erfolgreich, die Inhalte und Fakten präsentieren, sondern jene, die moralische Werte zur Sprache bringen und mobilisieren.

Wenn man diese Ergebnisse kennt, lässt sich etwas besser erklären, was bei den beobachteten Meinungsbildungsvorgängen passiert sein könnte und warum wer mit welchen Sprachmustern und Argumenten Erfolg oder Misserfolg hatte und hat. Wenn zum Beispiel der frühere SPD-Finanzminister Hans Eichel und sein Amtsnachfolger Peer Steinbrück sich vor allem als Sparkommissare – als sparsame Hausväter – präsentieren, dann ist die Sache klar: Sie sprechen die vom strengen Hausvatermodell geprägten Menschen an, und das sind sehr viele in Deutschland, und bekommen dort bewundernde Zustimmung. Politisch trägt diese Zustimmung allerdings keine Früchte, denn sie stärkt die Position jener, die in den Köpfen der Mehrheit mit diesem Modell verbunden sind: die Konservativen. Gewählt wird dann das Original und nicht die SPD.

Wenn, um ein anderes Beispiel zu nennen, Willy Brandt und Egon Bahr und die anderen Träger der Entspannungspolitik diese mit moralischen Kategorien als Politik der Versöhnung, des Sich-Verstehens und des Sich-in-den-anderen-Hineinversetzens vertreten haben, dann ist damit das progressive fürsorgliche Elternmodell mobilisiert worden, und es wurden Menschen in dieses Lager herübergezogen, die ohne eine solche Ansprache dem konservativen Modell verhaftet geblieben wären.

Wenn aber, wie wir es seit geraumer Zeit erleben, ein ganzer Strauß von Formeln wie »Leistung muss sich wieder lohnen«, »Wer arbeitet, ist der Dumme«, »soziale Hängematte« und »sozialer Missbrauch« immer wieder artikuliert wird, ohne dass von der anderen Seite solidarische Werte angesprochen werden, dann verfestigen sich die Werte des Modells »Strenger Familienvater«, und die Menschen handeln danach. Dann akzeptieren sie, soweit sie nicht persönlich betroffen sind, Hartz IV, und sie protestieren auch nicht, wenn ein Ministerium und sein Minister eine Broschüre präsentieren, in der Hartz-IV-Empfänger als »Abzocker« bezeichnet werden.[55]

Geradezu puristisch umgesetzt ist das Strenger-Vater-Modell in der neuen »unternehmerischen« Hochschulstruktur, wie im »Hochschulfreiheitsgesetz« Nordrhein-Westfalens implementiert. Nur der Präsident – der »strenge Vater« – hat das Sagen, denn father knows best. Es herrscht eine hierarchische Kommunikation (top down), und alle Ansätze einer Kommunikationsstruktur und Entscheidungsfindung auf Augenhöhe mit allen an Forschung und Lehre Beteiligten sind eliminiert. Ganz zu schweigen von der Idee einer paritätisch organisierten, selbstverwalteten Gruppenuniversität: Die Studierenden mitbestimmen zu lassen kommt in diesem Denkmuster schlicht nicht vor.

Noch wird man vorsichtig umgehen müssen mit den von George Lakoff und Elisabeth Wehling präsentierten Ergebnissen zu der Frage, wie Meinungsbildung funktioniert und wie eine Gleichschaltung der Meinung arrangiert wird. Aber es lohnt sich, die Theorien und Ergebnisse der Forschung in die weitere Betrachtung einzubeziehen und die mit Beispielen aus den USA belegten Beobachtungen in einem ersten Versuch auf Deutschland zu übertragen. Es ist auch sinnvoll, die hiesigen öffentlichen Auseinandersetzungen der Gegenwart und der Vergangenheit mit dem Suchraster zu überprüfen, das die beiden Autoren aufgestellt haben.

Die Erkenntnisse von Lakoff und Wehling wie auch die hier erörterten eigenen Beobachtungen dürften für kommende Wahlkämpfe relevant sein. Einiges scheint direkt auf unsere Verhältnisse übertragbar zu sein: zum Beispiel, dass es wichtig ist, die Menschen mit moralischen Werten anzusprechen, wie es Barack Obama im Jahr 2008 demonstriert hat; so kann man sie bewegen, das Lager zu wechseln; oder zu realisieren, dass Wählerinnen und Wähler das Original wählen. Für wahlkampferprobte oder auch nur aufmerksame Beobachter sind das keine neuen Erkenntnisse. Aber reale Erfahrungen nun auch hirnphysiologisch begründen zu können ist eine große Bereicherung.

Kapitel 9

Berlusconi ist überall oder
Das nahende Ende der Demokratie

Die Optimisten unter uns blicken auf gesellschaftliche Entwicklungen wie auf ein Pendel. Sie hoffen, dass auf eine schlechte Entwicklung in absehbarer Zeit ein Schlag in die Gegenrichtung folgt. Das ist eine sympathische Weltsicht, und im Alltag kann man oft erleben, dass dieses Bild stimmt. Es ist auch das Bild, das unserer Vorstellung vom guten Funktionieren der Demokratie zugrunde liegt: Kraft und Gegenkraft, »checks and balances« – wenn die eine politische Partei oder Koalition es schlecht macht, dann kommt halt beim nächsten Mal die andere dran. So funktioniert es manchmal. Aber das Bild vom Pendel geht an der Realität vorbei, wenn Meinungsmache eine große Rolle spielt. Denn dann werden die Sanktionen abgeblockt, die auf eine schlechte Performance folgen sollen. Die schlechte Performance erscheint nicht als schlecht, weil mit viel kommunikativer Kraft »aus Mist Marmelade« gemacht werden kann. Dafür gibt es gute Belege. So könnte das schöne Bild vom Pendel, dieses Urbild der Demokratie, ausrangiert sein, weil man es immer mehr mit schiefen Ebenen zu tun hat. Eine davon steht in Italien.

Ein Dienstagabend im April 2008. Die »Tagesschau« berichtet vom Sieg Silvio Berlusconis bei den Nationalwahlen in Italien. Berlusconi ist der personifizierte Beleg dafür, dass alle zuvor geprüften Beobachtungen zur Willensbildung und Entscheidungsfindung zutreffen: 1. Mit Meinungsmache kann man politische Entscheidungen beeinflussen. 2. Wer über viel Geld und publizistische Macht verfügt, kann die politischen Entscheidungen im eigenen Interesse prägen und sogar Wahlen gewinnen. 3. Wer über viel Geld und publizistische Macht verfügt, kann die politische Macht erobern, um nicht zu sagen erkaufen.

Silvio Berlusconi hat als Immobilienmakler und Bauunternehmer begonnen. Mit Hilfe seiner wirtschaftlichen Macht hat er dann konsequent Medienmacht im privaten Sektor von Fernsehen, Hörfunk und Printmedien erobert. Mit dieser privaten Medienmacht hat er 1994 zum ersten Mal den Stuhl des Ministerpräsidenten erkämpft. Mit Hilfe der politischen Macht wiederum hat er wesentliche Teile des öffentlich-rechtlichen Rundfunks Italiens in den Griff bekommen und seine Macht im privaten Bereich der Medien weiter gefestigt.

Diese geballte publizistische und ökonomische Macht hat wesentlich dazu beigetragen, dass Berlusconi im April 2008 die politische Macht zurückerobern konnte, die er zuvor an ein Mitte-Links-Bündnis unter Romano Prodi verloren hatte. Der italienische Autor und Journalist Marco Travaglio wies in einem Interview mit der »Tageszeitung« am 15. April 2008 deshalb mit einem Unterton der Resignation darauf hin, dass es fast unmöglich sei, gegen einen Gegner zu gewinnen, der in einem derartigen Ausmaß das Fernsehen kontrolliert. Diese Wettbewerbsverzerrung mache sich ja nicht nur am Wahltag bemerkbar, sondern wirke permanent bei allen relevanten Sachthemen, bei Berlusconis Imagebildung und bei dem Versuch, das Image der politischen Gegner von Berlusconi zu beeinflussen. Auch in Italien wurde und wird die innere Willensbildung der Konkurrenten von Berlusconi von den von ihm abhängigen oder ihm dienstbaren Medien mitbestimmt.

Marco Travaglio nennt das beim Namen. Nach seiner Meinung hat Berlusconi seine politischen Gegner gelähmt. Sie waren handlungsunfähig, als es darum ging, die publizistische Macht des Silvio Berlusconi zu beschränken:

taz: Was ist das für eine Linke, die es partout nicht schafft, den völlig unpräsentablen Berlusconi zu schlagen?

Marco Travaglio: Gegen einen Gegner zu gewinnen, der zwei Drittel des öffentlichen und 100 Prozent des Privatfernsehens kontrolliert, ist fast unmöglich. Diese Wettbewerbsverzerrung macht sich ja nicht nur am Wahltag bemerkbar. Jeden Tag, jede Stunde, jede Minute dienen diese Fernsehsender dazu, die Wähler das vergessen zu lassen, was sie aus Berlusconis Sicht vergessen sollen, und ihnen bloß das zu zeigen, was er sie sehen lassen will. Dieses Experiment, das Italien seit Jahren erlebt, ist in westlichen Demokratien einzigartig. [...]

taz: Also alles ein Erfolg der Propaganda?

Marco Travaglio: Berlusconi ist auch groß darin, Leute zu kaufen und zu bestechen – ich meine das nicht im strafrechtlichen Sinne. Aber wann immer es um die Entscheidung ging, ob die Linke wirklich gegen seine geballte Medienmacht vorgehen sollte, sind viele ausgeschert, aus Angst oder auch weil Emissäre aus dem Berlusconi-Lager sie kontaktiert hatten.

Weshalb ist Berlusconi immer wieder erfolgreich, obwohl es ja nicht an Versuchen fehlt, der Öffentlichkeit Fakten zugänglich zu machen, die sie dazu befähigen sollten, ihn nicht zu wählen? George Lakoff und Elisabeth Wehling machen darauf aufmerksam, dass man entsprechend der hirnphysiologischen Erkenntnisse von dem Gedanken Abstand nehmen muss, »Denken« und »Meinung bilden« würden vollkommen bewusst ablaufen. Die Gefährlichkeit der Medienmacht Berlusconis – und ähnlich gelagerter Verhältnisse in anderen Ländern – beruht gerade darauf, dass durch ein solches Feuerwerk von Meinungsmache *unbewusst* mentale Strukturen entstehen, die entscheidend sind für die Bewertung der Welt. Informationen, die im Widerspruch zu solchen etablierten Deutungsrahmen stehen, werden dann ignoriert. Damit spielen Fakten, die nicht zu den vorhandenen Denkmustern passen, etwa für eine Wahlentscheidung, keine Rolle.

»Gehirnwäsche« ist für diesen mentalen Vorgang das falsche Bild. Bei einer »Gehirnwäsche« wird ja etwas gereinigt; bei den »Berlusconis« in Italien, in Frankreich, in Deutschland oder sonstwo muss man aber eher davon sprechen, dass von ihnen die Gehirne der Menschen systematisch verunreinigt werden.

Wenn wir die Substanz unserer Demokratien überhaupt noch retten wollen, müssen wir dafür sorgen, dass Wählerstimme wenigstens annähernd gleich Wählerstimme ist. Dass Menschen und Gruppen, die große Interessen vertreten, es gelegentlich leichter haben, eine politische Entscheidung in ihrem Sinne zu beeinflussen – indem sie Propaganda machen und Lobbyarbeit betreiben –, das finden wir ärgerlich. Aber selbst das wäre in demokratischer Bescheidenheit gelegentlich noch hinzunehmen, wenn man von dem Menetekel befreit wäre, dass wirtschaftliche und publizistische Macht sogar darüber entscheiden, wer regiert. Noch dazu so brutal und offen wie in Italien, wo Berlusconi ohne Scheu die Interessen der wirtschaftlich Bessergestellten vertritt. Und natürlich weiß er, wie man bei der Mehrheit der Nichtbessergestellten den Eindruck erweckt, sie wären in seiner politischen Bewegung gut aufgehoben.

Von einer Demokratie kann man in diesem Fall nicht mehr sprechen. Deshalb muss es erstaunen, wie zurückhaltend das italienische Wahlergebnis in den deutschen Medien und in der deutschen Politik, von einigen Ausnahmen abgesehen, kommentiert worden ist. Demokraten sollten sich über den Ernst dieser Entwicklung klarwerden.

Bei der ersten Regierungsübernahme von Berlusconi 1994 fanden sich in Deutschland immerhin noch einige Stimmen, die vor einer Berlusconisierung Europas und Deutschlands warnten. Jetzt sind wir müde, obwohl die Sache eindeutig ist. Das dürfte viel damit zu tun haben, dass unsere Meinungsführer sehr genau sehen, der Zustand der Demokratie bei uns unterscheidet sich nicht grundlegend von der Lage in Italien. Zwar sind die Strukturen andere, und es gibt nicht einen einzelnen Mächtigen, der so auftritt wie Berlusconi. Aber auch bei uns gibt es die schon skizzierten Machtballungen und die eindeutige Meinungsmacht der neoliberal geprägten Meinungsführer. Damit finanziell kräftige Gruppen in Deutschland die Meinungsbildung und dann auch die politische Entscheidungsfindung prägen können, braucht es keinen Berlusconi. Das geht über PR-Maßnahmen, über eine Verflechtung von Wirtschaft und Medien und über eine Verflechtung von privaten Medien und öffentlich-rechtlichen Medien. Man muss als Führungsgruppe, die die Meinungsbildung beherrscht, nicht unbedingt alle Medien besitzen, um sie einigermaßen gleich auszurichten und hinter sich zu scharen. Man könnte beispielsweise sogar auf den Besitz privater Sender verzichten, wenn man die Redaktionen der öffentlich-rechtlichen

Sender mehrheitlich beeinflusst. Es gibt eben andere Strukturen als die in einer Person geballte Macht – doch die Wirkung ist ähnlich.

Berlusconi ist überall. Berlusconi ist auch in Frankreich. In Großbritannien. In den USA. In Russland. Wo ist er eigentlich nicht? Überall bedienen sich die oberen Schichten zu Lasten der Mehrheit der Völker. In Italien ist das nur besonders sichtbar und wahrscheinlich auch besonders korrupt, weshalb das System Berlusconi sich in besonderer Weise der Kontrolle entzieht. Aber einzigartig sind die traurigen Verhältnisse in Italien nicht. In Frankreich beherrschen die Freunde Sarkozys weite Teile der Medien. Sie haben ihm zur Präsidentschaft verholfen, und er stabilisiert und fördert ihre wirtschaftliche und publizistische Macht – so beispielsweise durch ein Werbeverbot in den öffentlich-rechtlichen Medien und besondere Hilfen für die Printmedien.[56] In Großbritannien und in etwas gemäßigter Form auch in den USA beherrscht der Medienkonzern der Familie Murdoch weite Teile der Medien und nimmt in seinem Sinne Einfluss auf die politische Richtung von Parteien und Gesellschaft insgesamt. Murdoch verhalf Margaret Thatcher wie auch Tony Blair zur Macht. In Russland beherrschen der Staat, Staatsunternehmen wie Gasprom und einige Superreiche die Mehrheit der landesweit verbreiteten Medien. In vielen Ländern Mittel- und Osteuropas ist die neue Vielfalt der Medien nach dem Ende der Blockkonfrontation inzwischen einem vorherrschenden Einfluss einiger Medienkonzerne gewichen.

Ohne die große Rolle von Meinungsmache gäbe es keine oligarchischen, es gäbe sogar nicht einmal großbürgerliche Regierungen – es gäbe keinen Berlusconi, es gäbe keinen Wladimir Putin, es gäbe keinen Nicolas Sarkozy, es hätte keinen Ronald Reagan gegeben und auch keinen Kanzler Helmut Kohl, und vermutlich Angela Merkel als Bundeskanzlerin auch nicht. Die konservativen Regierungen verdanken ihre Macht in der Regel der wahlentscheidenden Beeinflussung der Mehrheit von abhängig arbeitenden Menschen. Das große Geld organisiert und bestimmt die Meinungsmacht und damit die Mehrheiten.[57]

Darüber redet man normalerweise nicht, weil Demokraten zurückhaltend sind. Wir tun so, als gäbe es eine faire Konkurrenz zwischen der großen Mehrheit von abhängig arbeitenden Menschen und der Oberschicht. Diese faire Konkurrenz schwindet aber, vor allem mit dem Verschwinden von Pluralität und unabhängigen Medien und mit dem Aufkommen einer PR-Maschinerie.

Meinungsmacht ist auch die eleganteste Form der Diktatur. Die Grenzen fließen. Was ist Berlusconis Italien? Was ist Putins Russland? Was wird aus Frankreich? Was wird aus uns? Was wird aus der EU unter dem Einfluss von Berlusconi und Sarkozy und dem stark neoliberal bestimmten Kommissionspräsidenten José Manuel Barroso[58]?

Kapitel 10

Die Methoden der Meinungsmache

Will man die Meinung anderer Menschen beeinflussen, sie gar manipulieren, dann muss man sich die dafür geeigneten Methoden genau überlegen. Diese Methoden sind im Lauf der Geschichte entwickelt worden und keineswegs neu. Wir nutzen täglich im persönlichen Umgang mit anderen solche Mittel, häufig in harmloser Absicht. Dieselben Methoden sind auch im Spiel, wenn es darum geht, Menschen eine Ware zu verkaufen oder ihnen eine bestimmte Politik nahezubringen. Obwohl die Methoden nicht neu sind, obwohl wir selbst davon Gebrauch machen, obwohl wir also davon eigentlich wissen müssten, sind wir keineswegs gefeit davor, auf sie hereinzufallen und zu Opfern geistiger Verführung zu werden.

Die gängigste Methode ist die Wiederholung. Wenn alle maßgeblichen Personen aus Politik, Wirtschaft, Wissenschaft und Medien erzählen, die Globalisierung sei ein völlig neues Phänomen und die Demographie unser größtes Problem, was soll die Mehrheit der Bevölkerung dann glauben? Wenn Angela Merkel mit treuherzig ernstem Blick sagt, wir müssten die Lohnnebenkosten senken, damit Arbeitsplätze geschaffen werden, wenn dann auch Guido Westerwelle und der Kanzlerkandidat der SPD Frank-Walter Steinmeier und die Spitzen der Grünen und die Wirtschaftsverbände und der Handwerksverband, wenn sie alle sagen: Unser Problem sind die hohen Lohnnebenkosten, wir müssen sie senken, um Arbeitsplätze zu schaffen! Dann glaubt man, dass die Lohnnebenkosten hoch sind, und dann glaubt man, Arbeitsplätze würden geschaffen, wenn wir sie senken, und dann ist man bereit, die Zerstörung der Arbeitslosenversicherung und der gesetzlichen Rente hinzunehmen. Wenn niemand widerspricht, warum soll man es nicht glauben? Warum soll man sich dann sträuben, dies für richtig zu halten?

Wenn die Bundeskanzlerin und der Bundesfinanzminister,

wenn Spitzenbanker und linke Ökonomen einvernehmlich und laut vernehmbar meinen, die Finanzkrise sei aus den USA zu uns herübergeschwappt, wenn sie alle verlautbaren, man müsse jede Bank retten, dann glaubt die Mehrheit dies auch dann, wenn viele Fakten dagegen sprechen. Wenn ausreichend viele und publizistisch stark präsente Personen immer wieder behaupten, gravierende Fehler seien vor allem von öffentlichen Banken gemacht worden, dann glaubt die Mehrheit auch dies, obwohl um uns herum mehrere private Banken wie die HRE, die IKB und die Commerzbank unter den Schutzschirm des Staates flüchten. Die Kombination aus Wiederholung und Dominanz ist eine fast unfehlbare Methode, eine Botschaft in den Köpfen zu verankern.

Der Erfolg der Meinungsmache stellt sich besonders dann ein, wenn *die gleiche Botschaft aus unterschiedlichen Ecken* kommt. Es war sehr wichtig, dass nicht nur CDU/CSU und FDP den militärischen Einsatz der Bundeswehr außerhalb des Nato-Bereichs befürworteten. Dass SPD und Grüne ebenfalls dafür waren, stützte die Glaubwürdigkeit der Botschaft, und so wurde im Kosovo-Konflikt bombardiert, ohne ernsthaft die Notwendigkeit dieser Aktion zu überprüfen. Für die Wirksamkeit der Propaganda der Initiative Neue Soziale Marktwirtschaft, einer Einrichtung der Arbeitgeberverbände der Metall- und Elektroindustrie, war es geradezu von essenzieller Bedeutung, grüne Politiker wie Oswald Metzger und Christine Scheel und sozialdemokratische Politiker wie Wolfgang Clement, Florian Gerster und Siegmar Mosdorf als Botschafter und Kuratoriumsmitglieder zu gewinnen. Und für die Durchsetzung der Agenda 2010 innerhalb der SPD und innerhalb der intellektuellen Meinungsführer war es wichtig, Erhard Eppler als Unterstützer zu gewinnen. Von Florian Gerster bis Erhard Eppler, unterstützt von der damaligen Opposition FDP und CDU – diese vielfältige und überraschende Konstellation war eine wichtige Voraussetzung dafür, zumindest bei den Meinungsführern in den Medien und bei den sogenannten Eliten eine relativ breite Unterstützung für die Reformpolitik zu bekommen.

Wenn der frühere Bahnchef Hartmut Mehdorn und der Aufsichtsratsvorsitzende der Deutschen Bahn Werner Müller, der zuvor unter Gerhard Schröder Bundeswirtschaftsminister war und dann Chef der ehemaligen Ruhrkohle AG, wenn diese beiden das Gleiche sagen wie Norbert Hansen, der – damals noch amtierende – Vorsitzende der größten Eisenbahnergewerkschaft Transnet, dann muss der Börsengang ja gut sein für die Bahn. Immer sind besonders jene Personen – Politiker, Wissenschaftler, Verbandsvertreter, Vertreter von Nichtregierungsorganisationen und so weiter – als Zeugen und Multiplikatoren nützlich, die man normalerweise einer bestimmten Sachposition *nicht* zuordnet. Die sozialdemokratischen Finanzminister Hans Eichel und Peer Steinbrück zum Beispiel sind exzellente Vertreter einer nicht gerade sozialdemokratischen prozyklischen Wirtschafts- und Finanzpolitik, der sogenannten monetären Politik, einer Politik des Sparens, koste es, was es wolle.

Auch von den Medien gern und häufig zitierte Wissenschaftler sind als Zeugen – zum Beispiel für die Ablehnung von Konjunkturprogrammen oder die Befürwortung der Privatvorsorge – dann besonders geeignet, wenn sie zum eher linken Spektrum zählen. Das SPD-Mitglied Bert Rürup ist für die Erweiterung des Spektrums der Meinungsmache dann wichtiger als beispielsweise das CDU-Mitglied Hans Tietmeyer.

Meinung wird mit Hilfe der Sprache gemacht. *Mit Sprache sind Urteile und Wertungen verbunden.* Sprache wird missbraucht. Beim Wort »Reform« etwa schwingt in Deutschland viel Positives mit. Reformen waren noch in der sozialliberalen Zeit der Regierungen Brandt und Schmidt fast immer Veränderungen zugunsten der Mehrheit und vor allem auch zugunsten der Schwächeren. Heute sind Reformen meist Veränderungen zugunsten der Oberschicht. Und natürlich wird der Klang dieses Wortes missbraucht, um Meinung im Sinne der jetzt installierten Reformen zu machen.

Meinung wird in einem *gruppenspezifischen Jargon* übertragen und geprägt. Hierzu gehört die in manchen Kreisen übliche Attacke auf den Staat und die öffentliche Verantwortung mit Hilfe des Begriffs »Bürokratie«; »Freiheit«, »Wettbewerb«, »Leistung« haben eine ähnliche Funktion. Man versteht sich, ohne dass das

Wort sinnvoll und zutreffend verwendet würde. Heute wird zum Beispiel viel von Wettbewerb geredet und vom Markt, wenn tatsächlich die Nutzung von Marktmacht gemeint ist und schon lange nicht mehr begriffen wird, dass Wettbewerb des Schutzes vor Übermacht bedarf. Ebenfalls zu diesem Jargon gehören die Termini »robust« und »gut aufgestellt«. Zum identitätsstiftenden und meinungsmachenden Jargon einer bestimmten Gruppe gehörten in der linken Studentenbewegung der sechziger und siebziger Jahre Worte wie »Vergesellschaftung« und »Selbstentfremdung«. Der Gebrauch des Wortes »Kapitalismus« hat eine ähnliche Wirkung. Ein solcher Jargon ist meinungs- und gruppenbildend; beides geht ineinander über. Wenn beispielsweise Heiner Geißler gegen den Kapitalismus wettert, dann schließen sich die Reihen der Attacis um ihn. Sich sprachlich im Rahmen eines Jargons zu bewegen kann sehr ökonomisch sein: Man kann das Denken unterlassen und sich heimisch und geborgen fühlen.

Wer Meinung machen will, ist gut beraten, affirmativ aufzutreten, also keine Zweifel aufkommen zu lassen an der Richtigkeit der eigenen Thesen, des eigenen Wegs, der eigenen Entscheidungen. Besonders wichtig ist das dann, wenn die Realität die eigene Linie nicht bestätigt. Man kommt dennoch damit durch, vorausgesetzt, man hat mächtige Verbündete. Ein gutes Beispiel sind die Einlassungen unseres Bundesfinanzministers aus dem Februar 2008. Die eigene Schuld an der Entwicklung einzugestehen wäre angesichts des von der Bundesregierung und dem Bundesfinanzminister ermunterten teuren Engagements deutscher Banken in gebündelten amerikanischen Hypothekenkrediten und anderen Finanzmarktpapieren zwar angebracht, hätte aber keine vorteilhafte Wirkung. Also verlautbart der Bundesfinanzminister:[59] »Schließlich steht außer Zweifel, dass wir einen starken und wettbewerbsfähigen Finanzplatz Deutschland brauchen. Wer anderes propagiert, streut den Menschen Sand in die Augen und gefährdet Wachstum, Wohlstand und Arbeitsplätze in Deutschland.«

Hier noch einige weitere Beispiele für affirmativ vorgetragene Behauptungen:

»Die Einführung eines Mindestlohns kostet Arbeitsplätze« – diese Feststellung ist nicht schlüssig belegt, wird aber von der Wirtschaft und einigen Wissenschaftlern wie Hans-Werner Sinn mit dem Brustton der Überzeugung vorgetragen.

»Die Alten leben auf Kosten der Jungen, die gesetzliche Rente reicht nicht mehr, Konjunkturprogramme sind Strohfeuer« – alle drei Aussagen sind durch die Fakten nicht gedeckt, werden aber immer wieder mit großer Sicherheit vorgetragen. Wie man am Beispiel der Aussage über die gesetzliche Rente sieht, werden die verschiedenen Methoden gern durchmischt, um die Wirkung zu erhöhen: Die Aussage wird permanent wiederholt, und sie kommt aus verschiedenen Ecken – von Lehrern in den Schulen, von Volkshochschulen, von der Zeitschrift »Finanztest« der Stiftung Warentest, von den einschlägigen Wissenschaftlern, dem Bundesministerium für Arbeit und Soziales und natürlich von der Versicherungswirtschaft und den Finanzdienstleistern. Immer dasselbe, aus vielen Ecken und ohne Differenzierung, ohne Zweifel. Das erinnert an George W. Bushs Strategie, mit überzeugt klingenden Behauptungen konsequent der Wirklichkeit des Irakkriegs und seiner Opfer zu widersprechen. Der frühere US-Präsident war ein Meister der affirmativen Methode.

Die von Peer Steinbrück im Zitat über den »starken Finanzplatz Deutschland« gebrauchte Formel, »es steht außer Zweifel«, wird in der alltäglichen Manipulation in verschiedenen Varianten ausgegeben: »wie wir alle wissen«, »wie schon bekannt ist«, »wie alle sagen« – immer sollen durch Berufung auf eine allgemein verbreitete Meinung Zweifel beiseitegeschoben werden.

Und wenn sich Widerstand regt, wird zugeschlagen. Diskussionen sollen unterbleiben, Gleichschaltung ist das Ziel. So sind die Agitation und die Medienarbeit angelegt. Wer die Meinung durchgehend bestimmen will, lässt keinen Zweifel zu.

Das musste zum Beispiel Anne Will erfahren, als in ihrer Sendung vom 30. März 2008 leichte Zweifel an der Privatvorsorge fürs Alter aufkamen. Schon vor der Sendung hatten »Bild«-Zeitung und »Bild am Sonntag« gegen die Moderatorin mobilisiert. Danach intervenierte ausgerechnet der Managerkreis der SPDnahen Friedrich-Ebert-Stiftung, eine Ecke also, aus der man eine solche Intervention nicht erwartet hätte. Im konkreten Fall jedoch misslang die Intervention. Man hatte sich mit den Fakten vertan und musste sich entschuldigen.[60]

Ich erwähne dieses Beispiel, weil es zeigt, wie auch kleinster Widerspruch zur herrschenden Linie sofort zu unterdrücken versucht wird. Aus Sicht der neoliberalen Bewegung war die Intervention im konkreten Fall durchaus verständlich, denn die Deutungshoheit über den Stammtischen der Talkshows darf mit einem Neuankömmling wie Anne Will natürlich nicht verloren gehen – auch nicht bei einer einzigen Talkshow. Das wäre ein Pfahl im Fleisch, hat man doch schon Ärger genug mit »Monitor« (ARD), »Zapp« (NDR), »Plusminus« (SR) und gelegentlich auch mit »Kontraste« (rbb) und »Frontal 21« (ZDF).

Hermann Rauschning hat in seinem Buch »Die Revolution des Nihilismus. Kulisse und Wirklichkeit im Dritten Reich«[61] einige kluge Anmerkungen zur Meinungsmache gemacht. Rauschning, der bis 1934 selbst Nationalsozialist war und dann über die Schweiz und Frankreich in die USA emigriert ist, hat sich dabei an die Erfahrungen mit den Nationalsozialisten und »Mein Kampf« angelehnt:

»Die erste Regel lautet: Das Unwahrscheinliche glückt immer. Gerade das, was wider die Natur der Dinge, mit Clausewitz zu sprechen, zu gehen scheint, trägt die größte Chance des Erfolges in sich, sofern man entschlossen und ohne Bedenken handelt. [...]

Die zweite Regel: immer im Angriff zu bleiben, sich nie in die Defensive drängen zu lassen, entspricht schon eher üblichen Kategorien der Politik. Allerdings wird diese Regel vom Nationalsozialismus mit einer ganz neuen, ungewohnten und skrupellosen Entschlossenheit angewandt. Es ist ein schon in der sogenannten Kampfzeit jedem kleinen Propagandaleiter eingeprägter Satz gewesen, sich niemals angreifen zu lassen, ohne dass nicht ein eigener Angriff sofort weit über die vom Gegner abgesteckte Kampfbahn in den Kern der Existenz geführt wird, sich gar nicht erst auf Teilprobleme einzulassen, sondern sofort die Totalität des

Gegners anzugreifen. Die dritte Regel ist, niemals auf Diskussionen einzugehen, wenn man wirklich etwas erreichen will. Die Ablehnung von Diskussionen macht den Gegner nervös. Dagegen sind Tatsachen nicht wegzudiskutieren. Zuerst müsse eine vollendete Tatsache vorliegen. Die Diskussion kann man dann den Gegnern überlassen. Fast immer sei das Wesentliche des gewünschten Ziels auf diese Weise sicherzustellen. Diese Regel, aus der die bekannte Taktik der vollendeten Tatsachen entspringt, ist mir persönlich wiederholt von autoritativster Seite empfohlen worden. Schließlich aber gilt als geradezu Haupt- und Grundregel, dass man der Dummheit und Feigheit des Bürgertums alles zumuten könne.«

Diese Analyse ist nicht veraltet. Auch die Vertreter der neoliberalen Ideologie lassen sich in der Regel nicht auf Diskussionen ein. »TINA« ist ihr Leitsatz: »There is no alternative«, es gibt keine Alternative. Diskussionen über dieses Grundprinzip der herrschenden Lehre mag man nicht. Die neoliberalen Reformer, deren Ideologie durch die Finanz- und Wirtschaftskrise erschüttert ist, verlangen, die Reformen nach der Krise fortzusetzen. Angela Merkel stellt affirmativ fest, wir würden stärker aus der Krise hervorgehen. Da ist zwar nirgends ein logischer Zusammenhang erkennbar. Darauf kommt es auch nicht an. Der feste Auftritt reicht.

Jede Form von Kritik wird umgehend mit einem Gegenangriff gekontert. Das erlebe ich selbst ständig. Wenn ich zum Beispiel beschreibe, dass die Leistungsfähigkeit des bisherigen Rentensystems systematisch, bewusst und geplant der Erosion preisgegeben worden ist, um an diesem Zerstörungswerk zu verdienen, dann kommt der Angriff mit der Behauptung: »Sie sind ein Verschwörungstheoretiker!«

Die Richtigkeit einer falschen Behauptung wird häufig dadurch als glaubwürdig dargestellt, dass man sich *auf Experten beruft*. In der praktischen Politik und bei der Verbreitung der Ergebnisse dieser Politik spielen die sogenannten Experten eine große Rolle, vor allem die Wirtschaftsexperten. Die Professoren Hans-Werner Sinn, Bert Rürup, Bernd Raffelhüschen, Meinhard

Miegel, Axel Börsch-Supan, Klaus Zimmermann, Wolfgang Franz und manche andere begleiten die Entstehung der politischen Entscheidungen, sie mischen als Mitglieder von Kommissionen und als Berater im Prozess der Entscheidungsfindung mit, sie melden sich schon während dieses Entscheidungsprozesses ständig zu Wort und werden dann hinterher zu Öffentlichkeitsarbeitern – um es vornehm auszudrücken. Dafür lassen sie sich von eigens gegründeten Instituten, Stiftungen und Initiativen wie der Initiative Neue Soziale Marktwirtschaft und auch von privaten Unternehmen und Verbänden engagieren. Wenn dann später von den Analysen und den Ergebnissen die Rede ist, heißt es eben zum Beispiel: »Wie alle Experten sagen, ist die Senkung der Lohnnebenkosten der Schlüssel für die Schaffung von Arbeitsplätzen.« Oder: »Auch die Experten halten die Reformen für eine wichtige Basis des gegenwärtigen Booms.« Beides muss nicht stimmen, weder gibt es einen Boom noch gibt es den Zusammenhang, aber die Berufung auf die Experten reicht zumindest, um im Bereich der medialen Multiplikatoren Punkte zu machen.

Da unseren Medien nicht überall und zu jeder Tageszeit Professoren als Experten zur Verfügung stehen, haben sie sich schon seit längerer Zeit ein neues Rekrutierungsfeld erschlossen: Das sind die Analysten von Banken und Sparkassen. Sie werden zu allem und jedem befragt, auch zu volkswirtschaftlichen Zusammenhängen, deren Durchdringung nicht zu ihrer Alltagsarbeit gehört. Es werden sogar besondere Medienformate erfunden, um die Botschaften dieser Experten unter die Leute zu bringen, beispielsweise die verschiedenen Börsensendungen.

Ein weiteres Element der Meinungsmache ist: *Pars pro toto – was für einen Teil gilt, auf die Gesamtheit als gültig übertragen.* Ein Beispiel für viele: Ende April 2008 erschien bei »Spiegel-Online« unter der Rubrik »Multimedia« ein Stück von »Spiegel-TV«. Das Datum der Produktion und Sendung dieses Fernsehbeitrags war leider nicht genannt, vermutlich wurde er Anfang April auf der Höhe der Debatte um die Rentenerhöhung von 1,1 Prozent ausgestrahlt. Titel des Stücks: »Best Age: Das fidele Leben der Rentner auf Gran Canaria«. Der Beitrag begann so: »Sie gehört zu den vielbeschworenen Mythen politischer Märchenerzähler: Die Altersarmut.« Dann wurden deutsche Rentner auf Gran Canaria und in einem feudalen, üppig ausgestatteten Alterswohnheim in Norddeutschland für Rentnerpaare mit 4000 Euro Pensionskosten gezeigt und interviewt. Die klare Botschaft: Den Rentnern geht es ausgezeichnet, Altersarmut Fehlanzeige. Die zweite klare Botschaft: Den heute Arbeitenden wird es keinesfalls so gutgehen. Fazit: Die Rentenerhöhung um 1,1 Prozent ist unangemessen.

Diesen Film auch nur zu erwähnen wäre unangebracht, wenn er nicht so typisch dafür wäre, was wir in dieser Debatte an Meinungsmache-Methode und an Erfolgen dieser Methode erlebt haben. Zumindest die Meinungsführer in der mittleren und jüngeren Generation glauben inzwischen ohne jedes Wenn und Aber das, was mit der Pars-pro-toto-Methode im Frühjahr 2008 vermittelt worden ist.

Auch *Angst* ist ein gängiges Mittel bei der Prägung von Meinung. In der Nachfolge der Anschläge vom 11. September 2001 wurde in den USA mit Hilfe der Angst vor Terroranschlägen die öffentliche Meinung anhaltend beeinflusst. Dadurch wurde der Spielraum für Entscheidungen der US-Regierung und des Präsidenten beachtlich erweitert: das menschenunwürdige Einsperren auf Guantanomo, das Verschleppen von Menschen, der Bruch internationalen Rechts, der nächste Krieg und noch ein Krieg.

Auch in der gesellschaftspolitischen Meinungsmache hierzulande wird mit Angst gearbeitet: Die Einheitlichkeit des Urteils der jüngeren und mittleren Generation über die Leistungsfähigkeit der gesetzlichen Rente – diese nahezu wasserdichte Gleichschaltung – ist ohne die unterschwellige Angst vor Altersarmut nicht zu erklären.

Eine aus unserem Alltagsleben geläufige Methode zur Meinungsmache ist die *Übertreibung*. Eine Formel wie »Freiheit statt Sozialismus« in der Auseinandersetzung mit der SPD zu gebrauchen war eine solche Übertreibung. Nur die dogmatischen CDU-Mitglieder in Vechta, Paderborn und Oberschwaben glaubten in den siebziger Jahren noch, die SPD sei eine Gefahr für die Freiheit.

Und dennoch hat eine solche Übertreibung eine Wirkung: Es bleibt etwas hängen. Das funktionierte auch bei einem der mittlerweile schon klassischen Beispiele aus den vergangenen dreißig Jahren: Heiner Geißlers Vorwurf an die SPD, sie sei die fünfte Kolonne Moskaus, oder seine im Streit um die Nachrüstung 1983 vorgetragene Behauptung, ohne den Pazifismus der dreißiger Jahre wäre Auschwitz überhaupt nicht möglich gewesen. Das war zwar fern der Realität und mehr als eine Diffamierung, aber es blieb etwas hängen, und dessen dürfte sich der damalige Generalsekretär der CDU durchaus bewusst gewesen sein.

Der Vorwurf des »Wortbruchs«, mit dem Andrea Ypsilanti nach den hessischen Landtagswahlen vom Januar 2008 bedacht wurde, war auch eine der typischen Übertreibungen – denn nicht nur erlaubte das Wahlergebnis keiner der Parteien, eine regierungsfähige Mehrheit zu schmieden, ohne von vor dem Wahltermin getroffenen Festlegungen abzurücken, sondern ganz ähnliche Vorgänge – wie etwa die schwarz-grüne Zusammenarbeit in Hamburg – wurden nicht auf diese Weise diffamiert. Der Vorwurf »Wortbruch« wurde meisterhaft und mit Hilfe anderer Methoden wie der permanenten Wiederholung kommuniziert. Das hatte, wie wir wissen, entsprechende Konsequenzen: Roland Koch regiert weiter, in Hamburg kam es zu Schwarz-Grün.

Meist werden Methoden der Meinungsmache wie etwa die Übertreibung bewusst und systematisch geplant. Im Fall des »Wortbruchs« dürfte die Formel von den handelnden Personen zwar eher spontan erfunden worden sein, aber in anderen Fällen wird über solche Methoden in Strategieklausuren nachgedacht. In meinem Buch »Die Reformlüge« habe ich dargelegt, welche Rolle Mitte der siebziger Jahre der Begriff »Modell Deutschland« spielte und dass dieser Begriff damals von den Verantwortlichen bewusst gesucht, gefunden und formuliert wurde.[62] Es war durchaus klar, dass viele dies als Übertreibung empfanden. Das war kalkuliert. Es sollte die Botschaft vermittelt werden, dass unser Land, seine Wirtschafts- und Gesellschaftsordnung und auch die Politik der Regierung Schmidt nicht allzu schlecht zu beurteilen sind.

Bei der Suche nach einem Begriff wie »Modell Deutschland« spielte außer dem Wissen um die kommunikative Funktion der Übertreibung in der öffentlichen Meinungsbildung auch noch eine andere Erfahrung eine Rolle, eine Erfahrung, die heute in vielfältiger Weise genutzt wird: *Man sagt B, um A zu transportieren,* man sagt B, um die Zielgruppen die Botschaft A lernen zu lassen.

Ein Beispiel: Als Botschaft A soll vermittelt werden, dass die Achtundsechzigerbewegung vor allem Unheil angerichtet habe. Der »Spiegel« kommt mit B, nämlich mit dem Titel: »Es war nicht *alles* schlecht. Gnade für die 68er.« Phantastisch gemacht.

Ein schönes Beispiel für die A-B-Konstruktion der Meinungsmache, das uns in der öffentlichen Debatte weiter begleiten wird, findet sich in einem Interview des Chefredakteurs der »Süddeutschen Zeitung« Hans Werner Kilz mit dem Linde-Chef Wolfgang Reitzle, abgedruckt am 17. April 2008. Die zu vermittelnde Botschaft A lautet: Die Reformen Schröders haben etwas gebracht, die Reformpolitik insgesamt war erfolgreich. Die Botschaft B, mit der die Botschaft A transportiert wird, fällt in Variationen über uns her. Im konkreten Fall: »Die von Schröder eingeleiteten Reformen haben zu spät gewirkt.« Der arme Schröder, jetzt hat er sich so bemüht, er hat sich sogar als Bundeskanzler geopfert, und nun ernten andere die Früchte seiner Saat. Und Reitzle weiß sogar zu berichten, Schröder habe schon damals gewusst, dass es einige Zeit dauern würde, bis die Reformen wirken:

»SZ: Herr Reitzle, vor der Bundestagswahl 2005 haben Sie einen Mentalitätswechsel gefordert. Ist dieser Wechsel eingetreten?

Reitzle: Nein! Er ist nicht eingetreten. Das hat natürlich etwas mit dem knappen Ausgang der Wahl zu tun. Alle Reformen, die angekündigt worden waren, sind danach nicht umgesetzt worden.

SZ: Angela Merkel hat die Wahl gewonnen – nur nicht so deutlich, wie Sie es vielleicht erwartet hatten. Sie ist jetzt Kanzlerin, und Gerhard Schröder musste abtreten. Die von ihm eingeleiteten Reformen haben zu spät gewirkt.

Reitzle: Das ist das Tragische an Schröder: Er wurde abgewählt wegen dieser Reformen. Er wusste schon damals, dass es einige Zeit dauern würde, bis sie wirken. Und er hat es trotzdem gemacht.«[63]

Vermutlich wird bei den meisten Lesern dieses Interviews die Botschaft A (Die Reformen haben etwas gebracht) hängenbleiben. Sie denken vielleicht noch darüber nach, ob das mit Schröder wirklich so war, dass er wegen der Reformen abgewählt wurde. Vielleicht denken sie an die Szene am Wahlabend 2005, als Schröder im Widerspruch zu dem offensichtlichen Ergebnis der Wahl den Wahlsieg für sich reklamierte. Das Interview in der »SZ« wird diesen Vorgang in einem freundlichen Licht erscheinen lassen. Und am Ende werden die meisten Leser nicht mehr daran zweifeln, dass die Reformen erfolgreich waren.

Die Leserinnen und Leser solcher Interviews sind die Opfer einer gut ausgedachten Strategie. An dieser Strategie wirken viele mit. Einen Tag vor dem Interview in der »SZ« erschien in der Zeitschrift »Super-Illu« ein Interview mit Bundespräsident Horst Köhler, über das »Spiegel-Online« unter der Überschrift »Köhler fordert Agenda 2020« berichtet: Schon häufiger habe Horst Köhler Gerhard Schröders Mut zur Agenda 2010 gelobt, er habe sie einst als »historisches Verdienst« bezeichnet. Man erkennt sofort das gleiche Muster. Die Botschaft A heißt auch hier: Die Reformen der Agenda 2010 waren richtig, jetzt kommt es darauf an, sie fortzusetzen. Die Botschaften B lauten: Köhler lobt Schröder, Köhler bewundert den Mut von Schröder, sein historisches Verdienst, er mahnt, in den Reformanstrengungen nicht nachzulassen, und entwickelt selbst die Idee des Altkanzlers weiter.

Fakten spielen bei solch geschickten rhetorischen Konstruktionen keine Rolle. Dass zum Beispiel nahezu nichts von den als Hartz I bis III präsentierten und kostspielig eingeführten Reformen Bestand hatte, ist irrelevant, obwohl eine eigens von der Bundesregierung in Auftrag gegebene Studie, die im Dezember 2005 bekannt wurde, genau das festgestellt hat. Und wo ist der Erfolg von Hartz IV? Die Verschiebung von Millionen Menschen aus regulären Arbeitsverhältnissen in Minijobs ist sicher nicht als Erfolg zu werten. Und die positiven Auswirkungen der bis zum Jahresanfang 2008 noch überaus guten Exportkonjunktur den Reformen zuzuschreiben ist abenteuerlich. Trotzdem wird genau dieses Abenteuer unternommen, denn wir alle sollen glauben, dass nur mit Reformen – genauer: mit Strukturreformen, also mit gravierenden Veränderungen unseres Gesellschaftssystems zu Lasten der sozialen Sicherheit – das wirtschaftliche Wohl unseres Volkes wieder zu erreichen sei.

Das ist der Hintergrund dieser Dauerversuche, die Botschaft A – »Die Reformen sind richtig« – zu plazieren. Neben den zitierten Beispielen gibt es noch eine Fülle weiterer einschlägiger Äußerungen, die alle in dieselbe Richtung zielen: wirklich erdrückende Versuche einer Meinungsbeeinflussung in Sachen Reform. Als der amtierende Bundespräsident sein Interview zur gewünschten Agenda 2020 gab, meldete sich auch der frühere Bundespräsident Roman Herzog zu Wort, in einem Interview mit der »Bild«-Zeitung und mit der Schlagzeile: »Es gibt auch ein Grundrecht auf Dummheit«. Damit meinte er nicht sich, sondern die Bürger, die bis weit hinein ins bürgerliche Lager mit Umfragemehrheiten von bis zu 70 Prozent für einen Mindestlohn eintreten, wie ihm »Bild« vorhielt. All diesen Menschen hat der ehemalige Bundespräsident daraufhin das Grundrecht auf Dummheit zugesprochen.

Um Botschaft A zu transportieren, bringt der Altbundespräsident in Kooperation mit der »Bild«-Zeitung eine neue Variante der Botschaft B ins Spiel:[64]

»Bild: Die Arbeitslosigkeit sinkt, die Wettbewerbsfähigkeit steigt: Die Erfolge der Agenda 2010 sind unübersehbar. Warum begeistern sich die Menschen nicht an diesen Erfolgen?

Herzog: Weil alles zu lange zerstritten und zerredet wurde. Und weil sich niemand zu diesen Erfolgen bekennt, weder die Regierung noch die Medien.«

Jetzt wissen wir es: Die Erfolge der Agenda 2010 sind unübersehbar. Aber es bekennt sich leider niemand dazu, weder die Regierung noch die Medien. Aber das ist schlicht die Unwahrheit. Schon die vorzeitige Beendigung der Legislaturperiode im Jahr

2005 und die damit verbundene Neuwahl wurde mit einem großen Bekenntnis zur Reformpolitik versehen und mit der Notwendigkeit begründet, ihr eine neue breite Basis zu verschaffen. Und
die Medien sind voller anerkennender Beiträge und Kommentare
für die Reformen. Das hat zwar keine reale Basis, ist aber zusammen mit den hier skizzierten Methoden umso wirksamer.

Manchmal erscheint die ausgesandte Botschaft B rätselhaft.
Wir verstehen nicht, warum die Bundeskanzlerin und der Bundesfinanzminister die Banken flehentlich darum bitten, doch
endlich unsere 480 Rettungs-Milliarden zu nehmen. Diese Botschaft B wird verständlich, wenn wir die Botschaft A bedenken:
Die Banken erweisen uns einen Gefallen, sie erlauben uns gnädig, ihnen unser Geld zu geben, statt ihnen den Staatsanwalt ins
Haus zu schicken, was angesichts des millionenfachen Betrugs
gerechtfertigt wäre.

Die B-für-A-Meinungsmache begleitet uns auf Schritt und
Tritt: Bundeskanzlerin Merkel und ihre Regierung sehen Anfang
April 2009 immer noch nicht ein, dass unser Land und die Welt
insgesamt eine gleichgerichtete und verabredete Politik massiver
Konjunkturbelebung braucht. Ihre mangelnde Einsicht und ihre
Weigerung stilisieren sie bei der Bewertung des G20-Gipfels in
London in eine Erfolgsstory um. Sie sagen, sie hätten die Wün-
sche des Präsidenten Obama nach weiteren Konjunkturprogram-
men abgewehrt. Damit erscheinen die vorgeschlagenen Program-
me als Zumutung und die Verweigerung als Erfolg.

Ein wirklich hervorragendes Instrument der Meinungsbeeinflussung ist der *Konflikt.* Über Konflikte zwischen Personen und
zur Sache werden Meinungen vorzüglich transportiert. Zwischen
Dezember 1997 und dem März 1998 waren wir Zeugen eines
Musterbeispiels dafür: Im Dezember 1997 hatte sich die SPD auf
ihrem Bundesparteitag in Hannover nicht auf einen Kanzlerkandidaten für 1998 festgelegt. Stattdessen traten beide Personen
an, die sich um den Posten »bewarben«: Oskar Lafontaine und
Gerhard Schröder. Von da an bis zur Landtagswahl in Niedersachsen am 1. März 1998 lieferten sich die beiden und mit ihnen
die Medien eine konfliktreiche Show. In diesem Wettstreit wurde

die SPD populär, es wurden Schröder und Lafontaine populär, und die SPD in Niedersachsen gewann mit 48,3 Prozent die absolute Mehrheit. Zum Vergleich: Im Januar 2008 erreichte die SPD in Niedersachsen 30,3 Prozent.

Ohne diesen geplanten Konflikt wäre Gerhard Schröder möglicherweise nicht der Spitzenkandidat geworden und damit auch nicht Bundeskanzler. Der Konflikt zwischen den beiden potenziellen Kandidaten hat also eine große Verschiebung der Sympathien hin zur SPD und in besonderer Weise hin zu Gerhard Schröder bewirkt.

Wenn es Meinungspluralität gibt, wenn die Demokratie funktioniert, wenn es Konkurrenz zwischen den Medien gibt, dann greift zumindest eine Form der systematischen Meinungsmanipulation nicht: *das Verschweigen*. Bei uns jedoch ist das Überlagern und das Verschweigen wichtiger Vorgänge, wichtiger Ereignisse, wichtiger Analysen und Kritiken möglich:

Erstes Beispiel: Was im Zuge der deutschen Vereinigung an Volksvermögen geraubt worden ist, wie Industriebetriebe und damit Arbeitsplätze in Mittel- und Ostdeutschland leichtfertig und mutwillig ruiniert worden sind, das ist kein Thema, jedenfalls nicht in den Medien mit einigermaßen großer Verbreitung. Trotz eines umfassenden Artikels im »Tagesspiegel« und trotz eines vernichtenden Gutachtens des Bundesrechnungshofs ist noch nicht einmal das Verscherbeln der ostdeutschen Banken zu einem öffentlichen Thema geworden. Totgeschwiegen.

Zweites Beispiel: Fast täglich kann man Artikel lesen über die gravierende Verschuldung des Staates. Meist wird aber in den Analysen dann so getan, als ginge die gegenwärtige (März 2009) Staatsverschuldung von ca. 1,6 Billionen[65] auf die siebziger Jahre und den Sozialstaat zurück. Die nachweisbar sehr viel größere Rolle der Kosten der deutschen Vereinigung wird konsequent ausgeklammert. Totgeschwiegen.

Drittes Beispiel: Die Hintergründe der bisherigen Unternehmenssteuerreformen, insbesondere der 1999 beschlossenen Steuerreform, werden nirgends sachgemäß thematisiert. Mit einer hervorragenden Ausnahme: »Das größte Geschenk aller Zeiten«

überschrieb die »Zeit« einen Artikel von Wilfried Herz. Das war die Analyse eines skandalösen Vorgangs, der sich auf einen simplen Nenner bringen lässt: »Die Bundesregierung feierte ihre Unternehmenssteuerreform – bis die Konzerne aufhörten, Steuern zu bezahlen.« Das Echo, das dieser Artikel hervorrief, blieb jedoch begrenzt auf das Umfeld der Kommunalpolitiker, die deshalb betroffen waren, weil die Städte und Gemeinden wegen dieser Reform Millionen zurückzahlen mussten. Ansonsten: totgeschwiegen. Damit die Einleitung der nächsten Unternehmenssteuersenkungen nicht gestört wird.

Viertes Beispiel: Im Zusammenhang mit der Finanzkrise ist das Verschweigen wichtiger Vorgänge sogar gesetzlich verankert worden. Die Verwaltung des Rettungsfonds Soffin und seine Kontrolle durch das Parlament sind so organisiert, dass nichts nach außen dringt. Wir erfahren zum Beispiel nicht, wem die über 100 Milliarden Euro zugutekommen, die der Rettungsfonds (März 2009) der Hypo Real Estate zur Verfügung gestellt hat. Wir haben aus den USA erfahren, dass die Deutsche Bank bei der Rettung des amerikanischen Versicherungsgiganten AIG mit Steuergeldern 12 Milliarden US-$ bekommen hat. Was hier in Deutschland an die Deutsche Bank und an die Allianz AG aus Steuermitteln bezahlt worden ist, erfahren wir nicht. So sind wir auf die Sprüche unserer Oberen angewiesen: Banken sind systemrelevant. Alles andere ist Schweigen.

Fünftes Beispiel: Seit einigen Jahren versuchen einige Medien wie unsere Internetseite »NachDenkSeiten« und ich als Autor von »Machtwahn« sichtbar zu machen, welche große Rolle die politische Korruption mittlerweile in Deutschland spielt. Wir beschreiben den Zusammenhang zwischen politischen Entscheidungen und der Entlohnung der politisch Entscheidenden durch die Profiteure. Auch dieses wahrlich heiße Thema, die grassierende politische Korruption, wird von den Leitmedien gemieden.

Sechstes Beispiel: Über Steueroasen und Steuerhinterziehung in großem Maßstab gab es bis zum Beginn des Jahres 2009 keine hinreichende öffentliche Debatte in Deutschland. Wird das Thema dann einmal virulent, wie im Zusammenhang mit dem ehemaligen Postchef Klaus Zumwinkel, explodiert die Debatte vorübergehend – um rasch beendet zu werden. Fast muss man annehmen, im Fall Zumwinkel sei die Diskussion absichtlich auf diese Person konzentriert worden. Jedenfalls ist von anderen Fällen kaum noch etwas zu hören.

Mindestens so beunruhigend ist: Eine Debatte darüber, wie die Gelder unter Umgehung der Besteuerung nach Liechtenstein kommen und woher sie kommen, findet nicht statt. Dabei wäre das doch die um vieles interessantere Frage. Nehmen wir einmal den Fall X. Wenn Herr X eine Million Euro Steuern hinterzieht, muss er nach den geltenden Einkommensteuersätzen grob gerechnet ein Zinseinkommen von ungefähr 2,5 Millionen haben. Einmal unterstellt, in Liechtenstein würden gute Zinsen bezahlt: fünf Prozent. Um bei einem Zinssatz von fünf Prozent ein Zinseinkommen von 2,5 Millionen zu erzielen, muss man 50 Millionen auf dem Konto haben. Wie kommen die 50 Millionen nach Liechtenstein? Darüber wird in Deutschland nicht diskutiert. Das Thema als solches und damit auch die Meinungen, die es dazu gibt, werden verschwiegen. Auch das ist eine Form von Meinungsmache. Der arme Zumwinkel musste nicht zuletzt dafür herhalten, um mit seinem Fall die Debatte über diese Vorgänge zuzudecken.

Ganz wichtig im Zusammenhang mit den skizzierten Methoden der Meinungsbildung sind *die organisatorischen Voraussetzungen und Hilfen.* Wer im großen Stil Meinung machen will, um seine Interessen durchzusetzen, wird nicht nur die geschilderten Techniken und Strategien im Auge haben, sondern auch die organisatorischen Hilfen, mit denen er diese Methoden nutzen kann. Wenn also richtig ist, dass das Prinzip Wiederholung für die Glaubwürdigkeit und den Transport von Meinung genauso wichtig ist wie der Umstand, dass die Botschaft von Absendern aus den unterschiedlichsten Richtungen verbreitet wird, dann kann man sich diese Voraussetzungen auch organisieren.

Tatsächlich geschieht das im großen Stil. Man »kauft« Wissenschaftler, die die gleiche Richtung vertreten, obwohl sie aus den verschiedensten Ecken kommen. Man organisiert eine Lobby für die Verbreitung der Meinung bei den politischen Entscheidungs-trägern; im besten Fall erreicht man sogar, diese Lobby in den entscheidenden Ministerien zu plazieren, wie es in Berlin ge-schieht. Man beauftragt PR-Agenturen. Man stellt Journalisten und andere Fachleute an, die mit Medienschaffenden sprechen, mit ihnen telefonieren, mit ihnen essen gehen. Man gründet un-abhängig wirkende Institute wie das Deutsche Institut für Alters-vorsorge (DIA), ein der Deutschen Bank nahestehendes Institut, und Initiativen wie die Initiative Neue Soziale Marktwirtschaft. Man gründet und gewinnt Stiftungen, die einem ideologisch nahestehen, herausragende Arbeit im Sinne der neoliberalen Meinungsmacher leistet: die Bertelsmann Stiftung. Auch die als seriös geltende Robert-Bosch-Stiftung hat sich für die Stim-mungsmache zum demographischen Wandel hergegeben. Man verabredet Aktionen wie »Du bist Deutschland«, die für positive Stimmung sorgen sollen. Eine der erstaunlichsten Einrichtungen dieser Art ist die Initiative »Die Gesellschafter«. Das ist eine auch im Internet auftretende Unterorganisation der »Aktion Mensch«, der früheren »Aktion Sorgenkind«. Sie lädt im großen Stil zur Diskussion über gesellschaftliche Fragen ein und nutzt für diese Meinungsbildung das Geld, das mit der »Aktion Mensch«, also mit dem Anspruch der Hilfe für Sorgenkinder, hereingeholt wird. Wenn Sie Zugang zum Internet haben, schauen Sie sich auf www.dieGesellschafter.de das Dossier zum Thema Generationen-vertrag an.[66] Da ist nichts an kritischem Verstand zu finden, der einer offenen demokratischen Diskussion würdig wäre.

Kapitel 11

Eine Welt voller Meinungsmache

Die folgende Tabelle soll eine schnelle Übersicht über gängige Beispiele der Meinungsmache verschaffen. Sie sind mit einem Stichwort gekennzeichnet, erste Spalte. In der zweiten Spalte werden die gängigen Botschaften (Messages) und Inhalte skizziert. Die dritte Spalte notiert, was darauf zu entgegnen und richtig ist. Die vierte Spalte zeigt, welche Fehlentscheidungen und Konsequenzen aus der Meinungsmache folgen.

Eine solche Kurzfassung leidet notgedrungen unter Unschärfen. Die meisten dieser Beispiele für Meinungsmache sind an anderen Stellen in diesem Buch ausführlich beschrieben und analysiert.

Thema der Meinungsmache/ Stichwort	Botschaften, Inhalte	Entgegnung – Was ist richtig	Folgen der Meinungsmache
Besonders hohe Kinderlosigkeit der Akademikerinnen	40 %, gar 43 % der Akademikerinnen sind kinderlos. Besondere finanzielle Förderung ist sinnvoll.	Die Behauptung stimmt nicht. Die Kinderlosigkeit der Akademikerinnen liegt mit ca. 25 % nur knapp über der durchschnittlichen Kinderlosigkeit. Das wusste man schon vor der Gesetzgebung.	Einführung des Elterngeldes und Abschaffung des Erziehungsgeldes zum 1. 1. 2007. Statt gleicher Beträge pro Kind jetzt 67 % des letzten Netto-Erwerbseinkommens. Wer mehr verdient, bekommt also mehr vom Staat.
Mindestlöhne	Mindestlöhne kosten Arbeitsplätze, führen zu höheren Preisen.	Richtig ist: 20 von 27 EU-Ländern kennen Mindestlöhne und fahren gut damit. Sogar Großbritannien,	Weil in vielen Familien die Verdienste der Erwerber nicht ausreichen, um die Familie zu

Thema der Meinungsmache/ Stichwort	Botschaften, Inhalte	Entgegnung – Was ist richtig	Folgen der Meinungsmache
		das nicht gerade als Wohlfahrtsstaat gilt. Sie liegen 2009 in den 5 westeuropäischen Euroländern zwischen 8,41 und 8,71 Euro.	versorgen, müssen die Löhne durch staatliche Leistungen im Rahmen von Hartz IV aufgestockt werden.
Wer arbeitet ist der Dumme.	Das Abstandsgebot zwischen Löhnen und Sozialleistungen ist nicht eingehalten. Mehr Netto vom Brutto!	Einzelfälle werden verallgemeinert.	Druck auf die sozialen Leistungen. Alle werden pauschal zu Missbrauchern erklärt. Auf lange Sicht fördert das die Spaltung der Gesellschaft.
Sozial ist, wer/ was Arbeit schafft!	Viel wichtiger als soziale Gerechtigkeit anzustreben ist es, Arbeitsplätze zu schaffen.	Richtig ist, dass Arbeitsplätze zu schaffen eine soziale Tat ist. Aber dabei muss es nicht bleiben. Die beiden Ziele Beschäftigung und soziale Gerechtigkeit gegeneinander auszuspielen ist sinnlos und schädlich.	Abwertung des sozialen Ausgleichs als Nebensache.
Konjunkturprogramme sind Strohfeuer.	Sie führen nur zu mehr Schulden. Keynes ist out, seine Theorie überholt. Hat in den 1960er Jahren (wahlweise 1970er Jahren) das letzte Mal funktioniert.	Das ist alles erfunden und mit großer kommunikativer Kraft seit den 1970ern verbreitet worden. In Analysen der Wirkung der damaligen Konjunkturprogramme hatten Wirt-	Das weitverbreitete Vorurteil hatte in Deutschland die Folge, dass schon seit Jahren versäumt wird, die Binnennachfrage anzukurbeln und dies trotz Finanz- und Wirtschaftskrise

Thema der Meinungsmache/ Stichwort	Botschaften, Inhalte	Entgegnung – Was ist richtig	Folgen der Meinungsmache
		schaftsforschungs-institute von Hunderttausenden neuer Arbeitsplätze berichtet. Wie wenig fundiert die Kritik an den Konjunkturprogrammen ist, konnte man erleben, als die ehemaligen Spötter erst ein Konjunkturpaket I und dann nicht einmal zwei Monate später im Januar 2009 ein Konjunkturpaket II verabschiedeten.	nicht sachgemäß und ausreichend geschieht. Die Folge: Arbeitslosigkeit. Verschenkter Wohlstand. Schwächung der Arbeitnehmer durch Verlust von Alternativen. Prekäre Arbeitsverhältnisse. Finanzkrise der sozialen Sicherungssysteme. Deutschland ist Spitze bei der ignoranten Haltung, nicht alle Instrumente der Wirtschaftspolitik zu nutzen.
Konjunkturprogramme bringen neue Schulden.	Die Konjunkturpakete I und II müssen über neue Schulden finanziert werden. Das lastet auf künftigen Generationen. Auch deshalb der Vorschlag für eine Schuldenbremse.	Richtig ist: Wenn 2008 und 2009 nichts gegen die Rezession getan würde, dann würden die Schulden noch viel mehr wachsen als dann, wenn es mit Konjunkturprogrammen gelingt, den Niedergang abzukürzen.	Auch diese Parole hat wesentlich dazu beigetragen, dass die Bundesregierung ungewöhnlich lange abwartete, bevor sie etwas gegen die erkennbare Rezession tat. Man muss aber rechtzeitig handeln, wenn man eine wirksame Konjunkturpolitik betreiben will. – Künftig wird die Schuldenbremse

Thema der Meinungsmache/ Stichwort	Botschaften, Inhalte	Entgegnung – Was ist richtig	Folgen der Meinungsmache
			sinnvolle staatliche Maßnahmen blockieren.
Vollbeschäftigung ist nicht mehr möglich.	Vollbeschäftigung zu erreichen ist nicht mehr möglich. Der Bedarf ist gesättigt. Die Arbeit geht uns aus.	Wir haben unglaublich viel zu tun: Kanalisationen sind kaputt, Schulen und Universitäten sind in einem desolaten Zustand. Wir brauchen mehr Lehrer und Erzieher. Und vieles mehr.	Eine aktive Beschäftigungspolitik wurde weitgehend eingestellt. Hohe Arbeitslosigkeit hat die Arbeitnehmer geschwächt und zu einer realen Lohnsenkung geführt.
Die Produktivität ist zu hoch.	Maschinen und Roboter übernehmen die Arbeit von Menschen. In manchen Betrieben ist kaum noch ein Arbeiter zu sehen. »Der Kapitalismus schafft die Arbeit ab.« (Rifkin)	Seit Jahrzehnten steigt die Produktivität. Das ist kein neues Phänomen. Wenn man früher damit fertig geworden ist, dann muss man doch fragen, warum das plötzlich nicht mehr möglich sein soll.	Missachtung der Notwendigkeit, produktiv zu sein, weil viele Probleme der Welt und bei uns dann besser gelöst werden können. Denkt man z.B. an die prognostizierten Folgen des demographischen Wandels: Wenn die Menschen produktiv sind, dann können auch weniger arbeitsfähige Personen für mehr Alte und für mehr Kinder sorgen.
Wachstum bringt es nicht.	Mit exponentiellem Wachstum landet man im Unendlichen. Der Ressourcenverbrauch ist nicht zu verantworten.	Wachstumsraten sind das Ergebnis einer nachträglichen statistischen Erhebung. Wenn mehr Menschen in Arbeit kommen	Die Sorgen um die nachteiligen Folgen des Wachstums führen zu einer Blockade der so notwendigen aktiven Beschäfti-

Thema der Meinungsmache/ Stichwort	Botschaften, Inhalte	Entgegnung – Was ist richtig	Folgen der Meinungsmache
		und die Wirtschaft Aufträge hat, dann wird nachträglich gemessen, dass die Wirtschaft gewachsen ist. Es muss keinen Widerspruch zwischen Rücksicht auf ökologische Belange und Wachstum geben.	gungspolitik. Vielleicht sollte man den Begriff abschaffen und nur noch von Wertschöpfung reden oder von mehr Beschäftigung.
Wir haben einen Boom.	Die wirtschaftliche Belebung mit einem realen Wachstum von 2,5 % im Jahr 2007 wurde zu einem Boom stilisiert. »Das dritte Wirtschaftswunder« schrieb »Der Spiegel«; das Statistische Bundesamt sprach von »robustem Wachstum«. Und noch mitten in der Finanzkrise schwärmen die Verantwortlichen im Rückblick auf die Jahre 2005-2007 von Aufschwung und Boom.	Von einem Boom kann man sprechen, wenn mehrere Jahre lang Wachstumsraten von 3 und 4 % erreicht werden. Von 2005-2007 wurde gerade mal ein durchschnittliches Wachstum von 2,1 % erzielt. Die vergleichsweise kleine und kurze wirtschaftliche Belebung war zudem vor allem vom Export getragen. Der Konsum stagnierte. Das ist kein Boom. Und im Jahr 2008 war selbst der kleine Aufschwung vorbei: +1,3 %. Das dürfte kaum mehr gewesen sein als der Zuwachs an Arbeitsproduktivität.	Vermutlich glaubten die Verantwortlichen ihr eigenes Reden vom Boom und belasteten das kleine Pflänzchen zum 1. 1. 2007 mit einer Mehrwertsteuererhöhung um drei Punkte. Weil man die Schwäche der wirtschaftlichen Belebung und insbesondere die Schwäche bei den Masseneinkommen übersehen hat, wappnete man sich nicht rechtzeitig gegen einen neuen Abschwung.

Thema der Meinungsmache/ Stichwort	Botschaften, Inhalte	Entgegnung – Was ist richtig	Folgen der Meinungsmache
Der wirtschaftliche Niedergang ist die Folge der internationalen Finanzkrise.	Die Finanzkrise hat die Banken in Schwierigkeiten gebracht und die Kreditgebung erschwert. Unsicherheit macht sich breit. Das beeinflusst die reale Wirtschaft.	Die Rezession ist zum einen hausgemacht, zum andern von der internationalen Finanzkrise beschleunigt. Dass die Konjunktur kippt, war schon erkennbar, als im Sommer 2007 auch statistisch nachweisbar der Konsum zurückging.	Da man nicht anerkennen will, dass die Rezession auch hausgemacht ist, war man auch nicht bereit, rechtzeitig etwas dagegen zu tun. Erst im November 2008, als der wirtschaftliche Niedergang überall erkennbar war, entschloss sich die Bundesregierung zu einem ersten und dann im Januar 2009 zum zweiten Konjunkturpaket.
Preisstabilität ist das Wichtigste.	Preisstabilität sorgt auch für Beschäftigung. Inflationsziel von maximal 2 % (EZB).	Stabile Preise sind wichtig. Aber es ist eine graue Theorie, zu meinen, damit schaffe man Arbeitsplätze. Im Gegenteil: Die Bundesbank und die Europäische Zentralbank haben aus vermeintlicher Sorge um die Preise mit ihren massiven Zinserhöhungen und der Weigerung, sie trotz der Gefahren einer Rezession zu senken, prozyklische Geldpolitik betrieben und die	Wenn eine gesetzte Marke (2%) zum Dogma wird, hat das gravierende Folgen: Abkehr der Geldpolitik vom Ziel Beschäftigung; Missachtung der geltenden Verpflichtung des Stabilitäts- und Wachstumsgesetzes, für Preisstabilität und Beschäftigung zu sorgen. Die EZB bekämpft unsinnigerweise Öl- und Lebensmittelpreissteigerungen mit der Erhöhung der

Thema der Meinungsmache/ Stichwort	Botschaften, Inhalte	Entgegnung – Was ist richtig	Folgen der Meinungsmache
		Arbeitslosigkeit verschärft.	Leitzinsen. Das 2%-Ziel wurde noch nie eingehalten. Eine Fixierung darauf ist sinnlos.
Reformen	Reformen schaffen Arbeitsplätze. Reformen sind notwendig, um die sozialen Sicherungssysteme zu sichern, und so weiter. Das waren die Glaubensbekenntnisse der neoliberalen Modernisierer.	Der Zusammenhang wird immer nur behauptet. Tatsächlich war die kleine Wirtschaftsbelebung von 2005-2007 im Wesentlichen von Exporten und daraus folgenden Investitionen geprägt. Ein Wirkungszusammenhang zwischen Hartz IV und der Belebung der Wirtschaft ist schwer vorstellbar. Und auch die Neuerungen von Hartz I-III, die mehrheitlich schon wieder revidiert worden sind, weil sie sich als unwirksam erwiesen haben, sind keine guten Zeugen für die Wirksamkeit dieser Reformen.	Die Folgen sind gravierend: Nahezu totale Konzentration der Politik auf Reformen. Für notwendige andere pragmatische Schritte wie etwa die Konjunkturpolitik hatten die Verantwortlichen den Kopf nicht frei. Die Reformen haben der Mehrheit der Menschen in Deutschland die soziale Sicherheit genommen und damit auch das Vertrauen in unsere Gesellschaftsordnung.
Tina-Prinzip (There is no alternative)	Es gibt keine Alternative zur Politik der neoliberal geprägten	Es hätte Alternativen gegeben. Zum Beispiel eine intelligente Makropoli-	(Siehe Reformen)

Thema der Meinungsmache/ Stichwort	Botschaften, Inhalte	Entgegnung – Was ist richtig	Folgen der Meinungsmache
	Reformen. Es gibt keine Alternative zu Entstaatlichung, Deregulierung und Privatisierung.	tik für mehr Beschäftigung. Oder bessere Regulierungen auf den Finanzmärkten. Oder die Stärkung der bewährten sozialen Sicherungssysteme.	
Kernenergie	Atomstrom ist billig und sicher.	Beide Behauptungen sind ein Märchen. Die Kernenergie ist hoch subventioniert, die Entsorgung ist nicht gelöst und die Gefahrensicherung teuer.	Verlängerung der Laufzeiten. Neue Forderungen zur Fortsetzung des Ausbaus der Kernenergie und des Endes des Ausstiegs.
Leistung muss sich wieder lohnen.	Schluss mit der Gleichmacherei. Im Vergleich zu den USA wurden die Manager bei uns schlecht bezahlt. Die steuerliche Entlastung der höheren Einkommen, der Unternehmer und Unternehmen ist dringend geboten.	Als die Wirtschaft und die konservativen Parteien schon im Vorfeld der Wahl von Helmut Kohl zum Bundeskanzler diese Parole verbreiteten, gab es in Deutschland keine Gleichmacherei. Die Spitzen verdienten gut bis sehr gut. Die Steuern hatten keinen Umverteilungseffekt.	Die Spitzeneinkommen der Manager explodierten seither. 1980 waren Managergehälter von 500 000 € Spitze, heute liegen eine Reihe von ihnen über 10 Mio. €. Die Einkommensverteilung wurde auseinandergezogen. Die Lohnquote fiel von 68 % 1993 auf 62,3 % 2007. Die Mehrwertsteuer wurde erhöht, die Spitzeneinkommen wurden entlastet.

Thema der Meinungsmache/ Stichwort	Botschaften, Inhalte	Entgegnung – Was ist richtig	Folgen der Meinungsmache
Pferdeäpfel-Theorie	Wenn man dafür sorgt, dass die oberen Einkommen kräftig wachsen, dann fällt auch für die große Masse etwas ab. Man nennt das den Trickle-down-Effekt oder Pferdeäpfel-Theorie.	Diese Theorie hat sich jedenfalls bei uns nicht als richtig erwiesen. Im Gegenteil: Die Verschiebung der Einkommensverteilung zu Lasten der Masseneinkommen hat den Einbruch beim Konsum und beim Einzelhandel verschärft.	Senkung des Spitzensteuersatzes, Streichung der Vermögensteuer, Unternehmenssteuersenkungen, Reform der Erbschaftsbesteuerung u. a. m.
Lohnkosten sind zu hoch.	Die Lohnkosten entscheiden über die Wettbewerbsfähigkeit. China, Indien, Polen, Rumänien etc. – alle haben niedrigere Löhne.	Die Löhne sind ein wichtiger Kostenfaktor, aber nicht der einzige. Bei hoher Produktivität ist eine Volkswirtschaft auch bei höheren Löhnen konkurrenzfähig. Es kommt auf die Entwicklung der Lohnstückkosten an, also der Lohnkosten unter Beachtung der Produktivitätsentwicklung. Die Lohnstückkosten Deutschlands haben sich seit 2001 weit unter dem Durchschnitt entwickelt.	Stagnation der Löhne seit gut zwei Jahrzehnten, mit nur kleinen Unterbrechungen. Viele Familien kommen mit dem Verdienst nicht aus. Die Schwäche der Massenkaufkraft und der Binnennachfrage war der Anfang eines neuen Konjunktureinbruchs. Gefährliche Auseinanderentwicklung in der Euro-Zone.
Lohnnebenkosten	Lohnnebenkosten sind zu hoch, sie zu senken ist entscheidend für	Lohnnebenkosten sind keine Nebenkosten. Die Beiträge für die Arbeits-	Minderung der Leistungsfähigkeit der sozialen Sicherungssysteme.

Thema der Meinungsmache/ Stichwort	Botschaften, Inhalte	Entgegnung – Was ist richtig	Folgen der Meinungsmache
	die wirtschaftliche Gesundung.	losen-, für die Kranken-, für die Pflege- und die Rentenversicherung sind echte Kosten zur Absicherung der Risiken im Leben. Wie man das auch immer organisiert, es muss bezahlt werden.	Das wird in der Regel bewusst gemacht, um privaten Versicherungen das Geschäft zu erleichtern.
Arbeitsplätze wandern ab.	Weil die Löhne in Osteuropa, China, Indien etc. niedriger sind, werden sehr viele Betriebe und Arbeitsplätze verlagert. Vor allem Industriearbeitsplätze, aber auch schon Dienstleistungen. Wertschöpfung findet in der Industrie fast nicht mehr statt. Wir importieren Teile von Maschinen und Autos und stecken nur noch zusammen (=Basarökonomie). Wer nicht verlagert, kann wegen der hohen Arbeitskosten nicht mehr konkurrieren.	In der Tat stehen die Arbeitnehmer in vielen Betrieben unter der Drohung, Arbeitsplätze zu verlagern. Tatsächlich ist die Verlagerung gering. Die Parole »Basarökonomie« ist ein typischer Unsinn von Professor Sinn. Wenn es nämlich so wäre, könnte es in Deutschland keinen so hohen Leistungsbilanzüberschuss geben.	Das ständige Gerede von der Abwanderung hat oft dazu geführt, dass Betriebe meinten, sie müssten verlagern. Sie haben oft Lehrgeld dafür gezahlt, dass sie nicht geprüft hatten, welche zusätzlichen Kosten eine Verlagerung verursacht: ein fremdes Umfeld, Logistikprobleme, Qualitätsprobleme, Probleme mit der Lieferzeit, Verlust der Fühlungsvorteile, die ein großer eingespielter Markt von Zulieferern und möglichen Kooperationspartnern in einer Volkswirt-

Thema der Meinungsmache/ Stichwort	Botschaften, Inhalte	Entgegnung – Was ist richtig	Folgen der Meinungsmache
			schaft wie Deutschland bietet.
Globalisierung ist eine völlig neue Herausforderung.	Der Welthandel ist gewachsen. Der Kapitalverkehr ist gewachsen. Ausländische Investoren bestimmen über unsere Unternehmen. Wir sind national nicht mehr handlungsfähig.	Die Globalisierung ist »quantitativ« gewachsen. Aber: Der Spielraum für nationale Politik und vor allem für gemeinsame Politik in der europäischen Nachbarschaft ist um vieles größer, als behauptet wird. Im Falle Deutschlands besonders groß, weil der hohe Leistungsbilanzüberschuss Spielraum zum Beispiel für eine Belebung der Binnennachfrage lässt.	Die Folgen: Nichtstun, wo man viel tun könnte. Vernachlässigung der nationalen und europäischen Konjunkturpolitik und der Politik des sozialen Ausgleichs. Lähmung bei der Steuerpolitik. Anpassung an die Politik anderer Länder. Unternehmenssteuersenkungswettlauf. Entstaatlichung, Privatisierung, Deregulierung – alles mit Berufung auf die Globalisierung.
Reformstau	Schröder fand einen großen Reformstau vor. Rot-Grün hat diesen endlich aufgelöst.	Das ist ein Märchen. Zu Kohls Zeiten schon wurde kräftig reformiert, es wurden die Unternehmenssteuern gesenkt, die Vermögenssteuer und die Gewerbekapitalsteuer abgeschafft, der Ladenschluss verändert, soziale Leistungen	Die Folgen sind bekannt: Reformen. Ständig Veränderungen.

Thema der Meinungsmache/ Stichwort	Botschaften, Inhalte	Entgegnung – Was ist richtig	Folgen der Meinungsmache
		gestrichen und so weiter.	
»Sanierungsfall Deutschland«, Angela Merkel im Juni 2006	Der Standort Deutschland ist schlecht. Wir haben riesige Strukturprobleme. Der Sozialstaat ist übertrieben und so weiter.	Wie unberechtigt und verlogen diese Behauptung war, zeigte sich schon darin, dass Frau Merkel wenig später von Boom sprach und von Deutschland schwärmte, ohne dass zwischenzeitlich etwas Gravierendes verändert worden wäre.	Über unser Land ist jahrelang schlecht geredet worden. Von deutschen Politikern, Managern, Publizisten und Wissenschaftlern. Das hat den Ruf unserer Volkswirtschaft beschädigt.
Der Sozialstaat ist schuld.	Soziale Leistungen wurden vor allem in den 1970ern übertrieben. Das ist der Grund für die seitdem virulente Wirtschaftsschwäche und die Schulden des Staates.	Der enge Wirkungszusammenhang wird nur behauptet. Solidarische Risikovorsorge wie über das Umlageverfahren und die gesetzliche Rente arbeitet sogar kostengünstiger und effizienter als die Kapitaldeckung und Privatvorsorge. Zum Beispiel. – Der massive Schuldenzuwachs während der deutschen Vereinigung wird dem Sozialstaat in die Schuhe geschoben.	Abbau sozialer Leistungen.

Thema der Meinungsmache/ Stichwort	Botschaften, Inhalte	Entgegnung – Was ist richtig	Folgen der Meinungsmache
PISA	Unsere Schulen sind marode. Unsere Universitäten sind schlechter als in den USA. Wir brauchen Spitzenförderung. Wir brauchen Wettbewerb im Bildungssystem. Wir brauchen größere Durchlässigkeit. Das zeigen die Pisa-Erhebungen der OECD. Der Vertreter der OECD fordert inzwischen, in Deutschland alle 44 000 Schulen dauernden Tests zu unterwerfen.	Pisa hat einige vernünftige Erkenntnisse gebracht, zum Beispiel den Hinweis auf die Benachteiligung der Kinder aus einkommensschwachen Familien. Die bildungspolitische Lage in den USA und Großbritannien wird geschönt. Die Mehrheit der Kinder wird dort nicht besser ausgebildet als in Deutschland. Die Fixierung der OECD auf Messen und Vergleichen ist ein teurer Luxus.	In Deutschland wurden aufgrund der mit PISA verbundenen Miesmache unserer Schulen und Universitäten auch bewährte Strukturen in Frage gestellt. Fehlentwicklungen: Abitur nach 8 Jahren, BA, MA. Die Schulen werden mit Messungen überzogen, was Schulleitungen und Lehrer/-innen von der eigentlichen Arbeit abhält.
Kinder gehen zu lange in die Schule.	Sie vertrödeln Zeit. Das schwächt die Konkurrenzfähigkeit unserer Volkswirtschaft.	Auch Kinder werden zunehmend nur aus betriebswirtschaftlicher Warte betrachtet. Dass es offenbar auch auf anderes als auf eine kurze Ausbildungszeit ankommt, zeigt die Wettbewerbsfähigkeit unserer Wirtschaft.	In einigen Bundesländern wurde die Schulzeit bei weiterführenden Schulen von 9 auf 8 Jahre verkürzt. Das erwies sich, auch wegen mangelnder Vorbereitung, als Misserfolg und wurde in einigen Ländern schon wieder korrigiert.
Drittmittel sind gut.	Universitäten und Schulen sollten mehr Mittel von außen, das heißt von der Wirtschaft	Das ist eine fatale Entwicklung. Sie gefährdet die Unabhängigkeit unserer Bildungs-	Auswahl der Exzellenzuniversitäten. Wachsender Einfluss der Wirtschaft auf die

Thema der Meinungsmache/ Stichwort	Botschaften, Inhalte	Entgegnung – Was ist richtig	Folgen der Meinungsmache
	und anderen Sponsoren, anwerben. Die Höhe der Drittmittel war dann auch von Bedeutung für die Auswahl der Exzellenzuniversitäten, die dann zusätzlich mit besonderer finanzieller Unterstützung von Seiten des Bundes rechnen konnten und können.	stätten. Die Bindung der besonderen staatlichen Förderung von Universitäten an die angeworbenen Drittmittel ist grotesk. Sie verstärkt den Einfluss von außen.	Universitäten.
Studiengebühren	Ein notwendiger Leistungsanreiz. Wichtig für die finanzielle Ausstattung der Universitäten. Wer studiert, hat auch bessere Einkommenschancen.	Das mit den besseren Einkommenschancen stimmt, wenn der Arbeitsmarkt Akademikern genügend Arbeit anbietet. Die Studiengebühren führen jedoch zu einer Sonderbelastung der Kinder von Geringverdienern.	Neue Ungerechtigkeiten an den Universitäten und fürs Leben. Wer wenig Geld hat, muss nebenher arbeiten oder geht mit Schulden ins Berufsleben. Rückgang der Studienanfängerzahlen.
Lehrer sind faul.	Gerhard Schröder (1995) über Lehrer: »Faule Säcke.«	Es ist wie bei vielen Berufsgruppen, es gibt solche Menschen, die sich die Arbeit bequem einrichten. Aber dies ist auch nicht annäherungsweise das Abbild der Wirklichkeit von Lehrern in unseren Schulen. Die	Diese Meinungsmache hat gravierende Folgen. Das damit weiter verfestigte Urteil ist mit dafür verantwortlich, dass es in Deutschland keine positiv geführte Debatte um die Notwendigkeit der besseren per-

Thema der Meinungsmache/ Stichwort	Botschaften, Inhalte	Entgegnung – Was ist richtig	Folgen der Meinungsmache
		Mehrheit der Lehrer dürfte eher unter psychischem Druck und Stress leiden als unter Faulheitssympto-men. Dennoch: Das Vorurteil ist populär.	sonellen Ausstat-tung und damit einer Verbesse-rung des Lehrer-Schüler-Verhält-nisses gab. Die damit einher-gehende Diffa-mierung des Lehrerberufs führt dazu, dass sich unterdurch-schnittlich wenige mit einem sehr guten Abiturzeug-nis für ein Lehr-amtsstudium entscheiden.
Angela Merkel hat nahezu alles recht gemacht	Die Finanzkrise bewältigt. In Eu-ropa geglänzt. Für den Klimaschutz engagiert. Vom Neoliberalismus gelöst. »Die mu-tigste Parteivorsit-zende«, Heiner Geißler	Die Lobeshymnen auf Angela Merkel lassen fundamen-tal Kritisches bei-seite: ihre Vernet-zung mit Springer und Bertelsmann, ihre Vernetzung mit der Finanzin-dustrie und deren Bedienung durch Privatisierungen, die Vermeidung von wirksamen Regeln und das Aufspannen von Milliarden-Ret-tungsschirmen.	Wie die Mei-nungsmache wirkt, zeigen die Umfragen und die Wahlergebnisse.
Die Linke	SED-Nachfolge-partei. Mit der Linkspartei arbei-tet man nicht zusammen. Ver-	Die Linkspartei ist nicht populisti-scher als die CSU, die CDU, die SPD oder die FDP und	Die Stigmatisie-rung zeigt Erfolge. Für SPD und Die Grünen ist die Zusammenarbeit

Thema der Meinungsmache/ Stichwort	Botschaften, Inhalte	Entgegnung – Was ist richtig	Folgen der Meinungsmache
	antwortungslos. Populistisch.	die Grünen. Sie hat zweifelhafte Personen in ihren Reihen wie andere Parteien auch. Sie ist in der Summe weniger abhängig von großen Interessen, als es die anderen Parteien sind. Sie ist vermutlich die am wenigsten politisch korrupte Partei. Vermutlich ist sie deshalb auch so verhasst bei den anderen. Der Populismus-Vorwurf ist glaubhaft, weil tausendfach wiederholt.	zumindest auf Bundesebene auf absehbare Zeit diskreditiert. Sie war es 2008 auch in Hessen. Die Abstempelung der Linkspartei hat in der Führungs- mannschaft der Grünen inzwi- schen zur Absage an ein Bündnis links von der Mitte geführt.
Linksruck der SPD	Die SPD plädiert für einen Min- destlohn. Sie verlangte, das Arbeitslosengeld I länger auszuzah- len und eine Rei- chensteuer einzu- führen. Sie wird beherrscht von ihrem linken Flügel.	Das Gegenteil ist wahr. Die SPD- Spitze ist fast ausnahmslos mit neoliberal orien- tierten Personen besetzt. Entspre- chend ist die Poli- tik. Die gesamte Agenda-2010- Politik ist eine Abkehr von fort- schrittlicher Politik.	Die Konsequenz der immer wieder- kehrenden Kam- pagne vom Links- ruck – auch schon zu Zeiten Willy Brandts und Hel- mut Schmidts als Bundeskanzler gängig – ist, dass die SPD in der tatsächlichen Politik und in ihrer Personalpolitik immer weiter nach rechts rück- te. Das ist auch die Absicht hinter den Kampagnen.

Thema der Meinungsmache/ Stichwort	Botschaften, Inhalte	Entgegnung – Was ist richtig	Folgen der Meinungsmache
Sozialdemokratisierung der Union	Die CDU hat die neoliberal geprägte Plattform ihres Leipziger Parteitags verlassen. Namentlich Merkel, Rüttgers, Peter Müller, Ole von Beust betreiben eine sozialdemokratisch eingefärbte Politik.	Das ist allenfalls in Nuancen richtig. Tatsächlich hat die Union die neoliberal eingefärbte Politik sowohl in der Steuer- und Wirtschaftspolitik als auch in der Sozialpolitik umgesetzt. Sie redet allerdings anders. Siehe Rüttgers.	Eine ähnliche Konsequenz wie beim Vorwurf des Linksrucks an die SPD. Die Union bemüht sich um eine Imagekorrektur.
Realos gegen Fundis bei den Grünen	Mit den Realos kann man zusammenarbeiten. Sie sind vernünftig. Sie sind regierungsfähig. Sie haben einen Blick für unsere Einbindung in das westliche Bündnis und die enge Zusammenarbeit mit den USA. Sie sehen, dass man heute ohne weltweite militärische Präsenz nicht weiterkommt.	Die Fremdbestimmung der Realos blieb im Dunkeln. Auch die innerparteilichen Intrigen beim innerparteilichen Machtkampf.	Der Machtkampf ist entschieden. Die progressiven Kräfte haben bei den Grünen nicht mehr viel zu sagen. Fazit: Bei den Grünen hat wie bei der SPD eine von konservativen Kräften in den Medien und konkurrierenden Parteien geführte Meinungsmache zur Stabilisierung der eher konservativen Kräfte geführt. Ähnliches gilt auch für die Union. Siehe »Sozialdemokratisierung«
Chancengerechtigkeit	Chancengleichheit zu verlangen, ist unvernünftig.	Das ist zunächst eine Wortklauberei. Aber es ist	Die Konstruktion des Gegensatzes hat dazu beigetra-

Thema der Meinungsmache/ Stichwort	Botschaften, Inhalte	Entgegnung – Was ist richtig	Folgen der Meinungsmache
	Chancengerech-tigkeit wäre das richtige Ziel. (Sie-he auch: Leistung muss sich wieder lohnen)	mehr: Es wirkt zugleich gegen die Vorstellung, dass die Menschen gleiche Rechte haben sollen. Und gleiche Möglich-keiten. Und es suggeriert, dass bei uns irgend-wann in den letz-ten Jahrzehnten wirkliche Chan-cengleichheit angestrebt oder gar verwirklicht worden wäre.	gen, das Ausein-anderdriften der Einkommen zu Lasten der Ein-kommensschwä-cheren als eine vernünftige Sache zu betrachten.
Wir leben in einem Vertei-lungsstaat	Es gibt zu großen sozialen Aus-gleich, zu viel Umverteilung von oben nach unten. Zu viel leistungs-lose Sozialtrans-fers.	Die Behauptung vom Verteilungs-staat ist ein Beleg für die Möglich-keit, eine Botschaft ohne Rücksicht auf die Realität unter die Leute zu brin-gen. Umverteilung zugunsten der Ärmeren fand in den letzten Jahr-zehnten nicht statt: die Löhne stagnierten, die Gewinne und Ver-mögenseinkommen stiegen zweistellig; der Anteil der Mehrwertsteuer und der Lohnsteuer am Steueraufkom-men insgesamt wuchs;	Die Armut wächst. Ältere Menschen müssen auch als Rentner arbeiten. Zweitjobs werden in vielen Familien notgedrungen üblich. Fazit: Die so fern der Realitäten geführte Vertei-lungsdebatte hat wesentlich dazu beigetragen, dass in der Lohnpolitik, in der Steuerpoli-tik und in der Sozialpolitik eher die Besserverdie-nenden als die Normalverdiener, die Arbeitslosen und die Hartz-IV-Empfänger be-

Thema der Meinungsmache/ Stichwort	Botschaften, Inhalte	Entgegnung – Was ist richtig	Folgen der Meinungsmache
		der Spitzensteuersatz wurde gesenkt; die Vermögenssteuer wurde gestrichen.	dient worden sind. Empörung löst das nicht mehr aus.
Neid-Debatte	»Sie schüren Sozialneid!«	Diese Formel wurde schon gegen die Kritiker des Sozialabbaus zu Kohls Zeiten eingeführt.	Immunisierung des betriebenen Abbaus sozialer Leistungen gegen Kritik.
Freiheit und Sozialstaat	Mehr Sozialstaat heißt weniger Freiheit.	Diese Agitation geht an der Lebenswirklichkeit der meisten Menschen vorbei. Ihnen bringt erst die soziale Sicherheit ein Stückchen Freiheit.	Grundlegende Diskreditierung des Sozialstaats und Erleichterung des sogenannten Umbaus.
Demographischer Wandel. Privatvorsorge fürs Alter.	Wir werden immer weniger. Wir werden immer älter. Der Generationenvertrag trägt nicht mehr. Die gesetzliche Rente bringt es nicht mehr. Jetzt hilft nur noch private Altersvorsorge. Die Alten leben auf Kosten der Jungen.	Die Panikmache ist durch die Fakten nicht gerechtfertigt: Deutschland ist dicht besiedelt und wird selbst bei niedriger Geburtenrate 2050 mehr Menschen beherbergen als 1950. Die Alterung war im letzten Jahrhundert rasanter, als sie in den nächsten Jahrzehnten sein wird. Der Generationenvertrag trägt immer. Wie leistungsfähig er ist, hängt weniger	Die Folgen sind beeindruckend: Sorgen und Angst um die Rente; Konflikt zwischen den Generationen; zusätzliche Privatvorsorge. Das heißt: Milliarden-Umschichtung zugunsten privater Interessen. Bewusste Verringerung der Leistungsfähigkeit der gesetzlichen Rente und damit Verlust des Vertrauens in die gesetzliche Rente. Wachsende

Thema der Meinungsmache/ Stichwort	Botschaften, Inhalte	Entgegnung – Was ist richtig	Folgen der Meinungsmache
		vom Zahlenver- hältniss Jung/Alt als von Produktivi- tät und Beschäfti- gungslage ab.	Altersarmut.
Finanzplatz Deutschland	In der Finanzwirt- schaft ist die Wertschöpfung besonders hoch. Investmentban- king, Zusammen- schlüsse und Ver- kauf einzelner Unternehmen und Unternehmenstei- le, Handel mit neuen Finanzpro- dukten. Auf den Börsen werden Werte geschaffen. Wir müssen den Finanzplatz Deutschland stär- ken, Investoren anlocken durch Zulassung von Hedgefonds und Förderung der neuen Finanzpro- dukte.	Kursgewinne sind keine Wertgewin- ne. Da findet keine Wertschöpfung statt. Der Ausbau der Finanzmärkte und der damit verbundenen Ein- führung neuer Finanzprodukte ist vergleichbar mit einer massiven Verschleuderung von Ressourcen. Die eindrucksvollen Renditen auf den Finanzmärkten in London und New York gründen auf Spekulation und dem Betrieb eines Casinos mit allem, was dazugehört: Wetten, Ketten- briefe, Betrug.	Die Konsequenz: Auch Deutschland öffnete seine Tore für Hedgefonds, Verbriefungen und andere neue Fi- nanzprodukte, der Verkauf von Un- ternehmen und Unternehmenstei- len wurde steuer- freigestellt, Regu- lierungen wurden abgebaut und/ oder mangelhaft kontrolliert.
Kapitalrenditen von 25 % und mehr	Ackermann (Deut- sche Bank) erklär- te die 25%ige Kapitalrendite zu einem realisti- schen Renditeziel.	25 % Kapitalren- dite sind unter normalen, seriösen Bedingungen allenfalls in Ein- zelfällen zu errei- chen.	Die Konsequenz dieser Vorgabe war sehr proble- matisch. So wur- den die Fonds- verwalter, die Anlageberater und Anleger zu immer riskanteren An- lagestrategien ermuntert.

Thema der Meinungsmache/ Stichwort	Botschaften, Inhalte	Entgegnung – Was ist richtig	Folgen der Meinungsmache
Shareholder Value	Die Finanzwirtschaft ist der effizienteste Kontrolleur der Realwirtschaft. Der Shareholder Value ist die eigentliche Orientierungsmarke für das Management. Auch die Politik sollte unter der Kontrolle der Finanzwirtschaft stehen.	Das hat sich bei vielen Unternehmen als verheerender Irrglaube erwiesen.	Die Orientierung am kurzfristigen Erfolg und an der schnellen Wirkung auf die Aktienmärkte und sogenannte Investoren und Analysten hat die langfristige Planung der Unternehmen erschwert.
Wir brauchen Investoren.	Wir brauchen neues Kapital. Auch »Heuschrecken« sind Investoren. Private Equity-Unternehmen sowieso. Sie bringen Wettbewerb.	In der Realität sieht das anders aus. Zum einen ist die Sparquote bei uns ausreichend hoch. Zum andern haben die neuen Investoren nicht nur Wettbewerb, sondern meist lähmende Unruhe, neue Schulden und Belastungen für Unternehmen und Arbeitnehmer gebracht. Oft lassen sie nämlich die aufgekauften Unternehmen den Kaufpreis selbst bezahlen. Eine moderne Form der Piraterie.	Zulassung von Hedgefonds. Erleichterung des Geschäftes auch für windige Kapitalgruppen und für solche, die Steuern durch Verlagerung auf Steueroasen vermeiden.
Auflösung der »Deutschland AG«	In Deutschland hatten Banken, Versicherungen und Unternehmen	Die personelle Verflechtung ist in der Tat problematisch. Aber warum	Steuerbefreiung für fragwürdige Investoren und die abgebenden

Thema der Meinungsmache/ Stichwort	Botschaften, Inhalte	Entgegnung – Was ist richtig	Folgen der Meinungsmache
	relativ viele Anteile an anderen Unternehmen. Oft waren die großen Unternehmen über Vorstände und Aufsichtsräte miteinander verflochten. Das nannte man die »Deutschland AG«. Bundeskanzler Schröder forderte ihre Auflösung und förderte dies mit der Steuerbefreiung der Gewinne beim Verkauf von Unternehmen und Unternehmensteilen.	der Übergang eines Aktienpakets von einem Eigentümer auf den anderen Eigentümer der deutschen Volkswirtschaft etwas bringen soll, erschließt sich nicht. Jetzt haben bei vielen Unternehmen entweder die gleichen oder andere Personen das Sagen. Die personelle Verflechtung gibt es nach wie vor. Etwas angereichert mit Vertretern von Hedgefonds und ausländischen Eigentümern.	Eigentümer. Viele Unternehmen und Unternehmensteile sind verkauft worden, viele an ausländische Gruppen. So stieg zum Beispiel der Anteil von ausländischen »Investoren« an deutschen DAX-Unternehmen von 35,5 % 2001 auf 52,6 % 2008. Verschuldung vieler Unternehmen. Großer Druck auf die Arbeitnehmer der übernommenen Unternehmen.
Die Finanzkrise kam aus den USA …	Übertriebener Hypothekenmarkt in den USA; viel zu billige Kredite an jedermann. Deshalb so viel faule Kredite, die auch an deutsche Banken weiterverkauft worden sind. Bei uns haben die Verantwortlichen, insbesondere die Bundeskanzlerin und der Bundesfinanzminister, nahezu alles richtig gemacht.	Die deutschen Banken mussten wissen, was sie kaufen. Die Öffnung Deutschlands für die angelsächsischen Finanzmarkt-Gewohnheiten ist aus freien Stücken betrieben worden. Außerdem wurde hierzulande genauso spekuliert.	Die Ausreden werden von einer Mehrheit geglaubt. Die Mitbrandstifter werden zu Feuerwehrleuten. Sie sind nicht zu einer wirklichen Revision ihrer bisherigen Politik gezwungen. Die Förderung des Casinobetriebs geht weiter.

Thema der Meinungsmache/ Stichwort	Botschaften, Inhalte	Entgegnung – Was ist richtig	Folgen der Meinungsmache
... und für die Verantwortlichen in Deutschland völlig überraschend.	Steinbrück 2008: Wie ein »Spring-ins-Feld-Teufel« kam die Finanzkrise über uns.	Schon zu Anfang des Jahres 2003 gab es eine erste Sitzung zwischen der Regierungsspitze um Schröder, Clement und Eichel und der Finanzwirtschaft. Von dieser wurde angeregt, eine Bad Bank zu gründen, bei der die erheblichen Mengen an faulen Forderungen der deutschen Banken abgeladen werden könnten. Das Risiko sollte dann der Staat tragen.	Siehe oben
Vor allem die öffentlichen Banken haben versagt.	Die Finanzkrise hat gezeigt, dass die öffentlichen Banken versagen. Die Landesbanken haben besonders verlustreiche Geschäfte gemacht. Auch die IKB, die eine öffentliche Bank gewesen ist.	Daran stimmt nahezu nichts; die IKB war eine private Bank, in deren Aufsichtsrat und Beratergremium die Creme der deutschen Wirtschaft saß. Die Landesbanken haben sich teilweise schlimm verspekuliert, aber ähnlich große oder größere Verluste machten die private Bank HRE, auch die Dresdner Bank und die Commerzbank. Ausländische	Die Propaganda hatte teure Folgen: Die angeblich öffentliche IKB wurde mit 10 Mrd. € gerettet, meist mit Steuergeld. Vertreter der angeblich besseren, weil privaten Banken blieben Berater der Politik: Dibelius (Goldman Sachs), Ackermann (Deutsche Bank), Goldmann-Sachs-Berater Issing. Der Staat hält sich raus, auch wenn wir

Thema der Meinungsmache/ Stichwort	Botschaften, Inhalte	Entgegnung – Was ist richtig	Folgen der Meinungsmache
		private Banken sowieso. Die erste private Insolvenz mit Schockwirkung: Lehmann Brothers.	Steuerzahler Milliarden zahlen.
Banken dürfen nicht eingehen.	Banken sind systemrelevant. Ihre Insolvenz würde einen Vertrauensverlust auslösen, der die gesamte Wirtschaft beschädigt. Andere Banken würden in Mitleidenschaft gezogen. Kettenreaktion.	So richtig das im Prinzip sein könnte, es gilt nicht für alle Banken, die IKB z.B. hätte man auch eingehen lassen können. Vermutlich auch die HRE. Es ist nicht auszuschließen, dass die Parolen »systemrelevant« und »systemisch« von der Finanzindustrie erfunden worden sind, um Politik und Steuerzahler erpressbar zu machen.	Unterm Rettungsschirm wird munter weitergemacht. Die US-Investmentbanken nahmen viel Geld vom Staat und zahlten gleichzeitig Mrd. (nicht Mio.) an Boni und Vergütungen aus. Banken zahlen weiter Dividenden, obwohl sie Verluste machen. Vom Rettungsschirm gehen offensichtlich falsche Anreize aus. In Zukunft werden Banker erst recht meinen, sie könnten sich jedes riskante Geschäft leisten.
Der Markt regelt alles.	Wir müssen deregulieren und liberalisieren, damit das freie Spiel der Kräfte sich entfalten kann.	Dieser Glaube der neoliberalen Ideologen hat selbst in marktwirtschaftlich orientierten Theorien der Wirtschaftswissenschaft keine Basis. Das sogenannte Marktversagen ist seit über 100	Die Liberalisierung hat zu neuen privaten Oligopolen geführt. Zum Beispiel in der Stromwirtschaft. Die Folgen der Deregulierung sehen wir beispielhaft auf den Finanzmärkten.

Thema der Meinungsmache/ Stichwort	Botschaften, Inhalte	Entgegnung – Was ist richtig	Folgen der Meinungsmache
		Jahren erkannt und auch, dass deshalb manches besser in öffentlicher Regie betrieben wird. Oder dass klare Rahmen gesetzt werden müssen, innerhalb deren Wettbewerb und Markt wirken können.	Aber auch der Raubbau an der Natur und an der Gesundheit vieler Menschen und am Zusammenhalt unserer Gesellschaft ist eine Folge des Deregulierungswahns.
Privatisierung	Privatisierung ist modern. Privatisierung bringt bisher öffentliche Unternehmen auf Vordermann.	Die Frage, ob die Produktion eines Gutes oder einer Dienstleistung in öffentlicher Regie oder privat organisiert und getragen werden sollte, müsste rational entschieden werden. Bei uns wird sie ideologisch entschieden. Nach dem neoliberalen Glaubensbekenntnis ist Privatisierung immer gut. Die Realität straft dies in vielen Fällen Lügen. Oft bleibt auch der Schein der Rationalität von Privatisierungen bestehen, weil nicht Bilanz gezogen wird und weil vor allem die Lasten nicht mitberech-	In Deutschland wurde unter dem Eindruck und dem Druck der herrschenden Lehre massiv privatisiert: die Energie, die Telekommunikation, die Post, viele Wasser- und Stadtwerke, teilweise der Schienenverkehr, die Bundesdruckerei, die Raststätten an den Autobahnen. Viele dieser Privatisierungen erwiesen sich als Misserfolge. Noch bedenkenswert: Die Privatisierung war ein Instrument dafür, den Finanzmärkten immer neues »Futter« zuzuführen. Die Börsengänge brachten

Thema der Meinungsmache/ Stichwort	Botschaften, Inhalte	Entgegnung – Was ist richtig	Folgen der Meinungsmache
		net werden, die bei Privatisierungen auf den Bürgern und der Allgemeinheit abgeladen werden.	hohe Gebühren, Provisionen und Honorare auf die Konten der beteiligten Banken, Broker, Börsen, Anwaltskanzleien, Wirtschaftsprüfer und Beratungsunternehmen.
Deutsche Bahn AG	Der Börsengang/ die Teilprivatisierung ist notwendig, unter anderem um frisches Geld für die Bahn zu bekommen.	Die Deutsche Bahn AG kann aufgrund ihrer hohen Bonität einfach und preiswert an Geld kommen. Dazu bedarf es des Börsengangs nicht.	Hätte es die Finanzkrise nicht gegeben, wäre die Bahn im Herbst 2008 teilprivatisiert worden – entgegen aller finanzieller und verkehrspolitischer Vernunft.
Privatisierung Telekom/Post	Überall in der Welt werden diese Leistungen von privaten Unternehmen besser erstellt. Die Privatisierung der Telekom und der Post ist folgerichtig auch bei uns ein großer Erfolg. Die Post ist leistungsfähiger und ein weltweit tätiges Unternehmen. Das Telefonieren ist billiger als vor der Privatisierung der Deutschen Telekom.	Eine Gesamtbilanz von Vor- und Nachteilen der Privatisierung von Post und Telekom ist bei uns nicht gezogen worden. Dass billiger telefoniert werden kann, ist teilweise das Ergebnis technischen Fortschritts, teilweise wird das mit Nachteilen für die Kunden erkauft.	Beide Unternehmen haben zu Lasten des Fiskus rationalisiert; Pensionslasten sind auf den Steuerzahlern abgeladen worden. Die Serviceleistung der Telekom-Unternehmen ist oft mangelhaft. Kosten der Rationalisierung werden auf den Kunden abgeladen. Postkunden müssen weite Wege zurücklegen. Die Auslieferung von Paketen durch

Thema der Meinungsmache/ Stichwort	Botschaften, Inhalte	Entgegnung – Was ist richtig	Folgen der Meinungsmache
			aufeinanderfolgende Fahrzeuge ist eine ökologische Groteske.
Wir brauchen einen schlanken Staat.	Der Staat ist zu fett geworden. Je weniger Staat, desto besser. Weg mit den Bürokraten.	Es gibt Bürokratie im deutschen Staatswesen. Keine Frage. Es gibt aber auch Bürokratie in großen Unternehmen. Und es gibt viele öffentliche Verwaltungen und öffentliche Unternehmen, die effizient arbeiten.	Die Propaganda war wirksam: Die Staatsquote Deutschlands ist in den letzten Jahren kräftig gesunken und liegt heute unter dem Durchschnitt der EU-Staaten. Die Folgen: Erosion der Infrastruktur und öffentlicher Leistungen Außerdem: private Monopole und höhere Gebühren.
Freiheit	»Freiheit statt Sozialismus« (Westerwelle); »Freiheit statt Tyrannei« (George W. Bush); »Universitäts-Freiheits-Gesetz« (Gesetz der Regierung Rüttgers in NRW); »Partei der Freiheit« (Berlusconi bei der letzten Wahl)	Mit dem Begriff Freiheit wird seit Jahrzehnten Schindluder getrieben. Bei Politikern des rechten Lagers dient das Wort oft als Paravent, hinter dem wenig freiheitlich gehandelt wird. Typisch dafür sind Bush und Berlusconi.	In manchen Kreisen erzielt das Wort immer noch eine – eher emotionale – meinungsbildende Wirkung.
Wertegemeinschaft	Mit den USA verbindet uns eine Wertegemeinschaft.	Das stimmt, wenn es auf US-Bürger bezogen wird. Es stimmt keineswegs, wenn Präsident Bush und	In Deutschland hat dieses Wort, gezielt eingesetzt, immer wieder gewirkt; es hat Kritik unterdrückt

Thema der Meinungsmache/ Stichwort	Botschaften, Inhalte	Entgegnung – Was ist richtig	Folgen der Meinungsmache
		andere Regierungen damit gemeint sind: Kriege um Öl zu führen oder kriegerische Auseinandersetzungen zu beginnen, um zu Hause die Wählerinnen und Wähler zu beeindrucken – das ist das Gegenteil von Wertegemeinschaft.	und Solidarität erzwungen.

Meinungsmache prägt wirtschaftliche Entscheidungen

Thema der Meinungsmache/ Stichwort	Botschaften, Inhalte	Entgegnung – Was ist richtig	Folgen der Meinungsmache
Global Player	Wenn ein Unternehmen erfolgreich sein will, dann muss es an möglichst vielen Plätzen der Welt tätig sein und überall vernetzt sein. Diese Ansicht wurde in Deutschland tausendfach verbreitet.	Die weltweite Tätigkeit deutscher Unternehmen ist nichts Neues. Die modische Betonung hat jedoch zu maßlosen Übertreibungen geführt. Bestes Beispiel: die Fusion zwischen Daimler-Benz und Chrysler.	Die nicht genau kalkulierte und vor allem an einer gemachten Meinung orientierte weltweite Tätigkeit wurde in vielen Fällen sehr teuer für das betroffene Unternehmen.
Diversifizieren	Ein Unternehmen, das erfolgreich sein will, stützt sich am besten auf verschiedene Linien der Produktion und Dienstleistung ab, produziert also die verschiedensten Güter und Dienstleistungen.	Schon die Tatsache, dass in wenigen Jahren hintereinander beide modischen Parolen – diversifizieren und aufs Kerngeschäft besinnen – in Deutschland und zum Teil in den gleichen Unternehmen umge-	Für Unternehmen, die die eine oder auch beide Empfehlungen befolgt haben, wurde die Realisierung teuer. Das gilt z.B. für Daimler. Daimler hat nicht nur eine modische Globalisierung mitgemacht, sondern

Thema der Meinungsmache/ Stichwort	Botschaften, Inhalte	Entgegnung – Was ist richtig	Folgen der Meinungsmache
Aufs Kerngeschäft besinnen	Ein Unternehmen, das erfolgreich sein will, konzentriert sich am besten auf sein Kerngeschäft.	setzt worden sind, spricht dafür, dass es sich bei diesen Stimmungen nicht um rationale Erwägungen und Ratschläge handelt.	auch diversifiziert in den Flugzeugbau, in Weltraumtechnik und in Waffentechnik; und sich dann wieder auf das Kerngeschäft besonnen.
Aktienkurse	Steigende Kurse sind gut. Da werden Werte geschaffen.	Die Entwicklung der Aktienkurse ist von der realen Entwicklung der betreffenden Unternehmen mitbestimmt. Aber über weite Strecken sind Kursentwicklungen schlicht abhängig von Stimmungen und damit auch von einer guten Öffentlichkeitsarbeit. Meinung macht Aktienkurse. Bestes Beispiel: Deutsche Telekom.	Weil Anleger, zum Teil nicht gewohnt mit Börsen umzugehen, der Meinungsmache geglaubt haben, sind sie auch bei relativ hohen Kursen eingestiegen und haben viel Geld verloren. Auch Übernahmeschlachten werden im Wesentlichen mit Meinungsmache, mit Propaganda geschlagen, meist zum Nachteil der weniger gut Informierten.

Meinung prägt das Image von Politikern und entscheidet über ihre Karriere

Oskar Lafontaine	Der Populist; einer, der vor der Verantwortung davonläuft; der gefährlichste Mann Europas	Lafontaine gilt als Populist, weil er mehr soziale Gerechtigkeit fordert und auch ansonsten die Interessen der Mehrheit der Menschen artiku-	Die Vorwürfe werden geglaubt, weil es in den Mehrheits-Medien kaum Gegenstimmen gibt und auch seine politischen Gegner

Thema der Meinungsmache/ Stichwort	Botschaften, Inhalte	Entgegnung – Was ist richtig	Folgen der Meinungsmache
		liert. Die wahre Geschichte seines Rückzugs als SPD-Vorsitzender und Finanzminister im März 1999 sieht anders aus.	nahezu einmütig wie abgesprochen die gleichen Parolen verbreiten. Die Kampagne hat deshalb vermutlich eine beachtliche Wirkung auf das Wahlverhalten vieler Menschen.
Norbert Blüm	Er behauptet zu Unrecht: »Die Renten sind sicher!« Blüm ist schuld an der Rentenmisere.	Die gesetzliche Rente ist in der Tat sicher. Die wichtige Frage ist, wie leistungsfähig sie ist. Ihre Leistungsfähigkeit wurde nicht in erster Linie von Norbert Blüm, sondern von seinen Kritikern ruiniert: von den Regierungen Schröder und Merkel. Im Übrigen zeigen inzwischen die Pleiten der Privatvorsorgesysteme rund um die Welt, wer recht hat.	Die Kampagne hat das Ansehen und die Glaubwürdigkeit Blüms in weiten Kreisen zerstört. Die an Blüms Person aufgehängte Behauptung wird darüber hinaus zur Werbung für die Privatvorsorge benutzt.
Kurt Beck	Der Pfälzer. Der Mann aus der Provinz. Der Dilettant.	Man kann viel Kritisches zu Kurt Beck sagen. Aber er hat in Rheinland-Pfalz die absolute Mehrheit errungen; er hat seine Sache als SPD-Vorsitzender nicht schlechter	Sein Rückzug ist direkt das Ergebnis einer Meinungsmache-Kampagne. Sie hat über die bundespolitische Karriere dieses Mannes entschieden.

Thema der Meinungsmache/ Stichwort	Botschaften, Inhalte	Entgegnung – Was ist richtig	Folgen der Meinungsmache
		gemacht als Platzeck, Müntefering und Schröder. Sein Versuch der Zusammenarbeit mit der Linkspartei war eher ein Akt der Weisheit als ein Fehler.	
Jürgen Rüttgers	Der sozial engagierte Unionspolitiker; der »Arbeiterführer«.	Mit der wirklichen Politik in Nordrhein-Westfalen hat das wenig zu tun. Rüttgers ist der Wirtschaft nah. Typisch, wie die Regierung Rüttgers mit einem »Hochschulfreiheitsgesetz« die Universitäten der Wirtschaft überantwortet hat.	Die breite Imageprägung verschafft dem Ministerpräsidenten vermutlich auf absehbare Zeit die Mehrheiten in Nordrhein-Westfalen.
Friedrich Merz	Der kompetente Wirtschafts- und Finanzpolitiker.	Tatsächlich spricht seine Vorstellung, eine Steuererklärung auf einem Bierdeckel unterzubringen, nicht für Kompetenz. Und auch seine Verflechtung mit internationalen Hedgefonds spricht eher für gute eigene Interessenvertretung als für Kompetenz im Interesse unseres Gemeinwesens.	Das Kompetenz-Image verschafft ihm immer wieder Einfluss und schützt ihn vor zu vielen Fragen nach den Interessen, die er als Partner einer Rechtsanwaltskanzlei vertritt.

Thema der Meinungsmache/ Stichwort	Botschaften, Inhalte	Entgegnung – Was ist richtig	Folgen der Meinungsmache
Wolfgang Clement	Der Fachmann, als Wirtschafts- und Arbeitsminister wie auch als SPD-Ministerpräsident von Nordrhein-Westfalen. Ein großer Politiker.	Das ist weitgehend Meinungsmache: Clement hat in NRW reihenweise teure Fehlinvestitionen hinterlassen. Er hat auch als Bundesminister nichts Erwähnenswertes vorzuweisen. Dass er ein anderes Image hat, verdankt Clement einem clever geknüpften Journalistennetz.	Das Image als Fachmann und als großer Politiker hat Clement über lange Zeit davor geschützt, wirklich erkannt zu werden. Auch seine Attacken auf die eigene Partei und deren hessische Vorsitzende Ypsilanti im Vorfeld der hessischen Landtagswahl vom Januar 2008 und danach bei den Koalitionsverhandlungen fanden nur wegen seines geschickt arrangierten Images Resonanz.
Franz Müntefering	Der Parteisoldat; der Fuchs; der erfolgreiche Wahlkämpfer; nahe am Volk; der Streiter gegen die »Heuschrecken«.	Der Niedergang der SPD ist mit Franz Münteferings Verantwortung eng verbunden. In seiner Zeit als Generalsekretär, als Vorsitzender und Vizekanzler hat die SPD Stimmen, Mitglieder, Ministerpräsidenten und 2005 sogar den Bundeskanzler eingebüßt. Mit verschiedenen Maßnahmen wie zum Beispiel der	Dass er im Spätsommer 2008 nochmals SPD-Vorsitzender wurde, verdankt Müntefering fast ausschließlich der Prägung seines Images unabhängig von der wirklichen Kompetenz der Person und ihrer »Leistung«.

Thema der Meinungsmache/ Stichwort	Botschaften, Inhalte	Entgegnung – Was ist richtig	Folgen der Meinungsmache
		Erhöhung des Renteneintrittsalters auf 67 Jahre hat er an der Zerstörung des Vertrauens in die sozialen Sicherungssysteme kräftig mitgewirkt.	
Andrea Ypsilanti	Sie hat einen einzigartigen Wortbruch begangen. Sie hat gepatzt. Sie ist machtgeil.	Sich gegen eine Zusammenarbeit mit der Linkspartei festzulegen war ein Fehler, auch wenn Andrea Ypsilanti dies auf Druck der Berliner SPD und aus Angst vor der absehbaren Kampagne getan hat. Aber solche »Wortbrüche« sind an der Tagesordnung. Und an die Macht will (hoffentlich) jede/-r Spitzenkandidat/-in. Rotgrün-rote Zusammenarbeit in Hessen galt und gilt als Wortbruch. Die schwarz-grüne Zusammenarbeit in Hamburg, ebenfalls ein Wortbruch, wurde zur guten und berechtigten Strategie erklärt.	Die Kampagne gegen Ypsilanti war einzigartig. Sie beeindruckte auch Menschen, die sonst rationaler urteilen. Andrea Ypsilanti wurde zur Un-Person. Sie zieht auch bei unbeteiligten Menschen Aggressionen auf sich. Darauf baute die Weigerung der vier Abweichler, sie zur Ministerpräsidentin zu wählen, auf. Nebenher gelang bei dieser Gelegenheit eine weitere Stigmatisierung der Linkspartei und einer Zusammenarbeit oder gar Koalition mit der Linken. Die Kampagne hat so zugleich die Option der SPD auf eine Mehrheit links der Union weiter beschädigt.

Thema der Meinungsmache/ Stichwort	Botschaften, Inhalte	Entgegnung – Was ist richtig	Folgen der Meinungsmache

Meinungsmache ebnet dem Krieg den Weg

Thema der Meinungsmache/ Stichwort	Botschaften, Inhalte	Entgegnung – Was ist richtig	Folgen der Meinungsmache
Golfkrieg 1990 Irak Krieg	Dass Kriege von Propaganda vorbereitet und begleitet werden, ist nichts Neues. Dass zur Meinungsmache Dinge erfunden werden, auch nicht. So kamen gestellte Szenen im Golfkrieg 1990 und die Berufung auf falsche Geheimdienstnachrichten über angeblich vorhandene Massenvernichtungswaffen in den Händen des irakischen Präsidenten Hussein als Vorwand für den zweiten Irakkrieg nicht überraschend.		
Kosovo/Serbien-Konflikt	Bomben gegen die Vertreibung der Kosovo-Albaner	Die professionelle Meinungsmache vor und während dieses Konflikts, mit ständigen Pressekonferenzen des NATO-Sprechers und des deutschen Bundesverteidigungsministers Scharping, hat viel dazu beigetragen, dass die Tätigkeit der Bundeswehr außerhalb des NATO-Bereichs salonfähig wurde. Das war auch der eigentliche Zweck dieser Operation.	
Der frühere Ost-West-Konflikt	Auf beiden Seiten wurde dieser langanhaltende und gefährliche Konflikt zusätzlich zu den faktischen Unterschieden mit Meinungsmache angeheizt. Auch der Abbau der Konfrontation war wesentlich gestützt von geplanter Meinungsmache. Die Ostpolitik der Regierung Brandt war ohne unterstützende Öffentlichkeitsarbeit nicht denkbar. Schließlich musste eine systematisch aufgebaute und lange zurück wurzelnde Feindseligkeit gegenüber den Russen, der Sowjetunion und den »Kommunisten« überwunden werden. Der Aufbau des Antikommunismus wie auch der Abbau waren über weite Strecken von öffentlicher Meinungsbildung geprägt.		
Der Aufbau einer neuen Konfrontation mit Russland	Jetzt können wir den Aufbau einer neuen Konfrontation zwischen dem Westen und Russland beobachten. Offenbar gibt es starke Interessen, die daran arbeiten. Man hat den Eindruck, ohne Feindbild geht es nicht. Bausteine dieses Aufbaus einer neuen Konfrontation sind der Konflikt zwischen Russland und Georgien, und Russland und der Ukraine über die Gaslieferungen. Es war interessant zu beobachten, wie in den deutschen Medien, unterstützt von der Brüsseler Kommission und der Bundeskanzlerin, versucht		

Thema der Meinungsmache/ Stichwort	Botschaften, Inhalte	Entgegnung – Was ist richtig	Folgen der Meinungsmache
	worden ist, Russland allein die Schuld zuzuschieben, auch wenn dafür die Fakten fehlten.		

Meinungsmache bestimmt das Bild der Geschichte

Thema der Meinungsmache/ Stichwort	Botschaften, Inhalte	Entgegnung – Was ist richtig	Folgen der Meinungsmache
Helmut Kohl – der Einheits- kanzler	Wir haben Helmut Kohl die deutsche Einheit zu verdan- ken.	Helmut Kohl hat Verdienste. Keine Frage. Aber ohne die Vorarbeit der Entspannungspoli- tik wäre das nicht möglich geworden. Und keinesfalls ohne Gorbat- schow.	Eine der Folgen der Meinungsma- che ist vermutlich die Missachtung der Erfahrung, dass eine Kon- frontation zwi- schen Ost und West sinnlos und gefährlich ist.
Helmut Kohl	Der Pfälzer, die Birne, sitzt alles aus.	Das war nicht so. Helmut Kohl hatte eine komplizierte Partei und eine komplizierte Koali- tion zu führen. Das geht nicht im Hauruckverfahren.	Ihm hat das nicht sehr geschadet.
Willy Brandt	Der Zauderer, der nichts von Wirt- schaft versteht, der Außenkanzler, dem Alkohol und den Frauen zuge- neigt.	Willy Brandts Regierungszeit war außenpoli- tisch sowie wirt- schafts- und ge- sellschaftspolitisch eine der erfolg- reichsten Perioden.	Der Niedergang seines Rufes 1973/74 und damit sein Rück- tritt Anfang Mai 1974 war wesent- lich von Mei- nungsmache bestimmt.
68er	Die 68er sind schuld an der Misere. Am Verfall von Moral und Familie, an man- gelndem Arbeits- ethos.	Die 68er gab es nicht. Es war eine differenzierte Bewegung. Insge- samt haben sie die Entwicklung unse- rer Gesellschaft im guten Sinne mehr geprägt, als ihre	Ächtung der Auf- müpfigkeit. Ziem- lich zahme Ju- gend. Aus falscher Analyse folgen falsche Therapien.

Thema der Meinungsmache/ Stichwort	Botschaften, Inhalte	Entgegnung – Was ist richtig	Folgen der Meinungsmache
		rechtskonservativen Gegner je zu leisten vermochten. Spätestens der heute grassierende Egoismus der neoliberalen Bewegung rehabilitiert die 68er-Bewegung.	
Die 1970er Jahre	Die Rezepte der siebziger Jahre funktionieren nicht mehr. Scheitern des Keynesianismus. Übertreibung des Sozialstaats. Schon damals kein richtiges Wachstum mehr. Damals begann das Elend.	Die siebziger Jahre waren goldene Jahre. Auch für die Arbeitnehmer. Die Lohnquote war gut. Das Wachstum war gut durchschnittlich pro Jahr 3,1 %. Die Politik ist mit schwierigen Situationen wie der Ölpreisexplosion einigermaßen gut fertig geworden. An Keynes orientierte Konjunkturprogramme waren erfolgreich.	Die Stigmatisierung der siebziger Jahre führte zum Beispiel zur Lähmung in der Wirtschaftspolitik. Erst in der Finanzkrise entdeckte man die Möglichkeit von Konjunkturprogrammen wieder. Auch die Feindseligkeit gegenüber der Sozialstaatlichkeit wird mit dieser falschen Geschichtsschreibung genährt.

III. Die neoliberale Bewegung hinterlässt eine Spur der Verwüstung und der Plünderung

Das Unbehagen und die Gefühle der Ohnmacht vieler Menschen sind keine nur gefühlten Schmerzen. Sie haben eine reale Basis. In den letzten 20 bis 30 Jahren ist vieles, was uns lieb und teuer war, umgestaltet worden. Und immer in eine Richtung. Was wir gemeinsam an gesellschaftlichen Einrichtungen und Gemeineigentum geschaffen haben, wird uns allen stückweise genommen und Privaten gegeben. Was wir gemeinsam an sozialer Sicherheit auf Gegenseitigkeit verankert hatten, ist losgerissen; einer großen Zahl von Menschen, vermutlich der überwiegenden Mehrheit, ist die soziale Sicherheit genommen worden. Wichtige gemeinsame Einrichtungen und Errungenschaften sind dahin: Die Arbeitslosenversicherung ist mit Hartz IV keine Arbeitslosenversicherung mehr, die gesetzliche Rente wird durch absichtliche Schnitte zur Minderung ihrer Leistungsfähigkeit nur noch eine Basisrente sein. Der Einfluss auf unsere Universitäten ist der Wirtschaft übereignet, »verkauft« – einfach so. In den Schulen wird reformiert, oft ohne vorher zu überlegen, welche Voraussetzungen das Gelingen solcher Reformen erfordern würden. Und von jungen Menschen verlangt man, sich zu verschulden, wenn sie ihre Studiengebühr nicht durch Nebentätigkeit abarbeiten können oder wollen. Wichtige öffentliche Unternehmen sind verschleudert worden – bei schlechter Konjunktur und unter Preis: so unter anderem die Bundesdruckerei, die Raststätten an den Autobahnen, reihenweise Industriebeteiligungen, Stadtwerke, Wasserwerke, öffentliche Wohnungsbaugesellschaften und die dazugehörigen Wohnungen.

Diese Veränderungen entsprechen der Ideologie der herrschenden neoliberalen Bewegung. Sie hat sich durchgesetzt. Sie hinterlässt eine Spur der Verwüstung.

Das Zerstörungswerk gründete auf einer wohlgestalteten Einflussarbeit, einer Lobbyarbeit, die mit allen Finessen ans Werk ging und immer noch am Werk ist. Sie wird vorbereitet und begleitet von massiver Meinungsmache.

Propaganda ist bei undemokratischen und antidemokratischen Organisationen schon immer ein besonders beliebtes und geeignetes Mittel der Herrschaftsausübung gewesen. Insofern ist Meinungsmache wirklich nichts Neues. Das war bei den Diktatoren dieser Welt so. Propaganda war und ist das Schmiermittel für Kriege. Meinungsmache ist heute bei Ländern wie dem unseren das lautloseste und sanfteste Mittel zur Machteroberung und zur Machtausübung. Das Volk wird mit Propaganda kurz und auf Distanz gehalten und zugleich de facto zur Resignation animiert, was einer Unterwerfung gleichkommt, wenn wie üblich nur die Stimmen jener gezählt werden, die sich am Wahlakt beteiligen.

Kapitel 12
Inkompetenz in der Wirtschaftspolitik

Als im Jahr 2008 auch deutsche Banken wankten und die Aufträge der Industrie einbrachen, entspann sich im Internet ein Disput. Einer der Blogger meinte, jetzt habe man die Vertreter der neoliberalen Ideologie im »Schraubstock«. Jetzt würden die Menschen in ihrer Mehrheit sehen, dass der Markt nicht alles richten könne, dass die Deregulierung und der Rückzug des Staates uns eine teure Finanzkrise eingebracht hätten. Die fanatischen Befürworter des deregulierten Marktes seien nun blamiert und hätten nichts mehr zu sagen. Die herrschende Wissenschaft und ihre politischen Anhängsel hätten sich mit ihren Prognosen vertan, nicht rechtzeitig gegengesteuert, die führende Politik habe unser Land für spekulative Finanzprodukte, für Hedgefonds und Spekulanten geöffnet und damit den Schaden willentlich vermehrt. Das müssten sie jetzt büßen, das Volk wende sich ab. So die Hoffnung.

So müsste es sein, wenn der demokratische Willensbildungsprozess funktionieren würde. Wer im Frühjahr des Jahres 2008 noch hinausposaunte, Konjunkturprogramme seien Strohfeuer, um dann im Herbst 2008 das erste Konjunkturpaket und im Januar 2009 das zweite abzusegnen, müsste eigentlich jede Glaubwürdigkeit verloren haben.

Ich war von vornherein skeptisch, ob der demokratische Sanktionsmechanismus in diesem Fall funktionieren würde und es in unserem Land endlich in der Wirtschaftspolitik zum undogmatischen Einsatz aller möglichen Instrumente kommen würde. Im Frühsommer 2009 (bei Redaktionsschluss für dieses Buch) sieht es so aus, als könne es den für die Krise Mitverantwortlichen in Politik und Wissenschaft gelingen, sich in Retter zu vewandeln. Es bleibt abzuwarten, ob das wirklich so kommt.

Es täte uns nicht gut, wenn wir uns vom neoliberalen Glauben und seinen Vertretern in Politik, Wissenschaft und Wirtschaft nicht verabschieden könnten. Dieser Glaube hat schon großen Schaden angerichtet und viel gekostet. Er wird noch mehr kosten, wenn uns im Angesicht der konkreten Gefahr einer massiven Weltwirtschaftskrise und Deflation hierzulande nichts Besseres als die Sprüche der herrschenden Meinung einfallen.

Mit einem Wust aus meinungsmachenden Parolen ist versucht worden, die Verantwortung für die entstandenen Schäden und Kosten zu überdecken. Deshalb ist ein kurzer Rückblick auf die schlechte Bilanz sinnvoll. Ich verbinde dies einleitend mit einem Exkurs zum sogenannten Marktversagen:

Im Kreis der Ökonomen, denen ich mich verbunden fühle, sind wir uns einig, dass Markt und Wettbewerb nicht das schlechteste Instrument zur Regelung der wirtschaftlichen Tätigkeit ist. Allerdings sind wir uns auch darin einig, dass es abwegig ist, mit Markt und Wettbewerb alle Bereiche unseres menschlichen und gesellschaftlichen Lebens regeln und organisieren zu wollen. Die allgegenwärtige Kommerzialisierung ist eine der Folgen des allumfassenden Anspruchs der zurzeit bestimmenden Ideologie.

Unter dieser Gruppe von Ökonomen ist die Erkenntnis, dass es Marktversagen gibt, nichts Neues. Als ich vor gut 50 Jahren mit dem Studium der Nationalökonomie begann, wurde uns von den damals Lehrenden schon vermittelt:

1. Die Wettbewerber auf dem Markt tendieren dazu, Wettbewerb auszuschalten, sich abzusprechen und monopolistische Marktmacht zu ergattern. Deshalb hat der Staat die Pflicht, mit einer aktiven Wettbewerbs- und Kartellpolitik den Wettbewerb zu schützen.

2. Der Markt ist ohne Korrektur von Seiten des Staates nicht fähig, ökologische Belange zu berücksichtigen. Deshalb muss der Staat mit Geboten und Verboten die Umwelt schützen, und mit Steuern und Abgaben dafür sorgen, dass die potenziellen ökologischen Schäden in die privaten Kalkulationen der Marktteilnehmer einberechnet und damit möglichst vermieden werden.

3. Der Marktprozess führt aus vielerlei Gründen zu Ungerechtigkeiten. Die Verteilung von Einkommen und Vermögen

wird tendenziell ungerecht. Wer hat, dem wird leichter gegeben. Deshalb haben Staat und Gesellschaft die Pflicht, die vom Markt besorgte Einkommens- und Vermögensverteilung mit Hilfe der Steuerpolitik und über öffentliche Leistungen, die allen zur Verfügung stehen, zu korrigieren.

4. Der Markt schützt uns nicht vor Spekulation und Casinobetrieb auf den Märkten für Vermögenswerte, auf den Grundstücksmärkten und auf den Aktienmärkten. Es ist die Aufgabe des Staates, dies zu verhindern.

5. Der Markt ist vergleichsweise kurzsichtig. Deshalb ist es sinnvoll, staatlicherseits in Grundlagenforschung und auch in die Forschung für nur langfristig erreichbare Ergebnisse zu investieren.

6. Viele Güter und Dienstleistungen, vor allem solche für die Daseinsvorsorge, lassen sich privatwirtschaftlich und im Wettbewerb nur schwer erstellen. Das gilt für die Wasserversorgung, den Schienenverkehr, Bildung und Ausbildung, innere Sicherheit und vieles mehr. Deshalb macht es Sinn, solche Dienste in staatlicher oder öffentlich-rechtlicher Regie bereitzustellen.

7. Der Markt ist auch nicht fähig, die soziale Sicherheit der Menschen optimal zu organisieren. Deshalb sind solidarisch organisierte Systeme wie die gesetzliche Rente nicht nur wichtige soziale Einrichtungen, sondern auch kostengünstig und damit ökonomisch sinnvoll.

8. Der Markt ist nicht fähig, die konjunkturelle Entwicklung einer Volkswirtschaft einigermaßen rational zu steuern. Deshalb ist es Aufgabe des Staates und auch der Zentralbank, die makroökonomische Steuerung des Wirtschaftsgeschehens zu übernehmen. Der Staat muss Einfluss nehmen auf die Nachfrage nach Gütern und Dienstleistungen, er hat die Pflicht, mit allen zur Verfügung stehenden Instrumenten und ohne Dogmatismus für Vollbeschäftigung, Preisstabilität und außenwirtschaftliche Balance in gleicher Weise zu sorgen, sich jedenfalls darum aktiv zu bemühen.

Die meisten genannten Fälle des Marktversagens werden von der neoliberalen Bewegung nicht gesehen und berücksichtigt. Allenfalls spielt bei ihnen die Sorge eine Rolle, die Marktteilnehmer würden Beschränkungen des Wettbewerbs für sich selbst zu erreichen suchen. In der Praxis der letzten 25 Jahre wurden aber in Deutschland und auch weltweit wettbewerbbeschränkende Fusionen hingenommen oder sogar begrüßt. Das störte die Bewunderer des Marktes sonderbarerweise nicht.

Die Notwendigkeit zur wichtigen Globalsteuerung der Volkswirtschaft wird seit langem weder von der Wissenschaft noch in den Vorzimmern der Ministerien, noch in den Etagen der Wirtschaftsverbände gesehen. Diese Missachtung der makroökonomischen Verantwortung ist dabei übrigens nicht auf den rechtskonservativen Teil unserer Gesellschaft beschränkt. Auch unter Kritikern der neoliberalen Ideologie ist es üblich geworden, die Möglichkeiten der Makropolitik kleinzuschreiben. Das ist keine gute Entwicklung. Die Missachtung der makroökonomischen Möglichkeiten zur Steuerung der Beschäftigung ist zur Bedrohung für die wirtschaftliche Existenz von Millionen Menschen geworden und zugleich der Grund für hohe volkswirtschaftliche Verluste, für Arbeitslosigkeit und Wohlstandseinbußen.

Die schlechte Bilanz wird systematisch verschleiert

Auch schon vor Beginn der neuen Weltwirtschaftskrise wurden die Kapazitäten unserer Volkswirtschaft nicht genutzt. Zum Schaden der Arbeitsuchenden, 3,2 Millionen Arbeitslose wurden im Sommer 2008 registriert, rund 6 Millionen waren es, wenn man die versteckte Arbeitslosigkeit dazurechnet. Die Verantwortlichen haben gute Ansätze zur Nutzung aller Potenziale abgebrochen, so in der entscheidenden Phase nach der Vereinigung der beiden Teile Deutschlands. Wenn wir damals, 1992 und 1993, fortgefahren wären mit der eingeleiteten wirtschaftlichen Belebung, dann hätten wir vermutlich die blühenden Landschaften geschaffen, die Kohl versprochen hat. Jetzt haben wir sie weder drüben noch hüben.

Wir nutzen unsere Möglichkeiten nicht. Deutschland erreichte auch vor Beginn des Niedergangs in die Weltwirtschaftskrise nur schlechte und gemessen an vergleichbaren EU-Ländern unterdurchschnittliche Raten des Wachstums der realen Produktion:

Bruttoinlandsprodukt, preisbereinigt, verkettet
Veränderung gegenüber dem Vorjahr:

1998	1999	2000	2001	2002	2003	2004	2005	2006	2007	2008
+ 2,0	+ 2,0	+ 3,2	+ 1,2	+ 0,0	– 0,2	+ 1,2	+ 0,8	+ 3,0	+ 2,5	+ 1,3

Quelle: Statistisches Bundesamt, Pressemitteilung Nr. 016 vom 14. Januar 2009

Das ist ein Durchschnitt von 1,55 Prozent für die letzten elf Jahre. Wahrlich ein miserables Ergebnis für einen Zeitabschnitt, der nach der Sprachregelung der Meinungsführer in der Schlussphase sogar von einem »Boom« geprägt war.

Deutschland hatte durchweg eine höhere Arbeitslosenquote als vergleichbare Länder. Sie lag mit 8,8 Prozent im Durchschnitt der Jahre 2000 bis 2008 doppelt so hoch wie in Dänemark (4,3 Prozent), Österreich (4,3), Luxemburg (3,8), den Niederlanden (3,4), Irland (4,5) und auch deutlich höher als in Schweden, Großbritannien, Slowenien, Ungarn und sogar über dem Durchschnitt aller EU-Staaten. Die Reallöhne stagnieren seit 1993; entsprechend gering ist der Zuwachs an Rentenanwartschaften. Bezeichnend ist auch noch die Entwicklung der Zahl der sozialversicherungspflichtigen Arbeitsverhältnisse. Sie sanken von 30 Millionen im Jahr 1990 auf knapp über 26 Millionen im Jahr 2005 und haben seitdem im Wesentlichen nur deshalb wieder auf etwas über 27 Millionen 2008 zugenommen, weil der Anteil der Leiharbeit ausgedehnt wurde. 2009 geht ihre Zahl wieder zurück; Leiharbeiter werden entlassen.

Diese schlechte Entwicklung ist maßgeblich die Folge des Nichtverstehens der bestimmenden Kräfte, dass der Markt alleine nicht für ausreichend Beschäftigung sorgt, dass es also der makroökonomischen Begleitung des wirtschaftlichen Geschehens bedarf. Jene, die in den vergangenen Jahren und auch heute die Wirtschafts-, Finanz- und Geldpolitik bestimmen, haben nicht gelernt, richtig zu diagnostizieren und den Einsatz aller wirtschaftspolitisch möglichen und sinnvollen Instrumente zu optimieren. Wir werden von Ideologen und einer von ihnen geprägten veröffentlichten Meinung regiert.

Falsche Diagnosen und kein Sinn für das richtige Timing

Schon die Lageanalysen sind von Mittelmaß und von Vorurteilen geprägt. Zum Beleg dieser traurigen Erfahrungen ein paar der Fehleinschätzungen und daraus folgenden falschen Therapien:

Im Jahr 1992 sah die Bundesbank unser Land infolge des Einheitsbooms in Inflation versinken; sie erstickte mit einer massiven Zinserhöhung die notwendige Nutzung aller Ressourcen im vereinigten Deutschland.[67] Die Konjunktur brach ein – die Konsequenzen sind bekannt. Auch der neue kleine Aufstieg der Jahre 1997 bis 2000 wurde aufgrund fehlerhafter Diagnosen abgebrochen. Der Sachverständigenrat meinte trotz hoher Arbeitslosigkeit im November 2000, die Konjunktur laufe gut.

Obwohl im Jahr 2007 an mehreren Indikatoren – an der Stagnation der Masseneinkommen, am Minus der Einzelhandelsumsätze, am beginnenden Platzen der Spekulationsblase auf den Finanzmärkten – sichtbar wurde, dass wir es allenfalls mit einer kleinen wirtschaftlichen Belebung zu tun haben, die wegen der eklatanten Schwäche der Binnennachfrage deutlich gefährdet ist, spricht der Sachverständigenrat zur Begutachtung der gesamtwirtschaftlichen Entwicklung im November 2007 in seiner Pressemitteilung zum Jahresgutachten ausdrücklich von einer guten Verfassung der deutschen Volkswirtschaft und meint, die sich abschwächende Dynamik sei kein Indiz dafür, dass »der Aufschwung zum Erliegen kommt oder gar eine Rezession bevorsteht«. Die Bundeskanzlerin sagt etwa zur gleichen Zeit, wir seien ein Zugpferd in Europa. Nirgendwo wird ernst genommen, dass konjunkturelle Gegenmaßnahmen Zeit brauchen, dass es also keinen Sinn macht zu warten, bis die Volkswirtschaft in den Keller rutscht. Man muss aufmerksam sein, um vorher antizyklisch dagegenzuhalten.

Als die Alarmzeichen schon überdeutlich sind, verkündet das ZDF in der Sendung »Heute« am 1. März 2008, die Wirtschaft »brumme«. Wachstumsraten, die mit rund 2 Prozent (die damalige Prognose, am Ende waren es sogar nur 1,3) kaum über dem Zuwachs an Arbeitsproduktivität liegen und auch mit 2,5 Prozent wie im Jahr 2007 weit unter Wachstumsraten liegen, die man mit etwa 4 Prozent über einige Jahre braucht, um eine wirtschaftliche Schwäche wie zwischen 2001 und 2005 zu überwinden, werden als Zeichen eines Booms betrachtet und gefeiert. Das Statistische Bundesamt sprach in seiner Pressemitteilung vom 15. Januar 2008 über die Wachstumsrate des Jahres 2007 von »robustem Wachstum«. 2,5 Prozent als robust zu bezeichnen ist lächerlich, wenn man eine längere Schwächeperiode hinter sich und offensichtlich eine neue vor sich hat. Solche Einlassungen des Statistischen Bundesamtes bestätigen allerdings den Verdacht, dass selbst ein solches Amt inzwischen im Dienste der Meinungsmache steht. Als Mitte August 2008 bekannt wurde, dass das Bruttoinlandsprodukt im zweiten Quartal mit einem Minus von 0,5 Prozent im Vergleich zum Quartal davor abschloss, stellte das Mitglied des Sachverständigenrates Beatrice Weder di Mauro fest: »Der Aufschwung ist vorbei. Die extrem starke Konjunktur der letzten Jahre ist Vergangenheit.« Jetzt, nachdem das Kind in den Brunnen gefallen ist, merkt diese Wirtschaftsweise, wohin die Volkswirtschaft steuert. Aber selbst in einem solchen Moment kann die Professorin es nicht lassen, den übersehenen Einbruch schönzufärben. Die Professorin spricht von einer »extrem starken Konjunktur« der letzten Jahre. Ich muss die Prozentzahlen von 2001 bis 2007 wiederholen: 1,2; 0,0; -0,2; 1,1; 0,8; 2,9; 2,5. Das ist in sieben Jahren ein Jahresdurchschnitt von

1,18 Prozent. So etwas nennt ein Mitglied des Sachverständigenrates eine »extrem starke Konjunktur«.

Doch diese erstaunliche Äußerung war noch steigerbar. Bei einer Konferenz in Berlin[68] schlägt Beatrice Weder di Mauro am 20. März 2009 »vor, man könne eine Krise wie die jetzige vermeiden, wenn man vorher den Boom abflache. Wenn der Aufstieg nicht so rasant sei, erfolge später auch kein so tiefer Fall.« Lächerliche zwei bis drei Prozent Wachstum und dies nur für zwei Jahre sind aus der Sicht dieses Sachverständigenratmitglieds ein »rasanter« Boom. Um den makroökonomischen Verstand der Europäischen Zentralbank steht es nicht viel besser: Sie erhöht mitten in der sich abzeichnenden Rezession die Zinsen. Sie kämpft mit Zinserhöhungen gegen die Preissteigerungen, die vor allem von markanten Erhöhungen der Energie- und Lebensmittelpreise verursacht sind. Die EZB warnt dann wenig später im August 2008 vor höheren Löhnen. Löhne haben aber eine Doppelfunktion. Sie sind Kostenfaktor und wichtige Basis der Massenkaufkraft zugleich. Es ist logisch, dass eine Volkswirtschaft in einer beginnenden Rezession noch mehr auf wirksame Kaufkraft der Menschen angewiesen ist als auf Kostensenkung.

In Analyse und Therapie haben wir es mit schmerzlichem Versagen zu tun

Ein Interview der »Frankfurter Rundschau«[69] mit dem Münchner Soziologen Ulrich Beck war mit der Feststellung überschrieben: »Vollbeschäftigung ist eine Illusion«. Wenn es eine Illusion wäre, dann würde es auch keinen Sinn ergeben, dieses Ziel anzustreben. Vermutlich denken viele Sozialwissenschaftler so, und zwar sowohl solche fortschrittlicher als auch solche rechtskonservativer Herkunft. Rationale Begründungen für diese Feststellung sind schwer auffindbar. Sogar unter Vertretern von Arbeitnehmern findet sich dieser Kleinmut. Das ist verhängnisvoll, denn die Marktmacht der Arbeitnehmer hängt wesentlich davon ab, dass die Anzahl der Arbeitslosen deutlich verringert wird und damit die Betroffenen Alternativen haben. Arbeitnehmer und Gewerkschaften haben ein zentrales Interesse an einer makroökonomischen Steuerung. Das verbindet sie mit der großen Zahl der auf den Binnenmarkt orientierten mittelständischen Unternehmer und Gewerbetreibenden. Sie, der binnenmarktorientierte Mittelstand und die Arbeitnehmerschaft, müssten eigentlich eine mächtige Koalition bilden, die auf eine expansive Makropolitik drängt. Beide sind auf gute Masseneinkommen und eine entsprechende Kaufkraft angewiesen. Diese Koalition gibt es aber nicht. Der Mittelstand hat die Interessenparallelität nicht erkannt, weil seine Meinungsbildung wesentlich von den Interessen sehr viel größerer Wirtschaftskreise bestimmt wird.

Für aufmerksame Beobachter war schon im Jahr 2007 erkennbar, dass die Konjunktur in Deutschland einbricht, und die Finanzkrise zeichnete sich damals schon deutlich ab. Im Frühjahr 2009 sind dann auch für weniger sensible Zeitgenossen die Gefahren präsent: Die Auftragseingänge der verarbeitenden Industrie unterschritten im Januar/Februar 2009 ihren Vorjahresstand um 37,6 Prozent. Die Inlandsaufträge lagen um 31,8 und die Auslandsaufträge um 42,1 Prozent unter dem Vorjahresniveau. In der Abbildung ist dieser bedrohliche Absturz gut zu sehen.

Volumenindex des Auftragseingangs im
verarbeitenden Gewerbe, 2005 = 100

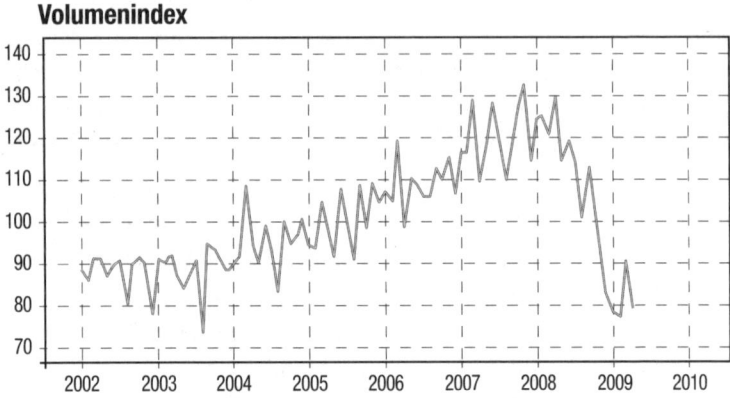

Im Maschinenbau lagen die Aufträge im Februar 2009 um 49 Prozent unter denen des Vorjahresmonats. Der Branchenverband Deutscher Maschinen- und Anlagenbau (VDMA) rechnet mit einem Produktionsrückgang um 20 Prozent im Jahr 2009. Die Einzelhandelsumsätze gehen real praktisch seit dem Jahr 2007 zurück und liegen heute unter dem Niveau von 2005. Der massive Anstieg der Kurzarbeit, der Abbau von Überstunden, die Entlassungen von Zeitarbeitern, regulären Arbeitern und Angestellten und die Lohnzugeständnisse an die Arbeitgeberseite schmälern die Einkommen. Die geringe Auslastung der Produktionskapazitäten verringern die Gewinne und bereiten Verluste. Bedeutende Unternehmen sind in Schwierigkeiten geraten.

Wir stehen mitten in der Gefahr einer Spirale der wirtschaftlichen Tätigkeit nach unten: Rückgang der Auftragseingänge, Rückgang der Produktion, Rückgang der Investitionen, Rückgang der Einkommen, Anstieg des Angstsparens, Rückgang der Aufträge, Rückgang der Produktion ... Das ist eine Herausforderung für die Wirtschaftspolitik, konkret für den Einsatz makroökonomischer Mittel, wie wir sie in der Bundesrepublik Deutschland noch nicht erlebt haben.

Notwendig wäre in dieser Situation Folgendes:

- Weitere staatliche Konjunkturprogramme, die der Schwere des Einbruchs bei den Auftragseingängen und des erwarteten Produktionsrückgangs gerecht werden. Programme von insgesamt 100 Mrd. € entsprächen etwa 4 Prozent des Bruttoinlandsproduktes. Der Rückgang aufgrund der weltweiten Wirtschaftskrise wird inzwischen schon auf 5 bis über 7 Prozent geschätzt. Das ist vermutlich noch zu optimistisch. Alles spricht für eine massive staatliche Intervention, für Investitionen in die Infrastruktur und in Personal.
- Deutschland hat ein ausgesprochen großes Interesse daran, dass die konjunkturelle Belebung international abgesprochen wird. Wir sind auf Kooperation genauso angewiesen wie die Länder mit Leistungsbilanzdefiziten.
- Die Einkommen – Löhne, Gehälter und Transfereinkommen – müssen antizyklisch stabilisiert werden. Aus betriebswirtschaftlichen Gründen versuchen Unternehmen, Löhne zu senken. Arbeitnehmer und Gewerkschaften sind aus den gleichen Gründen häufig bereit, sich darauf einzulassen. Das führt volkswirtschaftlich betrachtet zu einer Verschärfung der Bewegung nach unten. Deshalb muss die Bundesregierung dazu ermuntern, Löhne und Gehälter einigermaßen stabil zu halten.
- Die Bundesregierung selbst sollte die Arbeitslosenversicherung in ihrer früheren Form wieder einführen und sie sollte die Einkommen der sozial Schwachen, also insbesondere der Hartz-IV-Empfänger anheben. Auf die Notwendigkeit der Stabilisierung der Masseneinkommen und vor allem der unteren Einkommen hatte der Generalsekretär der OECD am 30. März 2009 hingewiesen.[70]

Sind die bei uns dafür verantwortlichen Personen, ist vor allem die Bundesregierung fähig, auf diese gewaltige Herausforderung angemessen zu antworten? Ich würde diese Frage gerne mit Ja beantworten. Aber Zweifel sind angebracht. Denn die personelle Konstellation ist beunruhigend. In der Bundesregierung findet sich niemand mit ausreichenden makroökonomischen Kenntnissen. Es ist noch schlimmer: die hauptverantwortlichen Personen, namentlich Bundeskanzlerin Merkel und Bundesfinanzminister Steinbrück[71] wie vermutlich auch der neue Bundeswirtschaftsminister zu Guttenberg sind geprägt von den gängigen Vorurteilen. Sie haben anders als etwa der Generalsekretär der OECD sich nicht von alten Vorurteilen gelöst:

- Die deutsche Seite verkündete Anfang April 2009 im Umfeld des G20-Gipfels in London, man habe die Forderungen der USA und Großbritanniens nach weiteren Konjunkturprogrammen abgewehrt. Nobelpreisträger Paul Krugmann kritisiert die Ignoranz der deutschen Seite gegenüber der Notwendigkeit, gemeinsam mehr als bisher gegen den Konjunktureinbruch zu tun.
- Angela Merkel und Peer Steinbrück sprechen seit Monaten von Abwarten. Sie wollen warten, bis die bisherigen Konjunkturpakete wirken. Diese sind aber mit Ausnahme der Abwrackprämie und der Verlängerung des Kurzarbeitergeldes noch gar nicht voll zum Einsatz gekommen. Was soll angesichts der statistisch gemessenen Auftragseingangseinbrüche das Abwarten? Auf was will man warten?
- Der Bundesfinanzminister hielt am 28. Februar 2008 in Frankfurt eine Rede zum Thema »Finanzplatz Deutschland: Wachstum oder Krise?«. Diese Rede enthält ein Kapitel mit der Überschrift »Konjunkturprogramm nicht notwendig«. Damals war der Konsum bereits eingebrochen, die Krise auf den Finanzmärkten war beispielhaft am Fall der Industriekreditbank schon acht Monate zuvor auch für Laien sichtbar geworden, für den Finanzminister sowieso. Aber diese Erfahrungen prägten diese Rede nicht. Den Abschnitt mit der Absage an die Konjunkturprogramme zu lesen lohnt sich:

Bei der Diskussion über die realwirtschaftlichen Auswirkungen der Finanzmarktkrise wird gelegentlich – unter Verweis auf die Situation in den USA – lautstark ein Konjunkturprogramm auch für Europa und Deutschland gefordert.

Wie ich bereits vor zwei Wochen im Rahmen einer Regierungserklärung zu den Finanzmärkten deutlich gemacht habe, erteile ich dieser Forderung eine klare Absage. Das gilt gleichermaßen für etwaige zusätzliche kreditfinanzierte öffentliche Ausgabenprogramme als auch für Steuersenkungen auf Pump.

Denn für mich sprechen eine Reihe guter Gründe dagegen:

Erstens haben wir es (...) in Deutschland immer noch mit einer starken konjunkturellen Grunddynamik zu tun. Die zudem (...) weniger stark als in der Vergangenheit von der wirtschaftlichen Entwicklung in den USA abhängig ist. Dazu tragen insbesondere die dynamisch wachsenden Schwellenländer wie China, aber auch die Golfregion bei (...). Auch spielen gerade für Deutschland die Absatzmärkte in Osteuropa eine zunehmend wichtigere Rolle.

Insgesamt treffen die Finanzmarktturbulenzen auf eine wesentlich robustere deutsche Volkswirtschaft als noch vor einigen Jahren. Auch die stabilen Fundamentaldaten deuten nicht auf eine stärkere konjunkturelle Abkühlung und schon gar nicht auf eine rezessive Entwicklung hin.

Auf der Basis der jetzt vorliegenden Erkenntnisse rechnet die Bundesregierung für 2008 mit einem gesamtwirtschaftlichen Wachstum von 1,7 Prozent. Auch angesichts der unbestreitbaren Risiken könnten wir damit zufrieden sein. Schließlich lägen wir damit ziemlich genau beim derzeit geschätzten Potenzialwachstum in Deutschland!

Zweitens haben wir keinerlei Veranlassung, unseren bislang so erfolgreichen wirtschafts- und finanzpolitischen Kurs – die Kombination von dauerhaft wachstumsfördernden Strukturreformen mit einer soliden Haushaltspolitik – zu verlassen.

Die gegenwärtig wirksamen Strukturreformen helfen uns auch im aktuell schwieriger werdenden konjunkturellen Fahrwasser, denn sie wirken konjunkturstützend! So wird sich im laufenden Jahr allein der wachstumsfördernde Gesamteffekt aus der Initiative »Wachstum, Beschäftigung und Familienförderung«, aus der Absenkung des Beitragssatzes zur Arbeitslosenversicherung von 4,2 % auf 3,3 % sowie aus der Entlastung der Wirtschaft durch die Unternehmensteuerreform auf gut 18 Mrd. € belaufen! Das entspricht fast einem Prozent unseres Bruttoinlandsproduktes, hat damit also eine vergleichbare Größenordnung mit dem in den USA geplanten Konjunkturpaket von 150 Mrd. $ bzw. 1 % des US-BIP – mit dem wichtigen Unterschied, dass in den USA Rezessionsgefahren bestehen und nicht bei uns!

Drittens würde eine Abkehr vom notwendigen Konsolidierungskurs nicht nur unserem Ziel der Generationengerechtigkeit zuwiderlaufen, sondern könnte auch zu ökonomisch gegenläufigen Entwicklungen führen.

Denn eine Lockerung des Konsolidierungskurses könnte auch die europäische Geldpolitik – gerade angesichts des derzeitigen Inflationsdrucks – zu einer restriktiveren Geldpolitik – sprich: zu Zinserhöhungen – veranlassen. Je nach Ausmaß würden diese die Konjunktur stärker belasten, als ein Konjunkturprogramm beschleunigend wirken könnte!

Der Text zeigt auf bedrückende Weise das Verhaftetsein an sonderbare Einschätzungen, Fehl- und Vorurteile. Steinbrück wäre der neben der Bundeskanzlerin zur Überwindung der Wirtschaftskrise wichtigste Minister. Es läuft einem kalt den Rücken herunter, wenn man bedenkt, dass diese Person für die wirtschaftliche Existenz von Millionen von Menschen und Familien mitverantwortlich ist. Angela Merkel versteht sich gut mit dem Finanzminister. Auch sie hat die Bedeutung der Binnennachfrage und die Notwendigkeit, vor allem dort neue und massive Impulse zu setzen, noch nicht verstanden. Sie sieht das Heil weiter vor allem in den Exporten; anders kann man ihren auch noch 2009 vorgetragenen Stolz darauf, dass Deutschland Exportweltmeister ist, nicht verstehen. Exportweltmeister zu sein kann nicht das Ziel eines vernünftig denkenden und verantwortlichen Politikers sein. Wir müssen das Ziel haben, dass die Leistungsbilanzen der verschiedenen Länder einigermaßen ausgeglichen sind. Auch unsere Bundeskanzlerin müsste begreifen, dass die immer wiederkehrenden und steigenden Leistungsbilanzüberschüsse kein Gewinn, sondern ein Schaden für unsere Volkswirtschaft waren. Leider ist ihre Einlassung dazu so zu sehen, dass sie sich nicht sachorientiert, sondern nach den Ergebnissen der bisherigen Meinungsmache richtet. Leistungsbilanzüberschüsse und die Rolle des Exportweltmeisters wurde in den Medien gerühmt, unabhängig von der damit verbundenen Problematik. Selbst in dieser kritischen Lage richtet sich die Bundeskanzlerin nach dem Populären und nicht nach dem sachlich Gebotenen.

Genauso Peer Steinbrück: Er spricht in einer Situation, bei der die Gefahr einer Deflation offen zutage liegt, von den Gefahren einer künftigen Inflation und verkündet in der »Bild«-Zeitung: »Ich fürchte die Krise, die nach der Krise kommt.« Das ist bestenfalls ein Ablenkungsmanöver. Aber vermutlich glaubt er wirklich daran, dass eine ihm möglich erscheinende Inflation unser Hauptproblem sei. Er verwechselt offensichtlich zwei historische Ereignisse: die Hyperinflation des Anfangs der zwanziger Jahre des letzten Jahrhunderts mit der Weltwirtschaftskrise der Jahre nach 1929. Wir sind in der Nähe der Weltwirtschaftskrise von 1929. Eine Inflation gab es damals nicht.

Auf einer Linie liegen auch Steinbrücks und Merkels Verknüpfungen von Konjunkturprogrammen und Schuldenmachen. Sie haben nicht wahrgenommen, dass die Schulden aus dem Einbruch der Konjunktur folgen. Im April 2009, als die Konjunkturpakete I und II noch nicht andeutungsweise finanziell und monetär wirksam waren, meldeten die Steuerschätzer einen Einbruch des Steueraufkommens (und potenziellen Schuldenanstieg) um 20 Milliarden. In der am 14. Mai 2009 veröffentlichten Steuerschätzung werden für Bund, Länder und Gemeinden bis 2013 Mindereinnahmen von 316,3 Milliarden Euro vorhergesagt. Jedem vernünftigen Makroökonomen ist klar, dass volkswirtschaftlich betrachtet die Belebung der Konjunktur mit Hilfe von Konjunkturprogrammen die einzige Chance ist, mit weniger Schulden zu enden. Tun wir nichts mit großer Wirkung, dann bricht das Bruttoinlandsprodukt, dann brechen die Einkommen und die Steuern weiter ein, und die Schulden wachsen. Auch die Erfahrung lehrt das. Wirklicher Schuldenabbau ist nur von Ländern und Volkswirtschaften geschafft worden, die für Beschäftigung und wachsende Einkommen sorgten. Diese Erkenntnis ist bei den Verantwortlichen in Deutschland noch nicht angekommen.

Auch die Konzentration der Bundesregierung auf die Rettung der Banken zeigt, dass die Verantwortlichen die Notwendigkeit, für die wertschöpfenden Betriebe etwas zu tun und damit zu versuchen, die Tiefe des Tals zu überbrücken, nicht verstanden haben. Schon die Relation des bisherigen Konjunkturprogramms II mit 14 Milliarden von Seiten des Bundes zu den 480 Milliarden für den Bankenrettungsschirm spricht Bände. Der Bundesregierung sind die Relationen verloren gegangen.

Jenseits von Angela Merkel und Peer Steinbrück sieht die personalpolitische Landschaft nicht viel besser aus. Weder in der Bundestagsfraktion der CDU/CSU noch jener der FDP und der Grünen gibt es in verantwortlichen Positionen makroökonomisch gebildete und mit dieser Aufgabe vertraute Personen. Besonders traurig ist das bei der SPD, weil sie beginnend mit den 1960er Jahren die meisten professionell ausgebildeten und versierten Makroökonomen stellte. Karl Schiller, Klaus Dieter Arndt, Helmut Schmidt, Herbert Ehrenberg usw. Heute ist nichts mehr davon vorhanden. Allen wirtschaftspolitisch Verantwortlichen überlegen zu sein scheint, geht man nach seinen einschlägigen Äußerungen, sogar Gregor Gysi; Oskar Lafontaine ist sowieso kompetenter als Kauder, Struck, Westerwelle, Kuhn und Künast zusammengenommen. Das hat offensichtlich nichts mit Mängeln bei der Ausbildung zu tun, sondern mit der Offenheit für die sachlich gebotenen Lösungen und mit der Abwehr von und dem Selbstschutz vor gängigen Parolen der Meinungsmache.

Bei der Wissenschaft, bei Forschungsinstituten, beim Sachverständigenrat und auch bei der Europäischen Zentralbank und der Deutschen Bundesbank ist das Bild nicht besser. Es ist sehr die Frage, ob die Verantwortlichen in diesen Bereichen bereit sind, sich endlich von den Dogmen des Monetarismus zu lösen und offen zu sein für den Gebrauch aller notwendigen und sinnvollen Instrumente der Wirtschaftspolitik. Als die Wirtschaftskrise am Absturz der Auftragseingänge schon deutlich zu erkennen war, sah die Deutsche Bundesbank nur eine kleine Eintrübung: Im Dezember 2008 prognostizierte sie einen moderaten Rückgang des Bruttoinlandsprodukts für 2009 um –0,8 Prozent. Am 5. Juni 2009 korrigierte sie auf minus 6,2 Prozent. Man könnte über diese hanebüchene Fehleinschätzung lachen, wäre dies nicht die Prognose einflussreicher Meinungsführer und damit folgenreich für die Politik. Beim Sachverständigenrat gibt es nur *einen* undogmatisch und gesamtwirtschaftlich denkenden Menschen, Peter Bofinger.

Bei den Wirtschaftsforschungsinstituten hat sich etwas bewegt. Man kann nur hoffen, dass sich das Gewicht des Instituts für Makroökonomie und Konjunkturforschung (IMK) stärken lässt. Das wäre ein Fortschritt. Ob sich damit insgesamt etwas zum Besseren wendet, muss man angesichts der nach wie vor gegebenen publizistischen Stärke der anderen Institute bezweifeln. Man kann angesichts dieser ziemlich desolaten Situation nur froh sein, dass sich gelegentlich auswärtige Ökonomen wie die US-Amerikaner Stiglitz und Krugmann und vor allem der bei der UNCTAD in Genf arbeitende deutsche Ökonom Heiner Flassbeck zu Wort melden.

Das Fazit: Die Monetaristen und die Neoliberalen sind in Deutschland noch lange nicht im »Schraubstock«. Es gibt in der Wirtschaftspolitik und pro Makropolitik noch einen großen Bedarf an Aufklärung und an konzeptioneller Veränderung.

Kapitel 13
Die Verarmung des Staates als strategischer Hebel

Im Jahr 1973 berichtete mir ein Freund, der kurz zuvor in den Bundestag gewählt worden war, in seinem Wahlkreis sei er massivem Druck wegen der hohen Abzüge an Sozialabgaben und Steuern ausgesetzt. Als Abgeordneter der größeren Regierungspartei würde er deshalb heftig attackiert. Heute würde man sich darüber nicht wundern; deshalb muss ich kurz den Hintergrund erklären:

Wir hatten beide in der SPD-Steuerreformkommission mitgearbeitet, die unter dem Vorsitz des damaligen Entwicklungshilfeministers, Erhard Eppler, konkrete Vorschläge erarbeitet und diese im November 1971 vorgelegt hatte. Als erstes von vier Zielen war darin vorgegeben:

»Insgesamt soll die Steuerreform eine bessere Versorgung unserer Bevölkerung mit Leistungen, die nur noch die öffentliche Hand erbringen kann, ermöglichen.«

Ganz selbstverständlich ging man damals davon aus, dass die Bevölkerung zusätzliche öffentliche Leistungen braucht. Es gab in Deutschland einen riesigen Nachholbedarf bei Bildung, beim Ausbau der Infrastruktur, beim Umweltschutz, bei der Wasserversorgung und beim Städtebau. Die Kommission formulierte mit Bedacht, dass dieser zuallererst in der Regie der von den Bürgern bestellten öffentlichen Hände befriedigt werden könnte. Sie plädierte für eine bessere Versorgung der Bevölkerung mit (diesen) öffentlichen Leistungen.

Dies sah übrigens nicht nur die Kommission unter Eppler so. Auch eine Kommission unter dem Vorsitz des späteren Bundeskanzlers Helmut Schmidt, linker Umtriebe wahrlich nicht verdächtig, die sogenannte Langzeitkommission, hatte ein Jahr nach dem Beschluss der Steuerreformkommission im Juni 1972 gefordert, der Anteil der öffentlichen Ausgaben am Bruttosozialprodukt solle von damals 29 Prozent auf 34 Prozent im Jahr 1985 angehoben werden.[72] Priorität sollten die Ausgaben für Bildung und Wissenschaft sowie für Verkehr und Städtebau haben. Der Anteil der Ausgaben für Bildung und Wissenschaft sollte von 4,1 Prozent im Jahr 1972 auf 7,6 Prozent des Bruttosozialproduktes 1985 steigen.

Heute verstehen auch Menschen, die keine Vorurteile gegenüber staatlicher Tätigkeit haben, solche ehrgeizigen Ziele für die Anhebung der öffentlichen Verantwortung nicht. So wirkt sich der Stimmungswandel aus. Was sachlich richtig ist, was notwendig ist, wird durch die Stimmung nicht abgebildet. Hätten wir nur ein bisschen davon realisiert und pragmatisch angegangen, was damals an Vorstellungen über mehr öffentliche Verantwortung entwickelt wurde, dann hätten wir heute weniger Sorgen wegen der Mängel bei Ausbildung und Bildung zum Beispiel und wegen einer abenteuerlich schlechten Integration jener Menschen und ihrer Kinder, die wir selbst als Aussiedler und Gastarbeiter nach Deutschland geholt haben.

Jene zitierten Personen und politischen Gruppierungen, die vor über 30 Jahren für eine Erweiterung des Angebots von öffentlichen Leistungen warben und entsprechende programmatische Texte entwarfen, waren nicht geprägt von irgendeiner ideologisch begründeten Staatsvergötterung. Auch die Vorstellung, die Vergesellschaftung als solche löse unsere Probleme, spielte allenfalls in kleinen Zirkeln am Rande eine Rolle. Eher rationale Abwägungen standen im Vordergrund: Man wusste, dass manches Gut und manche Dienstleistung sinnvollerweise vom Staat produziert und zur Verfügung gestellt wird, weil das die ökonomischste Art der Produktion ist, wenn Wettbewerb wegen der Unteilbarkeit der Produktionsweisen nicht möglich oder nur mit Krücken konstruierbar ist. Und weil die Leistung in öffentlicher Regie auch noch die fairste ist.

Der Satz »Nur Reiche können sich einen armen Staat leisten«, der damals in öffentlichen Debatten eingesetzt wurde, gründete nicht auf Staatsvergötterung, sondern auf der nüchternen Einschätzung, dass die große Mehrheit und insbesondere die Schwächeren ohne staatliche Tätigkeit auf ziemlich verlorenem Posten stehen. Nur die etwas Bessergestellten können sich die ergänzende Privatvorsorge zur Altersvorsorge leisten. Die anderen bleiben auf der Strecke; wenn sie älter werden, droht ihnen Altersarmut. Arme und Normalverdiener können sich Privatschulen kaum leisten. Und private Krankenkassen auch nicht. Spitzenverdiener wohnen in der Regel nicht an Ausfallstraßen, sondern in den besseren Quartieren und können sich auch sonst Umwelt- und Verkehrsbelastungen leichter entziehen. Die große Mehrheit der Menschen ist darauf angewiesen, dass der Staat, dass wir alle etwas tun, um die Belastungen zu verringern, dass wir insgesamt für mehr Lebensqualität sorgen. Sogar bei Naturkatastrophen wird sichtbar, wie sehr die finanziell Schwächeren auf einen starken Staat und seine Leistungsfähigkeit angewiesen sind. Den Verwüstungen des Hurrikans Katharina und seinen Folgen konnten sich die finanziell gut gestellten Bürgerinnen und Bürger von New Orleans wenigstens entziehen, die finanziell Schwachen konnten das nicht.

Der inszenierte Meinungswandel gegen den Staat als Dienstleister

Zwischen damals und heute liegt eine harte, die öffentliche Meinung prägende Kampagne *gegen* die öffentliche Hand als Versorger und *für* die Überantwortung öffentlicher Belange an Private, für Entstaatlichung und gegen die Wahrnehmung öffentlicher Aufgaben durch den Staat. Die Kampagne begann ungefähr zu der Zeit, als der erwähnte Bundestagsabgeordnete von seinen Erfahrungen im Wahlkreis berichtete. Innerhalb weniger Monate war die positive Stimmung für mehr öffentliche Leistungen und für eine rationale Abwägung zwischen privater Tätigkeit einerseits und öffentlicher Tätigkeit andererseits gekippt worden.[73] Das ist die herrschende Grundstimmung bis heute. »Der starke Staat ist schlank«, lautet die Schlagzeile über einem Namensartikel des FDP-Vorsitzenden Guido Westerwelle in der »Frankfurter Rundschau« vom 8. April 2009.

Der Bundesverband der Deutschen Industrie (BDI) hat im Juni 2008 ein sogenanntes »Manifest für Wachstum und Beschäftigung« zur Präsentation für die Bundesregierung formuliert, in dem bis zum Jahr 2020 die Reduktion der Staatsquote von rund 43 auf 35 Prozent verlangt wird. Er tut dies in der Hoffnung, mit einer solchen Forderung bei den meisten der Wirtschaft nahestehenden Personen, bei der Mehrheit der Medienschaffenden und darüber hinaus in einer breiten Öffentlichkeit Zustimmung zu finden. In den Köpfen der Multiplikatoren in unserem Land ist nämlich verankert, dass Deutschland ein Land mit einem weit überdurchschnittlich hohen Staatsanteil sei.

Das ist aber eine Täuschung: Vom Papier des BDI berichtete die »Financial Times Deutschland« am 23. Juni 2008. Drei Tage später veröffentlichte Eurostat, das Statistische Amt der Europäischen Kommission, Ergebnisse eines Vergleichs zur Abgabenquote in der EU im Jahr 2006.[74] Danach lag die gewichtete Gesamtabgabenquote[75], das heißt das Aufkommen an Steuern und Sozialabgaben in Prozent des BIP, in Deutschland bei 39,3 Prozent und damit knapp unterhalb der 27 EU-Staaten mit 39,9 Prozent und schon immerhin um 1 Prozent unter jener der Eurozone mit 40,5 Prozent. Die Gesamtbelastung mit Steuern und Sozialabgaben in Deutschland ist nur die neunthöchste in Europa. Die Abgabenquote in Deutschland liegt niedriger als in den skandinavischen Staaten, in Belgien, in Frankreich, in Italien, in den Niederlanden und in Österreich. Dänemarks Abgabenquote liegt fast 10 Punkte über der deutschen, bei 49,1 Prozent, die schwedische bei 48,9.

Eine solche Faktenlage wie auch die Frage danach, ob es in der heutigen Zeit angesichts der unerledigten öffentlichen Aufgaben sinnvoll ist, pauschal eine niedrigere Abgabenquote zu verlangen, interessiert einen so wichtigen Verband wie den Bundesverband der Deutschen Industrie nicht. Er agitiert weiter nach dem vor über 30 Jahren festgelegten Schema, und er tut dies heute auf der Basis einer staatsfeindlichen Grundstimmung, die in diesen Kreisen Fuß gefasst hat. »Hassfigur Vater Staat«[76] überschreibt sogar das »Handelsblatt« einen Bericht zu einer »Road Show«

stramm neoliberaler europäischer »Denkfabriken« und Institute in Berlin unter Führung des Wiener Hayek-Instituts. »Die Markt-idee ist in Deutschland aus dem Leben verschwunden«, kann die Generalsekretärin dieses Instituts dort erklären, ohne ausgelacht zu werden. Das ist die radikale, die Realität ausblendende Agita-tion, auf der dann solche Gewächse wie das Manifest des BDI und seine Forderung nach weiterer Entstaatlichung gedeihen.

Zur Entwicklung der Staatsquote zwischen 1960 und 2008

Die folgende Tabelle zeigt, wie sich die sogenannte Staatsquote zwischen 1960 und 2008 verändert hat. Das ist eine amtliche Tabelle des Bundesministeriums der Finanzen. Das Verständnis von Staatsquote weicht ab vom Begriff, der beim zitierten inter-nationalen Vergleich zugrunde gelegt wurde. Das mindert jedoch nicht die Aussagekraft dieser Tabelle, weil es hier auf einen zeit-lichen Vergleich in Deutschland ankommt. »Die Regierung defi-niert die Staatsquote als statistische Größe, in der Ausgaben von Bund, Ländern und Gemeinden sowie der Sozialversicherung in Bezug zum nominalen Bruttoinlandsprodukt (BIP) gesetzt wer-den.« So heißt es in einer Meldung des Deutschen Bundestages vom 4. August 2008. »Eine sinkende Staatsquote zeige an, dass die staatlichen Ausgaben langsamer zugenommen haben als das nominale BIP, eine steigende Quote signalisiere einen vergleichs-weise stärkeren Ausgabenzuwachs.«

Zum Verständnis ist es hilfreich, sich den gesamten Zeitablauf anzuschauen. Zwischen 1960 und 1965, also zu Adenauers und Ludwig Erhards Zeiten, stieg die Staatsquote kräftig an. Zwischen 1970 und 1975 stieg sowohl der Anteil der Gebietskörperschaften als auch der Anteil der Sozialversicherungen. Dahinter stecken die gewollte Ausweitung der öffentlichen Tätigkeit in der sozialliberalen Koalition und die damaligen Reformen – vermutlich aber auch die Stagnation des Bruttoinlandsproduktes, also des Nenners dieser Quote, nach der ersten Ölpreisexplosion von 1973.

Entwicklung der Staatsquote[1) 2)]

	Ausgaben des Staates		
	insgesamt	darunter	
		Gebiets-körperschaften[3)]	Sozial-versicherungen[3)]
	- Anteile am BIP in vH -		
1960	32,9	21,7	11,2
1965	37,1	25,4	11,6
1970	38,5	26,1	12,4
1975	48,8	31,2	17,7
1976	48,3	30,5	17,8
1977	47,9	30,1	17,8
1978	47,0	29,4	17,6
1979	46,5	29,3	17,2
1980	46,9	29,6	17,3
1981	47,5	29,7	17,9
1982	47,5	29,4	18,1
1983	46,5	28,8	17,7
1984	45,8	28,2	17,6
1985	45,2	27,8	17,4
1986	44,5	27,4	17,1
1987	45,0	27,6	17,4
1988	44,6	27,0	17,6
1989	43,1	26,4	16,7
1990	43,6	27,3	16,4
1991	46,3	28,2	18,0
1992	47,2	28,0	19,2
1993	48,2	28,3	19,9
1994	47,9	27,8	20,0
1995	48,1	27,6	20,6
1996	49,3	27,9	21,4
1997	48,4	27,1	21,2
1998	48,0	27,0	21,1
1999	48,1	26,9	21,1
2000	47,6	26,5	21,1
2000 [4)]	45,1	24,0	21,1
2001	47,6	26,3	21,3
2002	48,1	26,4	21,7
2003	48,5	26,5	22,0
2004	47,1	25,9	21,2
2005 [5)]	46,8	26,0	20,8
2006 [5)]	45,3	25,4	20,0
2007 [5)]	44,2	25,0	19,2
2008 [6)]	43,9	24,9	19,0

[1)] Ab 1991 Bundesrepublik insgesamt.

[2)] Ausgaben des Staates in der Abgrenzung der Volkswirtschaftlichen Gesamtrechnungen.
Ab 1970 in der Abgrenzung des ESVG 1995.

[3)] Unmittelbare Ausgaben (ohne Ausgaben an andere staatliche Ebenen).

[4)] Einschließlich der Erlöse aus der UMTS-Versteigerung.

[5)] Vorläufiges Ergebnis der VGR; Stand: 22. Oktober 2008.

[6)] Vorläufiges Ergebnis der VGR; Stand: Februar 2009

Mit der konjunkturellen Belebung in der zweiten Hälfte der siebziger Jahre sinkt dann die Staatsquote wieder. Das geht so weiter in der ersten Phase der Regierung Kohl. Damals war die Rückführung des Staatsanteils erklärte politische Absicht. Mit der deutschen Vereinigung kombiniert mit dem konjunkturellen Niedergang anfangs der neunziger Jahre steigt die Staatsquote 1996 auf ihren Höchstwert von 49,3 Prozent. Seitdem geht es in Schwankungen abwärts bis zu 43,9 Prozent im Jahr 2008. Den konjunkturellen Einfluss kann man auch in diesen letzten zehn Jahren beobachten: Der kleine Boom zwischen 1996 und dem Jahr 2000 ließ den Quotienten Staatsquote sinken; der Abschwung in den darauffolgenden Jahren schlägt sich sofort in einer höheren Staatsquote nieder, die wirtschaftliche Belebung seit 2005 in Kombination mit Steinbrücks Sparversuchen dann in einem Rückgang der Staatsquote.

Wenn man auf diese Tabelle des Verlaufs des Staatsanteils und des Anteils der Sozialversicherungen im Zeitraum von 47 Jahren auch noch eine Folie mit Daten zum Wohlergehen unseres Volkes legen würde, dann würde man vermutlich schnell begreifen, wie unbedeutend niedrige Staatsquoten waren und sind.

Zu Beginn der siebziger Jahre begann die Stimmungsmache gegen staatliche Tätigkeit – übrigens interessanterweise parallel, auch zeitlich parallel, zum Putsch in Chile und der dort bewusst und unter Einfluss der neoliberalen Chicago-Schule betriebenen Verringerung der Rolle des Staates. Es fügt sich, dass beim erwähnten aktuellen Versuch des Hayek-Instituts, die radikal neoliberalen Kräfte zu sammeln, Pinochets früherer Arbeitsminister José Piñera mitmacht.

Der Einstieg über die hohen Abzüge war ausgesprochen geschickt. Dieses Thema erzielt noch heute die gewünschte Wirkung. Wer möchte nicht von Steuern und Abgaben entlastet werden? Wenn man diese Frage von den öffentlichen Leistungen trennt, dann ist das Ergebnis klar. Der Hinweis auf die hohen

Abzüge spaltet zudem die Arbeitnehmerschaft und lähmt die Gewerkschaften. Sie sind gezwungen, im Interesse ihrer Mitglieder für die Verringerung der Abzüge einzutreten, und wissen gleichzeitig, dass öffentliche Leistungen gerade für Arbeitnehmer und die Schwächeren unserer Gesellschaft lebenswichtig sind. Dieses Dilemma wird weidlich genutzt, so immer wieder von der »Bild«-Zeitung. Typisch der Kommentar in »Bild« vom 4. März 2008:

»Steuer-Gier immer größer!

Jetzt haben wir es erneut schwarz auf weiß: Steuern und Abgaben fressen uns auf! Ob Soli, Öko-, Mehrwert- und bald Abgeltungssteuer – die Gier des Staates wird immer größer. Die Leidtragenden sind vor allem die Millionen Beschäftigten! Denn bei den Löhnen tut sich im Gegenzug nichts. Die mäßigen Steigerungen sind zwar gut für die Bilanzen der Firmen. Aber im Geldbeutel der Arbeitnehmer kommt kein spürbares Plus an – die Inflation frisst alles wieder auf. Unterm Strich sind die Löhne in den letzten zehn Jahren sogar leicht gesunken. Gleichzeitig stiegen die Belastungen durch den Staat weiter an. Im Klartext: Arbeit und Fleiß lohnen sich nicht wirklich. Deshalb wird es höchste Zeit, dass die Politik Abgaben und Steuern senkt. Nur so gibt es wirklich mehr Netto für alle!«

»Bild« untermauerte diesen Kommentar noch mit einem zweiten Artikel: »Steuern und Abgaben. So raubt der Staat uns aus«. Der Kommentator ist sinnigerweise Oliver Santen. Er kam von der Allianz zu »Bild« und betreibt dort Propaganda für die Privatvorsorge und gegen die gesetzliche Rente. Er ist also auch noch aktiv damit beschäftigt, für private Produkte wie Lebensversicherungen à la Riester und Rürup zu werben, die vom Staat hoch subventioniert sind. Dass das Geld dafür auch vom »gierigen« Staat bei den Bürgern kassiert wird, spielt dann natürlich keine Rolle. Denn die dafür notwendige Gier kommt seinen Freunden von der Finanzwirtschaft zugute.

Sparen zu wollen ist populär, und Schulden hinzunehmen ist unpopulär. Darauf baut eine zweite Linie der Meinungsmache gegen öffentliche Leistungen auf. Sie erscheint uns im täglichen politischen Leben in vielen Variationen. Beliebt ist die Rolle des

Sparkommissars. Das ist ein Ehrentitel, den sich ein kluger PR-Macher für den früheren Finanzminister Hans Eichel ausgedacht hatte; Peer Steinbrück versucht ihn mit allen Mitteln und ohne Rücksicht auf die konjunkturellen Gegebenheiten und dringlichen Aufgaben des Staates zu erobern. Hier wird eine der Veränderungen sichtbar, die gravierende Auswirkungen auf die Anti-Staats-Kampagne hatten: Sozialdemokraten mauserten sich von Befürwortern einer Erweiterung des öffentlichen Korridors zu Sparkommissaren.

Selbstverständlich ist jeder anständige Mensch für Sparen und gegen Verschuldung; deshalb lädt dieses Thema profilierungs-freudige Jungpolitiker geradezu ein, sich seiner zu bemächtigen und dabei die Anerkennung wichtiger Meinungsführer in den Medien zu ergattern: Carsten Schneider (SPD), Oswald Metzger (nacheinander SPD, Die Grünen, CDU), Antje Hermenau (Die Grünen) haben sich so profiliert und das Thema in der Diskussion gehalten.

Wir werden ständig und wiederum in vielen Variationen mit dem Problem zu hoher Staatsschulden konfrontiert. Wir werden vom Bund der Steuerzahler zum Blick auf die »Schuldenuhr« vor dem Büro dieses Bundes in Berlin eingeladen. Diese Vereinigung nennt sich Bund der Steuerzahler, ist aber mehrheitlich ein Bund von Unternehmen und Freiberuflern. Seine »Schuldenuhr«, die den Zuwachs der öffentlichen Schulden dramatisch und optisch verwertbar anzeigt, wird von Fernsehjournalisten gerne zur Meinungsmache genutzt. So ist es gedacht und so funktioniert es.

Die Bertelsmann Stiftung, die nicht fehlen darf, wenn es darum geht, Stimmung für Entstaatlichung zu machen, unterhielt uns Ende Juni 2008 mit einem Kommunalen Finanz- und Schuldenreport 2008 über die finanzielle Lage der Kommunen in Deutschland. In einem Bericht von »SpiegelOnline«, über den »Spiegel« zu 25 Prozent im Eigentum einer Bertelsmann-Tochter, hieß es zum Einstieg schön stimmungsmachend: »Kommunen rechnen ihre Schulden schön«. Sie sind »viel stärker verschuldet als angenommen«. Lobend hieß es: »Manche Städte und Gemeinden hätten sich allerdings durch den Verkauf von kommunalem

Eigentum – wie beispielsweise Dresden durch die Privatisierung einer Wohnungsgesellschaft – weitgehend entschuldet.« Das zeigt die Stoßrichtung, die Forderung nach weniger Staat.

Bei der stimmungmachenden Staatsschuldendebatte wird unverblümt ein Trick der Meinungsmache angewandt: die Ausblendung. Von der hohen Zunahme der Verschuldung durch die schlecht gemachte deutsche Vereinigung und die dabei begangenen teuren Untaten und Fehler spricht man nicht, obwohl es im Schnitt der neunziger Jahre jährlich Spitzenwerte von rund 80 Milliarden Euro waren. Hier gibt es offensichtlich eine Absprache unter den Meinungsmachern in Politik und Medien. Es wird weder über die miserable Leistungsbilanz der Treuhand noch über das Verscherbeln der ostdeutschen Banken an die westdeutschen gesprochen. Das Schweigen über wichtige Vorgänge ist ein besonderes Mittel der Meinungsmache. Und das Schweigen über die Rolle der so schlecht gemachten Vereinigung der beiden Teile Deutschlands ist eines der herausragenden Beispiele dafür.

Zur Palette der Meinungsmache im Interesse der Reduzierung der Staatstätigkeit gehört weiter

- der wiederkehrende Vorwurf staatlicher Bürokratie,
- die Behauptung, die Manager in der Wirtschaft seien kompetent und die Politiker seien inkompetent, und
- der Vorwurf der Verschwendung.

Es gibt Bürokratie, es gibt Verschwendung, es gibt inkompetente Politiker und inkompetente Verwaltungsbeamte. Aber zum einen trifft man auf diese Schwächen im privaten Sektor auch. Auch dort gibt es Bürokratien, auch dort gibt es Korruption, wie der Fall Siemens ausgiebig belegt, auch dort gibt es Inkompetenz. Was auf den Finanzmärkten zwischen 2001 und 2008 geschah, war entweder kriminell oder inkompetent oder beides.

Zudem wäre immer zuerst noch die Frage zu stellen, was man tun kann, um Bürokratisierung, Bequemlichkeit und Unbeweglichkeit bei der Bereitstellung öffentlicher Güter und Dienstleistungen abzumildern und letztlich loszuwerden. Dass dies praktisch geht, sehen wir hierzulande mittlerweile in vielen Städten und Gemeinden, in Rathäusern und in Kreisverwaltungen, in

Landesverwaltungen und bei öffentlichen Unternehmen. Es gibt in Deutschland inzwischen gut organisierte Verwaltungen, es gibt effizient arbeitende öffentliche Verkehrsbetriebe und Stadtwerke.

Und dann sollte man bei einer Bewertung noch beachten, dass wir es inzwischen mit neuen Bürokratien zu tun haben, die aus der Privatisierung wichtiger öffentlicher Einrichtungen und Unternehmen folgen. Weil die Privatisierung der Energiewirtschaft und der Telekommunikation, der Eisenbahn und des Fernsehens beziehungsweise des Hörfunks angesichts der sogenannten Unteilbarkeiten[77] zu neuen privaten Monopolen und Oligopolen führen, sieht man sich gezwungen, sogenannte Regulierungsbehörden und – im Falle des Rundfunks – Medienkontrolleure zu installieren. Damit sind nolens volens neue Bürokratien entstanden. Ihre Entscheidungen sind nahezu willkürlicher Natur, und die betreibenden privaten Unternehmen bringen obendrein den Nachteil, dass sie nicht mehr öffentlich und schon gar nicht parlamentarisch verantwortet und kontrolliert sind.

Einige der von der öffentlichen Hand entlassenen und privatisierten Unternehmen haben dann übrigens erst in dieser neueren befreiten Situation ihr Talent zur Verschwendung und zu abenteuerlichem Investitionsverhalten entdeckt. Die privatisierte Deutsche Telekom AG hat genauso wie die aus der direkten Kontrolle des Staates entlassene Deutsche Bahn AG die Verschwendung von finanziellen Mitteln auf den globalen Märkten für Beteiligungen richtig ausgekostet – der Spieltrieb der befreiten Manager vom Typ Ron Sommer und Hartmut Mehdorn konnte sich erst in dieser privatisierten beziehungsweise de facto privatisierten Konstellation richtig austoben.

Fazit: Offensichtlich muss beim Urteil über die Frage öffentlich oder privat die Scheidelinie nicht zwischen der privaten Organisation einerseits und der öffentlichen Organisation einer Dienstleistung andererseits verlaufen. Unsinn ist bei beiden Formen des Eigentums möglich.

Die notwendige Debatte und Beratung dieser Probleme ist heute angesichts der Vorherrschaft der Entstaatlichungs- und

Privatisierungsparolen kaum möglich. Die rationale sachliche Debatte wird überlagert durch die Vorherrschaft einer einseitigen Meinungsmache.

Die Propaganda gegen die staatliche Tätigkeit und gegen öffentliche Leistungen wäre nicht annähernd so wirkungsvoll wie heute, wenn sie nicht unterfüttert und gestützt würde von politischen Entscheidungen, mit denen die Leistungsfähigkeit der öffentlichen Einrichtungen gefährdet und verschlechtert wird – das ist hier ähnlich wie bei der Zerstörung des Vertrauens in die gesetzliche Rente. Die Basis für die Meinungsmache wird politisch geschaffen: Man senkt die Steuern wie zum Beispiel mit der großen Unternehmenssteuerreform durch Rot-Grün und mit einem ansehnlichen Blumenstrauß von Steuersenkungen und -streichungen in Kohls Regierungszeit. Die Streichung der Vermögenssteuer und der Gewerbekapitalsteuer geht auf Kohl zurück; Letzteres hat die Kommunen viel Geld gekostet. Gewinner der vielen Steuersenkungsoperationen waren Unternehmen und vor allem große Kapitalgesellschaften, die z.B. ihre Aktienpakete verkaufen können, ohne den dabei realisierten Gewinn zu versteuern. Die Mehrheit der Bürgerinnen und Bürger war nicht unter den Gewinnern. Sie sehen aber die mangelhafte Leistung einer unterfinanzierten öffentlichen Hand und klagen darüber. Das ist das, was sie lernen sollen.

Jetzt ist ein neues Instrument zur Begrenzung der Leistungsfähigkeit des Staates eingeführt worden. Die Politiker der großen Koalition haben sich die Idee einreden lassen, eine »Schuldenbremse« in die Föderalismusreform aufzunehmen und diese sogar im Grundgesetz zu verankern. Sie soll Bund, Länder und Gemeinden dazu zwingen, über einen Konjunkturzyklus hinweg die Haushalte ausgeglichen zu halten. Dieses Instrument ist schon makroökonomisch nicht zu verstehen, weil es eine prozyklische Politik stärkt, also die Konjunkturausschläge insbesondere nach unten zu verschärfen droht. Es wird dazu führen, dass die öffentlichen Hände dann am schlechtesten ausgestattet sind, wenn sie die Finanzmittel für öffentliche Leistungen am dringendsten brauchen würden.[78] Außerdem wird dieses Instrument dazu führen, dass der Staat – und das sind wir alle – nicht mehr ausreichend fähig sein wird, neuen Bedarf an öffentlichen Leistungen, falls es diesen gibt, ohne sehr große Schwierigkeiten zu decken. Hätte es eine solche Schuldenbremse Ende der 1960er Jahre gegeben, wir hätten den völlig vernachlässigten Schutz von Umwelt und Gewässern wie auch den vernachlässigten Hochschulbau nicht finanzieren können. Die Schuldenbremse ist ein gutes Beispiel für eine politische Entscheidung, die vornehmlich durch Meinungsmache in die öffentliche Debatte und in den Entscheidungsprozess eingeführt wurde. Und wenn sie einmal eingeführt ist, dann wird sie immer wieder das Thema Sparen und Schulden am Kochen halten.

Die Verarmung des Staates kostet uns sehr viel: Wir investieren nicht mehr ausreichend für die Zukunft

Die »Frankfurter Rundschau« veröffentlichte am 10. Mai 2008 ein Interview mit dem Mitglied des Sachverständigenrates Peter Bofinger. Weil die Steuerschätzer – übrigens in gravierender Fehleinschätzung der krisenhaften Entwicklung – bis zum Jahre 2012 mit Mehreinnahmen für die öffentliche Hand in Höhe von 100 Milliarden Euro rechneten, folgte ein Vorschlag dem andern, die Steuern zu senken. Der Bundesfinanzminister dagegen wollte lieber Schulden abbauen. Peter Bofinger wies auf die Selbstverständlichkeit hin, das Geld für Bildung und die Infrastruktur auszugeben. Und er nannte es typisch, dass nur die anderen Optionen zur Debatte gestellt werden: Steuern senken oder Schulden abbauen. Aus seiner Sicht hat der »öffentliche Diskurs eine gefährliche Unwucht«. Das ist angesichts der nunmehr jahrzehntelangen aggressiven Diskussion gegen den Staat als Fiskus und daraus folgend als Leistungsträger kein Wunder.

Unsere Infrastruktur wird schlechter. Kanalisationen verlottern, für Bildung und Ausbildung ist nicht ausreichend Geld da. Deutschland gibt für Bildung heute anteilsmäßig weniger aus als noch Mitte der neunziger Jahre. Damals standen 6,9 % des Bruttoinlandsproduktes für Bildung zur Verfügung, 2006 nur noch 6,2 %, so steht es im zweiten nationalen Bildungsbericht, der im Juni 2008 bekannt wurde. Mit 6,2 % liegt Deutschland unterhalb des Durchschnitts der OECD-Länder, also der vergleichbaren Industriestaaten auf der Welt. In den Medien wird über die Misere berichtet, zum Beispiel in der »Berliner Zeitung« am 13. Juni 2008: »Noch immer verlassen fast 8 Prozent eines Altersjahrgangs die Schule ohne Abschluss. 40 Prozent der ehemaligen Hauptschüler haben nach zwei Jahren noch keine Berufsausbildung begonnen. Der Zentralverband des Handwerks hält jeden vierten Jugendlichen für nicht ausbildungsfähig. Es studieren noch immer zu wenig junge Menschen; die Weiterbildung stagniert, die Benachteiligung von Migrantenkindern bleibt bestehen. Abhilfe ist kaum in Sicht. Laut Bildungsbericht wird der Nachwuchs an Lehrern und Erziehern immer knapper.« »Im Kern verrottet« überschreibt der »Spiegel« einen Bericht über den baulichen und sonstigen Zustand unserer Hochschulen.[79]

Wir wissen, was zu tun wäre, und es gibt sogar über alle Parteien hinweg einen erstaunlichen Konsens darüber, dass wir mehr in die Zukunft investieren müssen. Die Sonntagsreden unserer Politikerinnen und Politiker sind voll von sorgenvollen Analysen und von schönen Sprüchen: Bildung für alle, Wissensgesellschaft, Wissen als Rohstoff der Zukunft, Megathema Bildung (Herzog), Bildung sei die soziale Frage des 21. Jahrhunderts, deklamierte ein CDU-Parteitag schon vor über zehn Jahren. In der gleichen Zeit wurden die Kassen des Staates genau auch für dieses Aufgabenfeld immer ärmer ausgestattet.

Was zu tun wäre, wissen wir: Wir brauchten mehr Ganztagsschulen und eine bessere Vorschulerziehung; die Lehrer-Schüler-Relation müsste verbessert, unsere Schulen und Universitäten saniert und modernisiert werden. Unsere Universitäten sind überlastet. In Seminarräumen für 50 werden 300 Studenten untergebracht. Die Studienbedingungen werden mit Recht als schlecht bis katastrophal empfunden. Wir wissen, wo wir investieren müssten.

Die Ganztagsbetreuung in unseren Schulen wird zum Teil von

dafür nicht ausgebildeten Personen übernommen, auch damit man niedrigere Löhne zahlen kann. Also brauchen wir mehr Geld für Personal.

Wir wissen, dass Kinder und Jugendliche aus einkommensschwächeren Schichten in unserem Bildungssystem immer noch Schwierigkeiten haben weiterzukommen. Wir wissen, dass unsere Hochschulen wegen der mangelhaften öffentlichen Hilfe tendenziell immer mehr von den Kindern der Bessergestellten, von Akademikerkindern besucht werden und die Kinder der finanziell Schlechtergestellten benachteiligt sind. Diese Vernachlässigung der Begabungsreserven ist unfair und gesellschaftspolitisch genauso dumm wie in den 1950er und 1960er Jahren, als dies »Bildungsnotstand« genannt wurde. Wir wissen, dass das dicke Ende dieser Fehlentwicklung noch auf unsere Gesellschaft zukommt. Wir wissen, dass diese Konsequenz der Verarmung des Staates die eigentliche Benachteiligung der jungen Generation ausmacht. Wir wissen das, aber es geschieht nichts Entscheidendes.

Das gilt auch für benachbarte Bereiche unseres gesellschaftlichen Lebens: Wir wissen, dass wir mehr tun müssten für unsere Jugend – für Jugendzentren, für seelische Betreuung, für Jugendarbeit insgesamt. Und dennoch wird bei der Jugendhilfe immer noch gestrichen und sogar zusammengestrichen, statt neu zu investieren.

Wir wissen, dass wir Integrationsprobleme haben. Wir brauchten mehr Sprachunterricht für Kinder von Aussiedlern und Ausländern. Aber die Mittel sind schon zu Kohls Zeiten gekürzt worden, obwohl gerade die Regierung Kohl besonders viele Aussiedler ins Land geholt hat.

Die Verarmung des Staates werden künftige Generationen zu spüren bekommen. Und zwar sehr viel mehr, als die im Jahr 2008 von einigen Wortführern aus der jüngeren Generation und vom früheren Bundespräsidenten Herzog zum Symbol ihrer Benachteiligung durch die Rentner hochgespielte Rentenerhöhung um 1,1 Prozent die künftigen Generationen kosten könnte. Wir tun den jungen Leuten und Kindern einen Gefallen, wenn wir ihnen eine gute, möglichst perfekte, moderne Infrastruktur hinterlassen. Jenen unter der jüngeren Generation, die heute über Staatsschulden und die daraus angeblich folgenden Benachteiligungen jammern, wäre zu wünschen, einen aufgeschlossenen Blick in die USA zu werfen oder wenigstens zu lesen, was von dort berichtet wird. Der »Spiegel«, sonst hier nicht besonders respektvoll zitiert, hat einen kritischen USA-Korrespondenten. Dieser berichtete am 2. August 2007: »Kollaps der US-Infrastruktur. Marode Brücken, miese Straßen, morsche Dämme. Die Brücken-Katastrophe von Minneapolis ist ein Menetekel. Mehr als 160 000 Straßenbrücken in den USA gelten als einsturzgefährdet. Fernrouten, Tunnel, Dämme und Deiche sind in so miserablem Zustand, dass Ingenieure schon lange Alarm schlagen – bisher vergeblich.«

Das sind die Folgen einer systematischen Verarmung des Staates. Das geht zu Lasten künftiger Generationen. Das müsste man doch eigentlich verstehen. Dagegen stehen bei uns nicht nur die herrschende Ideologie, sondern auch gut organisierte und meinungsstarke Interessen. Wer die Profiteure der Verarmung des Staates sind, liegt auf der Hand, neben den auf diesem Feld nun wirklich virulenten Ideologen der neoliberalen Wirtschaftsvorstellungen sind auch einige handfestere Interessen erkennbar:

Wenn den öffentlichen Schulen und Universitäten das Geld für die notwendige Modernisierung fehlt, dann bieten sich private Träger an. Und Eltern gehen auf die Angebote ein, weil sie es mit ihren Kindern gut meinen. Die Verarmung des Staates sorgt indirekt dafür, dass die Kinder von Besserverdienenden eine größere Chance auf eine gute Ausbildung und damit auf ein privilegiertes Berufsleben haben. Mit der Verarmung des Staates von heute werden also die Weichen auf eine Segmentierung der Ausbildungs- und Berufschancen entsprechend der Herkunft und der finanziellen Stärke der Eltern gestellt.

Wenn den Kreisen und Städten das Geld für die Krankenhäuser ausgeht und sie sich überfordert fühlen, dann privatisieren sie. Und große private Krankenhauskonzerne stehen bereit.

Wenn unsere Kommunen Probleme haben, ihre Verwaltung ordentlich zu gestalten, dann steht die Bertelsmann-Tochter

Arvato bereit zur Übernahme. Damit ist 2007 in Würzburg begonnen worden. Verarmung und Entstaatlichung öffnen nach Einschätzung des Geschäftsführers von Arvato vor allem dieser Bertelsmann-Tochter ungeahnte neue Geschäftsfelder.

Wenn dem Bundesverkehrsminister das Geld für Bundesstraßen und Autobahnen fehlt und die Staus wachsen, dann bieten sich Private zur Übernahme an; weil die nackte Privatisierung zu auffällig ist und Widerstände auslöst, wählt man seit ein paar Jahren – begonnen in Großbritannien – den angenehmer klingenden Weg über sogenannte Öffentlich-Private Partnerschaften.

Wenn die Schulden wachsen, weil die Steuern zur Finanzierung der öffentlichen Aufgaben nicht reichen, dann rufen die Interessierten nach der Privatisierung öffentlicher Unternehmen, öffentlicher Einrichtungen und öffentlicher Wohnungsbestände. Dann verdienen die einen an der Transaktion staatlichen Eigentums zu privatem und die andern am günstigen Einkauf neuer Vermögenswerte. Und eine durch permanente Meinungsmache verbildete Öffentlichkeit glaubt wirklich, die staatlichen Stellen, die Gemeinden, die Länder, der Bund hätten etwas gewonnen, wenn sie ihre Bilanz verkürzen – links weniger Vermögen, rechts weniger Schulden. Wie in Dresden durch den Verkauf städtischer Wohnungen.

Wenn dem Staat das Geld für eine ausreichende Ausstattung mit Finanzbeamten fehlt, dann haben es jene gut, die Steuern hinterziehen wollen. Dem Fiskus entgehen allein bei der Umsatzsteuer durch nationale und internationale Betrugsdelikte jährlich zweistellige Milliardenbeträge.[80] Der Vorsitzende der deutschen Steuergewerkschaft, Dieter Ondracek, schätzt das Volumen der jährlichen Steuerhinterziehung auf rund 30 Milliarden Euro. Die Memo-Gruppe, eine Gruppe kritischer Wirtschaftswissenschaftler, sieht Ausfälle zwischen 70 und 100 Milliarden. Und dennoch lösen die Länder die Vereinbarung über eine bessere personelle Ausstattung der Steuerprüfung und Steuerfahndung nicht ein.

Wenn der Staat mehr Geld zur Bedienung großer privater Interessen braucht, dann fehlt es übrigens nicht an Mitteln. In die

Großbetriebe der Landwirtschaft fließen nach wie vor die Milliarden an Subventionen, genauso wie in die Versicherungswirtschaft und selbstverständlich auch die Flugzeugindustrie; zur Rettung einer einzigen privaten Bank werden weit über 100 Milliarden bereitgestellt, die Aktionäre der eigentlich pleitegegangenen HRE, deren Kurs ohne staatlichen Rettungsschirm vermutlich bei 0,0 läge, sollen vom staatlichen Rettungsschirm SoFFin 1,39 € je Aktie erhalten (Stand: 1. Juni 2009). Das ist eine 290-Millionen-Euro-Prämie für die Zocker. Einfach so, unser Geld für wertlose Papiere. Die 480 Milliarden, die der Rettungsschirm insgesamt bereithält, machen insgesamt mehr als das Anderthalbfache des gesamten Bundeshaushalts aus.

Einige andere Länder gehen bewusst einen anderen Weg. Die skandinavischen Länder zum Beispiel haben eine merklich höhere Staatsquote. Dänemark und auch Schweden »belasten« ihre Bürger um fast ein Viertel höher als wir. Die skandinavischen Länder erzielen trotz – oder vielleicht wegen – hoher Staatsquoten durchgehend bessere wirtschaftliche Erfolge. Das müsste doch zu denken geben. Das müsste zunächst dazu führen, dass wir unsere Sprache von Vorurteilen reinigen. Es ist eben falsch, von »Belastung« zu sprechen, wenn wir gemeinsam als Staat gute Leistungen zum Beispiel für Bildung und Infrastruktur bieten und dafür mehr Abgaben und Steuern einsammeln: ein besseres, durchlässiges Bildungswesen, eine gute Infrastruktur, ein gutes soziales Netz für den Fall der Arbeitslosigkeit und des Alters – das sind Leistungen, die offensichtlich ihren Preis wert sind und zu Unrecht »Belastungen« genannt werden.[81]

Die Tatsache, dass Entstaatlichung und wirtschaftlicher Erfolg durchgehend nicht positiv korreliert sind, müsste endlich doch auch bei unseren Meinungsführern Nachdenken auslösen.

In der Praxis ist das nicht so. Die »Bild«-Zeitung, die Bertelsmann Stiftung, die Initiative Neue Soziale Marktwirtschaft, die Wirtschaftsverbände, die etablierten Parteien und eine Unzahl von Stiftungen, Initiativen und PR-Agenturen machen weiter ihre Propaganda gegen den Staat. Und Politiker profilieren sich reihenweise mit ihrer Spartugend, die im Ernst wegen der damit verbundenen verschärften Abwürgung der Konjunktur gar keine ist. Und je weiter unser Land in eine wirkliche Wirtschaftskrise abrutscht, umso mehr wird diese primitive Profilierung zu Lasten öffentlicher Leistungen und zu Lasten einer aktiven Konjunkturpolitik zum Horror. Das traurige Ergebnis der gezielten Meinungsmache verhindert rationale politische Entscheidungen.

Kapitel 14

Die Auslieferung der Universitäten an die Wirtschaft

Unsere Hochschulen befanden sich im ausgehenden 20. Jahrhundert nicht im besten Zustand: Sie waren maßlos überfüllt. Die Studierenden irrten häufig ohne Betreuung und Orientierung durch die »Massenuniversität«. Forschung galt vielen Hochschullehrern als Alibi für die Vernachlässigung der Lehre. Die Studienzeiten wurden immer länger und die Studienabbrecher mehr. Anstöße zur Verbesserung der Qualität der Lehre, zu effizienterem Wirtschaften, für eine Reform der Personalstruktur etwa durch die Einführung des Juniorprofessors oder neuer Qualifizierungswege für den wissenschaftlichen Nachwuchs gab es zwar, sie wurden jedoch von den Hochschulen vielfach abgeblockt oder unterlaufen.

Die »ständischen« Wurzeln der bürgerlichen Gelehrtenrepublik und der Ordinarienherrschaft mit ihren Pfründen und Privilegien hatten sich gegen die Demokratisierungsversuche seit Anfang der 1970er Jahre wieder durchgesetzt. In manchen Fächern galt Weltferne geradezu als Markenzeichen, und einzelne Hochschullehrer verwechselten die ihnen verfassungsrechtlich garantierte Freiheit in Forschung und Lehre mit Freiheit *von* Forschung und Lehre. Oftmals herrschte in den Gremien organisierte Verantwortungslosigkeit. Es gab erheblichen Reformbedarf.

Dennoch: Bei aller berechtigten Kritik leisteten die überwiegende Zahl der Hochschulen und die meisten Hochschullehrer gute Arbeit. Die Qualität des Studiums konnte so schlecht nicht sein, wenn etwa in den Vereinigten Staaten, wo man sich schon seit langer Zeit der besten Köpfe aus der ganzen Welt bediente, jeder dritte ausländische Postdoc und jeder fünfte Professor in den Naturwissenschaften aus Deutschland kam.[82] Und so schlecht konnten die staatlichen Hochschulen nicht sein, wenn die »als Stachel im Fleisch« gegründeten privaten Hochschulen in Deutschland in der Breite nie zu einer echten Konkurrenz aufsteigen konnten, auch wenn sie sich noch so schöne Namen gaben und sich »Elite«-Hochschulen oder »International« beziehungsweise »European« Universities nannten. Offenbar gab es keinen Bedarf und keine »Marktlücke« für private (und teure) Angebote, dazu war das Studienangebot der staatlichen Universitäten und Fachhochschulen einfach zu gut. Und in der Forschung konnten die meisten privaten Hochschulen schon gar nicht mithalten.

Trotz der Überfüllung der Hochschulen war mit einem Studienabschluss in aller Regel die Befähigung zum selbständigen Bearbeiten von neuen Problemen mit wissenschaftlichen Methoden verbunden. Wenigstens dem Anspruch nach galt das Humboldtsche Prinzip »Bildung durch Wissenschaft«. Das hat sich gründlich geändert.

Nach der Abschaffung der Diplom- und Magisterstudiengänge und mit der Einführung von gestuften Bachelor- und Masterabschlüssen finden wir überwiegend Paukstudiengänge vor, in denen Lernstoff eingetrichtert und in zahllosen Klausuren schlicht reproduziert wird. Kritiker sprechen böse vom »Bulimie-Studium«:[83] reinfressen und in Klausuren wieder ausspeien. Der Bachelor-Abschluss ist häufig nicht mehr als eine testierte Zwischenprüfung, schlimmstenfalls sogar nur ein zertifizierter Studienabbruch. An die Stelle der Reflexion des Stoffes und der selbständigen systematischen Erarbeitung und Anwendung wissenschaftlicher Methoden auf neue Fragestellungen ist der »Workload« getreten, der Arbeitsaufwand für das Lernen, gemessen in Zeiteinheiten zum Erwerb von »Kreditpunkten«. Die »hohen Schulen« sind zu Lernfabriken geworden, in denen »just-in-time« verwertbares Wissen mit Verfallsdatum eingepaukt wird.

Die Masse der Studierenden wird durch ein Kurzstudium geschleust, der Übergang zu einem »wissenschaftlichen« Master-Abschluss steht nur noch einem kleinen Teil der Studierenden offen. Der 1999 eingeleitete »Bologna-Prozess«, mit dem die europäische Hochschulausbildung bis zum Jahr 2010 vereinheitlicht werden soll, wird als Selektionsinstrument eingesetzt und hat sich als Sparprogramm zu Lasten der Studierenden entpuppt.

Vor den »Reformen« der letzten Jahre hatte Deutschlands Hochschulwesen seine international anerkannte besondere Stärke in der Breite der wissenschaftlichen Ausbildung bei hoher und vergleichbarer Qualität der Abschlüsse. Natürlich gab es Unterschiede zwischen den einzelnen Hochschulen, aber ein Diplom in Greifswald oder Siegen war genauso viel wert wie ein Abschluss in München oder Aachen. Inzwischen wird unter den Modebegriffen Wettbewerb, Exzellenz und Profilbildung systematisch eine Hierarchisierung der Hochschullandschaft vorangetrieben; die Qualität der Hochschulen soll sich also geradezu unterscheiden. Die absehbare Folge: Viele der kleineren Hochschulen werden – wie in den USA – schon in wenigen Jahren zu mittelmäßigen »Colleges« oder »Schools« abgewirtschaftet sein.

Manager erobern die Kontrolle über die Unis

Das »Bürgerrecht auf Bildung« wurde vor allem in den alten Bundesländern weitgehend durch ein »Bezahlstudium« abgelöst. Eine wissenschaftliche Ausbildung möglichst vieler gilt nicht mehr wie in den 1960er und -70er Jahren als Fundament für die technologische Innovation und Leistungsfähigkeit der Volkswirtschaft und als Element der demokratischen Teilhabe und der kulturellen Entwicklung der Gesellschaft. Aus einem Studium ist eine private Investition in das persönliche »Humankapital« geworden. Die Meinungsmache, wonach jeder seines Glückes Schmied ist, hat sich auch an den Hochschulen durchgesetzt.

An die Stelle einer der Allgemeinheit verpflichteten demokratisch verantworteten Hochschule ist die »unternehmerische« Hochschule getreten, die durch die Gesetze des Wettbewerbs auf dem Wissenschafts- und Ausbildungsmarkt gesteuert werden soll. Steuerzahler und Parlamente werden zu Zahlmeistern degradiert, die die Hochschulen zwar noch überwiegend »bezuschussen« dürfen, aber alle wesentlichen Entscheidungen treffen autokratische Hochschulleitungen und Hochschulräte, die als eine Art Aufsichtsrat die »Fachaufsicht« über die Hochschulen führen.

An die Stelle der früheren – gewiss nicht optimalen – akademischen Selbstverwaltung und einer kooperativen Hochschulleitung sind Top-down-Managementstrukturen getreten mit einem »Vorstandsvorsitzenden« (so heißen die früheren Rektoren im neuen baden-württembergischen Hochschulgesetz tatsächlich) an der Spitze.

Staatliche Rechtsaufsicht und parlamentarische Finanzaufsicht über die Hochschulen sind durch eine undurchschaubare Überwachungsmaschinerie ersetzt worden. Etwa durch private (und teure) Akkreditierungsagenturen, die »Auflagen« vorgeben, oder durch Evaluierungen, die mit unsinnigen Dokumentationspflichten verbunden sind. Die neuen Kontrollmechanismen beim Studieren, die mit der Einführung der Bologna-Studiengänge einhergehen, erfordern einen enormen Ressourcenaufwand. Zehntausende von Professoren- und Mitarbeiterstunden mussten in die Erstellung von neuen Studienordnungen und Modulhandbüchern, in Akkreditierungs- und Reakkreditierungsanträge, Stellungnahmen zu Evaluierungen, in die Ausarbeitung von voluminösen Zielvereinbarungen oder in Marketingkonzepte für die »Exzellenzinitiative« investiert werden. Statt der versprochenen Deregulierung erleben wir ein Aufblähen der Hochschulbürokratie in nicht gekanntem Ausmaß: Prüfungsleistungen und Prüfungsaufwand haben sich vervielfacht. Von Computern ausgewertete »Multiple-Choice-Tests« ersetzen das Urteil der Hochschullehrer darüber, ob der Stoff von den Studierenden auch verstanden worden ist. Es gibt unzählige Berichtspflichten. An vielen Hochschulen herrscht »Chaos auf dem Campus«, wie die »Süddeutsche Zeitung« am 28. Januar 2008 schreibt.

Das Paradoxe dabei ist, dass es gelingt, dies unter den Überschriften »Entbürokratisierung« und »Hochschulfreiheit« zu verkaufen. Unterdessen ist der Leistungswettbewerb der einzelnen Wissenschaftler um wissenschaftliche Reputation und internationale Anerkennung vom Hochschulmarketing überlagert worden. »Image« und »Verkaufe« sind zu Erfolgskriterien der Universitäten geworden.

Der aufklärerische Kern des wissenschaftlichen Anspruchs auf

Wahrheit wurde durch ökonomische Wahrheits- oder Geltungsansprüche ersetzt und das Humboldtsche Bildungsideal vom Hayekschen[84] Glauben an die Überlegenheit der Marktsteuerung abgelöst. Oberstes Prinzip ist heute, auf dem Ausbildungs- und Drittmittelmarkt erfolgreich zu sein und neue Wege der privaten Finanzierung in Zeiten knapper öffentlicher Kassen zu suchen.

Die Hochschulen wurden in Struktur und Funktion an zum Zwecke der Profiterzielung wirtschaftende Unternehmen angepasst.

Das Drehbuch ist immer dasselbe

Die neoliberale Bewegung hat auch die Hochschulen besetzt und den »größten Umbruch« seit den preußischen Hochschulreformen herbeigeführt. Das Zerstörungswerk folgte dem gleichen Drehbuch wie beim Abbau des Sozialstaats, der Deregulierung des Arbeitsmarkts oder der Privatisierung der Daseinsvorsorge: Der gezielten Verarmung des Staates und der damit zwangsläufig einhergehenden Verschlechterung der öffentlichen Leistungen folgten Kampagnen, mit denen das in den letzten Jahrzehnten willentlich und wissentlich abgewirtschaftete staatliche Angebot miesgemacht wurde. Das Heilsversprechen war: Der Markt kann alles besser.

Die Phase des Hochschulausbaus wurde durch die Sparpolitik der Länder schon Ende der siebziger Jahre gestoppt. Bund und Länder fassten damals den sogenannten Öffnungsbeschluss und verlangten von den Hochschulen, dass der »Berg« der geburtenstarken Jahrgänge »untertunnelt« werden solle. Die Hochschulen sollten etwa ein Jahrzehnt lang eine »Überlast« an Studierenden bei gleichbleibendem Budget und bei stagnierender Zahl des Lehrpersonals akzeptieren.

Diese »Untertunnelungsstrategie« gehörte zu den größten Lügen in der Hochschulpolitik der Nachkriegszeit. Über die ganze Spanne von 1972 bis 2005 betrachtet, ist die Studierendenzahl um fast das Dreifache, die Professorenzahl dagegen nur um das

1,8-Fache angestiegen. Die Betreuungsrelationen haben sich dementsprechend an beiden Hochschultypen über die Zeit hinweg dramatisch verschlechtert:

Kamen 1972/73 40 Studierende an den Universitäten und weit unter 20 Studierende an den Fachhochschulen auf einen hauptberuflichen Professor, so waren es 2005/2006 über 60 an den Unis und knapp 40 an den FHS. In den Wirtschaftswissenschaften sind es derzeit 93 Studierende, in den Sozialwissenschaften gar 104 Studierende pro hauptberuflichem Professor. Die Betreuungsrelationen liegen seit Jahren weit unter dem internationalen Standard.[85]

Die Hochschulbauten verrotteten mehr und mehr, und der Wissenschaftsrat konstatierte eine Jahr für Jahr größer werdende Investitionslücke bei der Hochschulsanierung in zweistelliger Milliardenhöhe. Laut »Bildungsbericht 2008« ging der Anteil der Bildungsausgaben gemessen am Bruttoinlandsprodukt von 6,9 Prozent im Jahr 1995 auf 6,3 im Jahr 2005 und 6,2 2006 zurück.[86] Von 1980 bis 1995 schrumpften die Ausgaben pro Studierendem von 9055 Euro auf 6739. Erst ab 1996 ist ein leichter Anstieg auf 7376 Euro im Jahr 1998 festzustellen.[87] Insofern könnte man ein erfreuliches Signal darin sehen, dass auf dem Bildungsgipfel in Dresden Ende Oktober 2008 eine Anhebung der Bildungsausgaben bis 2015 auf zehn Prozent des Bruttoinlandsprodukts zum Ziel erklärt wurde. Leider gab es keinerlei Beschlüsse, wie viel der Bund, die Länder, die Kommunen und, nicht zu vergessen, wie viel die Wirtschaft beitragen sollen und wollen. Der Bund hat jedenfalls keinerlei konkrete Zusagen gemacht.

Die Phrase von der »Priorität für Bildung« hören wir nun seit Jahren auf jeder Sonntagsrede, da das Gegenteil geschehen ist, fehlt allmählich der Glaube. Zehn Prozent gegenüber dem heutigen Ist von 6,2 Prozent des BIP – das wären zwischen 25 bis 50 Milliarden Euro mehr. Allerdings erst in sieben Jahren. Das hört sich zwar gut an, ein Zahlenvergleich aus dem Bildungsbericht 2008 lässt aber ernüchtern:

Wären etwa im Jahr 2005 nur wie 1995 6,9 Prozent des BIP für Bildung aufgewendet worden, hätten dem Bildungsbereich zufolge rund 13 Milliarden Euro mehr zur Verfügung gestanden. Auf ein Vielfaches dieses Betrages hat man zwischenzeitlich durch die Senkungen von Unternehmenssteuern verzichtet – allein im letzten Jahr auf 5 Milliarden. Von der Kreditgarantie für die Hypo Real Estate in Höhe von über 100 Milliarden und von dem Rettungspakt zur Stabilisierung des Finanzsystems in Höhe von fast 500 Milliarden Euro wollen wir gar nicht erst reden. Wenn man das Rettungspaket für die Banken mit den Ergebnissen des Bildungsgipfels vergleicht, ist man geneigt, den alten Slogan etwa so abzuwandeln: Bei den Banken sind sie fix, für die Bildung tun sie nix!

Das staatliche Hochschulsystem wird zum Sündenbock gemacht

Die neoliberalen Reformer setzten an den real existierenden Problemen der Hochschulen an. Sie redeten sie schlecht, und sie stützten sich paradoxerweise mit ihrer Miesmache auf die politisch selbst herbeigeführten Mängel. Die Hochschulen wurden zum »Sanierungsfall« erklärt, doch statt die Hochschulfinanzierung zu verbessern, wurde die Wettbewerbsideologie als alternativloser Ausweg aus der Misere angeboten. Die deutschen Hochschulen seien nur noch »Mittelmaß« oder schlicht »krank«, so lautete der Tenor der öffentlichen Meinungsmache. Exemplarisch war etwa der Titel der Streitschrift des SPD-»Reformers« Peter Glotz: »Im Kern verrottet? Fünf vor zwölf an Deutschlands Universitäten«.

Mit einem Trommelfeuer der Kritik wurden unsere Hochschulen sturmreif geschossen. Zermürbt von Überlast, systematischer Unterfinanzierung und einer allgemeinen Professorenschelte, hatten die Hochschulen der feindlichen Übernahme durch die »Reformer« nichts entgegenzusetzen.

»Unser Bildungssystem braucht mehr Wettbewerb und Effizienz, mehr Eigenständigkeit und Selbstverantwortung, mehr Transparenz und eine bessere Vergleichbarkeit der Bildungsinstitutionen«, forderte Bundespräsident Herzog in seiner Bildungsrede 1997. Tatsächlich redete er dabei aber nur nach, was die Bertelsmann-Stiftung aufgeschrieben hatte. Roman Herzog war sozusagen der ranghöchste Türöffner für die Reformvorstellungen von Bertelsmann.[88]

Hochschulpolitik ist der »Schlüssel zur Gesellschaftsreform«, das erkannte Reinhard Mohn schon Ende der 1970er Jahre. Die von ihm 1977 gegründete Bertelsmann Stiftung, auf die er 76 Prozent der Anteile an der Bertelsmann AG übertragen hat, sollte deshalb vor allem auch helfen, die, wie er urteilte, »verkrusteten Strukturen« an den Hochschulen aufzubrechen.

Die Mission der Stiftung gründet auf der Bertelsmannschen »Überzeugung, dass Wettbewerb« und »die Prinzipien unternehmerischen Handelns« die wichtigsten Merkmale »zum Aufbau einer zukunftsfähigen Gesellschaft« sind. Immer ging es Mohn auch um ein Zurückdrängen des Staates, eine Verringerung der Staatsquote und um die Senkung der Steuerlast. »Es ist ein Segen, dass uns das Geld ausgeht. Anders kriegen wir das notwendige Umdenken nicht in Gang«, sagte Mohn 1996 in einem »Stern«-Interview.

Reinhard Mohn vertritt einen Sonderweg in die wirtschaftsliberal globalisierte Welt, der auf eine korporatistische Unternehmenskultur setzt, den Sozialstaat als überdehnt oder gar überholt betrachtet und eine über den Wettbewerb hergestellte Effizienz als Steuerungsinstrument an die Stelle von Mitbestimmung und demokratischer Gestaltung setzen möchte. Entsprechend seiner Überzeugung »privat ist besser als staatlich«, betrieb Mohn die Gründung der ersten privaten deutschen Universität in Witten-Herdecke (UWH) und war jahrelang ihr Hauptsponsor. Im Lauf der Zeit musste Mohn jedoch erkennen, dass der Weg, das staatliche Hochschulsystem der privaten Konkurrenz auszusetzen, nicht automatisch zur »Reform« der Hochschulen führte. Obwohl im Gesellschafterkreis der UWH große Namen aus der Wirtschaft vertreten sind, litt auch diese Universität wie nahezu alle privaten »Elite«-Hochschulen an chronischen Geld- und vor allem an Qualitätsmängeln. Sie wäre 1993 wohl pleitegegangen, hätte ihr nicht der Staat kräftig unter die Arme gegriffen. Gemessen am Verhältnis von öffentlichen Zuschüssen zur kleinen Zahl der Studierenden wurde die »private« Universität die für das Land Nordrhein-Westfalen pro Student teuerste Hochschule.

Bertelsmanns Strategiewechsel

Mohn gab sein Engagement bei der Universität Witten-Herdecke schließlich ganz auf. Der Strategiewechsel folgte wohl der Einsicht, dass es für seine Mission effizienter ist, die weitgehend staatlich finanzierten Hochschulen wie private Unternehmen zu organisieren und in den Wettbewerb zu schicken; so können sie über die Konkurrenz um ergänzende Drittmittel für die Forschung und über die Einwerbung von Studiengebühren für die Lehre gesteuert werden. Dem Staat sollte zwar die Rolle des Zahlmeisters bleiben, die Steuerung der Hochschulen würde jedoch der Ausbildungs- und Forschungsmarkt übernehmen.

Die richtige Erkenntnis einerseits, dass Hochschulen der »Schlüssel zur Zukunft« sind, und die Aussichtslosigkeit andererseits, dass private Hochschulen in Deutschland jemals zu einem Erfolgsmodell für die allgemeine Hochschulausbildung werden könnten, haben Reinhard Mohn und seine Bertelsmann Stiftung wohl auch veranlasst, 1994 das Centrum für Hochschulentwicklung (CHE) in Gütersloh zu gründen.

Zur »Marke« CHE gehören inzwischen zwei Gesellschaften: das gemeinnützige Centrum für Hochschulentwicklung (gGmbH) als »Reformwerkstatt für das deutsche Hochschulwesen« und die CHE Consult GmbH, als private Beratungsgesellschaft für Hochschulen, Wissenschaftseinrichtungen, Ministerien oder Stiftungen. Das Gesamtbudget beträgt etwa drei Millionen Euro pro Jahr und wird zur Hälfte von der Bertelsmann Stiftung finanziert.[89]

Klugerweise nahm das CHE die damals ohne jeden Apparat und ohne großen institutionellen Einfluss auf die Hochschulpolitik agierende, aber umso standesbewusstere Hochschulrektorenkonferenz (HRK) mit ins Boot, und so veröffentlichen das CHE und die HRK seither ihre hochschulreformerischen Lösungskonzepte unter einem gemeinsamen Kopfbogen. So verschaffte sich Bertelsmann ein einigermaßen unverdächtiges Entrée in die Hochschulen. Die Rektoren wurden mit dem Versprechen gelockt, dass sie künftig mehr Macht an den Hochschulen bekommen sollten. Welcher Rektor, der sich künftig »Präsident« oder »Vorstandsvorsitzender« nennen durfte, konnte sich den Verlockungen der Macht entziehen?

In der Hochschul-»Reform«-Politik der zurückliegenden zwei Jahrzehnte lässt sich der politische Leitbildwechsel in unserer Gesellschaft beobachten. In besonderer Klarheit zeigt sich hier, wie die seit der Aufklärung erkämpfte »Freiheit von Forschung und Lehre« über den Einfluss finanzstarker Verbände und Lobbyorganisationen und durch die massive Beeinflussung von Politik und der öffentlichen Meinung mehr und mehr der neoliberalen Ideologie und damit auch der Einflusssphäre wirtschaftlicher Interessen unterworfen wurde. Seit den 1960er Jahren bis über die Jahrhundertwende gab es in Deutschland einen gesellschaftlichen Konsens, wonach Bildung ein »Bürgerrecht« sei und ein Studium als gemeinnütziges öffentliches Gut betrachtet werden müsse, dessen Förderung ein allgemeines Anliegen und eine öffentliche Aufgabe zu sein habe.

Auf dem Feld der Bildung hatte sich in den 1960ern eine historisch glückliche gesellschaftspolitische Konstellation zusammengefunden, zwischen

- Vertretern eines liberalen »Bürgerrechts auf Bildung« (zum Beispiel Hildegard Hamm-Brücher, FDP),
- dem sozialdemokratischen Anspruch auf Verwirklichung von politischen, sozialen, kulturellen und wirtschaftlichen Teilhaberechten (»Mehr Demokratie wagen«, »Mehr Chancengleichheit schaffen«) und
- den ökonomischen Anforderungen an eine Verbesserung des gesellschaftlichen Forschungs- und Technologiepotenzials nebst einer Höherqualifizierung des »Humankapitals«.

In einem historisch einmaligen Schub wurden in den 1970er

Jahren und bis in die -80er Jahre hinein Hochschulen ausgebaut und Ausbildungsreformen angestoßen. Mit massiver Bildungswerbung sollte das Begabungspotenzial in der Bevölkerung besser ausgeschöpft werden. Das brachliegende Bildungspotenzial, symbolisch verkörpert durch das »katholische Mädchen vom Land«, sollte aktiviert werden. So wurde etwa einerseits die staatliche Ausbildungsförderung (das BAföG) aus- und aufgebaut und andererseits Bildungsbarrieren wie etwa Hörer- oder Kolleggelder abgeschafft. Deutschland erlebte eine Bildungsexpansion: Innerhalb von zehn Jahren verdoppelte sich die Zahl der Studierenden und das Angebot an Hochschulpersonal.

Doch dann kam die »geistig-moralische« Wende und damit das Ende des Bildungsbooms. Festmachbar am »Scheidungsbrief« des Grafen Lambsdorff und der Aufkündigung der sozial-liberalen Koalition 1982 setzte sich ein zunächst nur auf die Wirtschaft bezogenes, mehr und mehr aber auch die Politik und die öffentliche Meinung beeinflussendes neoliberales gesellschaftliches Leitbild durch.

Unser höchster staatlicher Repräsentant, Bundespräsident Horst Köhler, hat in seiner Rede vor dem Arbeitgeberforum in Berlin am 15. März 2005 diese neue »Ordnung der Freiheit« trefflich zusammengefasst: »Privateigentum, Wettbewerb und offene Märkte, freie Preisbildung und ein stabiles Geldwesen, eine Sicherung vor den großen Lebensrisiken für jeden und Haftung aller für ihr Tun und Lassen.« Von Sozialstaat, sozialer Gerechtigkeit, von Teilhabe, von Mitbestimmung, von Chancengleichheit in der Bildung, von »sozialer Marktwirtschaft« oder von »Wohlstand für alle« – wie noch bei Ludwig Erhard – ist in Köhlers »Ordnung der Freiheit« nicht die Rede.

Angestoßen von den Wirtschaftsverbänden und ihren Lobbyorganisationen auf dem Feld der Wissenschaft – etwa dem Stifterverband für die Deutsche Wissenschaft –, beraten vor allem vom Bertelsmann Centrum für Hochschulentwicklung (CHE), setzte sich eine ökonomische, genauer müsste man eigentlich sagen: eine betriebswirtschaftliche Betrachtungsweise des Studiums durch.

Geradezu ein Musterbeispiel für die »Vertriebswirtschaftlichung«[90] des bildungspolitischen Denkens ist die seit Mitte der 1990er Jahre andauernde Kampagne des CHE für die Einführung von Studiengebühren. Da wird nun seit Jahren – massiv unterstützt von Lobbyorganisationen wie etwa der Inititative Neue Soziale Marktwirtschaft und anderen arbeitgeberfinanzierten PR-Agenturen – in immer neuen Varianten die Propagandatrommel mit den immer gleichen Parolen gerührt:

- Angesichts der knappen öffentlichen Kassen bedürfe es eines höheren privaten Anteils an der Finanzierung der Hochschulen.
- Durch Studiengebühren entstehe ein »nachfrage- und preisorientierter Steuerungseffekt« auf die Hochschulen.
- Der »Kunde« Student werde »König«.
- Studiengebühren schafften mehr Wettbewerb unter den Hochschulen und verbesserten dadurch die Qualität des Studienangebots.
- Die höhere Kostenbeteiligung der Studierenden führe zu effizienterem Studierverhalten und damit zu kürzeren Studienzeiten.

Alle diese Argumente sind nicht nur bildungspolitisch, sondern auch noch ökonomisch falsch beziehungsweise sie führen in eine falsche Richtung – und doch plapperten die Politiker und die Medien die pseudoökonomischen Parolen mehr und mehr nach.

Die Irreführung fängt schon damit an, dass die ökonomische Grundregel, wonach ein höherer Preis die Nachfrage senkt, regelmäßig außer Acht gelassen wird. Dass diese Regel aber greift, beweist etwa der Rückgang der Studienanfängerquote von 38,9 Prozent im Jahr 2003 auf 36,6 2007.[91] Nach einer vom Bundesbildungsministerium geförderten Studie des Hochschul-Informations-Systems (HIS) haben im Abiturientenjahrgang 2006 rund 18000 Abiturienten wegen der Gebühren kein Studium begonnen, das waren vor allem junge Frauen und Abiturienten aus bildungsfernen Schichten.[92] Die Zahl der Erstsemester nahm nahezu ausschließlich in den neun Bundesländern zu, die keine allgemeinen Studiengebühren erheben. Selbst die gebührenfreundliche »Zeit« titelte am 9. November 2006: »Die abschreckende Wirkung der Studiengebühren ist kein Hirngespinst«.

Erhöht man den Preis einer Ware, so sinkt die Nachfrage danach. Wen wundert es daher, dass junge Leute sich durch Gebühren vom Studium abschrecken lassen? Für Ausgleich sollten Stipendien sorgen. Mittlerweile sind zwar die Studiengebühren da, die versprochenen Stipendien aber nicht in Sicht. Selbst BAföG-Empfänger müssen die Gebühr bezahlen.

Richtig ist, dass die Hochschulen unterfinanziert sind. Viele Hochschulrektoren und Hochschullehrer greifen in ihrem Kirchturmsdenken deshalb nur allzu gern nach dem Strohhalm zusätzlicher Einnahmen durch Studiengebühren. Dabei wird allerdings komplett ausgeblendet, warum die öffentlichen Kassen eigentlich so knapp sind. Dass das auch etwas mit dem – wie der Wirtschaftswissenschaftler Rudolf Hickel das nennt – »Steuersenkungswahn« vor allem bei den Unternehmens- und kapitalbezogenen Steuern zu tun haben könnte, unterliegt in der öffentlichen Debatte um die Hochschulfinanzierung geradezu einem Denkverbot.

Ebenso wenig wird zur Kenntnis genommen, dass die durch die Regierung Schröder umgesetzte Steuerentlastung der Unternehmen in Höhe von geschätzten 60 Milliarden Euro nur zum geringsten Teil als Investivkapital in Deutschland angelegt wurde und dass deshalb auch kaum Arbeitsplätze geschaffen wurden. Und dass staatliche Investitionen in »Humankapital« viel dringender und zukunftsträchtiger wären, ist allenfalls ein Versatzstück für Sonntagsreden unserer Politiker. Man vergleiche nur einmal ein paar Zahlen: Da wurde im Mai 2007 eine weitere Unternehmenssteuerreform mit einem Bruttoentlastungsvolumen von 30 Milliarden und einer Nettoentlastung von mindestens fünf Milliarden beschlossen. Aber noch drei Monate zuvor erklärte Forschungsministerin Annette Schavan, für eine Erhöhung der seit 2001 unveränderten BAföG-Sätze sei kein Geld da. Ja, es gab sogar Pläne, die Ausbildungsförderung als Zuschuss ganz durch Studienkredite zu ersetzen.

Wie die in aller Munde geführte politische »Priorität für die Bildung« in der Wirklichkeit aussieht, zeigt ein Zahlenvergleich dieses »Steuergeschenks« für Kapital- und Personalgesellschaften mit dem vielbejubelten sogenannten »Hochschulpakt 2020«: Nach Berechnungen des statistischen Bundesamts summieren sich die öffentlichen Ausgaben für die Hochschulbildung auf insgesamt rund 11 Milliarden Euro; inklusive Transferleistungen – also etwa dem BaföG und Kindergeld – sind es rund 14,5 Milliarden Euro im Jahr. Über diese Summe hinaus bietet nun der Bund im Hochschulpakt 565 Millionen gestreckt über vier Jahre bis 2010 an. Die Länder sollen diesen Betrag verdoppeln. Gerade mal etwas über 300 Millionen wollen also Bund und Länder jährlich zusätzlich beitragen, um den demographisch bedingten und durch die Einführung des Abiturs nach acht Jahren sprunghaften Anstieg der Studierendenzahlen um 40 Prozent von 1,9 auf 2,7 Millionen zu bewältigen.

Zur Förderung des »Investivkapitals« verzichtet man also jährlich auf weit über fünf Milliarden, zur Förderung des »Humankapitals« stellt man bis 2010 gerade mal rund 300 Millionen pro Jahr zusätzlich zur Verfügung. Das ist die nüchterne Zahlenbilanz hinter dem allgemein üblichen Gerede von der »Priorität für Bildung«. Einen Vergleich mit dem Volumen der »Rettungsschirme« für die Banken oder auch nur mit dem Konjunkturprogramm für die Automobilindustrie durch die »Abwrackprämie« mag man in diesem Zusammenhang gar nicht erst wagen.

Fehlsteuerung des Hochschulwesens

Dass es unter den Bedingungen des gegenwärtigen erheblichen Nachfrageüberhangs nach der »Ware« Hochschulbildung (inzwischen sind zwei Drittel der neuen BA/MA-Studiengänge zulassungsbeschränkt) der ökonomischen Lehre entsprechend erst einmal zu einem höheren Preis und noch lange nicht zu einem Qualitätswettbewerb kommen muss, lernt man als Betriebswirt schon im ersten Semester. Statt eines »nachfrageorientierten Steuerungseffektes« auf das Hochschulsystem und auf die wissenschaftliche Ausbildung kommt es viel eher zu einer Fehlsteuerung im Hochschulwesen insgesamt. Studiengebühren verzerren nämlich gerade den Wettbewerb zwischen den Hochschulen noch stärker zugunsten großer Hochschulen in Ballungsräumen und zugunsten von Hochschulen, die aufgrund der Attraktivität der Hochschulstädte einen Standortvorteil genießen.

Wie sollten Hochschulen mit weniger Studierenden und damit geringeren Studiengebühreneinnahmen wie etwa in Siegen, Greifswald oder in Bayreuth mit den großen Unis an den attraktiven und deshalb stark nachgefragten Studienorten in Köln, München, Heidelberg oder in Berlin mithalten können? Es kommt unter den Hochschulen wie in der Fußballbundesliga zu einer Art »Bayern-München-Effekt«: die großen und reichen (alten) Hochschulen schlagen die kleinen (neuen) und kaufen ihnen die besten »Spieler« ab. Der Unterschied zwischen Fußball und Hochschule ist allerdings, dass beim Fußball nur die Fans etwa von Cottbus oder Bielefeld leiden, wenn ihre Mannschaften absteigen, bei den Hochschulen leidet aber die Masse der Studierenden, denen es versagt ist, an einer »Elitehochschule« studieren zu können.

Studiengebühren werden so schon in absehbarer Zeit zu einer Hierarchisierung der Hochschullandschaft mit ganz unterschiedlicher Qualität führen. Deutschland hatte aber gerade seine besondere Stärke in der Breite der wissenschaftlichen Ausbildung bei hoher und vergleichbarer Qualität. Dieser auch international anerkannte Vorteil unseres Hochschulwesens wird unwiederbringlich verspielt.

Der »Kunde als König«, eine der typischen Formeln der Meinungsmache, wird auf die Studierenden übertragen. Keinem fällt auf, dass zwar ein Kunde zwischen verschiedenen Warenangeboten auswählen kann, aber bei den Produktionsbedingungen der Ware nichts zu sagen hat. Dass der »Kunde« Student nur eine Werbefloskel ist, wird schon dadurch belegt, dass fast alle Studiengebührenbefürworter die Einführung einer Studiengebühr zugleich mit der Forderung nach einem Auswahlrecht der Hochschule verknüpfen. Das grundlegende ökonomische Prinzip der Nachfrage-Angebots-Steuerung, nämlich der freie Marktzugang, wird also von vornherein außer Kraft gesetzt. Nicht der Nachfrager kann sich die ihm passenden Angebote aussuchen, sondern der Anbieter sucht sich seine ihm passenden »Kunden« aus.

Marktversagen oder die Fehlsteuerung des Ausbildungsangebots

Studiengebühren dürften darüber hinaus noch zu einer Fehlsteuerung der Ausbildungsangebote und damit der Wissenschaft insgesamt hin zu solchen Studien und Wissenschaftsdisziplinen führen, die momentan auf dem Arbeitsmarkt stark nachgefragt werden, weil sie sich »auszahlen«, also einen hohen und schnellen »return on investment« erwarten lassen. Der Schweinezyklus ist also programmiert.

Umgekehrt werden die Hochschulen – dem betriebswirtschaftlichen Kalkül folgend – möglichst viele »billige« Studiengänge anbieten. Diese Tendenz zeigt sich in der Realität der privaten Hochschulen in Deutschland: Die meisten bieten allenfalls die (Billig-)Fächer der Betriebswirtschaftlehre oder bestenfalls noch Jura an, keine aber die erheblich teureren Ingenieur- oder Naturwissenschaften. Zum Vergleich: Ein Medizinstudiengang an einer staatlichen Hochschule kostet etwa 28 000 Euro jährlich, ein BWL-Studiengang knapp 2000.

Und Studiengebühren beeinflussen nicht zuletzt die Studienmotivation: Wird ein Studium zu einer privaten Investition in das persönliche »Humankapital«, dann wird die Bereitschaft, materielle Kosten dafür zu tragen, bzw. die Fachwahl nach möglichst geringer Verschuldung oder geringem beruflichem Risiko wichtiger als eine Studienwahl nach Leistung und fachlichem Interesse und vor allem auch persönlicher Neigung – vom gesellschaftlichen Bedarf gar nicht erst zu reden.

Und schließlich noch zur Behauptung, Studiengebühren wirkten studienzeitverkürzend: Wer das behauptet, der sollte sich einmal vor Augen halten, dass zwei Drittel aller Studierenden neben ihrem Studium einer Erwerbsarbeit nachgehen. Studiengebühren zwingen noch mehr Studierende zu noch längerer Erwerbsarbeit neben dem Studium und wirken dadurch eher studienzeitverlängernd.

Gegen Studiengebühren sprechen somit ökonomische, soziale und rechtspolitische Argumente, sie bergen die Gefahr einer Fehlsteuerung des Hochschulsystems und der wissenschaftlichen Ausbildung, sie leisten – wenn überhaupt – nur einen relativ geringen Finanzierungsbeitrag und verlangen wie eine Droge eine steigende Dosis, sie kündigen an einer weiteren Stelle den Generationenvertrag auf, und sie sind keineswegs ein Beitrag zur Erhöhung der Verteilungsgerechtigkeit, sondern verfestigen eher die Chancenungleichheit.

Das sieht im Übrigen (nach allen nicht manipulierten Umfragen) bisher auch die überwiegende Mehrheit der Deutschen und auch nach Einführung der Studiengebühren sehen das immer noch zwei Drittel der Studierenden so.[93]

Dennoch: Das CHE und seine Verbündeten, vor allem der Stifterverband für die Deutsche Wissenschaft – dem verlängerten Arm der Arbeitgeberverbände in der Wissenschaftspolitik – und die arbeitgeberfinanzierte Propagandaagentur INSM, haben sich mit ihrer Meinungsmache einmal mehr gegen die Mehrheitsmeinung in der Bevölkerung politisch durchgesetzt: In sechs Ländern ist die Einführung von Studiengebühren Gesetz, und in weiteren Ländern werden Studiengebühren geplant. In Hessen konnte sie vom Wähler wieder aufgehoben werden.

Bertelsmann – das informelle Bildungsministerium

Am gesellschaftspolitischen Paradigmenwechsel ganz allgemein hat die Bertelsmann Stiftung einen erheblichen Anteil, am bildungspolitischen Kurswechsel hat das überwiegend von Bertelsmann finanzierte Centrum für Hochschulentwicklung einen überragenden Anteil. Das CHE hat sich bislang als einer der antriebsstärksten »Reformmotoren« der Bertelsmann Stiftung erwiesen. Auch bei den Hochschulreformen geht es Bertelsmann um die Mission von weniger Staat, mehr Wettbewerb, unternehmerischen Leitungsstrukturen und mehr betriebswirtschaftlicher Effizienz. Ziel ist die »entfesselte Hochschule«. Speziell dem CHE ist es gelungen, für nahezu alle Parteien ein unersetzlicher Gesprächs- und Vortragspartner zu werden, es hat sich in die Rolle eines »spiritus rectors« für nahezu alle Wissenschaftsministerien und alle Parlamente aufschwingen können.

Nicht zuletzt werden die Botschaften über die zum Bertelsmann-Konzern gehörenden meinungsprägenden Medien verkündet. »Die Zeit« und der »stern« dienten als Medienpartner des CHE bei den Hochschulrankings. Aber auch sonst gibt man der politischen Linie des Bertelsmann-Ablegers gerne eine Plattform. Und natürlich greift der »Spiegel« mit seinem »Uni-Spiegel« die Argumente aus dem Haus seines Anteilseigners Bertelsmann besonders gerne auf. Der »stern« und die »Financial Times Deutschland«, gleichfalls über Gruner + Jahr mit Bertelsmann verbunden, können vermutlich sowieso nicht anders.

Das CHE arbeitet wie andere PR-Agenturen: Man erstellt Umfragen und Studien und schafft Medien-»Events«, und die Mainstream-Medien plappern die Ergebnisse des vermeintlich gemeinnützigen und unabhängigen Think-Tanks unkritisch wie Papageien nach. Dies sogar dann, wenn jedem nur einigermaßen aufmerksamen Leser erkennbar wäre, dass die Meldung einen manipulativen Charakter hat. So publizierte das CHE im Dezember 2003 eine Umfrage unter der Überschrift: »Studierende mehrheitlich für Studiengebühren«. Der Haken an dieser Umfrage war nur, dass die Studierenden lediglich nach verschiedenen Gebührenmodellen gefragt wurden und die Befragten daraus das für sie akzeptabelste Modell ankreuzen sollten. Die Grundfrage, ob die befragten Studierenden überhaupt für oder gegen Studiengebühren sind, wurde gar nicht gestellt. Dennoch: Die Überschrift »Mehrheit für Studiengebühren« schaffte es in die Schlagzeilen und wurde von den Gebührenbefürwortern natürlich genüsslich zitiert.

Überall dort, wo kein Markt besteht und damit das Steuerungsinstrument des Wettbewerbs eigentlich nicht funktionieren kann, also vor allem im öffentlichen Sektor, etwa in den Verwaltungen, in der Schule oder zwischen Hochschulen, musste die Bertelsmann Stiftung wettbewerbliche Steuerungsinstrumente erst erfinden. Da dienen dann Rankings und Benchmarks als Fiktion für den Marktwettbewerb. Das CHE hat so in Deutschland die Hochschulrankings hoffähig gemacht.

Inzwischen veranstaltet Bertelsmann das größte Hochschulranking in Deutschland, und seit geraumer Zeit wird jedes Jahr ein Drittel der gesamten Fächerpalette neu gerankt. Zusätzlich zu den Hochschulrankings gibt es noch ein CHE-Forschungsranking, ein CHE-Länderranking und sogar noch ein CHE-Alumniranking. Aus den Rankings sollen sich Qualitätsvergleiche ergeben, und wer am besten abschneidet, soll nach den Vorstellungen der Veranstalter solcher Rankings die Qualitätsmaßstäbe vorgeben. Das Ziel ist, dass sich die schlechter Plazierten im Wettbewerb an den besser Plazierten messen und dadurch eine Qualitätskonkurrenz zur »Entfesselung« der Hochschulen angestoßen wird. So üben die Rankings einen Konformitäts- und Anpassungsdruck auf alle Hochschulen aus.

Man kann nun lange über die Sinnhaftigkeit von Benchmarks oder Rankings streiten. An einer Tatsache führt nichts vorbei: Wie bei allen Vergleichsmessungen geht es bei Rankings darum, dass Qualität quantifiziert werden muss. Oder anders: Man muss Qualität in Quantitäten ausdrücken, denn nur so lässt sich messen.

Bei den Rankingergebnissen 2006 wurden etwa gemessen:
- Die Drittmittel pro Wissenschaftler
- Die Drittmittel pro Professor
- Die Publikationen pro Professor
- Die Publikationen pro Wissenschaftler
- Die Zitationen pro Publikation
- Die Promotionen pro Professor

- Die (durch methodisch fragwürdige Umfragen) erhobene Lehr- und die Forschungsreputation

Zudem fragt man dann noch Studierende oder Personalchefs nach ihrem Urteil über den Arbeitsmarkt- bzw. Praxisbezug der Lehre, darüber hinaus wurde nach der Studienorganisation, nach der Betreuung, nach dem Kontakt zu Lehrenden gefragt. Vergleichsmaßstäbe waren ferner die Zahl der Lehrevaluationen, das Angebot an E-Learning, von AV-Medien oder IT-Infrastruktur und ähnliche Ausstattungskategorien.

Man kann nicht bestreiten, dass manche dieser erhobenen Daten eine gewisse Aussagekraft besitzen, wer jedoch den verobjektivierenden Eindruck erwecken will, mit solchen Umfragen und Zahlenangaben sei etwas über die Qualität von Forschung oder über die Qualität des Studiums oder gar etwas über die hoffentlich damit verbundene Bildung ausgesagt, der täuscht sich und andere.

Ist eine Lehrveranstaltung etwa besser oder schlechter, weil dort E-Learning oder AV-Medien eingesetzt werden? Wird der Lehrstoff didaktisch besser aufbereitet, weil die IT-Infrastruktur besser ist? So begrüßenswert solche Ausstattungen auch sein mögen. Wie sollte ein Studierender den Arbeitsmarkt- oder Praxisbezug seines Studiums beurteilen können, und warum wurde nicht ein einziges Mal nach der wissenschaftlichen Qualität der Lehre gefragt? Die Hochschulen hatten keine Kontrolle über die Daten, es ist völlig undurchschaubar, ob Vergleichbares verglichen worden ist.

Rankings sollen Objektivität vorspiegeln, und deshalb heben sich solche Evaluierungen ganz bewusst von der Urteilsfähigkeit der Scientific Community, also dem Urteil der Fachkollegen untereinander oder der Einschätzung der Gemeinschaft der Lehrenden und Lernenden, ab. Die Fetischisierung der Rangliste sei Ausdruck und Symptom einer »spezifischen Erscheinungsform von Unbildung«, nämlich mangelnder Urteilskraft, schreibt der Wiener Philosoph Konrad Paul Liessmann in seinem Buch »Theorie der Unbildung«. »Tatsächlich ersetzt jede Reihung ein qualifiziertes Urteil, da sie besessen ist von der falschen Vorstellung, Urteilen hieße

Quantifizieren«, meint Liessmann. Nun muss man den neuhumanistischen Bildungsbegriff des Philosophen nicht teilen, aber recht hat er, wenn er schreibt, dass der Gedanke des Vergleichens und der Reihung in Verbindung mit dem Paradigma betriebswirtschaftlichen Denkens steht, das den Betriebsablauf von Hochschulen eher mit dem von Unternehmen vergleicht.

Das nordrhein-westfälische Hochschulfreiheitsgesetz wurde von Bertelsmann geschrieben

Die Entstehungsgeschichte des nordrhein-westfälischen »Hochschulfreiheitsgesetzes« ist ein Musterbeispiel dafür, wie sich die Politik und der Staat aus ihrer Verantwortung für ein zentrales Feld der Zukunftsgestaltung zurückziehen und dem Druck einer privaten Lobbyorganisation nachgeben und sich zur verlängerten Werkbank des Centrums für Hochschulentwicklung degradieren lassen.

Schaut man nämlich einmal genauer hin, woher das dort in Gesetzesform gegossene Konzept vom Rückzug des Staates zugunsten einer »unternehmerischen« Hochschule mit einem CEO (Chief Executive Officer) als Präsidenten und einem aufsichtsratsähnlichen Hochschulrat stammt, so stößt man auf die »Governance Struktur« des »New Public Management«-Modells das vom Bertelsmannschen Centrum für Hochschulentwicklung und dem Stifterverband für die deutsche Wissenschaft seit geraumer Zeit der Politik angedient, um nicht zu sagen aufgenötigt wird.

Die Entstehungsgeschichte dieses Hochschulfreiheitsgesetzes ist nicht nur deshalb interessant, weil Nordrhein-Westfalen das Land mit den meisten Hochschulen ist, sondern weil dabei der Einfluss des CHE wie kaum in einem anderen Fall belegbar ist.

Ende 2005 veröffentlichte der Gütersloher Think-Tank »Zehn CHE-Anforderungen an ein Hochschulfreiheitsgesetz für Nordrhein-Westfalen«.[94] In diesen »Anforderungen« finden sich teilweise wörtlich die Formulierungen wieder, die der nordrhein-westfälische »Innovationsminister« Pinkwart, ohne jede politische

Debatte in seiner Partei, geschweige denn im Landtag, kurze Zeit später auf einer Pressekonferenz am 25. Januar 2006 als seine eigenen »Eckpunkte des geplanten Hochschulfreiheitsgesetzes« vorstellte.[95] Die inhaltliche Übereinstimmung beider Papiere ließe sich an vielen Stellen belegen, zwei besonders markante Beispiele sollen hier genügen.

In den CHE-Anforderungen heißt es: »Es geht dabei insbesondere um die Möglichkeit einer Stärkung der körperschaftlichen Seite der Hochschulen bei gleichzeitiger *Minderung ihrer Eigenschaft als staatlicher Einrichtung.*«

Bei Pinkwart heißt es: »Die Hochschulen werden als Körperschaften des öffentlichen Rechts verselbständigt und sind künftig *keine staatlichen Einrichtungen mehr.*«

Oder zum Hochschulrat (also dem künftigen Aufsichtsrat); Wortlaut CHE: »In verschiedenen Bundesländern ist bereits ein Modell eingeführt worden, in dem die *Kompetenzen vom Staat auf einen Hochschulrat übertragen* worden sind, wobei die Wahl des Rektorats und die Verabschiedung der Grundordnung unabdingbar dazugehören. Der Hochschulrat muss hierdurch zu einem insbesondere in strategischen Fragen wichtigen Entscheidungsorgan werden. Die *Mitglieder sollten extern bestellt werden.*«

Pinkwart: »Der *Hochschulrat tritt als neues Organ an die Stelle des Kuratoriums und besteht mindestens zur Hälfte aus Mitgliedern von außerhalb der Hochschule* (...) Der Hochschulrat entscheidet über die strategische Ausrichtung der Hochschule und nimmt die *Fachaufsicht* wahr. Er beschließt über den Hochschulentwicklungsplan und die von den Hochschulen mit dem Land ausgehandelte Zielvereinbarung.«

Damit aber noch nicht genug, zwei Tage nachdem Pinkwart seine »Eckpunkte« vorgestellt hatte, meldete sich der damalige Leiter des CHE Detlef Müller-Böling zu Wort und erteilte dem Minister Zensuren: »Das CHE begrüßt Eckpunkte für ein NRW-›Hochschulfreiheitsgesetz‹, sieht aber noch Entwicklungspotentiale.«[96] Das CHE bewertet Pinkwarts Eckpunkte »überwiegend positiv«. »In einigen Punkten erscheinen Modifikationen sinnvoll, und der eine oder andere Punkt, der sich in den Eckpunkten bislang nicht findet, kann in dem Gesetz ja durchaus noch angesprochen werden.«

Mit Verlaub, hier drückt sich eine Anmaßung einer durch nichts als durch Geld legitimierte private Interessengruppe gegenüber dem Staat, der Regierung und dem Parlament aus, die nach demokratischen Maßstäben nicht mehr hinnehmbar ist. Die Politik wird geradezu zum Befehlsempfänger von Bertelsmann degradiert.

Damit aber immer noch nicht genug: Das nordrhein-westfälische »Hochschulfreiheitsgesetz« wurde nicht nur am Schreibtisch des CHE entworfen, nach seiner Verabschiedung sollte es auch noch bei seiner Umsetzung von den gleichen »unabhängigen Experten« begleitet werden, um damit eine »möglichst hohe Qualität bei der Umsetzung zu sichern«.[97] Nachdem sich also schon der Staat dem Einfluss dieser privaten Lobbyorganisation preisgegeben hat, werden nun auch noch die Hochschulen selbst dem Regime des CHE untergeordnet. Das hätte sich früher einmal »der Staat« erlauben sollen, nämlich die Hochschulen bei der Umsetzung eines Gesetzes zum »Erfolg« zu führen. Der Verlust der Freiheit von Forschung und Lehre und damit der Untergang der Epoche der Aufklärung wäre von den Hochschulen beschworen worden. Aber wenn nun einer der mächtigsten und politisch einflussreichsten Konzerne den Hochschulen sagt, was sie zu tun haben, dann scheint das von den Hochschulen wie selbstverständlich hingenommen zu werden.

Fazit: Die nordrhein-westfälischen Hochschulen nehmen ihre ihnen angeblich durch das »Hochschulfreiheitsgesetz« zugestandene Freiheit offenbar nur noch dadurch wahr, dass sie freiwillig auf diese Freiheit verzichten.

Missbrauch des Freiheitsbegriffs – »unternehmerische Hochschule«

Kaum ein anderer Begriff ist in der Menschheitsgeschichte so unterschiedlich gebraucht und so sehr missbraucht worden wie der Freiheitsbegriff. Man sollte also, wenn von »Freiheit« die Rede ist, immer nach der von Immanuel Kant entwickelten Unterscheidung zwischen positiver und negativer Freiheit fragen. Also der »Freiheit zu was« und der »Freiheit von was« oder der »Freiheit von wem«.

Kein anderes Land mache »Freiheit mit dieser Konsequenz zur Grundlage seiner Hochschulpolitik«, rühmt der nordrhein-westfälische Innovationsminister Pinkwart sein weitgehend vom CHE übernommenes Gesetz.[98] Stellt man die Kantsche Frage, für wen und wozu die »neue« Freiheit dienlich ist, so wird man feststellen, dass die weit überwiegende Mehrheit der Forschenden und Studierenden gemessen an ihren früheren Forschungs- und Lernfreiheiten und verglichen mit ihren bisherigen Beteiligungs- und Mitwirkungsrechten wesentlich »unfreier« sein wird als mit der – durchaus nicht optimalen – früheren akademischen Selbstverwaltung.

In der selbstverwalteten Gruppenuniversität entschied (vor allem) die Gemeinschaft der Lehrenden und (in Studienangelegenheiten mit einer Drittelparität) auch der Studierenden – jedenfalls dem Anspruch nach – nach forschungs- und lehrrelevanten Maximen und Interessen über Forschung und Lehre und – mit zunehmend flexibilisierten Haushalten – auch über die Verteilung der Ressourcen. Der Staat legte den Finanzrahmen fest und führte im Wesentlichen nur eine Rechts- und Finanzaufsicht. In der neuen – wie sie genannt wird – »unternehmerischen« Hochschule soll nicht mehr aufgrund von »Entscheidungen in den Gremien« (in denen nach Pinkwarts Urteil natürlich nur blockiert wurde und »demotivierende Bedingungen« herrschten), sondern es muss nach den Gesetzen des »Wettbewerbs« und der »Konkurrenz« auf dem Wissenschafts- und Ausbildungsmarkt gehandelt werden. Nicht nur die Universität selbst soll »unternehmerisch« agieren, sondern auch die Lehrenden und Forschenden sollen zu »Unternehmern innerhalb der unternehmerischen Hochschule« werden.

Bei Entscheidungen unter Konkurrenz- und Wettbewerbsdruck sind natürlich ausgiebige Diskussionen in Selbstverwaltungsgremien nur »bürokratische Hürden« und »Hemmnisse«, die es »aus dem Weg zu räumen« gilt. Die Hochschule im Wettbewerb bedarf, so Pinkwart, »klare, handlungsfähige und starke Leitungsstrukturen« oder, wie der Minister meint, »ein modernes Management«, das rasche Entscheidungen treffen und umsetzen kann. Horizontale Bottom-up-Strukturen demokratischer oder kooperativer Interessenvertretung müssen in diesem neuen Leitbild der Hochschulen von vertikalen, Top-down-Entscheidungsbefugnissen abgelöst werden.

Während der Rektor einer Hochschule früher der primus inter pares war, braucht die »unternehmerische« Hochschule – laut Pinkwart – wie ein auf »den Zukunftsmärkten« agierendes Unternehmen ein »professionelles Management« mit effizienten Entscheidungsbefugnissen und rascher Entscheidungskraft, das von der Spitze aus in alle Bereiche des Unternehmens – als »Arbeitgeber und Dienstherr« des »Personals« (ehemals Hochschullehrer genannt) und bis hinein in die »Ausbildungsverhältnisse« (ehemals Studium) – durchentscheiden kann. Man braucht dazu eine Art Chief Executive Officer (CEO) als Präsidenten, gegen dessen Stimme keine Entscheidung getroffen werden kann.

Die Qualität einer Hochschule bestimmt sich nicht mehr aus ihrer wissenschaftlichen Anerkennung innerhalb der Scientific Community und einem anspruchsvollen wissenschaftlichen Studium, sondern in der »unternehmerischen« Hochschule erweist sich Qualität in der »Konkurrenz mit ihresgleichen«.

Dabei hat nach Pinkwart die einzelne Hochschule »das Ziel Qualität auf unterschiedlichen Wegen zu verfolgen. Die eine Hochschule wird sich auf ihre Rolle als Ausbilder und F&E-Partner[99] in ihrer Region konzentrieren. Eine andere Hochschule wird sich an starken europäischen Mitbewerbern um technologische Leitprojekte orientieren und mit dem Anspruch antreten, in der internationalen Liga der Spitzenforschung mitzuspielen.«

Das Ziel von Innovationsminister Pinkwart entspricht also in etwa dem amerikanischen Hochschulsystem mit einer hierarchisch tief gestaffelten Hochschullandschaft einiger weniger Spitzenuniversitäten mit Ausbildungsangeboten für den Nachwuchs der Upper Class und der großen Masse von Hochschulen ganz unterschiedlicher Qualität für die große Masse der Studierenden.

Damit den Gesetzen des Wettbewerbs gefolgt werden kann, müssen – dem Glaubensbekenntnis der Markt- und Wettbewerbsideologen entsprechend – der Staat oder die Politik aus dem Marktgeschehen möglichst weitgehend herausgehalten werden.

Das Parlament ist allenfalls noch der Zahlmeister, der »Zuschüsse« gewährt, und er hat die »Finanzierungssicherheit bis zum Ende der Legislaturperiode« zu garantieren. Anstelle des Ministeriums oder des Parlaments als Organe der Rechts- und Finanzaufsicht wird der »unternehmerischen« Hochschule, wie bei einem in Form einer Aktiengesellschaft konstituierten Wirtschaftsunternehmen, künftig dem Management der Hochschule eine Art Aufsichtsrat als »Fachaufsicht« gegenübergestellt. Dieser sogenannte Hochschulrat »besteht mindestens zur Hälfte aus Mitgliedern, die von außen kommen; der Vorsitzende kommt in jedem Fall von außen«.

Vorschläge zur Besetzung des Hochschulrates macht ein Auswahlgremium aus zwei Vertretern des Senates, zwei Vertretern des bisherigen Hochschulrates und einem Vertreter des Landes mit zwei Stimmen. Es entwickelt einen Listenvorschlag, der vom Senat bestätigt werden muss und der letztinstanzlichen Zustimmung durch das Ministerium bedarf, das den Rat für eine Amtszeit von fünf Jahren ernennt. Pinkwart meint, mit diesem förmlichen Auswahlverfahren – bei dem die Vertreter der Hochschule allerdings in der Minderheit sind – sei »die demokratische Legitimation« der Hochschulratsmitglieder gesichert«. Er verschweigt dabei allerdings, dass der Hochschulrat in seinen Handlungen und Entscheidungen über die fünfjährige Amtszeit keiner irgendwie legitimierten und schon gar nicht einer demokratisch kontrollierten Instanz rechenschaftspflichtig ist. Die Hochschulratsmitglieder entscheiden über das Geld der Steuerzahler nach ihren persönlichen oder ihren politischen oder ökonomischen Interessen.

Man stelle sich einmal umgekehrt den Aufstand der Wirtschaft vor, wenn per Gesetz entschieden würde, im Aufsichtsrat eines Unternehmens müsste eine Mehrheit von externen Wissenschaftlern oder beliebiger Repräsentanten der Gesellschaft das Sagen haben.

Der Hochschulrat hat die »Fachaufsicht« über die Hochschule

Laut Hochschulfreiheitsgesetz konzentrieren sich die wichtigsten Machtkompetenzen einer Hochschule im Hochschulrat:

- Er wählt die Mitglieder des Präsidiums.
- Er stimmt dem Hochschulentwicklungsplan zu.
- Er stimmt dem Wirtschaftsplan und dem Plan zur unternehmerischen Hochschulbetätigung zu.
- Er nimmt zum Rechenschaftsbericht des Präsidiums Stellung.
- Er nimmt Stellung zu Angelegenheiten der Forschung, Kunst, Lehre und des Studiums, die die gesamte Hochschule oder zentrale Einrichtungen betreffen oder von grundsätzlicher Bedeutung sind.
- Er entlastet das Präsidium.

Am wichtigsten ist dabei die Wahl und die Entlastung der Hochschulleitung durch den Hochschulrat. Müller-Böling, ehemaliger Chef des CHE und Spiritus Rector des Hochschulfreiheitsgesetzes, hat die Bedeutung dieser Bestimmung sehr offen begründet: Nur durch die Wahl des Präsidiums durch den Hochschulrat »erhält die Hochschulleitung gegenüber den hochschulinternen Gremien die Unabhängigkeit, die sie für ein effektives und effizientes Management benötigt«.

Wer Erfahrungen mit der Praxis dieser »Aufsichtsräte« über die Hochschulen gesammelt hat, wird bestätigen müssen, dass ein ehrenamtliches externes Hochschulratsmitglied mit den ihm per Gesetz übertragenen Kompetenzen schlicht überfordert ist. Die jeweiligen Entscheidungen leiten sich allenfalls aus dem jeweils persönlichen Vorurteil oder Interessensbezug ab, oder man folgt lieber gleich dem Vorschlag des Präsidenten. In der überwiegenden Zahl der zu treffenden Entscheidungen hat das hauptamtliche Präsidium einen nicht einholbaren Informationsvorsprung und kennt die möglichen Handlungsoptionen erheblich besser als jedes externe Mitglied des Hochschulrates, das alle paar Monate für ein paar Stunden anreist. Hochschulratsmitglieder in Bayern und in Österreich – wo es flächendeckend Hochschulräte gibt – können ein Lied davon singen: Viele Präsidenten entwickeln sich zu Alleinherrschern bzw. zu patriarchalischen Unternehmerpersönlichkeiten.

Im wirklichen Leben sieht das nämlich so aus, dass vor entscheidenden Sitzungen des Hochschulrats der Präsident versucht, dessen Vorsitzenden in Vorgesprächen auf seine Seite zu ziehen, und der Vorschlag des Präsidenten wird dann vom Hochschulrat »durchgewinkt«. So kann der Präsident jeden Widerstand oder jeden seiner Position entgegenstehenden Beschluss der hochschulinternen Gremien aushebeln.

Die »unternehmerische« Hochschule wird von Unternehmensführern gesteuert

Pinkwarts Begründung für den externen Einfluss auf die Hochschule ist die: Der Hochschulrat »nimmt Impulse aus Wirtschaft und Gesellschaft auf und vermittelt in dieser Weise als ›Transmissionsriemen‹ das erforderliche Beratungswissen für die Entscheidungen der Hochschulleitungen«. De facto gibt es jedoch fast überall, wo sich Hochschulräte konstituiert haben, »Impulse« vor allem aus der Wirtschaft, genauer der Groß- und Finanzwirtschaft, der IHKs oder bestenfalls noch örtlicher Unternehmer. »Manager erobern die Kontrolle an den Unis« schrieb unverblümt das »Handelsblatt« am 12. Oktober 2007.

Nienhüser/Jakob von der Universität Essen kommen in einer Studie[100] zum Ergebnis: »Es sind besonders diejenigen Personen in Hochschulräten vertreten, die für die Hochschule wichtige Ressourcen kontrollieren bzw. denen man eine entsprechende Ressourcenkontrolle zuschreibt« und denen »Managementerfahrung« zuerkannt wird.

246

Auch eine Studie der Ruhruniversität Bochum[101] geht Fragen nach der Stellung, der Zusammensetzung, den Kompetenzen und den Arbeitsstrukturen der Hochschulräte in der reformierten Hochschullandschaft nach. Danach kommen 33 Prozent der Hochschulratsmitglieder aus Unternehmen oder aus Unternehmerverbänden. Außerdem liegt unter den Hochschulratsvorsitzenden der Anteil der Wirtschaftsvertreter bei 47 Prozent, von diesen sind 80 Prozent Aufsichtsrats- oder Vorstandsmitglieder. Vertreter aus Gewerkschaften sind im Vergleich zu jenen aus Wirtschaft, Politik und Wissenschaft in den neu geschaffenen Steuerungsgremien der bundesdeutschen Hochschulen mit drei Prozent kaum vertreten.

Die Eingangsfrage, für wen und wozu das neue »Hochschulfreiheitsgesetz« mehr Freiheit bringt, lässt sich – wenn man einmal die Freiheitsrhetorik hinterfragt – ziemlich eindeutig beantworten: Die Hochschulen werden statt den Gesetzen des demokratischen Gesetzgebers, den anonymen Gesetzen des Wettbewerbs unterstellt. Den angeblich objektiven und anonymen Zwängen des Wettbewerbs kann und darf sich kein Mitglied der Hochschule, ob Forschender, Lehrender oder Studierender, mehr entziehen. Die verfassungsrechtlich garantierte Freiheit der Forschung und Lehre gegenüber dem Staat und die sich selbst verwaltenden Strukturen der in Angelegenheiten der Wissenschaft autonomen Hochschule werden durch die Entlassung der »unternehmerischen« Hochschule in die Freiheit des Wettbewerbs im Sinne Schumpeters »schöpferisch zerstört«, und Freiheit wird als die Freiheit zur Durchsetzung auf dem Ausbildungs- und Wissensmarkt umdefiniert. Die horizontalen Strukturen von Interessenvertretung und akademischer Selbstverwaltung und kooperative Hochschulleitungen werden durch eine neuartige zentralistische Aufsichtsrat-Management-Direktionsstruktur ersetzt. Die Hochschulen gleichen sich so auch formal dem Leitbild gewerblicher Unternehmen an.

Wer nun meint, Düsseldorf sei eben nicht so weit weg von Gütersloh und es sei doch ganz schön, dass sich ein nordrheinwestfälischer Think-Tank um Landesangelegenheiten kümmert, der verharmlost die Situation, das CHE bewertete in gleicher Weise das neue Hochschulgesetz in Sachsen und anderswo.

Das CHE füllt die in unserer Verfassung nicht vorgesehene Rolle eines Bundeshochschulministeriums aus – ein informelles Ministerium, das allerdings nicht dem Parlament, sondern nur der Bertelsmann Stiftung rechenschaftspflichtig ist. Der Autor des Buches »Hinter der Fassade des Medienimperiums«, Frank Böckelmann, nennt das »eine Privatisierung der Politik«. Es ist allerdings eine Privatisierung der Politik auf öffentliche Kosten, denn immerhin hat sich die Familie Mohn durch die Gründung der Stiftung riesige Summen an Erbschafts- oder Schenkungssteuern erspart, und zweitens sind die Dividenden, die an die »gemeinnützige« Stiftung abgeführt werden, steuerbegünstigt.

Kapitel 15

Mit Bachelor und Master die Hochschulabschlüsse verschlimmbessert

Eine seltsame Meinungsmache hat tiefgreifende Folgen für die Hochschulabschlüsse in Deutschland: Deutschland müsse mit seinen Studienabschlüssen wieder Anschluss an die universitäre Weltgemeinschaft finden. Das deutsche Diplom habe im unaufhaltsamen Prozess der Globalisierung seine internationale Anerkennung verloren, im Namen der Vergleichbarkeit müsse man sich an das anglo-amerikanische gestufte Studiensystem anpassen und Bachelor- und Masterabschlüsse einführen. Nur so könnten deutsche Absolventen auf dem weltweiten Arbeitsmarkt wieder eine faire Chance bekommen. Es wird uns erzählt, das Alter der Absolventen müsse drastisch gesenkt werden, und deshalb müssten das Studium effizienter und die Studienzeiten radikal verkürzt werden. Dazu müssten die Studiengänge »modularisiert« werden, die Studienleistungen müssten anhand von vergleichbaren Kreditpunkten gemessen werden, die den »workload«, also den Arbeitsaufwand für das Lernen, gemessen in Zeiteinheiten erfassen. Die Sicherung der Qualität eines Studiums müsse durch private externe Akkreditierungsagenturen geschehen, und Hochschulen müssten permanent »evaluiert« werden. Die Hochschulausbildung müsse marktnäher sein, so dass die »Employability« (die Arbeitsmarktfähigkeit) gesichert sei.

Das Wortgeklingel von »Wissensgesellschaft«, »Profilbildung«, »Evaluierung« und »Akkreditierung«, »Internationalisierung«, »Wettbewerbsfähigkeit« und vor allem »Exzellenz« darf in keiner hochschulpolitischen Rede und in keinem Zeitungsartikel fehlen. Die Meinungsmacher gaukelten uns so täglich vor, dass die deutschen Universitäten und Fachhochschulen einem umwälzenden Reformprozess unterzogen werden müssten, an dessen Ende endlich wieder das Heil der internationalen Konkurrenzfähigkeit erreicht werde.

Die Kampagne firmiert unter dem Namen »Bologna-Prozess«. In Bologna hatten sich 1999 29 europäische Bildungsminister für einen Tag getroffen und eine Erklärung unterzeichnet – ein in seiner Verbindlichkeit höchst fragwürdiges Papier, mit dem die Hochschulen von oben herab verpflichtet wurden, bis 2010 die radikalste Umgestaltung der deutschen Hochschulen seit zweihundert Jahren umzusetzen. Diese Erklärung über den »europäischen Hochschulraum« wurde in kaum einem Parlament ernsthaft diskutiert, geschweige denn ratifiziert. Die Rektoren und Professoren haben sich in einer denkwürdigen Willigkeit nicht etwa einem gesetzlichen Zwang, sondern einem von außen erzeugten »Reform«-Druck gebeugt und eine Studienreform exekutiert, die von einem großen Teil der Lehrenden aus fachlicher und sachlicher Sicht bis heute kaum akzeptiert wird. In Wirklichkeit liegt aber Bologna nicht in Italien, sondern in Brüssel. Dort ist das eigentliche Zentrum eines universitäts- und wissenschaftsfernen Bürokratisierungsprozesses, dem nichts fremder ist als die Freisetzung von Kreativitätspotenzialen an den Hochschulen.

In der öffentlichen Diskussion waren die Inhalte und die Folgen des Bologna-Prozesses mit seinen regelmäßigen Folgekonferenzen kaum ein Thema, und die meisten Hochschullehrer und Studierenden haben die damit verbundene Umgestaltung des Studiums erst bemerkt, als sie mit den praktischen Konsequenzen der »großartigen« Versprechungen konfrontiert wurden. Forderungen nach einer kritischen Bestandsaufnahme oder gar nach einer Umkehr werden zwar immer lauter,[102] prallen aber noch, nachdem die Hamstertrommel in Schwung gekommen ist, am herrschenden Meinungsstrom ab.

Nach bisherigem Verständnis unterschied sich das Studieren vom schulischen Lernen nicht nur durch ein höheres Abstraktions- und Theorieniveau, sondern auch durch einen höheren Grad an Selbständigkeit, der den Studierenden abverlangt wurde. Von einem solchen »Studium« ist kaum noch etwas übrig geblieben. Studienleistungen werden inzwischen nach der aufgewandten Jahresarbeitszeit für das Einpauken des in Skripten vorgegebenen Lernstoffes bemessen und mit »Kreditpunkten« abgegolten. Inhaltliche Vorgaben oder gar Bildungsziele sind aus den neuen Studiengängen weitgehend entfernt worden, es geht um Lernstoff. Das Lehrangebot nennt sich heute bezeichnenderweise »Betreuungsangebot«. Beim Studium ist an die Stelle der Anleitung zum selbständigen Lösen von Problemen mit wissenschaftlichen Methoden das Pauken von »Wissensmodulen« getreten. Geradeso, als sei das menschliche Gehirn eine Festplatte, auf die man die Anforderungen des Arbeitsmarktes »downloaden« könnte. In der »FAZ« konnte man kürzlich den bösen Begriff »Bulimie-Studium« lesen, einpauken und wieder ausspucken. Während die US-amerikanischen Elite-Universitäten sich im letzten Jahrzehnt am früheren eigenverantwortlichen und selbständigen Studieren des Humboldtschen Modells orientierten, passen sich die deutschen Hochschulen im Gleichschritt der zweit- oder drittklassigen College-Ausbildung des angelsächsischen Hochschulsystems an. Viele Studiengänge sind inzwischen stärker verschult als die Leistungskurse an den Gymnasien, mit kontrollierter Anwesenheit in den Unterrichtsstunden, mit permanenter Abfrage des Stoffs in zahllosen Klausuren, oft in Form von Computern anonym ausgewerteter Multiple-Choice-Verfahren.

Die gleichwertigen, aber andersartigen Studieninhalte der »anwendungsbezogenen« Fachhochschulstudiengänge und der »theoriebezogenen« Universitätsstudien haben sich durch die Kurzstudiengänge abgeschliffen. Vielfach fehlt es heute sowohl am Theorie- als auch am Anwendungsbezug. Es mag Fachbereiche geben, denen es gelungen ist, aus dem Diktat von außen noch das Beste zu machen, aber für eine Reflexion über das eigene Studieren, für eine vertiefende Lektüre oder gar für einen Blick über den Fächerrand bleibt auch dort meist kein Raum.

Die Abschlüsse werden hochtrabend als »berufsqualifizierend« bezeichnet; wie jedoch der Arbeitsmarkt auf die Bachelors reagieren wird, ist eine noch weitgehend offene Frage. Bis heute ist die Einstufung bei einer Einstellung in den Öffentlichen Dienst nicht eindeutig geklärt. Bleibt die Situation auf dem Berufsbildungsmarkt so eng wie heute, dürften künftig die Bachelors die Abiturienten bei einer Vielzahl von beruflichen Ausbildungsplätzen verdrängen, wie zuvor die Abiturienten die Haupt- und Realschüler verdrängt haben.

Durch Übergangsbarrieren – wie etwa die Bindung an Examensnoten oder schlicht durch die Festlegung von Quoten – wird der Aufstieg zu einem »wissenschaftlichen« Masterstudium reguliert. So wird die Masse der Studierenden durch ein Kurzstudium mit einem meist nur zertifizierten Zwischenprüfungsabschluss geschleust, und einer kleinen »Elite« von höchstens einem Drittel bleibt ein Masterstudium vorbehalten. Und das in einer Zeit, wo in volkswirtschaftlich wichtigen Fächern die Zahl der aus dem Beruf ausscheidenden Akademiker über der Zahl der Hochschulabsolventen liegt.

Unter dem Stichwort »Profilbildung« hat jede einzelne Hochschule ihren eigenen Bachelor-Studiengang erfunden. Kaum ein Studiengang ist so strukturiert wie an der Nachbaruniversität. Der Deutsche Hochschulverband, die bundesweite Berufsvertretung der Universitätsprofessoren und des wissenschaftlichen Nachwuchses, sieht deshalb das wichtige Ziel der Schaffung eines europäischen Hochschulraums als »weitgehend misslungen« an: Die einzelnen Studiengänge sind mittlerweile so spezialisiert, »dass bereits ein innerdeutscher Studienortwechsel während des Bachelor-Studiums nahezu unmöglich ist«. Auch die Anerkennung von Leistungsnachweisen an neuen Studienorten ist offenbar weiter erschwert.[103] Was Wunder, dass es auch immer weniger Studenten ins Ausland zieht. Professor Klaus Landfried, einer der Geburtshelfer der Bologna-Reform, muss beklagend feststellen, dass die Mobilität im Bachelor Studium zurückgegangen ist. Im Studienjahr 2006/2007 blieben zum Beispiel 40 000 Erasmus-Stipendien unbesetzt.

Zwei Drittel aller Studiengänge wurden in Windeseile in inzwischen rund 7000 Bachelor- und Masterstudiengänge umgewandelt, die von einem halben Dutzend Akkreditierungsagenturen geprüft und »akkreditiert« wurden. Schon an der Masse der zu akkreditierenden Studiengänge – gemessen an der Zahl der Agenturen – wird erkennbar, dass eine ernsthafte Qualitätsprüfung gar nicht stattfinden konnte, stattdessen wurde überwiegend die Papierform zertifiziert, und zu »Peers« ernannte Fachkollegen überprüfen in Stippvisiten vor Ort ihre Vorurteile. Die alle drei bis vier Jahre zu wiederholende Akkreditierung ist teuer, aufwendig und führt zu einer Regulierung und Bürokratisierung ungeahnten Ausmaßes. Es werden dabei in geradezu obrigkeits-staatlicher Weise durch private Agenturen mit fragwürdiger Legitimation »Auflagen« erteilt, es werden »Nachweise« angefordert, und es müssen sachliche und personelle Anforderungen erfüllt werden. Aus der vielbeschworenen Autonomie der Hochschulen ist eine freiwillige Zwangsuniformierung geworden.

Zur Besinnung über die Prämissen des Bologna-Prozesses blieb angesichts des abverlangten Reformtempos kaum noch Zeit. Statt kritischer Begleitung hat sich der deutsche Bildungsjournalismus zum Erfüllungsgehilfen der europäischen Vorgaben machen lassen. Politik und Medien berauschen sich seit Jahren an den Worthülsen der Bologna-Rhetorik, die mit der Wirklichkeit an den Hochschulen und den realen Bedingungen des Studierens kaum noch etwas zu tun haben.

Die Umsetzung des Bologna-Prozesses verursacht immense Kosten und einen hohen Verschleiß an Personalressourcen. Eine Akkreditierung eines einzigen Studiengangs bei einer Agentur kostet zwischen zehn- bis zu über zwanzigtausend Euro. Jeder kann sich ausrechnen, wie viel Gebühren dabei bei Tausenden von Studiengängen anfallen. Zehntausende von Wissenschaftlerstunden müssen in die Erstellung und Erläuterung von neuen Studienordnungen, Modulhandbüchern, Betreuungsangeboten, Prüfungsanforderungen etc. investiert werden. Manche der oft mehrere hundert Seiten umfassenden Antragspapiere gleichen eher einer Marketing-Broschüre als der Wirklichkeit. Der Verwaltungsaufwand und die Datenflut für die Hochschulen haben sich vervielfacht. Das kostet natürlich das Geld der Steuerzahler und der Studierenden, die für diesen Irrsinn inzwischen sogar noch Studiengebühren entrichten müssen.

Obwohl bisher erst wenige Kohorten von Studierenden einen Bachelor-Abschluss absolviert haben, gibt es erste ernüchternde Befunde: Entgegen der Verheißungen hat die Abbrecherquote zugenommen. Nach einer Studie des Hochschulinformationssystems brechen 30 Prozent der Bachelor-Studierenden ihr Studium ab,[104] bei den naturwissenschaftlichen und ingenieurwissenschaftlichen Fächern noch mehr.

Die willkürlich und oft viel zu kurz angelegten Studienzeiten für den Bachelor von sechs Semestern können nur von wenigen Studierenden eingehalten werden. Und da in der neuen Studienordnung vom ersten Semester an jede Note wichtig ist, stehen die Studenten bereits zum Studienbeginn unter großem Druck. Volker Koscielny, psychologischer Berater der zentralen Studienberatung der Universität Münster, bezeichnete die hohe Anzahl der Prüfungen als übertrieben. Viele Bachelor-Studenten litten unter Depressionen oder daran, »vor lauter Angst« nicht lernen zu können. »Jeder fünfte Hilfesuchende braucht neben der Beratung eine professionelle Psychotherapie«, stellte der Psychologe fest.[105] Die Verschulung führte zu erkennbaren Niveausenkungen. Von akademischer Lehr- und Lernfreiheit kann man beim besten Willen nicht mehr sprechen. Die Anerkennung der Abschlüsse dieser Kurzstudien durch ausländische Hochschulen ist unsicherer geworden. Der deutsche Bachelor ramponiert eher den guten Ruf früherer deutscher Diplome. Deshalb werben Hochschulvertreter auch für eine Beibehaltung der traditionellen deutschen Studienabschlüsse, die »weltweit anerkannt« und ein Aushängeschild nachweisbarer Exzellenz seien.[106]

Die Bachelor-Studiengänge haben sich gerade nicht als »Sprungbrett« für Studierende aus den bildungsfernen Schichten erwiesen. »Kinder von Eltern mit niedrigen beruflichen Bildungsabschlüssen finden sich unter den Bachelor-Absolventen der ersten Jahrgänge deutlich seltener als unter den Absolventen des Abgängerjahrgangs 2001«, ergibt sich aus einer weiteren Studie des Hochschulinformationssystems (HIS).[107]

In wenigen Jahren haben diese Reformen das deutsche Hochschulwesen deformiert. Die Methoden, mit denen diese Zerstörung durchgesetzt wurden, sind – wie bei den anderen neoliberalen Reformen – immer dieselben: Man ruiniert das vorhandene System, indem man es kaputtspart.[108] Die dadurch notwendig eintretenden Mängel werden zum Anlass genommen, die gesamte bisherige Struktur schlechtzureden. Die »Globalisierung« wird als Hebel für die Umwälzung eingesetzt, und mit rosinenpickerischen Vergleichen (Benchmarks) mit ausländischen Messzahlen wird ein Wettbewerbsdruck fingiert und ein Angleichungsdruck herbeigeredet. Staatliche oder parlamentarische Verantwortung wird als die Wurzel allen Übels bezeichnet, stattdessen sollen betriebswirtschaftliche Organisationsprinzipien alles besser lösen können. Dem durch die Sparmaßnahmen immer mehr belasteten und frustrierten Personal wird eingeredet, dass es ihm bessergehe, wenn erst einmal der schmerzliche Reformprozess vollzogen sei. Dann folgt eine Reformwelle nach der anderen, die jeweiligen Konsequenzen können gar nicht mehr bedacht oder überprüft werden, denn schon folgt die nächste Reform. Jede Fehlentwicklung wird mit einer Erhöhung der Reformdosis bekämpft. Die Meinungsmacher treiben die Entwicklung immer schneller voran: Früher sei alles noch schlechter gewesen, das Althergebrachte sei endgültig überholt, nach der Reform sei eben vor der Reform, Veränderung ist alles – weshalb Bildungsministerin Schavan die Proteste des »Bildungsstreiks« als »gestrig« bezeichnet.

Die in Gang gesetzten Veränderungen hatten wenigstens etwas Gutes: die Professoren waren gezwungen, ihre verstaubten Lehrpläne zu überdenken und umzustrukturieren. Um dies zu erreichen, hätte man allerdings keinen »Bologna-Prozess« gebraucht.

Der »Bologna-Prozess« ist ein Musterbeispiel zerstörerischer Meinungsmache. Und typisch für ähnliche Erscheinungen: Die Meinungsmache vollzieht sich innerhalb der Meinungsführerzirkel. Ohne Rücksicht. Ohne Beteiligung. Ohne Kontakt zur Mehrheit der Bevölkerung. Diese wird ahnungslos gehalten. Sie wird überfahren, obwohl hier Strukturen verändert und festgezurrt werden, die die Nachkommen vieler Familien betreffen und uns auf Jahrzehnte begleiten und belasten werden.

Wer jenseits der Macher, wer jenseits der Nachmacher der Meinungsmacher in Kontakt mit dem Geschehen geriet und jetzt die Ergebnisse betrachtet, schlägt die Hände überm Kopf zusammen. Fachleute, die wissen, wie es in andern Ländern aussieht, und die beurteilen können, wie Bachelor und Master sich mit unseren bisherigen Abschlüssen vergleichen, verstehen die Umorientierung bei uns nicht.

Der stärkste Motor beim Zerstörungswerk – die Bertelsmann Stiftung

Die Bertelsmann AG ist der größte Oligopolist der veröffentlichten Meinung in Deutschland. Die Zeitungen, Zeitschriften, Fernseh- und Radiosender und nicht zuletzt die Verlage des Konzerns beeinflussen nicht nur die Meinungsbildung, sondern auch die gesamte Stimmungslage und die Befindlichkeiten in Deutschland. Schon diese Medienmacht alleine stellt eine Bedrohung für die Meinungsvielfalt in Deutschland dar. Bertelsmann übt aber darüber hinaus eine politische Gestaltungsmacht aus, die weit über den Einfluss von Verbänden, Kirchen, Gewerkschaften, ja sogar von Parteien hinausgeht – und das geschieht durch die Bertelsmann Stiftung.

Der Firmenpatriarch Reinhard Mohn hat die Stiftung 1977 gegründet und ihr zwischen 76,9 Prozent der Anteile an der Bertelsmann AG übertragen. Sie ist die reichste Stiftung in Deutschland. Seit ihrer Gründung hat sie bisher rund 666 Millionen Euro in über 700 Projekte investiert und insgesamt rund 728 Millionen Euro für »gemeinnützige Arbeit« zur Verfügung gestellt. Im Geschäftsjahr 2007 hat sie aus Erträgen der Bertelsmann AG 72 Millionen Euro erhalten, aufgrund von Kooperationen und Erträgen aus der Vermögensverwaltung verfügte die Bertelsmann Stiftung über ein Volumen von knapp 84 Millionen Euro. Allein für die Bildungsaktivitäten standen 2006 knapp elfeinhalb Millionen Euro zur Verfügung.[109] Mit über 330 Mitarbeiterinnen und Mitarbeitern, die bis zu 100 Projekte betreuen, hat sie sich seit den 1990er Jahren zu einem führenden deutschen Think-tank entwickelt. Das Spezifikum der Stiftung ist, dass sie nur von ihr selbst definierte Projekte finanziert und keine extern gestellten Anträge fördert. Während die Stiftung sonst ständig vom Wettbewerb redet, lässt sie einen Wettbewerb um ihre Fördermittel nicht zu. Um Synergien zu erzielen, arbeitet die Bertelsmann Stiftung unter anderem mit der Heinz Nixdorf Stiftung, der Körber-Stiftung, der VolkswagenStiftung, der Hertie-Stiftung, der Ludwig-Erhard-Stiftung und der Robert Bosch Stiftung zusammen.

»Eigentum verpflichtet« nennt Reinhard Mohn als Motiv für die Gründung seiner Stiftung. Doch so ganz altruistisch motiviert dürfte die Übertragung von über dreiviertel der Kapitalanteile an der Bertelsmann AG an eine Stiftung nicht gewesen sein. Man liegt gewiss nicht falsch mit der Vermutung, dass Reinhard Mohn dadurch, dass er dieses Kapital »gestiftet« hat, hohe Summen an Erbschafts- und/oder Schenkungssteuer »gespart« hat. Zudem sind die jährlichen Dividendezahlungen des Konzerns an die »gemeinnützige« Bertelsmann Stiftung steuerbegünstigt, und die Vermutung dürfte nicht unbegründet sein, dass ein Gutteil des Etats der Stiftung über Steuerminderungen finanziert wird. Der Fiskus fördert also die Aktivitäten der Stiftung mit. Dabei ist es keineswegs so, dass die Ziele des Konzerns von den Zielen der gemeinnützigen Stiftung unabhängig sind. Nach eigenem Bekenntnis will Reinhard Mohn, dass seine Stiftung »nicht nur ein bedeutender Reformmotor für die Gesellschaft, sondern auch ein Garant der Unternehmenskontinuität des Hauses Bertelsmann« sein soll.

Der Göttinger Soziologe Frank Adloff kritisiert wohl nicht ganz zu Unrecht, dass für solche Zwecke, für die die Stiftung steht, »die Steuerbefreiung für gemeinnützige Stiftungen nicht gedacht« sei.[110] Denn die Bertelsmann Stiftung ist – entgegen dem Anschein, den sie zu erwecken versucht – eben keine neutrale Einrichtung zu uneigennützigen Zwecken. Man kann Reinhard Mohn nicht einmal vorwerfen, dass er mit seiner »Mission« hinter dem Berg hält. Jeder kann die Botschaften im Internet etwa auf der Website der Bertelsmann Stiftung oder in Mohns Buch »Die gesellschaftliche Verantwortung des Unternehmers«[111] nachlesen. Der Bertelsmann-Firmenpatriarch legte auch in zahlreichen Schriften seine Weltanschauung ausgiebig dar. Im Hinblick auf diese Mission ist die Stiftung – wie Harald Schumann im »Tagesspiegel« schrieb – eine »Macht ohne Mandat«.

Wenn man Vertretern der Bertelsmann Stiftung diesen Vorhalt macht, erntet man regelmäßig die treuherzig bescheidene Antwort: »Wir machen doch nur Vorschläge, entscheiden tut die Politik.« Unter dem Pathos der »Gemeinwohlverpflichtung« oder der Losung »Wir helfen der Politik, dem Staat und der Gesellschaft, Lösungen für die Zukunft zu finden« (R. Mohn) gibt es kaum ein politisches Feld von Bedeutung, wo die Stiftung mit ihren Handreichungen nicht ihre Lösungsangebote macht.

Die Bertelsmann AG ist der größte europäische Medienkonzern, und mit einem Umsatz von 16,1 Milliarden Euro und weit über 100 000 Beschäftigten in mehr als 60 Ländern ist Bertelsmann das fünftgrößte Medienunternehmen weltweit.[112] Bertelsmann ist zwar nicht das nach Umsatz größte Unternehmen in Deutschland, aber durch seine Medienmacht gepaart mit der Mission der Bertelsmann Stiftung das gesellschaftlich und politisch wirkungsmächtigste.

Die Erfolgsgeschichte des Familienunternehmens begann mit Büchern und später Schallplatten, man baute Leseringe auf, kaufte in den letzten Jahrzehnten Großdruckereien und Verlage und stieg ins Funk-, Fernseh-, Film- und Musikgeschäft ein. Radiostationen, Filmproduktion, Rechtehandel, Medien- und Kommunikationsdienstleistungen sowie Immobilien-, Finanzfirmen und – zunehmend bedeutsam – auch private Bildungsinstitute wie etwa das »Hamburger Institut für Lernsysteme« (ILS) gehören heute zum Bertelsmann-Konzern. Hier ein Überblick über den Konzern:

- Random House ist laut Geschäftsbericht der Bertelsmann AG 2008 die weltweit führende Publikumsverlagsgruppe der Welt. Das Portfolio umfasst mehr als 120 Einzelverlage, die jährlich rund 11 000 Neuerscheinungen veröffentlichen. Random House verkauft jährlich mehr als 500 Millionen Bücher. Die Gruppe gehört zu 100 Prozent zu Bertelsmann. Zu ihr gehören in Deutschland neben den unter dem Namen Bertelsmann erscheinenden Verlagen etwa die Deutsche Verlags-Anstalt, der Heyne Verlag, Kösel, der Luchterhand Literaturverlag, Goldmann, Siedler und viele andere.
- Die RTL Group ist Europas führender Unterhaltungskonzern mit Beteiligungen an 45 Fernsehsendern und 32 Radiostatio-

nen in elf Ländern sowie an Produktionsgesellschaften weltweit. Die RTL Group ist das führende europäische Entertainment-Netzwerk. Das TV-Portfolio des größten europäischen TV-Senders umfasst Fernsehkanäle in Deutschland, Frankreich, Großbritannien, den Niederlanden, Belgien, Luxemburg, Kroatien, Ungarn, Griechenland, Russland und Spanien. Das Flaggschiff der RTL Group im Radiobereich ist RTL in Frankreich, insgesamt gehören der RTL Group 32 Stationen in Europa komplett oder anteilig. Der weltweit arbeitende Produktionsbereich Fremantle Media ist einer der größten internationalen Produzenten außerhalb der USA. Nach firmeneigenem Bekunden schalten mehr als 200 Millionen Zuschauer in ganz Europa täglich die Fernsehsender der RTL Group ein: RTL Television, Super RTL, VOX oder N-TV in Deutschland, M6 in Frankreich, Five in Großbritannien, Antena 3 in Spanien, RTL 4 in den Niederlanden, RTL TVI in Belgien und RTL Klub in Ungarn – um nur wenige zu nennen. Auch die öffentlich-rechtlichen Sender sind mit Bertelsmann verbandelt. So ist zum Beispiel der ehemalige stellvertretende Chefredakteur des ZDF und früherer Leiter der Hauptredaktion Aktuelles und heutige Leiter des Washingtoner ZDF-Studios, Klaus-Peter Siegloch, im Kuratorium der Bertelsmann Stiftung. Auch der frühere ZDF-Intendant Dieter Stolte, der 1999 eine kritische Reportage über die Rolle Bertelsmanns im Dritten Reich verhinderte, gehörte noch während seiner Amtszeit dem Kuratorium an. Der Leiter des ZDF-Hauptstadtstudios, Peter Frey, ist »Fellow« des von Bertelsmann getragenen »Centrums für angewandte Politikforschung« (CAP).

- Der Bertelsmann AG gehören 74,9 Prozent des größten europäischen Magazinhauses Gruner + Jahr mit über 14 400 Mitarbeiter erreichen mit mehr als 500 Magazinen und digitalen Angeboten Leser und User in 30 Ländern. Zudem hält G+J zusammen mit der Bertelsmann-Tochter Arvato je eine 37,45-Prozent-Beteiligung an Europas größtem Tiefdruck-Konzern Prinovis und besitzt mit Brown Printing eines der größten Offsetdruck-Unternehmen in den USA. Gruner + Jahr hat mit

25,25 Prozent eine Sperrminorität im »Spiegel« Verlag. Das Bertelsmann Zeitschriften-Imperium beherrscht die Kioske: »Stern«, »GEO«, »Capital«, »Brigitte«, »Gala«, »manager-magazin«, »Financial Times Deutschland«, »Essen-und-trinken« sind nur einige der Titel.

- Die Direct Group Bertelsmann ist mit ihren Medienclubs, Buchhandlungen, Internetaktivitäten, Verlagen und Distributionsfirmen in 15 Ländern tätig und verfügt über mehr als 700 Club-Shops und Buchhandlungen. Zu den Medienclubs zählen bekannte Marken wie Der Club in Deutschland, France Loisirs in Frankreich und der Círculode Lectores in Spanien. Die Direct Group ist mit Chapitre.com (Frankreich) und Bertrand (Portugal) zweitgrößter bzw. größter Buchhändler der jeweiligen Märkte. 15 Millionen Menschen in 21 Ländern sind Mitglieder in den Clubs der Direct Group.

- Eine 100-prozentige Tochter der Bertelsmann AG ist die Arvato AG, die mit 60 000 Mitarbeitern weltweit zu den größten Medien- und Kommunikationsdienstleistern gehört. Das Geschäft umfasst Druckereien, Call- und Service-Center sowie Logistikdienstleistungen und die Herstellung optischer Speichermedien. Arvato bietet Unternehmen aus unterschiedlichen Branchen integrierte und maßgeschneiderte Lösungen rund um die Kernkompetenzen Datenmanagement, Druck, IT, Customer Relationship Management, Replikation von Speichermedien und Supply Chain Management und Direktvertrieb von Wissensmedien. Arvato betreut in aller Welt mehr als 150 Millionen Endkunden in über 20 Sprachen. Arvato-Mitarbeiter managen die Lagerung und Distribution von mehr als 650 Millionen Packstücken, entwickeln, integrieren, betreuen und betreiben Anwendungen und IT-Systeme. Arvato ist die größte Druckereigruppe Europas und der zweitgrößte Speichermedienhersteller der Welt. Arvato Services stärkte seine Marktposition in Europa unter anderem durch die Übernahme von Servicecenter-Standorten der Deutschen Telekom sowie des französischen Mobilfunkunternehmens SFR. Unter dem Stichwort »Moderner Staat« bietet Arvato sämtliche

Servicemodule für das Management von Kunden- bzw. Bürgerbeziehungen zur öffentlichen Hand aus einer Hand an. Arvato managt etwa in Großbritannien schon ganze Kommunen, erhebt Gebühren und zieht Steuern ein. Mit dem Projekt »Würzburg integriert!« fiel 2007 der Startschuss für die Zusammenarbeit von Arvato und öffentlicher Verwaltung in Deutschland. Mit diesem Pilotprojekt sollen die Servicequalität verbessert und Verwaltungsabläufe beschleunigt werden.

Die Tätigkeit von Konzern und Stiftung

Das Spektrum der Projekte reicht vom Kindergarten über die Schule bis zur Hochschule und weiter bis ins Arbeitsrecht. Bertelsmann macht Vorschläge zur Bewältigung des demographischen Wandels, zur Integration von Migranten, zur Altersvorsorge, zur Reform des Föderalismus, zur Familienpolitik, zur Gesundheitspolitik, zur Politik in Europa, zur transatlantischen Kooperation und zur globalen Durchsetzung der von Mohn für richtig befundenen Prinzipien. Bertelsmann bietet seine Dienstleistungen zum »modernen Regieren« an und sieht in der öffentlichen Verwaltung gleichzeitig ein gewinnträchtiges Geschäftsfeld für die Konzerntochter Arvato.

Bertelsmann will »Motor« für Reformen auf allen diesen Feldern sein. Überall bietet die Stiftung ihre »Lösungen für die Zukunft« an. Vom Bundespräsidenten über die Bundeskanzler und die Bundes- und vor allem Landesministerien bis hin zur Kommunal- oder Finanzverwaltung, überall dient Bertelsmann seine Vorschläge an. Die Lösungskonzepte werden auf allen Ebenen, von zahllosen öffentlichen oder halböffentlichen Institutionen, von Regierungen und Parlamenten und von fast allen Parteien von der FDP, über die CDU oder die SPD bis zu den Grünen im Sinne des herrschenden Modernisierungsdenkens begierig aufgegriffen.

Bertelsmann liefert zahllose Angebote vor allem für die Schulen: Angefangen vom Projekt »Bildungswege in der Informationsgesellschaft (BIG 2006)«, über Gesundheitserziehung, die Initiative »Notebooks im Schulranzen«, die Förderung der Musikkultur bei Kindern, das Projekt »Wirtschaft in der Schule«, die »Toolbox Bildung« bis zu den Projekten »Eigenverantwortliche Schule und Qualitätsvergleich in Bildungsregionen«. Unter dem Titel »SEIS macht Schule« entwickelte die Bertelsmann Stiftung den Schulen ein Selbstevaluations- und Steuerungsinstrument, das den »Entwicklungsprozess einer Schule zielgerichtet, effizient, systematisch und nachhaltig« voranbringen soll. Ein Netz von weit über 1000 Schulen in 16 Bundesländern ist schon aufgebaut. Das Projekt soll künftig ohne Unterstützung der Stiftung fortgeführt werden.

Bertelsmann bietet neue Steuerungsmodelle etwa für öffentliche Bibliotheken, den »Bibliothekindex«, die »Bibliothek 2007«, und last but not least baut die Stiftung eine Deutsche Internetbibliothek auf. Bertelsmann legt Studien zum demographischen Wandel vor. Das Ergebnis ist immer das gleiche, die sozialen Sicherungssysteme bluten angesichts der Überalterung aus, private Vorsorge ist die Rettung. Die Stiftung führte etwa am 20. November 2006 in Berlin zusammen mit dem Internationalen Währungsfonds IWF hochrangig besetzte Symposien über die Situation der öffentlichen Finanzen durch. Ergebnis: Wir brauchen eine Neuverschuldung von null, etwas anderes kann sich niemand mehr leisten. Die Bertelsmann Stiftung verfolgt die Idee eines Niedriglohnsektors, sie war an der Ausgestaltung des früheren Bündnisses für Arbeit, der Agenda 2010 und von Hartz IV (wenn auch nur indirekt, aber doch prägend) beteiligt.[113]

Die Bertelsmann Stiftung hat es vermocht, ein enges personelles und organisatorisches Netz zu einflussreichen Personen aus Kultur, Wissenschaft und Politik bis zu den Bundespräsidenten, vor allem zu Roman Herzog und Horst Köhler, zu knüpfen. Bei Bertelsmann absolvierten Schröder, Fischer, Merkel pünktlich ihre Antrittsbesuche.

Und es ist ja nicht unter der Decke geblieben, dass die beiden Grandes Dames des deutschen Medienwesens, Liz Mohn und Friede Springer, in freundschaftlicher Verbundenheit zu Angela

Merkel stehen. Von der Stiftung stammt die Idee eines europäischen Außenministers, und sie nimmt sich auch der europäischen Militärpolitik im Sinne der Verteidigung europäischer »Interessen« an. Bertelsmann lädt zusammen mit dem österreichischen Bundeskanzler zum Salzburger Dialog. Bertelsmann organisierte die 30-Millionen-Kampagne »Du bist Deutschland« mit.

Sicher, Bertelsmann stand nicht allein, da waren die Arbeitgeberverbände, da war die Initiative Neue Soziale Marktwirtschaft, da war der BürgerKonvent und wie die zahllos gewordenen, vom großen Geld finanzierten PR-Agenturen auch alle heißen mögen. Aber keine dieser Institutionen war so wirkmächtig wie die Bertelsmann Stiftung.

Methoden der »Überzeugungsarbeit«

Die Methoden, die Bertelsmann und das CHE für ihre »Überzeugungsarbeit« einsetzen, sind im Großen und Ganzen immer dieselben: Gutachten, Konferenzen, Umfragen und besonders beliebt sind Rankings und Benchmarks. So veranstaltet die Stiftung seit Jahren ein Standort-Ranking, und regelmäßig landet Deutschland auf dem letzten Platz. Und regelmäßig ist die Schlussfolgerung, Deutschland braucht weniger Staat, eine Senkung der Staatsquote, einen Umbau des Sozialstaats, niedrigere Löhne und vor allem niedrigere Lohnnebenkosten, Deregulierung und vor allem weniger Kündigungsschutz.

Mit dem wesentlich von der Stiftung getragenen »Centrum für angewandte Politikforschung« (CAP) mit seinem Direktor und ehemaligen Stiftungs-Vorstandsmitglied Werner Weidenfeld verschaffte sich Bertelsmann weiteres internationales Renommee.

Nahezu alle Aktivitäten stehen im Dienste des Bertelsmannschen Verständnisses von der Förderung des »Gemeinwohls«, und das heißt konkret zur Förderung des »gesellschaftlichen Wandels« und von »Reformen« in allen gesellschaftlichen Bereichen. Dies alles gemäß der Bertelsmannschen »Überzeugung, dass Wettbewerb« und »die Prinzipien unternehmerischen Handelns zum Aufbau einer zukunftsfähigen Gesellschaft« die wichtigsten Merkmale sind. Indem »die Grundsätze unternehmerischer, leistungsgerechter Gestaltung in allen Lebensbereichen zur Anwendung gebracht werden«, soll das Regieren besser werden, und das wiederum alles stets nach dem Prinzip »so wenig Staat wie möglich«.

Privatisierung der Politik

Manche Stimmen halten die Kritik am Einfluss von Bertelsmann für überzogen oder tun sie gar als Verschwörungstheorie ab. Etwa weil sie einwenden, die Bertelsmann Stiftung habe doch nichts mit der Unternehmenspolitik Bertelsmann AG und schon gar nichts mit den von diesem Konzern beherrschten oder beeinflussten Medien zu tun.

Natürlich ist es nach wie vor richtig, dass Bertelsmann die Gesetze nicht selber verabschiedet, sondern dass diese von der Exekutive vorgelegt und vom Parlament verabschiedet werden. Aber über die Meinungsmacht und über die personellen Netze wird der »Reformmotor« Bertelsmann zur eigenständigen politischen Antriebskraft, der auch außerhalb der Parlamente eine Art Eliten-Konsens schafft – und dabei nebenbei auch noch ein positives Image für den Konzern erzielt.

Es ist das Recht eines jeden Unternehmers, der meint, etwas zur Verbesserung der Gesellschaft beitragen zu können, eine Stiftung zu gründen und Themen bearbeiten zu lassen. Dass sich dabei Gleichgesinnte treffen, wird jeweils unvermeidlich sein. Es ist auch das gute Recht einer jeden Regierung, denjenigen mit einer Politikberatung zu beauftragen, der ihr politisch sympathisch ist. Doch wer öffentliche Aufgaben erfüllt, Gesetze verändern will, die in Gestaltungsrechte und Lebenschancen von Millionen Bürgern eingreift, der muss sich der öffentlichen Auseinandersetzung stellen. Die Mitwirkenden müssen ihre gesellschaftspolitischen und wirtschaftlichen Ziele offenlegen, die Öffentlichkeit muss den Prozess nachvollziehen und erkennen können, wer welchen Einfluss ausübt und welche Konsequenzen das Vorgehen hat. Das geradezu Paradoxe am Verhalten der Bertelsmann Stiftung ist, dass sie zwar überall nach Wettbewerb ruft, diesen Wettbewerb aber bei sich selbst konsequent verhindert. Nicht nur indem sie lediglich ihre von ihr selbst initiierten Projekte fördert und keine Projektanträge von außerhalb zulässt, also wissenschaftlichen Pluralismus satzungsmäßig ausschließt, sondern indem sie darüber hinaus sich vor keinem Parlament und keinem Rechnungshof, ja nicht einmal vor einem Aufsichtsrat, der wenigstens unterschiedliche Interessen von Kapitalanlegern vertreten könnte, für den Einsatz ihrer Gelder und die damit verfolgten Ziele rechtfertigen muss.

Die Netzwerkarbeit und Projektentwicklung der Bertelsmann Stiftung ist so angelegt, dass sich die Akteure gar nicht mehr mit Gegenmeinungen und Kritik auseinandersetzen, dass sie Kritik in einer Haltung der Selbstgewissheit an sich abprallen lassen und so auftreten, als hätten sie die Richtigkeit und Wahrheit ihrer Konzepte von vornherein und zweifelsfrei erkannt. Das Spektrum der öffentlichen Meinung und der Politik wurde so nicht etwa erweitert, sondern im Gegenteil verengt und in einer Weise kanalisiert, wie es offen ausgewiesene Interessengruppen – wie z.B. Industrieverbände oder PR-Organisationen, wie die Initiative Neue Soziale Marktwirtschaft – kaum zu erreichen vermögen.

Unter dem Zwang der leeren öffentlichen Kassen und unter dem beschönigenden Etikett eines »zivilgesellschaftlichen Engagements« greift der Staat die »gemeinnützigen« Dienstleistungen privater Think-Tanks nur allzu gerne auf. Noch mehr, er zieht sich aus seiner Verantwortung immer mehr zurück und überlässt wichtige gesellschaftliche Bereiche den Selbsthilfekräften bürgerschaftlichen Engagements. Demokratisch legitimierte Macht im Staate wird so mehr und mehr durch Wirtschaftsmacht zurückgedrängt, ja sogar teilweise schon ersetzt. Aus privaten Netzen und Souffleuren der Macht werden tatsächliche Machthaber. So hat sich inzwischen eine private institutionelle Macht des Reichtums herausgebildet, die streng hierarchisch organisiert ihren Einfluss über das gesamte politische System ausdehnt und die Machtverteilung zwischen Parteien, Parlamenten und Exekutive unterwandert und gleichzeitig die öffentliche Meinung prägt.

Diese Art von »Zivilgesellschaft« befördert nicht nur die zunehmende materielle Ungleichheit zwischen Arm und Reich, sondern dieser Weg schließt – anders als das im Modell des Mehrheitsprinzips in der Demokratie vorgesehen ist – vor allem die große Mehrheit der weniger wohlhabenden Bevölkerung mehr und mehr von der politischen Teilhabe und von der Gestaltung ihrer gesellschaftlichen Zukunft aus.

Die Timokratie – eine Herrschaft der Besitzenden – droht die Demokratie abzulösen.

Und dieser schleichende Systemwechsel vom demokratischen Wohlfahrtsstaat zur Herrschaft des großen Geldes, wird sogar noch mit dem Pathos von »mehr Freiheit« vorangetrieben.

Kapitel 17

Die Plünderung unseres Volksvermögens

»Man fragt sich, warum wir das tun. Sie müssen sich nicht genieren, wenn Sie sich diese Frage stellen. Denn fast alle – auch die Journalisten beziehungsweise die Fachleute – fragen sich, warum wir das tun.«

Diese Erklärung zur Ohnmacht der Vernunft stammt vom CDU-Abgeordneten Norbert Königshofen. Er hatte in einer denkwürdigen Sitzung des Deutschen Bundestages am 13. September 2007 zum Entwurf der Privatisierung von knapp der Hälfte der Deutschen Bahn die Fragwürdigkeit und Sinnlosigkeit dieses Vorhabens offengelegt. Sieben Monate später wurden ohne Rücksicht auf die Zweifel Königshofens und ohne Rücksicht auf die Zweifel der Mehrheit der SPD und ohne Rücksicht auf 70 Prozent der Bevölkerung, die die Bahn im öffentlichen Eigentum behalten wollen, die Entscheidungen zur Privatisierung von zunächst 24,9 Prozent getroffen. Dass der Börsengang vorerst gestoppt wurde, ist die Folge der Finanzkrise und der zusammengebrochenen Aktienkurse. Die Teilprivatisierung der Bahn steht aber weiter auf der Tagesordnung. So sah es im April 2009 auch der designierte neue Chef der Bahn, Rüdiger Grube. Nach der Bundestagswahl wird die Privatisierung unabhängig von der Finanzkrise weiterbetrieben werden. Das Thema hat nichts von seiner Aktualität verloren.

An den Meinungsbildungsvorgängen und der Entscheidungsfindung zur Privatisierung der Bahn im Frühjahr 2008 ist gut nachweisbar, dass auch bei gravierenden Entscheidungen die Meinung der Bevölkerung irrelevant ist. Kein Ereignis vorher hat die Mehrheit der Betroffenen und politisch Interessierten in Deutschland ihre Ohnmacht so massiv spüren lassen wie dieser im April und Mai 2008 beschlossene Ausverkauf. Es spricht sachlich nichts für diesen Börsengang. Die Bahn kann sich auf andere Weise billiger finanzieren, und die Erfahrungen in anderen

Ländern sprechen sogar gegen eine Privatisierung. In Großbritannien zum Beispiel hat die Privatisierung ein Desaster verursacht, Teile der Bahn mussten wieder in öffentliche Regie übernommen werden. Ebenso hat in Neuseeland die Regierung im Frühjahr 2008 beschlossen, die privatisierte Bahn wieder zurückzukaufen. Die Bilanz der Privatisierung war hier wie in anderen Ländern finanziell und verkehrspolitisch von Nachteil. Während ein Land wie die Schweiz das Gegenbeispiel liefert: Dort wird die Bahn gekonnt und erfolgreich in öffentlicher Regie betrieben. Die Schweizer haben ihre Bahn voll angenommen und nutzen sie entsprechend. Bei uns werden die Weichen in anderer Richtung gestellt. Der Dienst dieses wichtigen Verkehrsträgers für die Bürgerinnen und Bürger unseres Landes wird zweitrangig.

In Parlamenten, Parteivorständen, Fraktionen und in den Medien gab es in der entscheidenden Phase keinen nennenswerten Widerstand mehr. Im Gegenteil, soweit sich die verantwortlichen Personen äußern, ent-äußern sie sich im Sinne der gängigen Sprechblasen: »Wir brauchen den Börsengang, um frisches Geld für die Bahn bereitzustellen.« »Nach der ersten Reform war doch auch diese Reform geplant. Man kann doch nicht auf halbem Wege stehen bleiben!« Es wird durch Meinungsmache ein unbestimmtes Gefühl mobilisiert: Gute Politik heißt verändern, modernisieren, reformieren.

Dabei würde es reichen, konkret zu fragen: Welche politischen und unternehmerischen Entscheidungen sind wichtig? Das könnten ganz praktische sein, ohne jeglichen Beigeschmack von Reformen: Strecken erhalten. Neue Strecken. Züge gut vertakten. Pünktlichkeit. Gutes Preissystem. Gute Bedienung. Keine Schlangen an den Schaltern. Keine Schafherden auf einer Schnellstrecke. Keine Achsbrüche, sondern sichere ICEs. Keine überzogene Elektronisierung, das heißt, alle, die jungen Computerfreaks und die alten Eisenbahnfahrer, müssen eine Chance haben zur gefälligen Nutzung. Angebote auch in der Fläche. Bessere Nutzung der internationalen Verflechtung. Förderung des Güterverkehrs durch eine entsprechende Belastung des Lkw-Verkehrs mit den echten Kosten seiner Nutzung. Grundsätzlich Herstellung gleicher Wettbewerbschancen und der Konkurrenzfähigkeit der Bahn auch im Wettbewerb mit dem Luftverkehr. Also Kerosinbesteuerung. Motivation der Beschäftigten. Kooperation mit anderen europäischen Eisenbahnen. Darüber muss die öffentliche Debatte geführt werden. Keine »Reformen« wie Börsengänge, sondern sinnvolle Taten sind gefragt.

Der eigentliche Grund für die Privatisierung ist die Tatsache, dass einflussreiche Kreise am Prozess der Privatisierung und am Ergebnis finanziell interessiert sind. In der Endphase der Entscheidungsfindung zur Teil-Privatisierung der Bahn gab es eine Reihe interessanter Konstellationen und Verknüpfungen der Meinungsmache innerhalb der politisch und publizistisch relevanten Kreise:

In der Union hatten sich offenbar die wirtschaftsnahen Kreise schon früh gegen solche »Bedenkenträger« wie Norbert Königshofen durchgesetzt. Es gab dort keine erkennbare Auseinandersetzung. Interessant war die Meinungsbildung in der SPD. Dort wurde ein klares Votum gegen die Privatisierung auf dem Hamburger Parteitag vom Oktober 2007 nur dadurch abgewendet, dass ein Alternativvorschlag, das Volksaktienmodell, zur Abstimmung gestellt und angenommen wurde. Dieser Beschluss hat im weiteren Verlauf de facto keine Rolle gespielt. Die Befürworter der Privatisierung innerhalb der SPD, angeführt von den beiden stellvertretenden Vorsitzenden Steinmeier und Steinbrück und von Verkehrsminister Tiefensee, kümmerten sich um diesen Parteitagsbeschluss nicht. Sie betrieben zusammen mit Bahnchef Mehdorn eine intensive Öffentlichkeitsarbeit für die Privatisierung, die hauptsächlich auf die parlamentarischen Gremien zielte. Tiefensee vor allem wiederholte unentwegt die falsche Behauptung, der Börsengang sei wichtig für die Beschaffung von Geld.[114] Dann organisierte man in Politik und Medien ein interessantes Konstrukt durch Verknüpfung mit einem anderen politischen Ereignis: Der damalige SPD-Vorsitzende Kurt Beck hatte versucht, die SPD Hessens aus der Falle zu befreien, in die sich die SPD insgesamt mit ihrer Festlegung gegen eine Zusammenarbeit mit der Linkspartei begeben hatte. Steinmeier und Steinbrück intervenierten und taten zugleich überaus beleidigt. Dann wurde über die Medien eine Art von Wiedergutmachung konstruiert: Beck musste ihnen mit der Entscheidung für die Privatisierung der Bahn entgegenkommen. Diese Verletzung eines Parteitagsbeschlusses wurde zugleich publizistisch hochgespielt als Beweis von Becks Handlungsfähigkeit und Koalitionstreue.

Bevölkerung, Parteimitglieder und Delegierte spielten keine Rolle. Die politischen Entscheidungen werden innerhalb eines kleinen Zirkels und unter Beachtung eigener und anderer Interessen ausgekungelt. Die Meinungsmache konzentriert sich dann auf die Ruhigstellung der parlamentarischen Ebene und der Publizistik. Bis zur Bundestagswahl 2009 wird das so bleiben.

Was so alles schon verkauft worden ist

Die Entscheidung zur Bahnprivatisierung ist charakteristisch für eine Serie von Privatisierungsentscheidungen, die in Deutschland wie in anderen Teilen der Welt im Verlauf der letzten 25 Jahren getroffen worden sind. Die meisten Deutschen bekommen vermutlich nicht mit, was hierzulande vom Bund, von den Ländern und den Kommunen schon alles verkauft worden ist und was noch zu verkaufen beabsichtigt ist. Öffentlich debattiert wird das nicht, obwohl zumindest die Bundesregierung kein Geheimnis aus ihrem Treiben macht. So veröffentlicht der Bundesminister der Finanzen jährlich einen sogenannten Beteiligungsbericht.[115] Im Beteiligungsbericht 2008 kann man nachlesen, dass von 214 im Jahr 1991 gehaltenen größeren Beteiligungen des Bundes im Jahr 2008 nur noch 108 Beteiligungen vorhanden waren.

Noch eindrucksvoller ist die Veränderung bei Beteiligungen, an denen der Bund mit mindestens 25% des Kapitals beteiligt war. Dort ging die Zahl der Unternehmen von 136 im Jahre 1991 auf 33 im Jahr 2007 zurück. Der Bund hat also in dieser Zeit zwei Drittel seiner größeren Beteiligungen verkauft. Unter den im Jahre 2007 noch gehaltenen 110 Beteiligungen sind nach Meinung des Bundesministers der Finanzen 60 Unternehmen »mit grundsätzlicher Privatisierungsperspektive«. Da die Privatisierung der meisten Unternehmen der Aufmerksamkeit der meisten Leser entgangen sein wird, sollen hier ein paar Beispiele aufgelistet werden. Diese stammen aus der Zeit von 1999 bis 2007:

1999:

- Deutsche Postbank AG – 100 % für 800 Mio. DM verkauft
- Deutsche Post AG – 49,9 % von 100 % für 1069,9 Mio. DM
- Deutsche Siedlung- und Landesrentenbank – kompletter Anteil von 51,5 % privatisiert

2000:

- Flughafen Hamburg – Bundesanteil von 26 % verkauft
- Bundesdruckerei GmbH – 100% für 50 Mio. DM

2001:

- Juris GmbH Juristisches Informationssystem für die Bundesrepublik Deutschland – 45,33 % von 95,34 % Bundesbeteiligung privatisiert
- DEG – Deutsche Investitions- und Entwicklungsgesellschaft – 100 % für 1,200 Mio. DM

2005:

- Fraport AG (Frankfurter Flughafen) – 11,6 % von 18,2 % Bundesanteil verkauft

Während dieser Zeit hat der Bund immer wieder Anteile an der Deutschen Telekom AG und an der Deutschen Post AG privatisiert beziehungsweise an die bundeseigene Kreditanstalt für Wiederaufbau (KfW) verkauft, um an frisches Geld zu kommen.

1995 gehörten uns noch 100 Prozent der Deutschen Telekom AG. 2008 waren es gerade noch 14,8 Prozent direkt und 16,9 Prozent über die KfW. 1998 gehörten uns noch 100 Prozent der Deutschen Post AG. 2008 nichts mehr direkt und 30,5 Prozent über die KfW. Warum dieser Verkauf von öffentlichem Vermögen?

Dazu einige Passagen aus dem Geleitwort des Bundesministers der Finanzen Peer Steinbrück zum Beteiligungsbericht 2007. Das Zitat ist aufschlussreich und zeigt, dass die neoliberale Bewegung mit Steinbrück einen ihrer Vertrauten in der Bundesregierung und in der engeren SPD-Führung plaziert hat:

»Der weltweite Trend zur Finanzierung vormals staatlicher Infrastrukturen – etwa in den Bereichen Flughäfen, Autobahnen, Seehäfen bis hin zum Eisenbahnsektor – durch privates Kapital setzt neue Akzente zur Wiederherstellung der finanziellen Handlungsfähigkeit des Staates als oberstes Ziel der Finanzpolitik. Vor diesem Hintergrund bleibt der »Reformansatz Privatisierung« der Bundesregierung im Unternehmensbereich des Bundes die richtige Antwort auf die fortschreitende Änderung nationaler und internationaler ökonomischer Rahmenbedingungen. Privatisierung ist ein wirksamer Beitrag zur Modernisierung und Entbürokratisierung unseres Staatswesens und damit auch zur finanziellen Stärkung des Wirtschaftsstandortes Deutschland durch Konzentration des Staates auf seine Kernaufgaben.

Wir haben in Deutschland gute Erfahrungen mit dem umsichtigen Rückzug des Staates aus dem öffentlichen Unternehmenssektor auch im Infrastrukturbereich. Post, Telekom, E.ON oder Deutsche Lufthansa und Fraport, die vor der Privatisierung staatlich und monopolistisch geprägt waren, agieren heute börsennotiert auf wettbewerblichen, internationalen Märkten – und sie tun dies erfolgreich zum Nutzen ihrer Kunden als auch der nationalen Volkswirtschaft insgesamt. Hier nimmt der Staat seine Aufgabenverpflichtungen vorrangig regulatorisch wahr, ohne sich deshalb seiner öffentlichen Verantwortung zu entziehen.

Wir werden diese von der breiten Öffentlichkeit leider nur unzureichend wahrgenommene Erfolgsstory – immerhin stammen etwa 26 v.H. des kapitalgewichteten DAX 30 aus der Hand des Bundes – weiterhin mit Augenmaß und Ausgewogenheit beschreiten.

Ich habe Verständnis dafür, dass Reformen im Allgemeinen und im Bereich der Privatisierung im Besonderen sich mit einer kritischen, beizeiten auch ablehnenden Grundhaltung auseinandersetzen müssen. Dies enthebt uns aber nicht von der Verantwortung, in allen Bereichen den möglichen Handlungsbedarf zu prüfen. Vordergründig negative Auswirkungen dieser Reformprozesse sind nicht selten eigentlich die Langzeitfolge von überholten und nicht mehr zeitgemäßen Strukturen.«

Sie finden in dieser Begründung unseres zuständigen Ministers die meisten Elemente der Meinungsmache in Sachen Privatisierung und auch die gängigen Klischees und Vorurteile gebündelt wieder. Sein Text ist repräsentativ für die Privatisierungsbewegung insgesamt:

Erstens: Privatisiert wird, weil es angeblich einen weltweiten Trend gibt, öffentliche Infrastruktur privat zu finanzieren. Wir entledigen uns also unseres gemeinsamen Vermögens, weil andere dies angeblich auch tun. Die notwendige sachliche Erwägung und Optimierung, ob eine Leistung sinnvollerweise öffentlich oder privat erstellt wird, wird ersetzt durch den Glauben an einen Trend. Dabei lässt unser Finanzminister außer Acht, dass es weltweit eine Gegenbewegung zu diesem von ihm beschworenen Trend gibt. Selbst der Internationale Währungsfonds und die Weltbank, Ausbünde neoliberalen Denkens, sind etwas abgerückt vom sogenannten Washington Consensus und dem damit verbundenen Privatisierungsglauben. Und die bisher betroffenen Staaten wie beispielsweise Neuseeland, Argentinien und Chile haben sich eines Besseren besonnen. Der Welt um die Merkels und Steinbrücks entgehen diese neuen Entwicklungen. Sie haben offensichtlich auch nicht wahrgenommen, was sich hierzulande tut. Nur noch 16 Prozent begrüßen Privatisierungen, fand das Befragungsinstitut Forsa Anfang des Jahres 2008 heraus. In vielen Kommunen haben sich inzwischen Initiativen zusammengetan, um gegen Privatisierungsprojekte anzugehen. Einige Volksentscheide gegen Privatisierung waren erfolgreich – in Freiburg gegen den Verkauf des städtischen Wohnungsbestandes, in Leipzig gegen den Verkauf der Stadtwerke, in Heidelberg reichte zwar das Abstimmungsergebnis nicht ganz, aber das große Votum gegen den Verkauf des städtischen Wohnbestandes im Stadtteil Emmertsgrund beeindruckte den Stadtrat mit Erfolg.

Nur die Bundesregierung hat das noch nicht gemerkt. Der Finanzminister kündigt im Beteiligungsbericht 2008 an, dass die Privatisierung nach der Finanzkrise weitergehe. Er verschweigt die vielen Flops, die es bei uns und dem näheren Umkreis gegeben hat. Die Privatisierung von Deutschlands Autobahnraststätten und die Privatisierung der Bundesdruckerei beispielsweise haben sich nicht als erfolgreich erwiesen. Gerade bei der Bundesdruckerei wird sichtbar, wie voreilig dieser Verkauf einer öffentlichen Einrichtung war und was man dabei an Wissen und technischen Kenntnissen an Private verkauft hat, die dieses weltweit nutzen können. Zudem merkt man jetzt, dass dem Staat der Zugriff auf eine eigene Einrichtung fehlt, weil in einer solchen Druckerei auch heikle Vorgänge anfallen, die man sinnvollerweise in hoheitlicher Regie behalten hätte.

Auch die Misserfolge der Briten mit der Privatisierung ihrer Bahn und zum Beispiel der Londoner U-Bahn haben den Gesichtskreis des bei uns für die Privatisierung Hauptverantwortlichen nicht erreicht. Eine der wichtigen Betreibergesellschaften der Londoner U-Bahn, Metronet, hat im Juli 2007 Insolvenz angemeldet. Der Betrieb musste wieder von der öffentlichen Hand übernommen werden.

Zweitens: Der Bundesfinanzminister übernimmt die gängige Behauptung, wonach öffentliche Verwaltung von Bürokratie behaftet und ein privater Betrieb modern ist. Dass es in privaten Unternehmen Bürokratie und Korruption in ähnlicher Weise geben kann wie bei öffentlichen Unternehmen, hat sich bis zu ihm noch nicht herumgesprochen.

Drittens: Steinbrück tut so, als würde mit der Privatisierung der Wettbewerb einziehen und damit die Sache für die Kunden günstiger. Tatsächlich erleben wir es in vielen Bereichen, zum Beispiel bei der privatisierten Energiewirtschaft, dass neue private Gebiets-Monopole entstanden sind und die Kunden über steigende Energiepreise rücksichtsloser als bei öffentlicher Regie ausgebeutet werden. Gegen einen der Energieversorger, gegen den Vattenfall-Konzern, entschied der Bundesgerichtshof Mitte August 2008 auf Senkung der Durchleitungspreise und damit auf Senkung der überteuerten Preise.

Schlechte Erfahrung mit der Privatisierung haben auch die Kunden von ehemals kommunalen Betrieben wie beispielsweise von Wasserwerken gemacht. Über höhere Gebühren haben sie die besonderen Gewinne der neuen Eigentümer bezahlt. Die ehemalige staatliche Bundesdruckerei ist jetzt ein Monopol in privater Hand. Wir zahlen Monopolpreise für Pässe und Personalausweise nun nicht mehr an den Bund, sondern an die privaten Eigentümer.

Viertens wird zur Begründung von Privatisierung mit dem »Strengen-Vater-Motiv« »Sparen« gearbeitet. Der Hausvater stellt die finanzielle Handlungsfähigkeit wieder her, so wird insinuiert. Dabei ist bemerkenswert und typisch, wie falsch Steinbrück auf diesem Klavier spielt. Er tut so, als gewönne man Handlungsfähigkeit, wenn man sein Vermögen verkauft und dabei ein paar Schulden abbaut. Ob man damit wirklich handlungsfähiger wird, dass man beide Seiten der Bilanz verkürzt – weniger Schulden zwar, aber auch weniger Vermögen –, ist offen. Es ist wie bei einer Familie, die ihr Eigenheim verkauft, um Schulden zurückzuzahlen, und dann (vorerst) darin in Miete wohnt. Der von den Privatisierungsbefürwortern angewandte Trick ist offensichtlich: In der Gegenwart kommt Geld herein, das man zur Entschuldung verwenden kann. Damit kann man beeindrucken. Gezahlt wird später – über höhere Gebühren direkt durch die Bürger. Und die politischen Handlungsmöglichkeiten werden eingeengt beziehungsweise ausgeschlossen.

Fünftens tut Steinbrück so, als könne man Privatisierungsaktionen unentwegt fortsetzen. Er spricht davon, die »Erfolgsstory« »weiterhin mit Augenmaß und Ausgewogenheit beschreiten« zu wollen. Wie will er das denn machen, wenn alles verscherbelt ist? Die größten Brocken sind schon weg. Die Befürworter suggerieren, Privatisierung lasse sich unendlich fortsetzen.

Sechstens: An der Einlassung zur unentwegten Fortsetzung der angeblichen Erfolgsstory wird sichtbar, mit welchem Trick bei der nachwachsenden Generation der Eindruck erweckt wird, Privatisierung sei etwas Gutes für kommende Generationen. Man tut so, als würde man mit dem Abbau der Schulden beziehungsweise mit der Verringerung des Schuldenzuwachses etwas für die Jungen tun, und verschweigt zugleich, was auf sie später zukommt. Tatsächlich belastet man diese mit dem Zwang, für bisher öffentliche Leistungen höhere Gebühren an Private zu zahlen. Die kommenden Generationen werden unter der Plünderung des Volksvermögens zu leiden haben.

Siebtens: Das ganze Privatisierungsgeschiebe wird mit dem Wort »Reform« verziert. Das Wort Reform zu gebrauchen hilft immer, denkt unser oberster Kassenwart.

Achtens: Steinbrück arbeitet mit dem alten Trick, etwas so fest zu behaupten, dass jeder Widerspruch erstickt: »Wir haben in Deutschland gute Erfahrungen mit dem umsichtigen Rückzug des Staates aus dem öffentlichen Unternehmenssektor auch im Infrastrukturbereich.« Er kann damit rechnen, dass die Medien zum überwiegenden Teil solche affirmativ vorgetragenen Behauptungen weitergeben, zumal sie im Trend der neoliberalen Ideologie liegen. Beweisen muss der Finanzminister seine Falschaussage nicht. Wo haben wir denn gute Erfahrungen mit dem Rückzug des Staates aus dem Infrastrukturbereich gemacht? Bei den Berliner Wasserwerken? Bei der Post? Davon können die schlecht versorgten Bürger in den strukturschwächeren Regionen ein Lied singen. Bei der Strom- und Gasversorgung? Nicht einmal bei der Telekom. Denn die Folgen der Privatisierung sind dort noch nicht ausgestanden.

Wirklich verstehen kann man viele Privatisierungen nur, wenn man fragt: Wer verdient daran?

Ich weiß nicht, ob Peer Steinbrück und all die anderen, die Ähnliches zur Privatisierung im Allgemeinen und zu einzelnen Privatisierungsvorgängen von sich geben, selbst an diese Sprüche glauben. Das ist schwierig zu entscheiden. Bei der großen Gruppe jener, die sich zu den Matadoren der neoliberalen Gedankenwelt aufgeschwungen haben und unentwegt Privatisierungen fordern und durchsetzen, gibt es mit Sicherheit zwei Untergruppen:

• Zum einen jene, die wissen, dass sie eine fragwürdige Ideologie vertreten; aber das stört sie nicht, weil die Umsetzung dieser Glaubenslehre ihnen und ihresgleichen die Taschen füllt.

- Und zum anderen jene, die die Glaubenssätze übernommen und in sich aufgenommen haben und dran glauben.

Zu welcher Gruppe Privatisierungsbefürworter Steinbrück gehört, weiß ich nicht. Das ist auch unerheblich, weil er nur Teil eines Gesamtgefüges der Plünderer öffentlichen Eigentums ist. Immerhin enthält sein Geleitwort zum Beteiligungsbericht 2007 einen Hinweis darauf, dass die Begründung für Privatisierungen zuvörderst nichts mit Gemeinwohl zu tun hat. Zur Begründung seiner Behauptung, die bisherigen Privatisierungen, die ich Plünderung nenne, seien eine Erfolgsstory, schreibt er: »Immerhin stammen etwa 26 v.H. des kapitalgewichteten DAX 30 aus der Hand des Bundes.« Der »Erfolg« des von uns besoldeten Bundesfinanzministers und seiner Beamten und Angestellten misst sich also am Anteil des Spielmaterials, das aus unserem Volksvermögen dem Casino des Kapitalmarkts zur Verfügung gestellt wird?! Diese verschlüsselte Aussage wollen wir etwas entschlüsseln:

Ein Segment der Plünderer verdient am Vorgang des Plünderns selbst. Wenn ein Aktienpaket wie zum Beispiel die 24,9 Prozent der Deutschen Bahn an die Börse gebracht werden, dann verdienen daran gleich mehrere: die begleitende Investmentbank, Broker an der Börse, PR- und Werbeagenturen, Wirtschafts- und Steueranwälte, Berater und dann auch die Medien. Man denke nur einmal an die vielen Anzeigen und Fernsehspots, die zum Zwecke der Privatisierung der Deutschen Telekom AG mit Hilfe des »Zeugen« Manfred Krug in den deutschen Medien geschaltet wurden.

Insgesamt werden zwischen zwei und fünf Prozent des Wertes der Aktien für solche Kosten und Provisionen fällig. Wenn für die 24,9 Prozent der Bahnaktien geschätzte fünf Milliarden erzielt werden, dann sind das 100 bis 250 Millionen an Provisionen und anderen Kosten. Wir können und müssen davon ausgehen, dass es zwischen den Investmentbankern und der Politik enge und gute Beziehungen gibt. Wenn im konkreten Fall der Deutschen Bahn auch die Investmentbank Morgan Stanley zum Zuge kommt, wie das im Umfeld der Privatisierungsentscheidung vom Mai 2008 geplant war, dann verdient daran auch ein ehemaliger

Funktionär der Jungen Union aus Baden-Württemberg und im Jahr 2005 ehrenamtlicher Vollzeit-Wahlhelfer von Angela Merkel und des damaligen CDU-Generalsekretärs und heutigen CDU-Fraktionsvorsitzenden Kauder. Dieser tüchtige junge Mann, Dr. Dirk Notheis, ist in der Phase der (vorläufigen) Privatisierungsentscheidung nämlich bei der genannten Investmentbank in Deutschland zuständig für die öffentliche Hand und das Transportgewerbe.

Auch andere am Privatisierungsgeschäft interessierte Investmentbanken haben sich ehemalige deutsche Politiker und Manager dienstbar gemacht: Wolfgang Clement arbeitet beziehungsweise arbeitete für die Citigroup, Lothar Späth, früher einmal Ministerpräsident von Baden-Württemberg, für Merrill Lynch, Caio Koch-Weser, früher Staatssekretär im Bundesfinanzministerium, arbeitet für die Deutsche Bank, der ehemalige Kanzleramtsminister Hans Martin Bury wirkte wie auch der ehemalige DaimlerChrysler-Chef Schrempp für Lehmann Brothers, Friedrich Merz für den Hedgefonds TCI und so weiter. Es gab und gibt ein Geflecht von Interessen und starken Meinungsmachern, die ein persönliches pekuniäres Interesse am Privatisieren des Volksvermögens haben, weil sie an der Transaktion verdienen. Dagegen haben die Interessen der Bürgerinnen und Bürger meist keine Chance.

Die Transaktionskosten sind in vielen Fällen das Motiv für die Privatisierung kommunaler Unternehmen und Einrichtungen. Und diese vergleichsweise hohen Kosten sind oft auch der Grund für handfeste politische Korruption. Selbstverständlich versuchen die Profiteure der Transaktion von öffentlich zu privat auf die entscheidenden Personen in der Politik Einfluss zu nehmen.

Zum Zwecke der Einflussnahme hat sich inzwischen ein Kranz von neuen Beratungsunternehmen etabliert. Oft haben sich ehemalige und aktive Politiker mit PR-Fachleuten zusammengetan. Die Beratung speziell von Teilprivatisierungen ist zum Beispiel auch das Geschäftsfeld des ehemaligen SPD-Vorsitzenden Rudolf Scharping. Seine RSBK GmbH berät Kommunen vor allem bei der Privatisierung von öffentlichen Einrichtungen im Wege von

sogenannten PPP-Projekten, also in öffentlich privater Partner-
schaft. Die Quellen der Transaktionsberater sprudeln dann erneut, wenn ein privatisiertes Unternehmen wieder in öffentliche
Hand übernommen wird.

An der Privatisierung verdienen die Berater nicht nur während
des Privatisierungsvorgangs. Sie sind auch danach noch gut im
Geschäft. »Allein etwa für das größte und schon nach drei Jahren
gescheiterte PPP-Projekt, die Londoner U-Bahn, betrugen die Beratungshonorare für PricewaterhouseCoopers, Ernst & Young etc.
etwa 730 Millionen Euro.«[116] Üppige Beratungshonorare fallen
auch beim Ausschlachten von privaten Unternehmen an.

An der Privatisierung verdienen die »Investoren«, wenn die
Aktien zum Zeitpunkt des Verkaufs unterbewertet sind. Weil es
bei der Vorreiterin der Privatisierungswelle, der britischen Pre-
mierministerin Margret Thatcher, im Jahr 1983 mit den Privatisierungen besonders schnell gehen musste, wurden dort British
Telecom, British Airways, Jaguar und Rolls Royce, British Steel
und andere öffentliche Unternehmen zu Schleuderpreisen verkauft.[117] Für die konservative Regierung hatte das neben dem
»Erfolg« der schnellen Privatisierung noch den angenehmen Nebeneffekt, dass die politischen Freunde unter den Vermögenden
und Unternehmen fürstlich bedient wurden.

An der Privatisierung verdienen solche Käufer, die über die
neu erworbenen Aktien, und seien es auch nur kleinere Pakete
von Aktien, Einfluss auf die Geschäftspolitik des Unternehmens
nehmen können. Vermutlich steckt hier ein bisher wenig beach-
teter Vorteil von großen, weltweit agierenden Hedgefonds und
Private Equity Gruppen. Wenn sie ein Minderheitspaket eines
großen bisher öffentlichen Unternehmens übernehmen und dabei
Einfluss gewinnen auf die Besetzung der Führungspositionen,
dann ist es auf diesem Wege auch möglich, die Geschäftspolitik so
mitzugestalten, dass andere Unternehmen der beteiligten Gruppe
davon profitieren. Konkret: Wer bei der Deutsche Post AG, der
Deutsche Telekom AG oder bei der künftig teilprivatisierten
Deutsche Bahn AG Einfluss auf große wirtschaftliche Entscheidungen wie zum Beispiel den Kauf anderer Unternehmen oder

große Investitions- und Einkaufsentscheidungen hat, der kann auch zu Entscheidungen veranlassen, die andere Beteiligungen der gleichen Eigentümergruppe begünstigen. Wenn ich für eine angelsächsische »Heuschrecke« verantwortlich wäre, die weltweit an vielen Unternehmen beteiligt ist, dann würde ich mich um einen Anteil von etwa 4,5 Prozent an der Deutsche Bahn AG bewerben. Dann würde ich einen Sitz im Aufsichtsrat anstreben und auf das Management Einfluss nehmen. Irgendwann böte sich dann die Gelegenheit, das Management der Deutsche Bahn AG zu Entscheidungen zu veranlassen, die im Interesse meiner anderen Beteiligungen sind. Die Provisionen für diese Freundlichkeiten würden selbstverständlich nicht auf die deutschen Gehaltskonten meiner Helfer, sondern nach Liechtenstein oder in andere Steueroasen überwiesen.

An der Privatisierung können auch einzelne Personen verdienen, die sich beim Vorgang der Privatisierung verdient gemacht haben. Bestes Beispiel dafür ist der ehemalige Vorsitzende der Gewerkschaft Transnet, Norbert Hansen. Er hat auf geschickte Weise seine eigene Gewerkschaft stillgestellt. Die Beschlüsse der Gewerkschaft Transnet gegen die Privatisierung in der Endphase der Entscheidung im April 2008 nicht zum Zuge kamen. Wenige Tage später wurde ruchbar, dass er die Seiten wechselt und Arbeitsdirektor bei der Bahn wird.

So läuft sie, die Plünderung unseres Volksvermögens. Man versteht dieses zerstörerische Wirken nur, wenn man fragt, wer daran verdient.

Kapitel 18

Kapitalmarkt als Casinobetrieb und die Plünderung deutscher Unternehmen

Der Kapitalmarkt besitzt ohne Zweifel eine wichtige Funktion innerhalb einer Volkswirtschaft. Dort werden angesparte Gelder angeboten und Kredite nachgefragt. Die Banken und andere Finanzdienstleister bringen Anbieter und Nachfrager zusammen, federn Risiken ab und leisten eine Abstimmung der unterschiedlichen Fristen der Sparabsicht auf der einen Seite und der Dauer des Bedarfs an Krediten auf der anderen Seite. Das ist eine zugegeben schlichte Sicht, sie trifft jedoch den Kern dessen, was an Leistung eines Kapitalmarktes wirklich zu würdigen ist. Er hat eine dienende Funktion wie zum Beispiel das Transportgewerbe oder der Einzelhandel auch.

Inzwischen geschieht auf den Kapitalmärkten sehr viel mehr als beschrieben. Es wird gewettet, es wird spekuliert, es gibt handfeste Kettenbriefaktionen wie beispielhaft bei dem amerikanischen Kapitalanleger Madoff, der auf der Basis eines Kettenbriefsystems rund 50 Milliarden Dollar veruntreute. In Deutschland geschah Ähnliches. Die Kapitalmärkte haben den Charakter von weltumspannenden Spielcasinos erreicht. Zur Befriedigung der Spielleidenschaft und zur Spekulation auf extrem hohe Gewinne werden große Beträge hin und her geschoben und neue Finanzprodukte erfunden. Man spricht dann von »innovativen Finanzprodukten«. Ein solches Produkt sind beispielsweise die »Wertpapiere«, in denen die mehr oder weniger »faulen« Hypotheken-Kredite amerikanischer Käufer von Häusern gebündelt und weltweit verkauft wurden. Spekulation bestimmt auch die Entwicklung der Börsen. Wenn die DAX-Aktienkurse in nur fünf Jahren auf das Vierfache ihres Ausgangswertes klettern wie zwischen 1995 und 2000, dann bis 2003 ungefähr das Gleiche verlieren und bis 2007 wieder auf den Spitzenwert steigen, um dann in einem Jahr wieder auf die Hälfte zu fallen, dann hat das mit realer ökonomischer Entwicklung und Wertschöpfung der dahinterstehenden Unternehmen nichts mehr zu tun. Es ist das Ergebnis von Spekulation.

Mit ökonomischer Vernunft, dem sparsamen Umgang mit wirtschaftlichen Ressourcen und einem vernünftigen wirtschaftlichen Anreizsystem hat diese Art von Kapitalmarkt nichts gemein. Im Gegenteil: Hier wurden falsche Ziele gesetzt, und es wurden und werden Ressourcen vergeudet. Die jungen Menschen mit den besten Examina wurden von den Investmentbanken, den Hedgefonds und Private-Equity-Gesellschaften angeworben. Im Casinobetrieb sind so als »Croupiers« der Finanzindustrie besonders viele intelligente Menschen beschäftigt, die volkswirtschaftlich sinnvoller in anderen Bereichen arbeiten würden. Die notwendigen Leistungen des Kapitalmarkts zur Kredittransformation könnten um mehrere Dimensionen effizienter organisiert werden. Und wie man in der Finanzkrise sehen konnte, birgt dieser Zustand des Kapitalmarktes hohe Risiken für die Gesamtwirtschaft.

Dass der Casinobetrieb trotz dieser Nachteile installiert worden ist und vermutlich weiterleben und sogar blühen wird, hat mit einem Stimmungsumschwung zu tun. Spekulanten werden nicht mehr scheel angesehen, Spekulation und ihre Ergebnisse werden zumindest in der meinungsführenden Schicht bewundert. Heute spricht man von Aktienkultur, wenn Menschen in den Casinoteil des Aktienmarktes einsteigen. Die Milliardenverdiener und Profiteure der Spekulation wurden und werden bewundert. Kein verantwortlicher Politiker protestiert, wenn ruchbar wird, dass milliardenschwere Hedgefonds jetzt, nachdem sie an innovativen Finanzprodukten die Lust verloren haben, in die Terminmärkte für Lebensmittel einsteigen und auf steigende Lebensmittelpreise setzen – mit der Konsequenz, dass die Preise weiter nach oben getrieben werden und Millionen Menschen noch mehr als bisher der Geldnot und sogar dem Hunger ausgesetzt sind. Peer Steinbrück schwärmte davon, den Finanzplatz Deutschland ähnlich dem Londoner auszubauen.

Hier haben Verschiebungen stattgefunden von einem Respekt vor Unternehmern und Managern, die das Geld ihres Unternehmens durch Wertschöpfung verdienen, hin zu solchen, die auf den Finanzmärkten mit allerlei Spekulationen, Wetten und durch Handel mit Vermögenswerten aktiv sind und dort leistungslos[118] – so hätte man früher gesagt – um vieles mehr verdienen als durch Wertschöpfung bei der Kombination der Produktionsfaktoren Arbeit und Kapital. Die verdienen sogar noch mitten in der Krise. Banken und Versicherungen, die staatliche Mittel zu ihrer Rettung angenommen haben, zahlen gleichzeitig Milliarden an Boni und Vergütungen an ihre Investmentbanker. Ende Mai 2008 meldete die »Financial Times Deutschland«, Londons Investmentbanker hätten im April 2008 und damit in der laufenden Bonussaison – das ist ungefähr die Zeit vom Dezember bis Mai – schon 16,6 Milliarden Euro an Vergütungen und Sondervergütungen kassiert; im Jahr 2007 seien es noch mehr gewesen. Auch in Deutschland wurden trotz Krise Boni und Vergütungen weiter bezahlt. Wenn, wie im Falle der Deutschen Bank, darauf verzichtet wurde, dann war dies eine rühmenswerte Erwähnung wert. Der »Guardian« meldete im Oktober 2008, die amerikanischen Investmentbanken, die weltweit und auch bei uns tätig sind, hätten 2008 circa 70 Milliarden Dollar für ihre bisherige Arbeit im Jahr 2008 erhalten.[119] »Faz.Net« hatte im April 2008 gemeldet, der Gründer und Manager[120] eines Hedgefonds habe im Jahr 2007 3,7 Milliarden Dollar erhalten. Das sind Dimensionen nicht nur jenseits jener, die ein Arbeitnehmer begreifen kann, diese Dimensionen überschreiten auch das Vorstellungsvermögen von hart arbeitenden Unternehmern und Freiberuflern.

Der Casinobetrieb geht offensichtlich weiter

Mit der Finanzkrise haben sich die Spekulationsgewinne als hohl erwiesen; die Kettenbriefsysteme sind reihenweise zusammengebrochen; die Banken melden Milliardenverluste und kämpfen mit Liquiditätsproblemen. Der Casinobetrieb hat sich als grandiose Fehlleistung erwiesen. Aber hat dies Konsequenzen? Große Zweifel sind angebracht. Man muss den Eindruck gewinnen, dass die politisch Verantwortlichen zwar murren, wenn Banken und Versicherungen, die nur noch mit öffentlichen Mitteln gerettet wurden, weiterhin Milliarden Boni und Vergütungen auszahlen. Aber im Kern sind sie geneigt, den Casinobetrieb zu stützen und fortzuführen. Dafür spricht eine Serie von Entscheidungen und öffentlichen Äußerungen:

- Die Entscheidung für einen Bankenrettungsschirm über 480 Milliarden Euro und für die Verwaltung dieses riesigen Betrages durch ein öffentlich nicht kontrolliertes Gremium, den Soffin.

- Die Entscheidung, 10 Milliarden für die vergleichsweise kleine Mittelstandsbank IKB zu bezahlen, diese für nur 150 Millionen an den amerikanischen »Investor« Lonestar zu verkaufen und an der Verdunkelung der Vorgänge um die IKB mitzuwirken. (Erst wurde ein Untersuchungsausschuss des Deutschen Bundestages verhindert, dann stellte der neue Eigentümer die als Ersatz angebotene Sonderuntersuchung ein. Das stinkt zum Himmel.)

- Die Entscheidung, den Berater der Investmentbank Goldman Sachs, Otmar Issing, zum Vorsitzenden einer Kommission zu machen, die die Vorschläge zur Neuordnung der internationalen Finanzmärkte für die Bundesregierung entwickeln sollte.

- Die Entscheidung, für eine einzelne Bank, die HRE, über 100 Milliarden – das ist mehr als ein Drittel des gesamten Bundeshaushalts – und wohl noch mehr öffentliches Geld bereitzustellen.

- Die Entscheidung, für die wertlosen Aktien der verbliebenen Aktionäre der HRE 290 Millionen zum Ankauf durch den Bund zu bieten.

- Die Absicht, gegen alle bisherigen Schwüre, die in sogenannte Bad Banks auszulagernden schlechten Risiken der Banken auf den Bund zu übernehmen. So die Erklärung des Bundesfinanzministers kurz vor Ostern 2009.

- Die Entscheidung, mit einer 18,2 Milliarden-Subvention der Commerzbank den Erwerb des risikobelasteten Tochterunternehmens der Allianz AG, der Dresdner Bank, möglich zu machen.

284

Das alles spricht dafür, dass die in der Politik Entscheidenden eng mit jenen Kräften in der Finanzwirtschaft verbunden sind, die den spekulativen Charakter der Kapitalmärkte und des hochtrabend »Finanzplatz Deutschland« genannten Wirtschaftszweigs fortsetzen wollen.

Als Volkswirt weiß ich sehr wohl, dass man eine Bank nicht leichtfertig eingehen lassen darf. Aber hier sollten auch die Größenordnungen eine Rolle spielen. 10 Milliarden für die IKB waren schon 10 Milliarden zu viel. Die Insolvenz der IKB hätte mit hoher Wahrscheinlichkeit keine schlimmen realen Folgen gehabt. Und 102 Milliarden und vermutlich noch mehr für die HRE sind extrem überdimensioniert. Der Aufsichtsratsvorsitzende dieser Bank, Endres, sagte bei einer Konferenz in Berlin[121], in einer heutigen Bankbilanz seien zehn bis 20 Prozent auf das eigentliche Kreditgeschäft zurückzuführen. Alles andere sei »artifiziell, aufgebläht durch kaum überschaubare Finanzinstrumente«. Wenn das so ist, dann hätte die Bundesregierung im konkreten Fall – wie auch bei anderen Banken – das eigentliche Kreditgeschäft von den »aufgeblähten, artifiziellen Geschäften mit kaum überschaubaren Finanzinstrumenten« trennen müssen. Sie hätte zu diesem Zweck die Übernahme der Banken in öffentliche Verantwortung einplanen müssen. Das finanzielle Risiko trägt der Steuerzahler sowieso. Das eigentliche Kreditgeschäft mit öffentlichen Mitteln zu retten hätte sich gelohnt und würde sich weiter lohnen. Die Bundesregierung hat sich jedoch auf den Weg gemacht, mit ihrem Rettungsschirm auch den unseriösen Casinoteil zu retten. Dafür werden die Steuerzahler noch auf Jahre hinaus büßen.

Die Bundesregierung hat es versäumt, die entscheidenden Fragen und Probleme aufzugreifen, die sich dadurch stellen, dass der Kapitalmarkt nicht mehr alleine seine normale Funktion wahrnimmt, sondern zum Casinobetrieb geworden ist. Wir haben es hier wie auch im Rüstungsbereich mit einem echten Konversionsproblem zu tun. Der Wirtschaftssektor Kapitalmarkt muss auf die notwendigen Funktionen zurückgeführt werden. Damit geraten nicht nur die Jobs der Milliardenverdiener unter den Investmentbankern und Spekulanten in Gefahr. Diese Rückführung, diese

Konversion betrifft auch die Bankangestellten und Arbeiter, die in diesen Betrieben arbeiten. Sie sind Teil der Spekulationsmaschinerie, ohne dafür verantwortlich zu sein. Deshalb müssen sich verantwortliche Politiker bei einer Neuordnung des Kapitalmarktes auch Gedanken darüber machen, wie diese Menschen künftig beschäftigt werden könnten. In den Überlegungen und Entscheidungen der Bundesregierung findet sich keine Spur dafür.

Die Bundesregierung hat ihre problematische und teure Linie mit einer fast schon bewundernswerten Professionalität und Treffsicherheit verfolgt. Dabei kamen ihr die unkritische Haltung der Mehrheit der Medien und ihr Geschick, die Meinungsmache professionell einzusetzen, zugute. Angela Merkel und ihre Regierungsmitglieder haben die Verantwortung für den Ausbruch der Finanzkrise geschickt auf die USA abgeschoben, sie vermittelten erfolgreich den Eindruck, als seien sie von den Gefahren an den Finanzmärkten überrascht worden (obwohl die Bundesregierung schon seit langem davon weiß und mittendrin steckt, und sie haben vor allem einen alle Zweifel niedermachenden Begriff erfunden: Sie sprechen von »systemischen« oder »systemrelevanten« Banken. Das hat vielen Kritikern das Maul gestopft. Wer will schon das System der sozialen Marktwirtschaft in Frage stellen. So sind wir in Deutschland nun in der Lage, dass die Brandstifter Feuerwehr spielen.

Die Politik hat die spekulative Finanzwirtschaft auf vielfältige Weise gefördert

In der öffentlichen Debatte dieser Vorgänge wird oft so getan, als folgte die kritisch zu betrachtende Entwicklung zuerst aus moralischem Verfall. Da wird fortwährend die »Gier« der handelnden Personen angeprangert. Das Problem so auf die Ebene der Moral zu schieben hat aber zur Folge, die Politik aus der Verantwortung zu entlassen, in der sie steckt: Sie hat Regeln abgebaut, statt notwendige neue Regeln einzuführen. Sie hat zum Beispiel 2004 Hedgefonds in Deutschland zugelassen. Sie hat nichts unternommen, um den Sumpf der Steueroasen trockenzulegen. Sogenannte Wagniskapitalbeteiligungen und ihr Management sind steuerlich begünstigt. Die Bundesregierung hat im Frühsommer 2003 die Boston Consulting Group beauftragt, ein Gutachten über die »optimalen staatlichen Rahmenbedingungen für einen Kreditrisikomarkt/Verbriefungsmarkt für Kreditforderungen und -risiken in Deutschland« zu erstellen. Die direkt Interessierten werden zu Gutachtern bestellt. Eine der Empfehlungen zielte darauf ab, die Investitionen in Asset Backed Securities (ABS) durch Versicherungen und Sozialversicherungsträger zu erleichtern.[122] ABS gehören zu den riskanten Innovationen auf dem Kapitalmarkt. Noch im Juni 2007 hat der Bundesfinanzminister den Versicherungsunternehmen erlaubt, »die Quote ihrer Investments in Hedgefonds zu erhöhen«.[123] Die Bundesregierung hat die Vertreter üppiger, unrealistischer Renditevorstellungen besonders herzlich eingeladen. »Deutschland braucht mehr Private-Equity Investitionen, nicht weniger«, verkündete der Vertreter des Bundesfinanzministeriums.[124]

Die seltsam verquere Sicht von der überragenden Bedeutung des Finanzmarktgeschehens hatte eine weitere politische Konsequenz: Zum 1. Januar 2002 wurden die Veräußerungsgewinne, die beim Verkauf von Unternehmen und Unternehmensteilen von Kapitalgesellschaften realisiert werden, steuerfrei gestellt. Kanzler Schröder hat das damals damit begründet, es sei vorteilhaft, die sogenannte Deutschland AG aufzulösen. Damit konnte – wie »Capital« am 17. November 2006 berichtete – zum Beispiel die Allianz AG im Jahr 2003 ihren 40-prozentigen Beiersdorf[125]-Anteil für 4,4 Milliarden Euro an Tchibo und die Stadt Hamburg verkaufen, ohne Steuern auf den realisierten Gewinn zahlen zu müssen. Vermutlich ein Steuergeschenk in Milliardenhöhe.

Was an der Auflösung der Deutschland AG förderungswürdig sein soll, ist schwer zu begreifen. Was soll unsere Volkswirtschaft gewinnen, wenn *ein* Investor ein Unternehmen an einen *anderen* Investor verkauft? Sind die Anteile an Beiersdorf oder an Hugo Boss oder an Märklin in den neuen Händen besser aufgehoben, sind sie volkswirtschaftlich produktiver? Das kann so sein. Es kann aber auch das Gegenteil eintreten.

Die frühere rot-grüne Bundesregierung hat mit Unterstützung der damaligen Opposition diesen Ausverkauf politisch gefördert und steuerlich begünstigt, weil sie und die Union in ihrer Meinungsbildung beeinflusst sind von jenem Teil der Finanzwirtschaft, die an diesen Geschäften verdient. Am Ausverkauf verdienen Einzelne, und es werden zugleich Strukturen unserer Wirtschaft zerstört, ohne überhaupt nur angedacht zu haben, ob die neuen Strukturen besser sind.

Die Parole »Auflösung der Deutschland AG« ist clever gewählt. Das verspricht auf undefinierte Weise Heilung. Das klingt ganz gut, weil so Seilschaften von Vorstands- und Aufsichtsratsmitgliedern gekappt werden könnten, die sich bisher gegenseitig und damit oft nicht richtig kontrolliert haben. Aber die Korrektur dieses Missstandes und eine Neuregelung musste nicht da enden, wo wir inzwischen angekommen sind beziehungsweise drohen hinzukommen: zu einem Ausverkauf vieler Unternehmen und neuen Verflechtungen. Die Auflösung bisher fester Strukturen führt nicht zwangsläufig zu freieren Strukturen und mehr Wettbewerb. Das durchaus kritikwürdige Geflecht von Vorständen und Aufsichtsräten der früheren Deutschland AG ist inzwischen abgelöst durch eine neue, nicht mehr kontrollierbare Seilschaft – übrigens bestehend teilweise aus den gleichen Personen. Die Seilschaften sind neu sortiert und neue Verknüpfungen eingegangen.

Die Steuerbefreiung hat zusammen mit der Zulassung der Hedgefonds und einer Reihe anderer Maßnahmen zur Förderung des Finanzplatzes Deutschland dazu geführt, dass bei uns viele Unternehmen den Eigentümer gewechselt haben und wechseln. Große Konzerne – wie die Allianz, die Deutsche Bank oder Bayer – konnten Anteile an anderen Kapitalgesellschaften verkaufen, ohne für den Gewinn die zuvor vorgesehenen Steuern zu bezahlen. Auch Familiengesellschaften wechselten komplett oder in Teilen den Eigentümer.

Das Thema ist wichtig, weil sich hier neben dem Ausverkauf eines beachtlichen und wachsenden Teils der deutschen Wirtschaft auch eine Veränderung der inneren Struktur von Unternehmen abzeichnet, die oft nicht im Interesse der langfristigen Entwicklung unserer Wirtschaft und Volkswirtschaft liegt und häufig auch zum wirtschaftlichen Tod bisher guter Unternehmen führt.

Käufer der Unternehmen und Unternehmensteile sind meist Beteiligungsgesellschaften, sogenannte Private-Equity-Gesellschaften (PE), und inzwischen auch Hedgefonds. Beteiligungsgesellschaften sind Gruppen, die das Kapital von Pensionsfonds, Stiftungen und vermögenden Personen sammeln und in Unternehmen anlegen. Die in Deutschland agierenden Private-Equity-Gesellschaften sind in einem Verband organisiert, im Bundesverband Deutscher Kapitalbeteiligungsgesellschaften (BVK). Sie rühmen sich dessen, in Deutschland bis zum Jahr 2006 schon in 6000 Unternehmen investiert zu haben und ca. 1,1 Million Menschen zu beschäftigen. Wie sie ihre Arbeit beschreiben, ist im Folgenden zur Demonstration der Meinungsmache in diesem Bereich im Original wiedergegeben.

Private Equity – Wir investieren in Deutschland[126]

Private Equity ist der englische Begriff für das Beteiligungskapital überwiegend institutioneller Anleger, das in nicht-börslich gehandelte Unternehmen investiert wird. Private-Equity-Fonds kaufen Anteile von Unternehmen, von denen sie glauben, dass diese in Zukunft an Wert gewinnen. Das können Familienunternehmen, Konzerntöchter, kleine Start-ups und viele mehr sein.

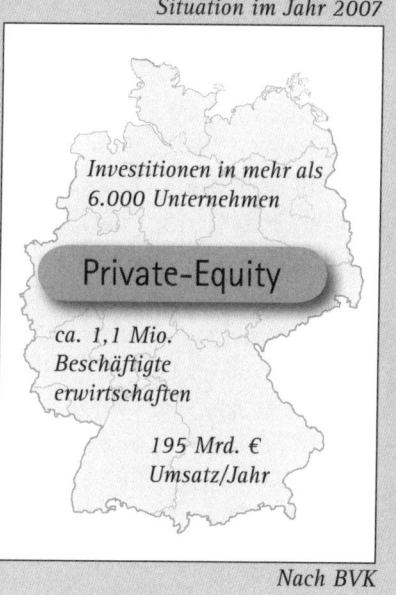

Situation im Jahr 2007

Investitionen in mehr als 6.000 Unternehmen

Private-Equity

ca. 1,1 Mio. Beschäftigte erwirtschaften

195 Mrd. € Umsatz/Jahr

Nach BVK

289

Gerade in Deutschland ist die Bedeutung dieser nicht-börsen-notierten Unternehmen besonders hoch. Bei rund 6000 Firmen war im Jahr 2006 ein Private-Equity-Fonds als Gesellschafter und Geldgeber involviert. Der Wert der in Deutschland mittels Private Equity erworbenen Unternehmen hat 2006 ein Rekordniveau von über 20 Milliarden Euro erreicht.

Gründe für den Verkauf von Unternehmensanteilen an Private-Equity-Fonds gibt es viele. Mal will sich ein Unternehmer im Rahmen einer Nachfolgeregelung von seinen Anteilen trennen, ein anderes Mal möchte ein Konzern eine Tochtergesellschaft ausgliedern, die nicht mehr zur künftigen Gesamtstrategie passt. Mit dem Einstieg der Investoren eröffnen sich in der Regel neue Möglichkeiten für das Unternehmen: Erschließung neuer Märkte, Entwicklung neuer Produkte, Akquisition von Wettbewerbsunternehmen und vieles mehr.

Private-Equity-Investoren haben allein ein Ziel: Unternehmen besser und wettbewerbsfähiger und damit wertvoller zu machen. Private Equity ist damit in vielen Fällen eine Lösung, wenn ein Unternehmen Kapital und Know-how benötigt, um einen Sprung nach vorne zu machen. Der Umsatz Private-Equity-finanzierter Unternehmen entspricht heute rund 8 Prozent des Bruttosozialproduktes. In ihnen sind fast eine Million Arbeitnehmer beschäftigt. Diese Zahlen verdeutlichen die heute schon große volkswirtschaftliche Bedeutung der Branche. Private-Equity-Gesellschaften sorgen dafür, dass notwendiges Kapital und Know-how nach Deutschland fließt, und tragen somit maßgeblich zur Sicherung des Wachstums und zur Stärkung der Wettbewerbsfähigkeit unserer Unternehmen bei.

Das Private-Equity-Investitionsvolumen ist auch ein Gradmesser für das internationale Ansehen einer Volkswirtschaft, zeigt es doch, wie attraktiv ein Land für internationales Kapital ist. Die Bundesrepublik Deutschland sollte daher alles daransetzen, Private Equity als wichtigen Wirtschaftsfaktor zu erhalten.

In einzelnen Fällen mag dieses schöne Bild sogar der Realität entsprechen. Es gab und gibt Unternehmen in Deutschland, die schlecht geführt sind, deren Eigentümer zerstritten und unfähig sind, die nicht über ausreichend Kapital verfügen und denen es in jedem Fall guttut, wenn ein neuer Wind weht. In sehr vielen Fällen gilt jedoch, dass ihnen die Übernahme nicht guttut. Das ist die Regel, die sich schon aus dem Anspruch der Beteiligungsgesellschaften ableiten lässt, eine Rendite von 20 oder 25 Prozent für die eigene Kapitalanlage erzielen zu wollen. Solche Kapitalrenditen kann man aber als Unternehmen mit Wertschöpfung in der Regel nicht erzielen. Das ist für die Beteiligungsgesellschaft nur erreichbar, wenn sie dem übernommenen Unternehmen entweder Substanz entzieht, also – auf Deutsch gesagt – es ausraubt, oder seine Mitarbeiter in extremer Weise ausbeutet. In vielen Fällen werden die betroffenen Unternehmen einfach ausgesaugt, gefleddert, aufgeteilt und weiterverkauft.

Die sogenannten Investoren kommen in vielen Fällen nicht als Investoren im eigentlichen Sinn des Wortes; sie bringen wenig eigenes Kapital mit, sondern häufen dem gekauften Unternehmen Schulden auf. Sie bezahlen den Kaufpreis dann zum Teil aus dem Kredit, den das übernommene Unternehmen aufgenommen hat, und bürden ihm selbstverständlich die Zinsen auf. Meist sehr hohe Zinsen. So hat laut einem Bericht von »Focus-Money«[127] die britische Private-Equity-Gesellschaft Permira zur Übernahme des Modekonzerns Hugo Boss 2,5 Milliarden bei den Banken geborgt und nur rund 900 Millionen Euro Eigenkapital investiert. Das ist gängige Praxis.

Sie verlangen Sonderdividenden, die den Gewinn meilenweit überschreiten. So schüttete der Fernsehkonzern Pro Sieben/Sat.1 2008 dreimal mehr an Dividende aus, als an Gewinn erzielt worden war.[128] Ein weiteres Beispiel von vielen: Der ursprünglich schwäbische Modekonzern Hugo Boss AG gehört zu rund 90 Prozent Permira. Im März 2008 hat Permira im Aufsichtsrat den Beschluss für eine Dividende in Höhe von 350 Millionen Euro durchgesetzt.

Der Gewinn im Jahr 2007 betrug 154 Millionen Euro, der Umsatz 1,33 Milliarden. Die Sonderdividende beträgt also mehr als das Zweifache des Gewinns und fast ein Viertel des Umsatzes. Um die Sonderdividende zahlen zu können, muss sich das Unternehmen verschulden. Und dann muss es rationalisieren und wird eventuell verlagern. Die Sonderdividende geht so zu Lasten der Arbeitnehmer.

Beteiligungsunternehmen lassen sich mit üppigen Beraterverträgen ausstatten oder veranlassen das Unternehmen zu Beraterverträgen mit Dritten, in der Regel mit verbundenen Beratungsunternehmen. Sie transferieren so Wertschöpfung des Unternehmens in ihre beziehungsweise benachbarte Scheunen. Blackstone, so berichtete der »Spiegel«,[129] habe bei der Übernahme des Chemiekonzerns Celanese im Jahr 2004 65 Millionen Dollar Beratungshonorar erhalten, im Jahr 2005 weitere 45 Millionen. Beim Modelleisenbahnbauer Märklin waren die Arbeitnehmer und ihre Vertreter anfangs froh darüber, dass der britische Finanzinvestor Kingsbridge einstieg. Inzwischen sieht die Welt leider auch da anders aus. Bei den Arbeitnehmern wurde rigoros gespart. Von den vier Werken wurden vorerst zwei geschlossen, es wurden Stellen abgebaut und Produktion ins Ausland verlagert. Aber für Berater und für die Geschäftsleitung stehen Millionen bereit.[130] Das »Handelsblatt« vom 14. August 2008 berichtete: Mitte 2006 kam das internationale Beratungsunternehmen Alix Partners zur angeblichen Sanierung zu Märklin. In den ersten sechs Monaten zahlte Märklin 5,13 Millionen Euro für Beratung für Alix und andere, 2007 noch einmal in ähnlicher Größenordnung. Genutzt hat das alles nichts. Märklin musste Insolvenz anmelden.

Die sogenannten Investoren haben häufig kein besonderes Interesse an langfristigen Investitionen. Sie haben ein Interesse an der Ausbeutung eines Unternehmens und dann am günstigen Verkauf des Ganzen oder von Teilen. Der Verkauf ist umso leichter, je mehr es gelingt zu rationalisieren. Deshalb stehen die Arbeitnehmer in der Regel unter besonderen Pressionen. Und das Management wird ausfallend gut honoriert, damit es die Gemeinheiten durchzudrücken bereit ist.

Sogenannte Investoren gewinnen auch dadurch, dass sie die in einem Unternehmen erarbeitete Technologie und das vorhandene Know-how ausschlachten und auf andere ihrer Untergesellschaften transferieren. Sie transferieren Vermögenswerte auch dadurch, dass sie vom neu erworbenen Unternehmen verlangen, Vermögenswerte auf andere Tochtergesellschaften des beherrschenden »Investors« zu übertragen. »Nach der Ausgliederung von Celanese aus dem Chemiekonzern Hoechst«, so berichtet Hauke Fürstenwerth[131] mit Berufung auf einen Beitrag der »Schutzgemeinschaft der Kapitalanleger« (SdK), »habe sich Blackstone zunächst die Kontrolle erkämpft. Dann musste Celanese ihr Herzstück, das Amerika-Geschäft, bilanziell radikal abwerten und zum Spottpreis an eine Blackstone-Gesellschaft verkaufen. Die neue Gesellschaft übernahm dann auch die Kontrolle über die europäischen Aktivitäten, dann stieß Blackstone über die Börse einen Großteil der Aktien ab – nicht ohne vorher über eine durch Anleihen finanzierte Ausschüttung 500 Millionen $ aus Celanese herausgezogen zu haben und einen mit 100 Millionen $ honorierten Beratervertrag mit Celanese abgeschlossen zu haben.«

Warum sich bei uns die Politik für Hedgefonds und Private Equity starkmacht, ist sachlich nicht zu verstehen. Auch nicht aus fiskalischen Gründen. Die Professoren Jarass und Obermair haben für die Hans-Böckler-Stiftung 2007 untersucht, ob die steuerlichen Privilegien für diese »Investoren« gerechtfertigt sind. Die Ergebnisse sind ernüchternd:

- Die sogenannten Investoren zahlen kaum Steuern, »weil sie ihre Erträge mit den hohen Schulden aus dem Kaufpreis verrechnen und so den Gewinn reduzieren.
- In Deutschland ansässige Fonds bleiben unbelastet, weil sie das Finanzamt oft als vermögensverwaltend einstuft – im Widerspruch zu ihrer offensichtlich gewerblichen Tätigkeit in der Beratung und Steuerung gekaufter Firmen.
- Die Geldgeber der Fonds haben ihren Sitz in Steueroasen.«[132]

Auch eine andere Erwartung, die mit der Förderung dieser sogenannten Investoren durch die Bundesregierung verbunden ist, findet in den Fakten keine Bestätigung: Es wird in der öffentlichen Debatte so getan, als seien diese Unternehmen wichtig für die Beschaffung von Wagniskapital. 88,2 Prozent des Kapitals, das die Fonds in Deutschland investierten, gingen in große und bereits bestehende Unternehmen. Gerade mal sechs Prozent des Geldes wurden in sogenannte Start-ups investiert.

Die hohen Renditen der PE-Gesellschaften und Hedgefonds sind dann besonders komfortabel zu erzielen, wenn man die öffentliche Hand bezahlen lässt. Helmut Kohl und sein Postminister Schwarz-Schilling hatten nach der Wende 1982 mit Verve den Aufbau eines Kabelverteilnetzes fürs Fernsehen vorangetrieben; 10 Milliarden Mark aus Steuern und Telefongebührengeld wurde von der Bundesregierung nach 1982 »investiert«. Was später damit geschah, beschreibt der »Spiegel« vom 18. Dezember 2006[133] so:

»Bislang macht es Deutschland den Angreifern leicht. Das zeigt das Beispiel der deutschen TV-Kabelnetze, die zu Zeiten des Telekom-Monopols mit Milliarden aus den Telefongebühren quer durch die gesamte Republik verlegt wurden. Im Jahr 2003 übernahmen die PE-Firmen Apax und Providence gemeinsam mit der Investmentbank Goldman Sachs das Unternehmen. Preis: 1,73 Milliarden Euro. Eigeneinsatz der neuen Herren: minimal.

Innerhalb von zweieinhalb Jahren saugten sie 1,6 Milliarden aus dem Unternehmen, das dadurch tief in die roten Zahlen rutschte. Beim anschließenden Komplettverkauf an Providence sahnten Apax und Goldman Sachs nach Berechnungen der ›Börsen-Zeitung‹ weitere 300 Millionen ab – jeweils.

Es war ein wunderbares Geschenk in einem wunderbaren Land, das Firmenjägern geradezu den Tisch deckt: Die einstmals mit Gebührengeldern bezahlte Infrastruktur wurde regelrecht verschenkt.«

Das ist nur ein Fall unter anderen: Das Duale System Deutschland (DSD) zum Beispiel, das den Grünen Punkt verwaltet, wurde 2004 vom US-Finanzinvestor KKR für 260 Millionen Euro übernommen.[134] Die Summe entsprach genau dem Wert, den der vom Vorstand des DSD beauftragte Gutachter, Pricewaterhouse Coopers, ermittelt hatte. Der Vorschlag zum Verkauf kam vom Vorstand selbst und wurde in einer eiligen Aktion durchgedrückt.

Hinterher stellte sich heraus, dass das DSD über liquide Mittel und Wertpapiere in Höhe von 902 Millionen verfügte. KKR entnahm schon 2005, im ersten Jahr seines Besitzes, 419 Millionen. Damit wurden die Schulden von 160 Millionen getilgt, die der sogenannte Investor KKR aufgenommen hatte, um das Unternehmen zu kaufen. Sein eingesetztes Eigenkapital von 100 Millionen brachte ihm so schon im Jahr 2005 einen Gewinn von 146 Millionen. – Da an diesem Vorgang nahezu alles ausgesprochen »interessant« ist und man vermuten muss, dass hier ein auch mit den Groschen der deutschen Verbraucher für den Grünen Punkt aufgebautes Unternehmen für einen Appel und ein Ei verscherbelt worden ist, kam im Jahr 2007 der Verdacht auf, Mitglieder des Aufsichtsrates und des Vorstands hätten vom Verkauf profitiert.

Das war nun eine knappe Skizze von nur wenigen Fällen aus einer großen Anzahl. Der beeindruckenden Zahl von 6000 Fällen von Übernahmen bis zum Jahr 2006 rühmt sich der Verband der Beteiligungsfirmen. Hinzu kommen die von Hedgefonds und anderen übernommenen Firmen.

Auch aus volkswirtschaftlicher Sicht ist dieser Ausverkauf von Nachteil für unser Land. Hier werden meist vernünftige Strukturen zerstört:

- Die neuen Eigentümer sind vergleichsweise kurzfristig orientiert, sie zielen auf die schnelle Steigerung des Börsenwertes. In Entwicklung und Forschung wird tendenziell weniger investiert als bisher.
- Vielen Unternehmen wird in ungebührlicher Weise Eigenkapital entzogen. Wenn man verfolgt hat, wie früher gerade von Seiten der Wirtschaft beklagt worden ist, das Eigenkapital der Unternehmen sei zu niedrig, dann kann man sich über das Schweigen zu der jetzt stattfindenden Fledderei nur wundern.
- Hier im Land geschaffene und oft auch öffentlich subventionierte Werte wie Ergebnisse von Forschung und Entwicklung werden außer Landes gebracht.
- Der ständige Wechsel von Eigentümern und häufig parallel dazu der Wechsel des Managements und wichtigen anderen Personals nagt an der Beständigkeit und Verlässlichkeit der

betroffenen Unternehmen und damit auch an der Produktivität unserer Wirtschaft insgesamt.

- Es werden Betriebe mit festen Arbeitsverhältnissen und betrieblichen Sozialleistungen ausgepresst. Sie werden dazu veranlasst, an den für die Arbeitnehmer einigermaßen vorteilhaften Leistungen zu sparen. Damit ändert sich auf Dauer die Struktur und sehr wahrscheinlich auch die Produktivität der deutschen Arbeitnehmerschaft und der Betriebe.
- Es wird mehr Arbeitslosigkeit geben.
- Der Fiskus leidet und wird weiter leiden. Die neuen Eigentümer sind von ihrer Grundstruktur und von ihrer Mentalität her darauf ausgerichtet, jeden Vorteil für sich zu vereinnahmen. Ein Grundgefühl dafür, dass auch das Gemeinwohl eine Rolle spielen solle und, ganz banal, jedes Unternehmen auch von öffentlichen Leistungen profitiert, gibt es in diesen Kreisen nicht. Deshalb wird jede Möglichkeit zur Steuervermeidung genutzt.

Die politisch Verantwortlichen tun nichts, um die Plünderung zu vermeiden. Drei Aspekte sind in diesem Zusammenhang von eminenter Bedeutung:

Erstens: Die Finanzwirtschaft im Allgemeinen und die Heuschrecken im Besonderen verstehen etwas von Lobbyarbeit. Sie haben Millionen dafür investiert; sie haben ehemalige Politiker und Manager gleich reihenweise unter Vertrag genommen. Diese Personen stellen eine geballte politische und ökonomische Macht dar. Sie werden teilweise auch eingesetzt, um neue Objekte für die Übernahme ausfindig zu machen und diese Opfer aufzuschließen.

Zweitens: Die großen Plünderer der Finanzindustrie verstehen etwas von Öffentlichkeitsarbeit und investieren in die Meinungsbildung der Politiker und der Publizisten. Reihenweise wechseln Journalisten aus Redaktionsstuben in die Dienste von Unternehmen und von PR-Agenturen. Sie kontaktieren ihre ehemaligen Kolleginnen und Kollegen in den Wirtschaftsredaktionen. Von PR und Lobbyismus verstehen die großen Beteiligungsgesellschaften und Hedgefonds mehr als die Minderheitsaktionäre,

mehr als das Gros des Mittelstandes und mehr als die Arbeitnehmerschaft. Und so beeinflussen sie auch die Meinungsbildung
und die politische Willensbildung im Sinne der sogenannten Investoren mehr als die Betroffenen. Und sie haben Geld. Die Ausschüttung von 3,7 Mrd. Dollar an den Gründer Paulson des
gleichnamigen Hedgefonds ist fast 40-mal höher als die Etats
aller deutschen Parteien im Wahlkampf 2005. Zweieinhalb Prozent seines Gewinns hätten gereicht, um die Wahlwerbung aller
deutschen Parteien zu bezahlen. Ein einziges Prozent des Gewinns der Deutschen Bank oder der Allianz von 2007 hätte
ausgereicht. Das heißt: Das Potenzial an Meinungsmache ist
überwältigend. Und wir träumen, wenn wir annähmen, dieses
Potenzial würde nicht eingesetzt. Die Schlagwörter der Meinungsmache liegen offen zutage: »Auflösung der Deutschland
AG«, »Investor«, »den Finanzplatz Deutschland fördern«, »Aktienkultur«, »Shareholder Value«, »systemrelevante Banken«. Es ist
phänomenal, dass und wie diese Parolen verfangen konnten und
können. Es ist auch phänomenal, wie in diesem Sektor unseres
gesellschaftlichen und wirtschaftlichen Geschehens die Methode
des Verschweigens funktioniert. Obwohl vom Verkauf der vielen
einzelnen Betriebe sehr viele Arbeitnehmer, Regionen und Kommunen betroffen sind, ist der Ausverkauf kein brisantes bundes-
politisches Thema.

Drittens: Die verantwortlichen Politiker stehen buchstäblich
stramm vor Personen, die über viel Geld und wirtschaftliche
Macht verfügen. Der Erfolgreiche beeindruckt. Den darf man
nicht stören. Den muss man fördern. Diesem Muster folgen die
Einlassungen unserer zuständigen Minister und ihrer Helfer. Allesamt Vertreter des Strenger-Vater-Modells. Bewunderer des
vordergründigen Erfolgs dieser Personen und Unternehmen.

Kapitel 19

Die Zerstörung des Vertrauens in die sichere Altersvorsorge – ein Musterbeispiel gelungener Gehirnprägung

Der Komplex Altersvorsorge, gesetzliche Rente, Privatvorsorge und, damit verknüpft, das Thema demographische Entwicklung ist ein Musterbeispiel dafür, dass die totale Irreführung des größeren Teils der Bevölkerung möglich ist. Hieran kann belegt werden, dass das Denken vieler Menschen geprägt werden kann und eine nahezu totale Gleichschaltung möglich ist.

An den gängigen Behauptungen der öffentlichen Debatte über die Altersvorsorge stimmt nämlich so gut wie nichts. Doch viele glauben trotzdem daran, so massiv ist die Propaganda. Und so eindeutig sind die politischen Entscheidungen, die die Propaganda glaubwürdig erscheinen lassen und damit die Irreführung erleichtern. Die Agitation verläuft in mehreren Stufen:

- *Stufe 1:* Wir haben ein folgenschweres demographisches Problem, wir werden immer weniger, wir werden immer älter. So sagt man. Aber verglichen mit anderen Problemen unserer Gesellschaft wie z.B. Kinderarmut, Langzeitarbeitslosigkeit und Klimawandel ist der demographische Wandel harmlos.
- *Stufe 2:* Der Generationenvertrag trägt nicht mehr, erzählt man uns. Aber der Generationenvertrag trägt immer. Die einzig sinnvollen Fragen wären, wie gut und ergiebig er trägt, wovon seine Tragfähigkeit abhängt und ob wir etwas tun können, ihn wieder tragfähiger zu machen.
- *Stufe 3:* Die Alten leben auf Kosten der Jungen, wird gesagt. Das ist eine nicht nur unhaltbar falsche, es ist eine bösartige, zynische Behauptung. Denn den Jungen geht es aus ganz anderen Gründen nicht so gut wie den Alten. Mit dem demographischen Wandel und mit den Alten hat das nichts zu tun. Ihnen fehlen gute Berufsperspektiven und feste Arbeitsverhältnisse. Sind die Alten daran schuld?

- *Stufe 4:* Die gesetzliche Rente ist tot, wird behauptet. Dabei wird verschwiegen, dass der Niedergang der gesetzlichen Rente bewusst herbeigeführt wird und dass das keinesfalls so sein muss. Die gesetzliche Rente und das zugrundeliegende Umlageverfahren wären auch heute noch die effizientesten Regeln der Altersvorsorge, wenn wir das nur wollten.
- *Stufe 5:* Jetzt hilft nur noch Privatvorsorge, lautet die allerorten propagierte Lösung. Auf diese sonderbare Behauptung hin kann man nur rückfragen: Einmal unterstellt, wir hätten das demographische Problem »Kindermangel«, werden dann mit Einführung der Privatvorsorge mehr Kinder geboren?

Nichts von den Behauptungen zur demographischen Entwicklung und zur Altersvorsorge ist wahr. Sie haben sich allein deshalb durchgesetzt, weil sie immer wiederholt werden und aus verschiedenen Ecken auf uns eindringen. Es sind Musterbeispiele für die Möglichkeit totaler Meinungsmache und für die politische und finanzielle Wirksamkeit einer solchen Meinungsmache.

Die Propaganda auf diesem Feld ist so umfassend, dass man jenen, die darauf hereinfallen, keinen Vorwurf machen kann. Wer den Sirenen des demographischen Niedergangs glaubt, wer fürchtet, die gesetzliche Rente sei perdu, ist Opfer, nicht Täter. Die Propaganda mobilisiert tief verankerte Gefühle der Menschen. Die Angst um die Größe und Leistungsstärke der sozialen Gruppe, aus der sich die Sicherheit jedes Einzelnen speist, und die Angst, im Alter nicht ausreichend versorgt zu sein.

Im konkreten Fall hat diese Meinungsmache dazu geführt, dass Milliarden in die Taschen einflussreicher Interessengruppen gespült werden. Es geht um Geld, um viel Geld; das ist der tiefere Grund für die Unterminierung des Vertrauens in die gesetzliche Rente. Und diese Meinungsmache hat dazu geführt, dass eine wichtige gesellschaftliche Einrichtung, die solidarische und in öffentlicher Regie betriebene gesetzliche Rente, der Zerstörung preisgegeben wird.

Man begreift diesen Vorgang, man begreift die dramatische Zerstörung, die viele Menschen in Altersarmut treiben wird, nur, wenn man untersucht, wer daran verdient und wie viel daran verdient wird. Ein Geheimnis ist das nicht. Die Profiteure treten offen auf. Und sie selbst und ihre Helfershelfer aus Wissenschaft und Politik, aus Verbänden, Schulen, Vereinen und Medien mischen sich immer wieder in die öffentliche Debatte ein.

Betrachten wir die Situation aus der Sicht des Jahres 2002, als der Startschuss für die Riester-Rente gegeben wurde. Damals konnte sich die Finanzwirtschaft – also Versicherungen, Banken und Finanzdienstleister – Folgendes ausrechnen: Wenn es gelingt, nur 10 Prozent der Beiträge für die gesetzliche Rente auf ihre Mühlen umzulenken, dann bringt das ein Umsatzplus bei den Prämien von fast 16 Milliarden Euro. Und dies alle Jahre wieder und von Jahr zu Jahr mehr.

Und tatsächlich ist der Plan aufgegangen. Zumindest bis zum Offenbarwerden der Finanzkrise hat die Finanzwirtschaft Milliarden an Umsatzzuwächsen erzielt. Ein Beispiel: Der Hannoveraner Finanzdienstleister AWD fühlte sich nach Aussagen seines früheren Chefs Carsten Maschmeyer wie auf einer Ölquelle gebettet. Die »Netzeitung« berichtete: »Nach der Verlagerung von der staatlichen zur privaten Altersvorsorge stehe die Finanzdienstleistungsbranche ›vor dem größten Boom, den sie je erlebt hat‹, sagte Maschmeyer. ›Sie ist ein Wachstumsmarkt über Jahrzehnte.‹ Noch sei nicht überblickbar, wie sich der Anstieg der privaten Altersvorsorge im Detail ausgestalte. ›Es ist jedoch so, als wenn wir auf einer Ölquelle sitzen‹, sagte Maschmeyer. ›Sie ist angebohrt, sie ist riesig groß, und sie wird sprudeln.‹«[135]

Maschmeyer bedankte sich anlässlich des zwanzigjährigen Bestehens von AWD mit einer großen Fete bei denen, die der AWD die Ölquelle ans Haus gelegt haben. Die »Bunte« hat die Dankesfeier freundlicherweise dokumentiert.[136] Dieses Spektakel offenbart eindrucksvoll die gesellschaftliche Wirklichkeit: die Verfilzung von Politik und Finanzinteressen, denn AWD hatte im Juli

2008 nicht nur seine Außendienstmitarbeiter, sondern auch Prominente aus Politik, Medien und Showbusiness zum großen Fest eingeladen. Mit dabei: der ehemalige Bundeskanzler Gerhard Schröder, in dessen Amtszeit seinem Freund Maschmeyer die Riester- und Rürup-Rente beschert wurde, außerdem Professor Bert Rürup und Walter Riester, der ehemalige Arbeitsminister und Namensstifter höchstpersönlich, die Schauspieler Heiner Lauterbach und Veronica Ferres, der Boxer Henry Maske, der frühere UN-Generalsekretär Kofi Annan, Niedersachsens Ministerpräsident Christian Wulff und Bundesumweltminister Sigmar Gabriel.

Das Geld für AWD und seine Feiern sprudelt nicht aus dem Boden. Es kommt von Ihnen, wenn Sie »riestern« oder »rürupen« oder an einer betrieblichen Altersvorsorge teilhaben. Es kommt zudem von uns, den Steuerzahlern, weil wir alle zusammen die Zulagen und Steuervergünstigungen für die Riester- und Rürup-Rentner bezahlen. Dieses an Ihnen und uns verdiente Geld dient auch als Grundlage für breite Propagandakampagnen. Mit Propaganda kann man politische Entscheidungen so beeinflussen, dass man an die Milliarden herankommt, die verängstigte Bürgerinnen und Bürger für Vorsorgeaufwendungen aufzubringen bereit sind. Beim Meinungskampf zur Förderung der Privatvorsorge bewahrheitet sich George Orwells düstere Vorhersage: »Und wenn alle anderen die [...] Lüge glaubten – wenn alle Aufzeichnungen gleich lauteten –, dann ging die Lüge in die Geschichte ein und wurde Wahrheit.«.

Lobbyarbeit für hilfreiche politische Entscheidungen

Aber wir haben es beim Versuch der Zerstörung des Vertrauens in die gesetzliche Rente zugunsten der privaten Vorsorge nicht nur mit Propaganda zu tun. Die Propaganda gegen die gesetzliche Rente und für die Privatvorsorge wird von politischen Entscheidungen unterfüttert, die mit intensiver Lobbyarbeit erreicht worden sind:

- *Erstens:* Mit Hilfe politischer Entscheidungen wurde und wird die Leistungsfähigkeit der gesetzlichen Rente ständig vermindert.
- *Zweitens:* Mit politischen Entscheidungen ist gleichzeitig dafür gesorgt worden, dass die Privatvorsorge öffentlich gefördert wird.

Wenn in Zeiten, in denen Subventionen gemeinhin als unpassend und nicht zeitgemäß gelten, die Geschäfte der privaten Versicherungswirtschaft mit Milliarden aus Steuergeldern subventioniert werden, dann ist das ein bemerkenswerter Vorgang. Immerhin gilt es als modern, für »Freiheit« und »Eigenverantwortung« zu streiten und deshalb prinzipiell gegen Subventionen zu sein. Gerade die Verfechter der Privatvorsorge, die Banken und die sonstigen Vertreter der Wirschaft und die ihnen verbundenen Politiker, wettern prinzipiell gegen Subventionen. Bei der Riester- und der Rürup-Rente jedoch öffnen sie die Schleusen weit und tun so, als stünde in Berlin ein Goldesel. Das ist aber nicht der Fall. Die Steuergelder werden vornehmlich über Lohnsteuer, Einkommensteuer, Mineralölsteuer und Mehrwertsteuer von den gleichen Menschen erbracht, die »riestern« oder »rürupen« sollen. Bezahlt werden diese Steuern, mit denen die Riester- und die Rürup-Rente subventioniert werden, auch von jenen, die gar nicht die Möglichkeit oder das Geld haben, eine solche private Zusatzversorgung abzuschließen, oder die sich aus sachlichen Gründen dagegen entschieden haben.

Gleichzeitig wird die Leistungsfähigkeit der gesetzlichen Rente ständig vermindert: Anlastung versicherungsfremder Leistungen, Nullrunden, Nachhaltigkeitsfaktor, Erhöhung des Renteneintrittsalters, Festhalten des Beitragssatzes – dies und mehr hat die durchaus beabsichtigte Konsequenz, dass die Versicherungswirtschaft und ihre Helfer den potenziellen Rentnern des Jahres 2035 jetzt schon sagen können, dass ihre Rente dann auf ungefähr 40 Prozent des Bruttolohns geschrumpft sein wird. So äußerte sich zum Beispiel der Freiburger Professor Bernd Raffelhüschen in der ARD-Sendung »Rentenangst«.[137] Und dass ihnen das in der Regel nicht reichen wird, wenn sie nicht privat vorsorgen.

Der Film »Rentenangst« ist deshalb besonders aufschlussreich, weil die beiden Journalisten Ingo Blank und Dietrich Krauß Raffelhüschen nacheinander mit Äußerungen für zwei verschiedene Zielgruppen aufnehmen konnten, einmal mit einer Rede vor Versicherungsmaklern in Neuss und dann im Interview vor der Kamera für das allgemeine Publikum. Dazu muss man wissen, dass Raffelhüschen sehr engagiert den Umbau des Rentensystems hin zu mehr Privatvorsorge fordert und fördert; er hat in der Rürup-Kommission zur Reform der sozialen Sicherungssysteme mitgewirkt und ist Mitglied im Aufsichtsrat der ERGO-Versicherungsgruppe.[138] Hier die einschlägige Passage aus dem Film »Rentenangst«:

»Raffelhüschen liefert den Vertretern mit seinem Vortrag Argumente und Pointen. Zitat aus dem Vortrag von Professor Bernd Raffelhüschen: ›Die Rente ist sicher, ja, sag ich Ihnen ganz unver-BLÜM-t.‹ Blüms Rentenversprechen ist hier auf dem Vertreterkongress eine willkommene Lachnummer. Zitat aus dem Vortrag von Professor Bernd Raffelhüschen: ›Die Rente ist sicher! Nur hat kein Mensch mitgekriegt, dass wir aus der Rente inzwischen ’ne Basisrente schon längst gemacht haben. Das ist alles schon passiert. Es ist alles schon passiert.‹ Mission erfüllt. Raffelhüschen ist mit sich zufrieden. Zitat aus dem Vortrag von Professor Bernd Raffelhüschen: ›Wir sind runtergegangen durch den Nachhaltigkeitsfaktor und durch die modifizierte Bruttolohnanpassung. Diese beiden Dinge sind schon längst gelaufen. Ja. Waren im Grunde genommen nichts anderes als die größte Rentenkürzung, die es in Deutschland jemals gegeben hat. Beides Vorschläge der Rürup-Kommission.‹

So weit die Version für Vertreter, nun die Version von Professor Bernd Raffelhüschen für uns: ›Wir machen gar keine Rentenkürzung. Wir haben auch noch nie ’ne Rentenkürzung beschlossen. Was tatsächlich passiert, ist, dass die Rentensteigerungen in der Zukunft gebremst werden, und zwar gebremst werden durch mehrere demographische Faktoren. Das führt dann dazu, dass die Rente des Jahres, sagen wir mal 2035 in etwa bei einer Größenordnung liegt, die so bei 40 Prozent des Bruttolohnes sein wird, das heißt, wir haben immer noch eine Rente, die höher ist als die Rente von heute.‹

Im Vortrag spricht Raffelhüschen Klartext. Die Mission Rentenkürzung ist erledigt. Das Feld für die Vertreter bereitet. Raffelhüschen hat seinen Job getan. Zitat Vortrag Professor Raffelhüschen: ›Aber im Wesentlichen hat die Rentenversicherung kein Nachhaltigkeitsproblem mehr. Ja. Aus dem Nachhaltigkeitsproblem der Rentenversicherung ist quasi ein Altersvorsorgeproblem der Bevölkerung geworden. So! Das müssen wir denen erzählen jetzt. Also ich lieber nicht. Ich hab genug Drohbriefe gekriegt. Kein Bock mehr, irgendwie. Aber Sie müssen das. Das ist Ihr Job.‹«

Aus dem Nachhaltigkeitsproblem der Rentenversicherung sei ein Altersvorsorgeproblem der Bevölkerung zu machen, wie Raffelhüschen fern der Öffentlichkeit erklärt, und die gesetzliche Rente auf eine Basisrente zu reduzieren, das war das Ziel der Vertreter der Privatvorsorge. Sie haben nun leichteres Spiel für ihre Geschäfte.

Wenn ich früher, ohne Raffelhüschens Aussage zu kennen, behauptet habe, die Leistungsfähigkeit der gesetzlichen Rente sei von der rot-grünen Regierung und ihren Arbeits- und Sozialministern Walter Riester und Franz Müntefering unter Mitwirkung der einschlägigen Professorenschaft – insbesondere Bert Rürup und Bernd Raffelhüschen, Meinhard Miegel und Axel Börsch-Supan – und mit Hilfe von Union und FDP systematisch beschädigt und kräftig geschmälert, ja zerstört worden, dann schallte mir entgegen, ich sei ein Verschwörungstheoretiker. Bisher musste ich immer mit Indizien beweisen, dass die Realität noch viel schlimmer ist, als es sich der gewiefteste Verschwörungstheoretiker ausdenken konnte. Jetzt brauche ich nur auf das Bekenntnis des in allen Medien herumgereichten Professors Raffelhüschen zu verweisen. Er hat die Verschwörung gegen die gesetzliche Rente offengelegt.

Trotz des klaren Eingeständnisses von Professor Raffelhüschen halten professionelle Beobachter der Szene wie beispielsweise viele Journalisten diesen Niedergang der Leistungsfähigkeit der gesetzlichen Rente für zwangsläufig, sie verstehen ihn also nicht als politische Tat zur Beförderung des Geschäfts der Rentenversicherung, sondern als unausweichliche Folge von äußeren Faktoren – der demographischen Entwicklung zum Beispiel.

Das ist ein erstaunlicher Vorgang. Er bestätigt wieder einmal die Beobachtung, dass in unserem Lande zwei verschiedene Öffentlichkeiten unberührt nebeneinander existieren können: eine, der Mainstream, deren Botschaft lautet, zukünftige Rentner würden in jedem Fall weniger haben als die heutigen Rentner. Und eine andere, die kritische Öffentlichkeit, die die einzelnen politischen Taten zur Minderung der Leistungsfähigkeit wahrgenommen hat und sich in ihrer Interpretation der Ereignisse durch Äußerungen wie die von Raffelhüschen bestätigt sieht.

Propaganda pro Privatvorsorge

Die tägliche Propaganda wird von einem engen Netz von Instituten und Stiftungen, Zeitungen und Fernsehanstalten, Professoren und Politikern, sogenannten Initiativen und Aktionsgemeinschaften, betrieben. Die Profiteure der Privatvorsorge in der Finanzwirtschaft haben erstaunliche Verbündete gewonnen, die ihre Botschaft weitertragen – zum Beispiel die Volkshochschulen[139] und Schulen, zum Beispiel die Stiftung Warentest mit dem Ableger »Finanztest« und den Sozialverband VdK. Der VdK hat mit zwei Versicherungsunternehmen Rahmenverträge für seine Mitglieder abgeschlossen und wirbt bei ihnen für die »kapitalgedeckte Zusatzrente«.[140] Die Matadore der Privatvorsorge zitieren und bestätigen sich gegenseitig. Ihre Behauptungen müssen nicht richtig sein, sie müssen wiederholt werden, aus verschiedenen Ecken kommen und einen wissenschaftlichen Anstrich haben. So wird mit dem Kernsatz der Propaganda verfahren: »Wie wir alle wissen: Die gesetzliche Rente reicht nicht mehr.«

Das zuständige Bundesministerium für Arbeit und Soziales präsentiert sich in seiner Öffentlichkeitsarbeit in erstaunlicher Mission: Statt um Vertrauen für die gesetzliche Rente zu werben, wird massiv für Privatvorsorge geworben. Selbst die Deutsche Rentenversicherung, die für die gesetzliche Rente zuständige Stelle also, hat sich einspannen lassen und wirbt für Privatvorsorge. Auch die Stiftung Warentest und insbesondere der »Finanztest« blasen in dasselbe Horn. Hier ein einschlägiger Text von der Internetseite (2008):

»Riestern ist in: Bis jetzt sind rund zehn Millionen Verträge unterzeichnet. Zu Recht. Denn sicher ist: Die gesetzliche Rente allein wird im Alter nicht ausreichen. Sicher ist auch: Riester-Verträge sind durch staatliche Zulagen, Steuervorteile und Garantien ein empfehlenswertes Altersvorsorgeprodukt.«

Und wer sich alle Riester-Sparformen im Test anschauen will, erhält folgende »Information«:

»Alle Tests zu Riester

Welcher Vertrag für wen

23.01.2008

Sicher ist: Die gesetzliche Rente allein wird im Alter nicht ausreichen. Sicher ist auch: Riester-Verträge sind durch staatliche Zulagen, Steuervorteile und Garantien als Altersvorsorgeprodukt Spitze. Wer nicht auf Dauer wenig verdient, wird profitieren. ›test.de‹ sagt, welche Riester-Sparform für wen geeignet ist.«

Klingt so die Information einer Stiftung, die unabhängige Tests machen sollte? Das ist penetrant wiederholende Werbung für private Interessen, Propaganda gegen eine soziale Einrichtung: die gesetzliche Rente. Sie werde im Alter nicht ausreichen, wird den Menschen wie gottgegeben eingehämmert. Und trotzdem gilt »Finanztest« immer noch als unabhängige Einrichtung.

In »Finanztest« vom November 2007 wurde für eine Riester-Fondsrente mit dem Argument geworben, das bringe bis zum Jahr 2035 durchgehend eine Rendite von 9 Prozent. Das ist ein abenteuerliches Versprechen. Und im »Finanztest« vom Juni 2008 hieß es: »Keiner kann sich im Alter allein auf die gesetzliche Rente verlassen. Wer das macht, könnte einen kargen Ruhestand fristen. Wie viel Rente später wirklich fehlt, hat »Finanztest« an acht Modellfällen nachgerechnet. Um dieses Loch zu stopfen, bieten sich Riester- oder Rürup-Verträge an.« Das ist Dauerpropaganda in einem Organ, dem viele Menschen vertrauen.

Gemessen daran wirken die Aktionen der Bertelsmann Stiftung und der Initiative Neue Soziale Marktwirtschaft geradezu seriös. Von ihnen ist man immerhin gewohnt, dass sie das Geschäft privater Interessen betreiben. Von der Stiftung Warentest und ihren Ablegern nicht.

Die Lobby ist breit angelegt. Die »Stiftung für die Rechte zukünftiger Generationen« (SRZG) in Oberursel beispielsweise betreut den Kampf der Jüngeren gegen die Alten. Daneben gibt es eine Reihe weiterer sogenannter Initiativen, die in diesem Gewerbe tätig sind. Offenbar ist das lukrativ. Offenbar kann man sich immer wieder neu irgendwelchen Public-Relations-Firmen und Interessenverbänden andienen, wenn man bereit ist, Reklame für private Renten und gegen die gesetzliche Rente zu machen und zu diesem Zweck Events zu organisieren wie etwa Tagungen und Pressekonferenzen oder die Präsentation von Studien.

Ein öffentlich klingendes, aber privates »Berlin-Institut für Bevölkerung und Entwicklung« hat bisher einen der größten Meinungsmache-Coups gelandet. Bei der Vorstellung einer Mitte März 2006 veröffentlichten Studie behauptete das Institut, Deutschland habe die niedrigste Geburtenrate weltweit und auch die niedrigste seit 1945. Das war rundum nicht die Wahrheit und wurde dennoch in nahezu allen Medien wiedergegeben. Diese kritiklose Wiedergabe ist schon deshalb so erstaunlich, weil schon auf der zweiten Seite dieser Studie zu lesen war, dass sie unter anderem von der Deutschen Krankenversicherung AG (DKV) bezahlt worden ist. Trotzdem hat das die Masse der Medien nicht dazu veranlasst, zu zweifeln, zu hinterfragen und kritisch mit dieser Information umzugehen.

Die Leichtgläubigkeit der Medien und ihre Bereitschaft, sich in die Agitation einspannen zu lassen, ist eine der Hauptursachen dafür, dass die Gehirnprägung bei diesem Thema so perfekt funktioniert. Ein paar Schlaglichter zeigen, wie weit das reicht:

- Reinhold Beckmann machte lange Zeit Werbung für den Münchner Finanzdienstleister WWK. Das Gleiche hat seine Kollegin Nina Ruge vor ihm fertiggebracht.

- In der »Tagesschau«, bei »heute« und dem »heute-journal«, in nahezu allen Talkshows, in den kommerziellen Sendern sowieso, kommt immer wieder die gleiche Botschaft: Immer weniger Jüngere müssen für immer mehr Alte sorgen, die gesetzliche Rente bring's deshalb nicht mehr, Privatvorsorge ist nötig und so weiter... Die gesamte Litanei wird ständig von neuem vorgetragen. Sie scheint einen so hohen Wiedererkennungswert zu haben, dass es sich lohnt, sie immer wieder und wieder zu wiederholen. Das ist sehr klug arrangiert. Die Journalisten müssen nichts Neues lernen, und ihre Zuschauer fühlen sich zu Hause, erkennen sich wieder, fühlen sich als Mitwisser. So funktioniert Meinungsmache.

- Die »Bild«-Zeitung und »Bild.t-online« machten Propaganda im Sinne der Allianz AG sowie der Versicherungswirtschaft und der Banken insgesamt. Die »Bild«-Zeitung und »Bild.t-online« waren in der Zeit ihrer Zusammenarbeit nicht davor zurückgeschreckt, redaktionelle Teile und Werbung zu vermischen. Das hatte die Allianz AG, Partner der »Bild«-Zeitung für die »VolksRente«, wie das Riester-Produkt der Allianz AG hieß, sogar angekündigt. In einer »Vertreterinformation« der Allianz Lebensversicherungs-AG vom August 2005 war unter der Überschrift »Presse« zu lesen:
»Klar. Wer mit ›Bild.t-online‹ kooperiert, der ist auch in der ›Bild‹-Zeitung vertreten. Und zwar nicht nur als Anzeige, sondern so, wie es sich für eine Kooperation gehört: rundum.
Die Informationen zur VolksRente werden in zwei Formen aufbereitet – als Anzeige und als redaktionelle Artikel.«
Das ist die Ankündigung des offenen Bruchs journalistischer Sitten. Auf jeder Journalistenschule wird gelehrt, dass Werbung und Redaktion streng zu trennen sind. Hier aber fällt die Grenze, und es wird auch im redaktionellen

Teil für das Produkt des Werbepartners geworben: »als redaktionelle Artikel«.

- In den ersten Monaten des Jahres 2008 hat »Bild« die Debatte zum Generationenkonflikt erneut angeheizt. »Bild« hat den ehemaligen Bundespräsidenten Roman Herzog im Blatt und im Internet davon sprechen lassen, die ältere Generation sei dabei, die Jüngeren »auszuplündern«. Nur weil die Bundesregierung die Rentnergeneration real etwas weniger verlieren lassen wollte und deshalb für eine Anhebung der Renten um 1,1 Prozent eintrat – bei gleichzeitiger Preissteigerung von über drei Prozent.

Aber es ist nicht »Bild« allein, die entsprechend Stimmung macht. Am 19. Februar 2007 wartete die »Welt« mit der neuesten Katastrophenmeldung auf:

»Geburtenboom: Frankreich zieht an Deutschland vorbei

Der Bundesrepublik droht 2035 der Verlust ihrer wirtschaftlichen Führungsrolle in der EU. Ursache dafür ist die demographische Entwicklung. [...] Nach einer Modellrechnung, die das Institut der deutschen Wirtschaft Köln (IW) für die ›Welt‹ durchgeführt hat, könnte Frankreich bereits 2035 den führenden europäischen Wirtschaftsraum bilden.«

Oha! Das geburtenfreudige Frankreich nimmt uns die wirtschaftliche Führungsrolle in der EU! Denn wegen der vielen Geburten werden die Franzosen mehr als wir. – Arme Schweden. Dort leben nicht einmal 9 Millionen Menschen. Der schieren Zahl nach zu urteilen eine bedeutungslose Schar, aber irgendwie geht es ihnen trotzdem besser. Hat vielleicht die Menge derer, die auf einem Haufen sitzen, gar nicht so viel Bedeutung für die Qualität des Lebens und den Wohlstand?

Oder der »Spiegel«. Es soll ja Menschen geben, die glauben, der »Spiegel« sei ein kritisches, der Aufklärung verpflichtetes Nachrichtenmagazin. In Sachen Demographie und Rente zumindest arbeitet das Nachrichtenmagazin seit langem an der als notwendig betrachteten Meinungsmache: Mit dem Titel »Der letzte Deutsche« dramatisierten die Hamburger schon im Januar 2004 die Lage und sahen das Land »auf dem Weg zur Greisen-Republik«.

»Baby-Lücke. Geburtenrückgang mit dramatischen Folgen: Vergreisung, Rentenkrise, Explosion der Gesundheitskosten«, »Raum ohne Volk«. Das ist nur eine kleine Auswahl von Artikeln und Titelthemen des »Spiegel«. Bei anderen Medien sieht es kaum anders aus.

Manipulation und Gehirnprägung waren und sind also nicht beschränkt auf die weniger gebildeten Schichten, nicht auf die Leser der »Bild«-Zeitung und anderer Boulevardzeitungen und auf das fernsehende Publikum. Auch im »Spiegel«, in der »Zeit« und anderen als seriös geltenden Medien wird überall die gleiche Reklame für Privatvorsorge und gegen die gesetzliche Rente betrieben. Jene Schichten, die meinen, sie seien besonders gebildet und besonders informiert, sind genauso Opfer dieser sich wiederholenden und aus verschiedenen Ecken abgesandten Agitation.

Die Medienpartnerschaft von Allianz AG und »Bild« ist kein Einzelfall. Auch die »Superillu« und »Focus-Money« sind eine Medienpartnerschaft mit einem großen Interessenten eingegangen, und zwar mit dem Hannoveraner Finanzdienstleister AWD. In der »Superillu« 33/2007 erschien eine Doppelseite mit dem damaligen Vorsitzenden des Sachverständigenrats Bert Rürup und dem Paten der Riester-Rente, Walter Riester, gemeinsam mit Carsten Maschmeyer von AWD.

Die »Superillu« präsentierte ein Foto, auf dem sich Walter Riester und Bert Rürup zum »gelungenen« Werk gratulieren. Von der Zerstörung der Leistungsfähigkeit der gesetzlichen Rente und der Öffnung und Subvention der privaten Vorsorge dürften beide ordentlich profitieren, Rürup vermutlich mehr als Riester.[141].Ein anderer legt gönnerhaft seine Hand darauf. Er hat besonders gut lachen: Carsten Maschmeyer, damals Chef von AWD. Bei dem Finanzdienstleister klingelte es wirklich im Kasten, wie er selbst bezeugt hat. Und viele Menschen glauben immer noch, dieses Spiel würde ihretwegen betrieben.

Die Fernseh- und Hörfunkprogramme waren und sind voll von Meldungen, Serien und Kommentaren zum Thema Demographie und Rente. Die Doku-Fiction »2030 – Aufstand der Alten« solle aufrütteln und aufklären, heißt es in einer Pressemitteilung des

ZDF vom 12. Januar 2007 zum Programmschwerpunkt mit dem Thema demographischer Wandel.

»Was passiert, wenn die Rentensysteme und eine angemessene gesundheitliche Versorgung für alle nicht mehr zu finanzieren sind?«, fragt das ZDF in der Pressemitteilung, die überschrieben ist mit: »Deutschland schrumpft und vergreist. Fakten zum demographischen Wandel«. »Aufstand der Alten« ist dabei nur der Auftakt für eine ganze Serie von Sendungen zum Thema. Fast zwei Wochen lang Dauerpropaganda mit Unterstellungen über die Nicht-mehr-Finanzierbarkeit der gesundheitlichen Versorgung – so als wäre das demographisch bedingt.

Auch bei der ARD war auf vielen Kanälen undifferenzierte Propaganda zu hören und zu sehen; schon zweimal liefen Themenwochen zum Komplex Demographie und Rente, beispielsweise vom 20. bis 26. April 2008 eine Woche lang Sendungen zum Thema »Demographischer Wandel«. Dass man an diesem Thema noch etwas finden kann, obwohl darüber seit Jahren diskutiert und lamentiert wird, ist schon erstaunlich. Faktisch werden die Menschen durch solche Sendungen in eine unsichere Stimmung versetzt. Umso empfänglicher werden sie für die Botschaften der Privatvorsorge.

In den privaten Fernseh- und Rundfunkmedien wird ohnehin schon viel zu oft für private Interessen agitiert. Umso empörender ist die Leichtgläubigkeit oder auch die Interessenabhängigkeit der öffentlich-rechtlichen Medien, die eigentlich doch ein wichtiges Korrektiv sein müssten. Doch die Dimension dieser Vorgänge geht weit über das Sujet der Altersvorsorge hinaus: Es geht um eine einigermaßen korrekte demokratische Willensbildung. Wenn sich Medien in der beschriebenen Weise einspannen lassen, ist die Demokratie in Gefahr.

Privatvorsorge versus gesetzliche Rente: Was ist dran?

Die Thematisierung des demographischen Wandels ist eines der Kernelemente der Strategie der Finanzindustrie. Die demographische Entwicklung wird instrumentalisiert, um den Menschen ein-zuhämmern, dass sie sich vor Altersarmut und ungenügender medizinischer Versorgung nur dann retten können, wenn sie privat vorsorgen. Das sollen die Leute lernen.

Um die demographische Entwicklung als katastrophal und um die Privatvorsorge als Lösung des Problems erscheinen zu lassen, wird maßlos dramatisiert, falsch interpretiert, aufgehetzt und bewusst die Unwahrheit gesagt. Auf Deutsch: gelogen.

Schrumpft Deutschland?

Nach allem, was wir wissen und vorhersehen können, wird die Zahl der hier lebenden Menschen in den nächsten Jahrzehnten etwas abnehmen. Von schrumpfen kann keine Rede sein. Es werden nach hoher Wahrscheinlichkeit im Jahr 2050 mehr Menschen in Deutschland leben als 1950. Im Jahr 2005 waren es 82,4 Millionen Menschen. Nach der mittleren Variante der Modellrechnung des Statistischen Bundesamtes[142] vom Juni 2003 werden es 2050 75 Millionen sein – 75 Millionen »letzte Deutsche«!? Eine neuere Modellrechnung des Statistischen Bundesamtes vom November 2006 geht von einer Bandbreite von 69 bis 74 Millionen aus. Sind das dramatische Veränderungen?

In Deutschland leben gut 20 Millionen mehr Menschen als in Frankreich und in Großbritannien, Länder mit denen wir uns normalerweise auf gleicher Ebene sehen. Die armen Briten und Franzosen! Außerdem sind wir mit rund 230 Menschen pro Quadratkilometer ein dichtbevölkertes Land, eines der am dichtesten besiedelten in Europa; die Bevölkerungsdichte ist mehr als doppelt so hoch wie in Frankreich und viermal so hoch wie in Spanien.

Diese Erkenntnisse sind wahrlich nicht neu. Sie sind unter anderem in meinen beiden Büchern »Die Reformlüge« und »Machtwahn« dokumentiert. Wissenschaftler wie Gerd Bosbach und Christoph Butterwegge haben sich ausführlich der Thematik angenommen. Aber die Agitation zum schrumpfenden Volk, zur angeblich dramatisch niedrigen Geburtenrate und auch zum »sterbenden Volk«, zur »Überalterung« und »Vergreisung« läuft unbeeindruckt von den Tatsachen weiter. So als seien die dramatischen Beschreibungen unseres demographischen Niedergangs nicht widerlegt. Doch diese Erkenntnisse kommen bei den Bürgern nicht an. Die Orientierung wird damit nicht einfacher.

Unabhängig von den Fakten wird versucht, Meinung zu machen. Wenn man die Meinung in eine bestimmte Richtung trimmen will und wenn diese Meinungsbildung nicht auf Fakten, sondern auf falschen Daten beruht, darf man sich auf keinen Fall auf gegnerische Fragezeichen einlassen. Wenn Fragen und kritische Einwände laut werden, muss man den Taktschlag der Agitation erhöhen, man muss den Gegner niedermachen und darf auf keinen Fall auf ihn eingehen. So läuft das bei uns. Es läuft auch unter Beachtung der anderen in Kapitel 10 skizzierten Methoden: Übertreibung, massiver Einsatz von Kommunikationsimpulsen, Nutzung von Konflikten – Jung gegen Alt.

Aber wir werden in dieser Debatte nicht nur emotional attackiert. Wir werden auch schamlos in die Irre geführt. Beispielhaft ist die erwähnte Studie des Berlin-Instituts. Mitte März 2006 hieß es auf der Basis einer Veröffentlichung dieses Instituts in nahezu allen deutschen Medien, wir hätten die niedrigste Geburtenrate weltweit und auch die niedrigste seit 1945. Richtig ist: Noch zehn andere Länder in Europa und noch mehr weltweit hatten eine niedrigere bzw. ähnlich niedrige Geburtenrate als Deutschland mit seinem Durchschnitt von 1,36 Kindern pro Frau.

Auch die Behauptung, es sei die niedrigste Geburtenrate seit 1945, ist falsch. Richtig ist: Die Geburtenrate des Jahres 1985 lag mit 1,28 deutlich niedriger als heute. Wollte man sich auf das Niveau der Panikmache in Sachen Demographie einlassen, könnte man daraus folgern: Offenbar hatte die Wende von Helmut Schmidt zu Helmut Kohl die jungen Paare so geschockt, dass sie das Zeugen und Gebären einstellten. Möglicherweise wäre eine solche Vermutung sogar noch schlüssiger als vieles demographische Geschwätz von heute. Schließlich war das damals nicht nur eine politische, sondern auch eine ideologische Wende mit praktischen Folgen: eine Wende weg von einer solidarischen Gesellschaft, weg von ökologischer Vorsorge, geprägt vom Egoismus und Wirtschaftsliberalismus des Lambsdorff-Papiers und zugleich eine Periode des relativen wirtschaftlichen Niedergangs und der Verminderung der Berufsperspektiven für junge Leute. War es da nicht logisch, wenn die Geburtenrate markant sank?

Der Direktor des Berlin-Instituts, Reiner Klingholz, sagte in einem Interview mit dem »Focus« vom 13. März 2006: »Die deutsche Bevölkerung schrumpft schneller als erwartet. In nur zwei Jahren ist die durchschnittliche Kinderzahl pro Frau um 0,7 Prozent auf 1,36 gefallen.«

Das Gegenteil ist wahr, wie das Statistische Bundesamt am 17. März 2006 in einer richtigstellenden Pressemitteilung notierte: »Die Kinderzahl je Frau hat sich im Durchschnitt in Deutschland in den letzten Jahren nicht wesentlich verändert. Wie das Statistische Bundesamt mitteilt, fiel die Geburtenziffer 2004 mit 1,36 etwas höher als in den drei vorangegangenen Jahren aus (2001: 1,35; 2002 und 2003 jeweils 1,34). Eine höhere durchschnittliche Kinderzahl hatte es seit der Wiedervereinigung nur in den Jahren 1997 (1,37) und 2000 (1,38) gegeben.«

Was jedoch viel wichtiger ist: Diese Schwankungen sind ausgesprochen nichtssagend, weil sie viel zu gering sind und von allem Möglichen verursacht sein können. Sie taugen schon gar nicht als Grundlage für Erfolgsmeldungen, wie es Familienministerin von der Leyen versucht hat, die am 15. Februar 2009 auf der Basis von zwischen Januar und September 2008 gezählten Geburten gegenüber »Bild am Sonntag« erklärte: »Der Trend kehrt sich gerade um: Die Deutschen kriegen wieder mehr Kinder.« Diese vermeintliche Trendumkehr führte von der Leyen auf ihre Politik zurück. Wenig später stellte sich heraus, dass bis zum Jahresende 2008 dann doch weniger Kinder geboren worden waren als im Jahr 2007. Doch Ursula von der Leyen hatte auf ihrer falschen Feststellung inzwischen schon ihre eigene Theorie aufgebaut: »Wenn die Wirtschaft wankt, hat die Familie Konjunktur.«

Allesamt absurdes Theater. Jährliche oder gar monatliche Messungen und Vergleiche von Geburtenraten sind viel zu unsicher und deshalb unnütz. Es ist einfältig und vermessen zugleich, sich staatlicherseits mit solchen Messungen, Veränderungen und Vergleichen überhaupt zu beschäftigen. Trotzdem wird mit solchen Zahlen operiert, und die Basis wird von sogenannten Wissenschaftlern geschaffen. Am 15. April 2009 erschien zum Beispiel eine Pressemitteilung des »Rostocker Zentrums zur Erforschung des Demographischen Wandels« mit der Schlagzeile: »Rostocker Zentrum veröffentlicht geschätzte Geburtenrate für 2008: Keine verminderte Geburtenneigung in 2008 gegenüber 2007«.[143] Wer – außer der Bundesfamilienministerin zur Rettung ihrer Theorien – ist an solchen Arbeitsergebnissen interessiert, für wen spielt die Messung der »Geburtsneigung« im Monatsrhythmus eine Rolle? Für politische Entscheidungen ist das absolut unerheblich. Ich kann mich des Eindrucks nicht erwehren, dass solche Veröffentlichungen und die dafür unternommenen Arbeiten schlicht das Ergebnis einer dramatisierenden Meinungsmache zum Thema Demographie sind.

Falls sich überhaupt etwas aus der Entwicklung der Geburtenziffern im Zeitablauf und aus ihrer Verschiedenheit von Region zu Region ablesen lässt, dann vielleicht dies: dass die wirtschaftliche Entwicklung, dass die Berufsperspektiven und vermutlich auch die Art der Arbeitsverträge und der Entlohnung entscheidende Faktoren für die Bevölkerungsentwicklung sind. Einem Dreißigjährigen mit einem befristeten Arbeitsvertrag und seiner Partnerin mit einem Mini- oder Ein-Euro-Job kann man verantwortungsvollerweise nicht zumuten, zwei oder drei Kinder zu kriegen. Und eine junge Familie, deren Vater in der Nacht von Sonntag auf Montag von Brandenburg nach Stuttgart und am Freitagabend wieder zurück fährt, wird sich sinnvollerweise nicht für viele Kinder entscheiden.

Wenn man es für nötig hält, die Geburtenrate wieder zu heben, müsste man den jungen Menschen die Möglichkeit geben, Beruf und Familie zu verbinden. Und man müsste ihnen wieder gesicherte Arbeitsverhältnisse verschaffen. Folglich wäre ein Programm zur Ankurbelung der Konjunktur und zur Vermehrung der gesicherten Normalarbeitsverhältnisse – zusammen mit der

Verbesserung der Betreuung von Kindern – die eigentlich richtige Antwort der Bundesregierung. Alles andere ist Propaganda und nicht ernst zu nehmen.

Die wirtschaftliche Entwicklung ist übrigens auch der entscheidende Faktor für Zu- und Abwanderung. Wenn die wirtschaftliche Lage schlecht bleibt, wandern Menschen aus Deutschland ab. Wenn die Lage nachhaltig besser würde, wenn die Wirtschaftskrise erfolgreich überwunden würde, ein richtiger Aufschwung käme, wenn Arbeitskräfte nachgefragt würden und gleichzeitig die volle Mobilität in der erweiterten EU eintritt, dann werden sich die den Modellrechnungen zur Bevölkerungsentwicklung zugrundeliegenden Faktoren wesentlich verändern; möglicherweise bleibt dann die Bevölkerungszahl ungefähr bei der heutigen. Das Dumme ist: Wir wissen es nicht. Eines aber ist sicher: Die vorliegenden Zahlen zeigen, dass Katastrophenstimmung nicht angebracht ist.

Es gibt in unserem Land demographische Verschiebungen, deren man sich wirklich annehmen muss, und zwar die Abwanderung aus mehreren Regionen der neuen Bundesländer und aus einigen Regionen im Westen der Republik. Dieses Beispiel zeigt deutlich, dass es die betroffenen Regionen nicht zuallererst mit einem demographischen Problem, sondern mit wirtschaftlichen Problemen zu tun haben. Junge Männer und junge Frauen wandern ab, weil sie zu Hause keine Berufs- und Einkommensperspektive haben. Und weil sie abwandern, wird die zurückbleibende Bevölkerung im Durchschnitt älter, und es gibt weniger Kinder. Das mag man dann ein demographisches Problem nennen, wenn man unbedingt will. Aber seine Ursache ist ein ökonomisches Problem.

Vergreisen wir?

Wir werden älter. Aber das ist nicht dramatisch. Im 20. Jahrhundert wurde unsere Gesellschaft sehr viel älter als heute: Die Lebenserwartung stieg damals sehr viel mehr, die Geburtenraten gingen stärker zurück. Das ist alles nichts Neues[144] und dennoch ohne Eindruck auf die herrschende Debatte, die geprägt ist von Meinungsmache und nicht von Fakten.

Im Übrigen sagt die Wortwahl – speziell der Gebrauch des Wortes »Vergreisung« – mehr über die menschenunfreundliche Qualität unserer Meinungsführer aus als über demographische Veränderungen. Die Diffamierung ganzer Bevölkerungsgruppen ist weit verbreitet, bei einigen Medien dient sie offenbar der Auflagensteigerung. Für Respekt vor dem Alter, Respekt vor der Lebensleistung von Menschen, die unter schwierigen Bedingungen viel geschaffen und viel beigetragen haben zum Wohlstand der heute Lebenden, ist in der Demographiedebatte kein Platz. Es geht bei der Finanzindustrie und ihren »wissenschaftlichen« und medialen Helfern um viel Geld. Der Zweck, dieses Geld zu vereinnahmen, heiligt auch den Versuch, die Jungen gegen die Alten aufzuwiegeln, sprachlich und faktisch.

Trägt der Generationenvertrag nicht mehr?

Der Generationenvertrag trägt immer. Wie gut er trägt, ist eine andere Frage. Die Antwort darauf hängt aber kaum von der demographischen Entwicklung ab, jedenfalls nicht zum Beispiel davon, ob man nun eine geburtenfördernde Politik macht oder nicht. Sie hängt im Wesentlichen ab von der wirtschaftlichen Entwicklung – vor allem vom Grad der Beschäftigung, der Erwerbsquote und der Produktivitätsentwicklung.

Die Lastenverschiebungen zwischen den Generationen sind im weiteren Zeitablauf nicht dramatisch. Man erkennt das, wenn man korrekt rechnet, wenn man nach der Gesamtlast der Arbeitsfähigen fragt, also danach, wie viel Alte und wie viel Junge einschließlich der Kinder die arbeitsfähige Bevölkerung in den nächsten Jahrzehnten zu versorgen hat. Auf 100 Menschen mittleren Alters, also von 20 bis 60 Jahren, kamen 2001 82 Menschen jenseits der Arbeitsfähigkeit, also Alte und Junge. Im Jahre 2050 werden es nach der Modellrechnung des Statistischen Bundesamtes von 2003 112 Personen sein. Wenn man annimmt, dass bis dahin die Arbeitstätigkeit real bis zum fünfundsechzigsten Lebensjahr ausgedehnt werden könnte, dann würde die Gesamtlast von 82 im Jahr 2001 auf 85 bis zum Jahr 2050 steigen. Das ist in keinem Fall besorgniserregend.[145]

Dass es den Jüngeren heute schlechter geht als einem Teil der älteren Generation, liegt nicht am demographischen Wandel, also etwa daran, dass es zu viele Alte gibt und diese auch noch zu lange leben. Unser Hauptproblem ist das ökonomische Problem. Als meine Generation vor vierzig Jahren ins Berufsleben eintrat, konnten wir uns bei einigermaßen vernünftiger Ausbildung und einem einigermaßen guten Abschluss die Jobs aussuchen. Ob als Handwerker oder als Akademiker/-in oder als Facharbeiter/-in – unsere Berufs- und Einkommensperspektive war in der Regel gut. Wir konnten sogar zwischen verschiedenen Stellen wählen. Heute müssen die jungen Leute manchmal hundert Bewerbungen und mehr schreiben. Oft ohne Erfolg. Sie haben keine Alternativen. Entsprechend schlecht ist das Druckpotenzial für gute Löhne und Einkommen. So gesehen ist die jüngere Generation wirklich benachteiligt. Aber mit Demographie hat das nichts zu tun. Und damit, dass es sich die ältere Generation angeblich auf Kosten der jungen gutgehen lässt, schon gar nichts.

Im Übrigen wird bei der von manchen hitzig geführten Debatte um die angebliche Belastung der jüngeren Generation durch die Rentnergeneration außer Acht gelassen, dass die Renten an die Entwicklung der Arbeitseinkommen gekoppelt sind. Wenn die Löhne und Gehälter stagnieren, stagnieren auch die Renten.

Auch die finanziellen Schwierigkeiten der sozialen Sicherungssysteme resultieren nicht aus der demographischen Entwicklung, sondern aus der mangelnden Beschäftigungs- und Lohnentwicklung. Hohe Arbeitslosigkeit, ein Verlust von sozialversicherungspflichtigen Arbeitsverträgen – von 30 Millionen im Jahr 1990 auf 26,2 Millionen im Jahr 2005 und auf 27,33 Millionen im Januar 2009[146] –, Minijobs und andere prekäre Arbeitsverhältnisse, seit fünfzehn Jahren stagnierende Reallöhne,

Einfrieren der Beitragssätze – das sind Faktoren, die die sozialen Sicherungssysteme finanziell unsicher erscheinen lassen und auch unsicher machen.

Wird es künftigen Rentnern schlechter gehen?

Die wie selbstverständlich und immer wieder vorgetragene Behauptung, den heute Berufstätigen und der jungen Generation werde es als Rentner zwangsläufig schlechter gehen als den heutigen Rentnern, ist nicht richtig. Es gibt ökonomische Instrumente, mit denen man dafür sorgen könnte, dass es in zwanzig, dreißig oder vierzig Jahren auch den heute Arbeitenden als Rentnern gutgeht. Warum grassiert trotzdem so viel Pessimismus?

Rational kann man das nicht erklären. Es gibt Optionen und Alternativen:

- *Option A:* Arbeitslosigkeit reduzieren, Menschen in Arbeit bringen. Dazu bedarf es einer undogmatischen Wirtschaftspolitik, die alle Instrumente nutzt.
- *Option B:* Die Zahl der sozialversicherungspflichtigen Arbeitsverhältnisse wieder mindestens auf das Niveau von 1990 heben. Das wären ungefähr 10 Prozent mehr gesicherte Arbeitsverhältnisse und entsprechend mehr Einnahmen für die sozialen Sicherungssysteme als heute.
- *Option C:* Die Erwerbstätigenquote erhöhen. Sie lag 2007 in Deutschland bei 69,4 Prozent, in Dänemark bei 77,1 Prozent, in Schweden bei 74,2 Prozent, in der Schweiz bei 78,6 Prozent und auch in Österreich mit 71,4 Prozent höher als in Deutschland.[147]
- *Option D:* Die Arbeitsproduktivität fördern – durch gute Ausbildung, durch eine gute und verlässliche Infrastruktur, durch Förderung der sogenannten Fühlungsvorteile der Unternehmen, durch hohe Auslastung der Kapazitäten und damit verbunden den Anstoß zu neuen Investitionen in produktivere Maschinen und Anlagen.[148]

Wie es den heute Arbeitenden später einmal als Rentnern gehen wird, das hängt entscheidend davon ab, ob es gelingt, mehr Menschen in Beschäftigung zu bringen, und davon, ob sie produktiv arbeiten können. Wenn Deutschland seit der Jahrtausendwende mit seiner Beschäftigungspolitik auch nur halbwegs so gut abgeschnitten hätte wie Österreich, Dänemark und die Niederlande, dann hätten unsere sozialen Sicherungssysteme keine Finanzierungsprobleme. Deutschland leidet mit einer Arbeitslosenquote von 8,8 Prozent im Durchschnitt der Jahre 2000 bis 2008 unter einer mehr als doppelt so hohen Arbeitslosigkeit wie Österreich, Dänemark, Luxemburg und die Niederlande. Das liegt an der schlechten makroökonomischen Politik.

Wenn wir endlich expansiv werden in der Wirtschaftspolitik, wenn endlich die Masseneinkommen wieder real wachsen und dafür auch der Kapitalstock unserer Volkswirtschaft erweitert wird, dann steht uns in zwanzig, dreißig oder vierzig Jahren ein Bruttoinlandsprodukt zur Verfügung, das, wenn es durch weniger Bewohner dieses Landes geteilt wird, jeder Gruppe – den Kindern und Jugendlichen, den arbeitenden Erwachsenen und den Rentnern – *mehr* zur Verfügung stellen kann. 1,5 Prozent jährlicher Produktivitätsfortschritt führt zu einer Verdoppelung des Bruttoinlandsprodukts innerhalb von knapp fünfzig Jahren. Und ein verdoppeltes Inlandsprodukt geteilt durch eine ein wenig kleinere Zahl hier lebender Menschen bringt dem einzelnen folglich ein größeres Stück vom Kuchen und nicht ein kleineres. Also kann diese Entwicklung nicht bedeuten, dass eine Gruppe, nämlich die dann in Rente Befindlichen und heute Arbeitenden, zwangsläufig schlechter dastehen müsste. Im Gegenteil, *alle* Gruppen können mehr haben: die Alten, die arbeitenden jungen und älteren Erwachsenen und die Kindergeneration. Das ist erreichbar, wenn wir wollen und wenn wir die richtige Politik machen.

Fazit: Das System enthält eine Reihe von flexiblen Faktoren. Es gibt keinen Grund, pessimistisch davon auszugehen, den heute arbeitenden jungen Menschen und Menschen mittleren Alters müsste es später schlechter gehen als den heutigen Rentnern.

Dass dies so einhellig geglaubt und immerzu wiederholt wird, ist ein erstaunliches Phänomen. Wenn man nicht annehmen will, dass es so etwas wie einen kollektiven Wahn gibt, muss man wohl davon ausgehen, dass die Public-Relations-Organisationen der Finanzwirtschaft so elegant und so unmerklich arbeiten, dass sich auch ernstzunehmende Beobachter des Zeitgeschehens die Sorge um die Zukunft ihrer Rente aus Gründen der demographischen Entwicklung zu eigen machen.

Was ändert die Privatvorsorge an dem (angeblichen) demographischen Problem?

Selbst wenn die hier vertretene These, unser demographisches Problem sei zweitrangig, nicht zutreffen würde, selbst wenn es also ein großes demographisches Problem zu Lasten der arbeitsfähigen Generation gäbe, wäre als Nächstes die Frage zu stellen: Wieso hilft die Privatvorsorge, dieses Problem zu lösen? Werden bei der Umstellung vom Umlageverfahren der gesetzlichen Rente auf die Privatvorsorge, die mit dem Kapitaldeckungsverfahren arbeitet, etwa mehr Kinder geboren und dann kurz darauf arbeitsfähig? Die Mehrheit der Agitatoren in diesem Feld denkt wohl so oder denkt nicht – und sie nutzen unsere Gedankenlosigkeit.

Selbst bei vollständiger Umstellung auf die Privatvorsorge wäre es immer die arbeitsfähige Generation, die die Rentner und die Kinder und Jugendlichen versorgen, ernähren, aushalten müsste. So hat es ein Nationalökonom, der Kieler Professor Gerhard Mackenroth, einmal formuliert. Gegen seine Beobachtung rennen heute die von der Versicherungswirtschaft engagierten Wissenschaftler reihenweise an – mit Theorien über die Vermehrung des Kapitalstocks und über die Anlage des Kapitals in angeblich produktiveren ausländischen Volkswirtschaften. Das sind abenteuerliche Theorien. Meist werden dabei fälschlicherweise betriebswirtschaftliche Gesichtspunkte auf eine volkswirtschaftliche Betrachtung übertragen.

Wie schneidet das Kapitaldeckungsverfahren im Vergleich zum Umlageverfahren ab?

Versetzen wir uns in die Lage eines Bundeskanzlers oder eines Sozialministers oder auch nur eines objektiven Sozialwissenschaftlers und Ökonomen im Jahr 2000, also vor Einführung der Riester-Rente. Ökonomen haben für eine solche Situation gelernt, in sogenannten realen Größen zu denken, in »real terms«. Die volkswirtschaftliche und gesamtgesellschaftlich angemessene Fragestellung lautet dann: Wie muss unser Altersvorsorgesystem aussehen, damit es möglichst sicher und zugleich rentabel ist, also kostengünstig arbeitet?

Wenn man so fragt, kann man nur dem Umlageverfahren verfallen. »Verfallen« deshalb, weil das Umlageverfahren alle gefragten Attribute hat: Es arbeitet vergleichsweise sicher; die Qualität der Altersvorsorge hängt von der Leistungsfähigkeit der arbeitenden Generation und letztendlich auch davon ab, dass diese Leistungsfähigkeit durch Beschäftigung und Förderung der vorhandenen Arbeitskräfte und Produktionsanlagen zum Tragen kommt.

Sowohl die Theorie dieser Erwägungen als auch die praktische Erfahrung zweier Weltkriege und der deutschen Vereinigung sprechen für das Umlageverfahren: Die arbeitenden Menschen zahlen ihre Beiträge ein und ihre Steuern; diese werden verwendet für die Rentner an der Spitze der Alterspyramide und für die Kinder und Jugendlichen, die großgezogen und ausgebildet werden müssen.

Das Umlageverfahren in der Ausprägung der gesetzlichen Rentenversicherung hat zudem den Vorteil, dass es auch gewisse soziale Ausgleichselemente mit zu tragen imstande ist: Berufsunfähigkeit zum Beispiel und andere Risiken des Lebens; ebenso können verschiedene Kinderzahlen Berücksichtigung finden oder besonders lange Ausbildungszeiten.

Dieses System hat in seiner Geschichte eine ganze Reihe von sozialen Ausgleichsmaßnahmen bewältigt: dass die durch den Zweiten Weltkrieg dezimierte arbeitende Generation die Alten und die vom Krieg gezeichneten Arbeitsunfähigen zu ernähren verstand, wenn auch nicht sehr üppig, ist ein Zeichen dafür. Das

System hat außerdem den sozialen Ausgleich bewerkstelligt, den die deutsche Vereinigung und der Aussiedlerzuzug erforderte. Doch jetzt wird es heruntergefahren und heruntergewirtschaftet, bloßgestellt und denunziert. Das ist schon eine beachtliche »historische Leistung« unserer Meinungsmacher.

Exkurs: Wertschöpfungsabgabe

In der Praxis wäre das System der gesetzlichen Rente verbesserungsfähig gewesen (und ist es noch): Die Politiker hätten dafür sorgen müssen, dass möglichst viele Bürger in dieses System integriert werden, also auch Selbständige, Beamte, Abgeordnete, nicht arbeitende Frauen und so weiter. Und es hätte schon früher so umgestellt werden können und müssen, dass die lohnintensiven Betriebe entlastet werden und die kapitalintensiven Betriebe tendenziell stärker belastet werden. Das ist mit Hilfe einer Wertschöpfungsabgabe möglich. Die Beiträge für die Sozialversicherung und insbesondere für die Rentenversicherung würden dann nicht mehr an der Lohnsumme ansetzen, sondern an der Wertschöpfung des Unternehmens. Das heißt, die Kapitalerträge und Abschreibungen werden mit erfasst.

Tendenziell werden dann Betriebe, die mit vergleichsweise vielen Menschen arbeiten, entlastet und die kapitalintensiven tendenziell mehr belastet. »Tendenziell« meint, es gibt keine ruckartigen, sondern kleine Verschiebungen zugunsten der lohnintensiven Betriebe, Verwaltungen und Werkstätten.

Diese in vieler Hinsicht vorteilhafte Lösung wurde in der Vergangenheit per Meinungsmache diffamiert – geradezu öffentlich hingerichtet. Die Gegner der Wertschöpfungsabgabe bezeichneten das Verfahren, die Beiträge an der Wertschöpfung zu orientieren und nicht an der Lohnsumme, als »Maschinensteuer«. Damit hatte diese fortschrittliche Lösung ihr rückschrittliches Image weg. Ein Etikett trat an die Stelle einer ausgewogenen vernünftigen Debatte und der Suche nach einer guten Lösung.

Hier wird wieder einmal sichtbar, wer die Herren der Meinungsmache in Deutschland sind: die exportorientierte kapitalintensive Großindustrie und die mit ihr verbundenen Banken. Für die große Zahl der kleineren Betriebe würde eine Wertschöpfungsabgabe eine wirkliche Entlastung bringen. Aber Letztere sind so wirkungslos in der öffentlichen Debatte, dass die Wertschöpfungsabgabe nicht einmal mehr zur Debatte steht. Sie ist vorerst per Propaganda totgemacht. Meinung macht Politik.

Das Umlageverfahren arbeitet nicht nur sicher, es arbeitet effizient. Die Beiträge werden eingebucht, die Ausgaben für Renten werden ausgebucht. Die dafür zuständigen Ämter, die Deutsche Rentenversicherung und ihre Filialen, berechnen die Rentenansprüche, geben Bescheide heraus, nehmen Beiträge ein und zahlen Renten aus. Das ist in Zeiten der Computertechnik ausgesprochen einfach zu erledigen.

Die Betrachtungsweise in realen Größen vermittelt einem die Vorstellung, welcher Aufwand dafür notwendig ist: Das sind konkret die Zentrale und die Niederlassungen der Deutschen Rentenversicherung (früher der Landesversicherungsanstalten und der Bundesversicherungsanstalt), es sind Gehälter für Beamte und Angestellte, es sind Kosten für Computer und Gebäude. Kosten für Vertrieb und Werbung fallen nicht an, auch nicht für die Anlage von Geldern an Aktienmärkten und in den Casinos der Kapitalmarktspekulanten.

Manches wäre noch einfacher zu machen, vielleicht ließe sich das eine oder andere noch rationalisieren. Insgesamt spricht für die Effizienz und Kostengünstigkeit dieses Verfahrens, dass der Aufwand für die Verwaltung der Beiträge und der Renten mit rund 1,5 Prozent der Beitragssumme ausgesprochen gering ist.

Beim Kapitaldeckungsverfahren muss die arbeitsfähige Generation nicht nur für die Alten und die Kinder, sondern auch für die Verwaltungs- und Vertriebssysteme der privaten Versicherungen sorgen – also für die Versicherungsagenturen, für die Angestellten der Versicherungen und ihre Gewinne, für die Anlagespezialisten, für die Werbung einschließlich der Werbehelfer und Wissenschaftler, von Reinhold Beckmann bis Professor Raffelhüschen.

Warum wird dem Umlageverfahren mit so viel Häme, Kritik und Ablehnung begegnet?

Warum machen sich viele Medien und Journalisten immer wieder zum Helfer der Privatvorsorgeinteressen und verbreiten die absonderlichsten Vorurteile und Forderungen? Am 8. Mai 2008 erschienen die »Ruhr Nachrichten« mit der Forderung von Professor Hans-Werner Sinn, die Arbeitnehmer sollten *verpflichtet* werden, einen Riester-Renten-Vertrag abzuschließen. Diese Forderung wird immer wieder mal von der Lobby der Versicherungswirtschaft und auch von manchen Politikern, wie zum Beispiel Franz Müntefering, erhoben. Wer die Riester-Rente nicht nutze, sei ein Trittbrettfahrer, meinte Sinn. Seine sonderbaren Thesen wurden sofort und nahezu gleichlautend in mehreren Medien verbreitet, unter anderem in »heute«, bei ntv, im »Focus« und in der »Welt«.

Sinns Forderung ist in mehrerer Hinsicht bodenlos. Die Riester-Rente ist eine Privatvorsorge, die uns mit dem hehren Anspruch nahegebracht wurde, Eigenverantwortung wahrzunehmen. Soll jetzt »Eigenverantwortung« zur Pflicht gemacht werden? – Auch die Beschimpfung jener als Trittbrettfahrer, die keinen Riester-Vertrag abgeschlossen haben, überschreitet die Grenzen des Erträglichen. Jene nämlich, die, sei es aus Geldmangel oder aus rationaler Überlegung – zum Beispiel, weil sie nicht einsehen, dass sie der Versicherungswirtschaft und anderen Finanzdienstleistern das Geld in den Rachen werfen sollen –, keine Riester-Verträge abgeschlossen haben, speisen zurzeit mit ihrer Lohnsteuer, Mehrwertsteuer, Mineralölsteuer und anderen Steuern die Subventionen, Zulagen und Steuererleichterungen, mit denen die Privatvorsorge über Riester-Rente und Rürup-Rente gefördert wird. Trittbrettfahrer sind also nicht diese Steuer- und Subventionszahler, Trittbrettfahrer sind eher jene, die riestern.

Weshalb bekommen dann aber selbst solche abwegigen Forderungen eine derartige Medienresonanz? Zwei Versuche einer Antwort:

Erstens: An der Tatsache, dass so schräge Thesen wie jene von Professor Sinn ein so breites und oft gleichlautendes Echo in vielen Medien finden, wird die Public-Relations-Kraft der interessierten Finanzwirtschaft sichtbar. Ein anderes Symptom dafür sind die ständigen Auftritte der Professoren Raffelhüschen, Sinn, Miegel, Rürup und Börsch-Supan in den Medien. Es entsteht der fatale Eindruck, dass sich die Versicherungen, Banken und andere Finanzdienstleister die genannten Professoren wie auch einige Politiker dienstbar gemacht haben und sie für ihre Public-Relations-Aktionen zu nutzen verstehen. Ein Vorstoß wie die Forderung nach der Verpflichtung zur Riester-Rente könnte von der Finanzwirtschaft selbst nicht besser lanciert werden. Die Public-Relations-Branche boomt, und immer mehr Medien scheinen – aus finanziellen Gründen? – geneigt zu sein, sich auf deren Angebote einzulassen.

Am gleichen Tag übrigens, als Hans-Werner Sinns neu-alte Forderungen nach der Verpflichtung zur Riester-Rente verbreitet wurden, brachte »Kontraste«,[149] das »Hintergrundmagazin« des Rundfunks Berlin-Brandenburg (RBB), einen Beitrag über die Tricks der Pharmaindustrie. Darin wurde berichtet, wie die Pharmaindustrie mit Hilfe von PR-Agenturen Werbung für bestimmte Medikamente im redaktionellen Teil von Zeitungen und Zeitschriften plaziert, obwohl dies verboten ist. Darin wurde auch darüber informiert, was die Plazierung eines Artikels kostet: je nach Auflage 8000 bis 30 000 Euro. »Kontraste« hat außerdem beschrieben, wie unter dem Mäntelchen der »Beratung« Telefonaktionen mit angeblich neutralen Wissenschaftlern und anderen Fachleuten organisiert werden.

Diese Erfahrung ließe sich unmittelbar auf die Werbung für die private Altersvorsorge übertragen. Auch hier gibt es gesponserte Artikel. Und es gibt haufenweise Telefonaktionen mit Experten zur Riester-Rente und zur Rürup-Rente, die von den Medien in Kooperation mit Finanzdienstleistern organisiert werden.

Zweitens: Die Bereitschaft vieler Journalisten, mit jedem Unsinn Reklame für die Privatvorsorge zu machen und sich auch sonst immer pro Privatvorsorge/Kapitaldeckungsverfahren und gegen die gesetzliche Rente und das Umlageverfahren in Stellung bringen zu lassen, hat möglicherweise auch etwas mit der persönlichen Altersvorsorgesituation vieler Journalisten zu tun. In Gesprächen und Interviews mit Journalisten über die Altersvorsorge ist immer wieder zu spüren, dass sie total auf die Kapitaldeckung festgelegt sind. Sie halten nichts von der gesetzlichen Rente, sie spotten in einer geradezu kindischen Manier über Norbert Blüms Spruch »Aber eines ist sicher – die Rente«; sie sind nicht bereit, wenigstens darüber nachzudenken, ob es nicht sinnvoll wäre, die Leistungsfähigkeit der gesetzlichen Rente wiederherzustellen, um auf diese Weise Altersarmut zu vermeiden und alle einigermaßen sicher und gut fürs Alter zu versorgen.

Der Hinweis einer Journalistin darauf, dass sie monatlich 7,5 Prozent (wie sie meint) ihres Bruttogehalts an das Presseversorgungswerk zahlt, bringt mich auf eine weitere Erklärung dieses seltsamen Phänomens: Nahezu alle Journalisten, die festangestellten und auch viele der sogenannten Freien, machen persönlich bei kapitalgedeckten Altersvorsorgesystemen mit. Bei den Tageszeitungen gehen sie schon mit ihrer Einstellung die Verpflichtung dazu ein. Die Gewerkschaften haben – bisher – mit den Verlegern auch recht gute Konditionen ausgehandelt (Erosionen sind allerdings erkennbar): Den größeren Teil des Beitrags nämlich zahlen, jedenfalls bei den Tageszeitungen, die Verleger. Obwohl private Versicherungsgesellschaften, federführend Unternehmen der Allianz AG, daran beteiligt sind, sind die Kosten des Betriebs dieser privaten Vorsorgesysteme niedrig gehalten – um die 2 Prozent machen sie beim Presseversorgungswerk aus.

Das heißt: Jene Journalisten – und das ist ein beträchtlicher Anteil –, die in diesem Altersvorsorgesystem oder bei jenem der Rundfunkjournalisten, der Baden-Badener Pensionskasse, mitmachen, haben insgesamt einigermaßen gute Erfahrungen mit einem kapitalgedeckten Vorsorgesystem gemacht. Diesen Eindruck übertragen sie wohl auf die allgemeine Debatte. Wenn sie sich für die Wiederbelebung der gesetzlichen Rente und des Umlageverfahrens starkmachen sollten, müssten sie deshalb zunächst eine kognitive Dissonanz überwinden.

Aber es gibt auch noch eine Reihe von Journalistinnen und Journalisten, die sich die Privatvorsorge nicht leisten (können) und deren gesetzliche Rente – die Künstlersozialversicherung – wie die gesetzliche Rente der anderen Arbeitnehmer unter der von der Politik herbeigeführten Minderung ihrer Leistungsfähigkeit leidet. Auch bei diesen Kolleginnen und Kollegen bleibt der Eindruck hängen, dass es die gesetzliche Rente nicht mehr bringt und die Privatvorsorge in jedem Fall die bessere Lösung ist. Und vermutlich übertragen auch sie diese persönliche Erfahrung auf die Debatte des Themas insgesamt.

Das ist nun sicher keine vollständige Erklärung, aber vielleicht ein Anstoß für weitere Analysen des Phänomens, dass unsere Medienmacher so sehr pro Privatvorsorge engagiert sind und kein offenes Ohr für die soliden Möglichkeiten des Umlageverfahrens haben.

Privatvorsorgesysteme sind mit hohen verdeckten Kosten verbunden

Für die Riester-Rente werden je nach Ausformung und Versicherungsgesellschaft zwischen 10 und 25 Prozent der vom Sparer gezahlten Prämien für Verwaltung, Vertrieb, Werbung und Anlagekosten verbraucht. Dieses Geld steht nicht mehr für die Kapitalanlage und damit nicht für die Versicherungsrentner zur Verfügung. Zum besseren Verständnis macht es auch hier Sinn, in realen Größen zu denken: Die Kosten für die Versicherungsgebäude, für die Werbeanzeigen und die Fernsehspots (allein im Bundestagswahlkampf 1998 wurde fast täglich eine ganzseitige Anzeige mit Werbung für Privatvorsorge geschaltet) und die Kosten für jene Personen, die die Kapitalstocks der Versicherungsgesellschaften möglichst günstig anzulegen versuchen, summieren sich zu den erwähnten 10 bis 25 Prozent. Die Provisionen der Versicherungsmakler, die Gehälter der Angestellten der Versicherungen, der Broker auf den Aktienmärkten und die erstaunlichen Bezüge der auf den Kapitalmärkten Tätigen – all das muss von den Riester-Renten-Sparern bezahlt werden. Von nichts kommt nichts. Was die Anlageexperten der privaten Versicherer abzwacken, das steht nicht mehr als Sparkapital zur Verfügung. Hinzu kommen die Honorare für Wissenschaftler, Politiker und Medienmacher, die das Hohelied der Privatvorsorge singen. Das mag Kleinvieh sein, aber wie wir wissen, macht das auch Mist.

Diese mit der Privatvorsorge verbundenen Nachteile konnte man spätestens seit Beginn der Riester-Rente zum 1. Januar 2002 kennen. Man konnte wissen, dass ein guter Teil der staatlichen Fördermittel – also das von uns Steuerzahlern bezahlte Geld – für die hohen Kosten der Privatvorsorge »draufgeht«.[150] Die Hauptmedien unseres Landes jedoch und auch die Verbraucherzentralen (mit wenigen Ausnahmen) haben sechs Jahre gebraucht, um das zu merken. Am 26. August 2008 überraschte die »SZ« ihre Leser mit der Mitteilung, viele Riester-Sparer würden ein Monster namens Finanzindustrie füttern. Die staatlichen Zulagen kämen nicht der Altersvorsorge zugute, sondern wanderten in die Taschen der Anbieter. Mit »Riester-Abzocke« ist der Artikel überschrieben.[151] Ähnlich berichteten, meist auf der Basis einer Pressemitteilung der Verbraucherzentrale Baden-Württemberg, auch einige andere Medien wie zum Beispiel der »Focus«.[152] Die Pressemitteilung macht mit folgender Feststellung auf:

»Mit staatlichen Zulagen, Kapitalerhaltsgarantien und weiteren speziellen Regelungen sollte die Riesterrente attraktiver sein als andere private Vorsorgeformen. Die Beratungspraxis der Verbraucherzentrale zeigt nun: Die Kosten für Riesterverträge zehren teilweise die Zulagen auf. Und wer das Recht auf Anbieterwechsel nutzt, kann das eingezahlte Kapital nahezu vollständig verlieren.«[153]

Bei Licht betrachtet ist diese Schlafmützigkeit der Verbraucherzentralen und der Medien ein Skandal. Bis August 2008 hatten ungefähr 11,5 Millionen Menschen einen Riester-Vertrag abgeschlossen. Die Mehrheit von ihnen wird voraussichtlich Geld verlieren und wir Steuerzahler als Förderer der Riester- und der Rürup-Rente sowieso.

Von Vertretern der Privatvorsorge wird manchmal darauf hingewiesen, dass Privatvorsorge deshalb rentabler sei, weil die eingesammelten Kapitalbeträge im Ausland angelegt werden könnten und dort seien die Renditen oft höher als hierzulande. Einmal abgesehen davon, dass viele Versicherungen dies aus Gründen der Sicherheit nicht tun, ist es ausgesprochen fraglich, wo denn das Kapital rentabler angelegt werden soll. In China, in Indien, in Bangladesch, in Marokko, in den USA – oder im Inland? Einige Kapitalsammelstellen der Privatvorsorger sollen ja auch in amerikanische Hypotheken investiert haben. Viel Vergnügen, kann man da nur sagen.

Privatvorsorgesysteme sind mit höheren Risiken verbunden

Genauso gravierend wie die Kosten sind die höheren Risiken der Privatvorsorgeprodukte. Das haben der Aktienboom und das Platzen der Blase schon in den Jahren 2000 bis 2003 gezeigt. Und das wird beim Absturz der Börsen seit 2007 wieder sichtbar, als sich zeigte, dass auch Versicherer und Banken in gefährliche Geschäfte mit Derivaten und Kunstprodukten des Finanzmarkts engagiert waren und sind. Auch Versicherungskonzerne verspekulieren sich. Im Jahr 2003 musste die Mannheimer Lebensversicherung AG aufgeben. Sie hatte am Aktienmarkt kräftig verloren.

Weltweit sind Privatvorsorgesysteme zusammengebrochen oder haben massiv an Wert eingebüßt, so dass der Staat fallweise mit Steuergeldern die Privatvorsorgesysteme nachfinanzieren muss, um allzu schlimme Altersarmut zu vermeiden. So braucht beispielsweise Chile, der Vorreiter der Privatvorsorge,[154] eine neue Rentenreform. Darüber berichtete die Friedrich-Ebert-Stiftung in einem »Kurzbericht aus der internationalen Entwicklungszusammenarbeit« vom Mai 2008 unter dem Titel »Vom Vorbild zum Reformfall: Chile reformiert sein privates Rentenversicherungssystem«. US-amerikanische Pensionsfonds haben sich reihenweise verspekuliert. Die Pensionsfonds der 500 größten börsennotierten amerikanischen Unternehmen verloren innerhalb eines Jahres 205 Milliarden US $, berichtete »Le Monde« am 21. Oktober 2008. Auch die kapitalgedeckten Pensionskassen der Schweiz erlitten Milliardenverluste. Die Finanzkrise zeigt, wie riskant das Kapitaldeckungsverfahren werden kann.

In Deutschland wird das alles ausgeblendet. Die Demographiedebatte überlagert alle Vernunft. Selbst mitten in der Finanzkrise wird die Privatvorsorge weiter beworben. Auch 2009 noch werden die Anlageberater von Banken und Versicherungen von ihren Unternehmensleitungen angehalten und mit hohen Provisionen gelockt, die riskanten Produkte der Altersvorsorge zu verkaufen. Es ist, als wäre sich die Finanzindustrie sicher, von der Politik gestützt und bei riskanten Geschäften notfalls gerettet zu werden. In diesem Kontext kann man auch die Übernahme der Dresdner Bank durch die Commerzbank sehen, bei der der Staat als Retter eingesprungen ist. Die Dresdner Bank war im Eigentum der Allianz AG, und die Commerzbank hatte ein Angebot zur Übernahme des Instituts gemacht. Dann reichte das Geld nicht, und der Rettungsfonds beziehungsweise der Bund, also wir alle, sprangen mit 18,2 Milliarden Euro ein. Ein seltsamer Vorgang. Hat sich womöglich die Allianz AG oder die Dresdner Bank oder haben sich gar beide auf der Suche nach hohen Renditen zur Realisierung der Versprechen an die Privatvorsorger verspekuliert? Nehmen wir als Steuerzahler mit der Kapitalhilfe in Höhe von 18,2 Milliarden für die Commerzbank zur Übernahme der Allianztochter Dresdner Bank jetzt die Risiken ab? Zahlen wir damit womöglich erneut Milliarden zur Förderung der Privatvorsorge?

Es zeichnet sich also schon ab, dass die Privatvorsorgelobby beim Steuerzahler an die Tür klopft. Das mindeste, was wir daraus lernen sollten: Volkswirtschaftlich, gesamtgesellschaftlich und demokratiepolitisch betrachtet, sind die gesetzliche Rente und das Umlageverfahren den Privatvorsorgemodellen haushoch überlegen.

Der geteilte Mensch

Die Werbung für die Riester-Rente und die Rürup-Rente arbeitet mit einem gefälligen Trick: Sie teilt implizit, also nicht erkennbar, den Menschen in zwei Teile auf. Zum einen in jenen, der die Steuern bezahlt, aus denen sich die Subvention der Zulagen und Steuererleichterungen zugunsten der Riester- und der Rürup-Rente speist. Und zum anderen in jenen, der die Förderung über Zulagen und Steuervergünstigungen erhält. Dieser zweite Teil von uns, und nur dieser, wird von den Werbern für die Privatvorsorge angesprochen. Das ist die Zielgruppe: die Subventionsempfänger für die Altersvorsorge. Die Werbung für private Altersvorsorge tut so, als gäbe es den Menschen als Steuerzahler nicht. Das wird in der Werbung für die Riester- und Rürup-Rente immer wieder sichtbar. So z.B. in der Anzeige von AWD und Superillu. Die beiden dort abgebildeten Fürsprecher Riester und Rürup heben in ihren Werbeschlagzeilen auf die staatliche Förderung ab. Die Menschen sollen das Geld vom Staat abholen.

Wenn der damalige Chef des Finanzdienstleisters AWD, Carsten Maschmeyer, damit wirbt, dass das Produkt, das er den Leuten verkaufen will, vom Staat und damit vom Steuerzahler gefördert wird, kann ich das verstehen. Das ist sein Job. Dass aber der ehemalige Sozial- und Arbeitsminister und heutige Bundestagsabgeordnete Walter Riester und der damalige Vorsitzende des sogenannten unabhängigen Sachverständigenrats zur Begutachtung der gesamtwirtschaftlichen Entwicklung, Bert Rürup, zuallererst die einzelwirtschaftliche, egoistische Perspektive nutzen und nur die eine Hälfte des Menschen ansprechen, obwohl sie genau wissen, dass die Steuerzahler für die Milliarden Euro aufkommen müssen, die in ihre Produkte fließen, ist nicht zu fassen. Sowohl von Riester als auch von Rürup sollten wir erwarten dürfen, dass sie ein solches Produkt wie die Riester- und die Rürup-Rente aus gesamtgesellschaftlicher und gesamtwirtschaftlicher Perspektive sehen. Von wem sonst sollten wir das erwarten?

Wenn die angesprochenen Menschen die beiden Seiten ihres gesellschaftlichen und wirtschaftlichen Lebens betrachten würden, wenn sie ihre Rolle als Steuerzahler und ihre Rolle als potenzieller Nutzer einer Rürup- oder Riester-Rente im Gesamtzusammenhang betrachten und bewerten würden, dann würden sie die Hohepriester der Privatvorsorge und alle ihre Jünger und Helfershelfer wohl aus dem Tempel jagen. Denn für nahezu niemanden wird sich unter Beachtung seiner Funktion als Steuerzahler eines dieser Produkte lohnen, allenfalls für jene, die ganz wenig Steuern zahlen und eine hohe Zulage beziehungsweise Steuervergünstigung erhalten. Doch das dürfte eine geringe Zahl von Menschen sein.

Alle anderen machen mit dieser Reform ein äußerst schlechtes Geschäft. Sie zahlen die Gewinne und Vertriebskosten der Finanzwirtschaft, der Versicherungskonzerne, der Banken, der Finanzdienstleister, der Versicherungsagenten und der werbetreibenden Wirtschaft. Und haben am Ende oft weniger an Rente und angesammeltem Kapital als bei einer konventionellen Anlage.

Einige Fallstricke von Riester- und Rürup-Rente

1. Das Unangenehme, so zum Beispiel die Besteuerung, wird auf die Rentenzeit verschoben. Das führt zu einer optischen Täuschung der Vorteile beim Abschluss eines Vorsorgevertrags.
2. Die Kosten der Privatvorsorge und damit die Provisionen, die Gewinne, die Anlagekosten und sonstigen Kosten der Finanzindustrie waren bis zum 1. Juli 2008 für die Vertragsschließenden kaum erkennbar. Wer riesterte, schloss ab, ohne zu wissen, welcher Betrag als Kosten vom Angesparten abgezogen wird. Seit dem 1. Juli 2008 müssen die Anbieter die Kosten im Angebot ausweisen. Diese sind aber oft in mehrere Kostenelemente aufgeteilt. Der normale Riester-Vertragspartner kann dies kaum durchschauen und korrekt addieren.
3. Es wurden und werden unrealistische Renditen genannt. Auf die realistischen Renditen kommt man meist nur per gezielter Nachfrage.

4. Die meisten Vertragschließenden werden nicht ausreichend darüber informiert, was passiert, wenn sie die Prämie nicht mehr zahlen können, und was passiert, wenn sie als Rentner sterben, ohne auch nur annähernd in den Genuss der eingezahlten Beträge zu kommen. Sie sollten wissen: Die staatlich geförderte Privatvorsorge ist nur eingeschränkt vererbbar.

5. Es wird dem potenziellen Kunden nicht gesagt, dass mit dem Abschluss einer Riester-Rente wegen der Beitragsfreiheit der Riesterprämie gleichzeitig die Leistungsfähigkeit der gesetzlichen Rente weiter gesenkt wird.

6. Die potenziellen Anleger wissen nicht, dass die Provisionen und andere Verdienste ihrer Berater mit den Risiken des Anlageprodukts wachsen. Anlageberater empfehlen deshalb tendenziell riskante Produkte.

Nicht einmal ein Drittel aller abhängig Beschäftigten hatte bis Ende 2008 eine Riester-Rente abgeschlossen. Für all jene, die Steuern zahlen und Riester- beziehungsweise Rürup-Verträge nicht in Anspruch nehmen können oder wollen, sind die Riester- und die Rürup-Rente jedoch eine einzige Katastrophe: Sie haben nichts davon, zahlen aber, selbst wenn sie zu den Ärmsten zählen, zumindest mit der Mehrwertsteuer und anderen Verbrauchssteuern die Zusatzaltersversorgung der Bessergestellten.

Für all diese Gruppen, für jene, die die Förderung in Anspruch nehmen, und für jene, die dies nicht tun, kann sich die Lage noch dramatisch verschlechtern, wenn immer mehr Menschen die Möglichkeit der Riester-Rente und/oder der Rürup-Rente nutzen. Dann kann nämlich die Zahlung der Zulagen und der Steuervergünstigungen auch für die Gemeinschaft der Steuerzahler empfindlich teuer werden.

Aber der Trick ist ja, dass die meisten Menschen nicht gesellschaftspolitisch denken. Verständlicherweise orientieren sie sich daran, was gerade in ihrem Fokus steht, also am Steuervorteil beziehungsweise an der Zulage für die »Fördererrente«, wie die Riester-Rente auch heißt. Die Werber für die Privatvorsorge können mit Recht unterstellen, dass die meisten Menschen dann, wenn man ihnen die Karotte der Riester-Rentenförderung und der Steuerprivilegien für die Rürup-Rente vor die Nase hält, nicht daran denken, dass sie selbst für diese Förderung bezahlen müssen.

Mitunter werde ich von Nachbarn gefragt: Soll ich riestern? Dann nutzt es in der Regel nichts, wenn ich ihnen sage: »Lasst das sein, denn ihr müsst das doch selbst bezahlen!« Sie entgegnen mir: Steuern zahlen müssen wir ohnehin, warum sollten wir dann die Riester-Förderung nicht wenigstens mitnehmen?

Der Trick funktioniert also. Wer unbedingt zugreifen will, sollte sich eine Sparkasse oder Bank suchen, die einen Banksparplan mit Riester-Förderung ohne Anlastung von Abschluss- und Vertriebskosten anbietet. Das ist vergleichsweise risikolos und bietet dennoch eine vernünftige Rendite.

Das ist die einzelwirtschaftliche Lösung ohne Rücksicht auf die Rolle, die man als Steuerzahler zu spielen hat. Wie könnte demgegenüber die sachlich und gesamtwirtschaftlich betrachtet richtige Lösung aussehen?

Für eine funktionsfähige Rente für alle

Auf Dauer sollten wir ein so teures und fragwürdiges System wie die Riester- und Rürup-Rente nicht hinnehmen, sondern bei nächster Gelegenheit dafür kämpfen, die Riester- und die Rürup-Rente auslaufen zu lassen und alle Mittel auf die gesetzliche Rente und die Verbreiterung ihrer Basis zu konzentrieren. Einfach wird das nicht, weil sich alle Parteien mit Ausnahme der Linkspartei der Privatvorsorge verschrieben haben.

Sich wieder auf die Rationalität und die Qualität des Umlageverfahrens zu besinnen liegt nahe: Das Umlageverfahren arbeitet preiswert. Es verschleudert nicht die knappen Ressourcen der Beitragszahler und Steuerzahler für Versicherungskonzerne und Vertriebsorganisationen. Ökonomisch und politisch wäre es ausgesprochen sinnvoll, darauf hinzuarbeiten, die Leistungsfähigkeit dieses Systems und damit die frühere Rentenformel wiederherzustellen.

Allerdings müsste das System Veränderungen der Erwerbsbiographien angepasst werden. Das ist nicht ganz einfach. Aber das Handicap der gebrochenen Erwerbsbiographien – also der Wechsel zwischen Zeiten der versicherten Berufstätigkeit und versicherungsfreien Zeiten – gilt für die Privatvorsorge genauso. Wer trotz gebrochener Erwerbsbiographien die Privatvorsorge nutzen kann, der könnte auch in ein stabilisiertes, leistungsfähiges Umlageverfahren integriert werden.

Für jene junge Generation, die heute in Riester- und Rürup-Renten gepresst oder gelockt wird, wäre die Wiederbelebung des Umlageverfahrens in seiner vollen Leistungsfähigkeit eine echte Erleichterung. Sie müsste dabei auch nicht mehr an Beiträgen bezahlen, als sie dies heute für die Riester-Rente ohnehin schon tut – zum Beispiel mit einem Zuschlag von 4 Prozent ihres Einkommens, die zusätzlich zu den Beiträgen für die gesetzliche Rente anfallen, so dass der effektive Beitragssatz für die Rente heute schon bei 23,9 Prozent liegt!

Wichtig wäre, das System wieder flexibel zu handhaben und es nicht mit der ideologischen Blockade »Lohnnebenkosten« arbeitsunfähig zu machen. Das heißt, es könnte durchaus sein, dass vorübergehend die Beiträge ein bisschen weiter steigen. Auch macht es Sinn, das tatsächliche Renteneintrittsalter in Richtung der heute schon gültigen 65-Jahre-Grenze anzuheben – allerdings nur dann, wenn der Arbeitsmarkt auch für ältere Menschen Angebote bereithält. Wenn das Gros der Berufstätigen erst mit dem Erreichen der bisherigen Altersgrenze in Rente ginge, würde das Rentenfinanzierungsproblem allein dadurch schon maßgeblich entschärft.

Auch die Wertschöpfungsabgabe müsste in die Betrachtung einbezogen werden.

Wenn man im Gespräch mit Meinungsführern die Wiederbelebung der gesetzlichen Rente ins Spiel bringt, wird man mit großen Augen angeschaut, so als hätte man einen unsittlichen

Antrag gemacht. Auch hier wird wieder ein eigenartiges Phänomen sichtbar: Offensichtlich ist die Meinungsmache mit den Botschaften »alles ist neu« und »Bewährtes ist von gestern« so erfolgreich gewesen, dass selbst sehr sympathische Diskussionspartner aus der jüngeren und mittleren Generation abschalten, wenn bewährte Regeln wieder ins Spiel gebracht werden sollen. Das gilt für das Umlageverfahren genauso wie für eine expansive Wirtschaftspolitik. Wir leben in einer Zeit, in der höchst erfolgreich die Meinung verbreitet worden ist, Politik bestehe aus ständiger Veränderung und Bewegung sei alles. Ganz egal wohin.

Solange die Entscheidung zur Wiederherstellung des Vertrauens in die gesetzliche Rente, solange also die alte Rentenformel und damit die Leistungsfähigkeit der gesetzlichen Rente nicht wiederhergestellt ist, sollte folgende Zwischenlösung installiert werden: Der Förderungsbetrag, der heute als Zulage und/oder Steuervergünstigung bei Riester- und Rürup-Verträgen gezahlt wird, sollte jenen, die das wollen, wahlweise auf ihrem Konto bei der Deutschen Rentenversicherung (= gesetzliche Rente) gutgeschrieben werden.

Diese Zwischenlösung entspricht dem Gebot der freien Entscheidungsmöglichkeit. Es kostet den Fiskus keinen Euro mehr als die Subventionen zur Riester- beziehungsweise Rürup-Rente. Für die meisten Privatvorsorger wären diese Zwischenlösungen hochattraktiv, weil sie die 10 bis 25 Prozent an Kosten sparen könnten, die bei den privaten Versicherungssystemen auflaufen. Im Endeffekt könnten sie mehr Geld für sich arbeiten lassen als die Riester- und Rürup-Rentner.

Aber diese einfache und vernünftige Zwischenlösung dürfte bei der Lobby der Finanzwirtschaft und den mit ihr verbundenen Politikerinnen und Politikern auf erbitterten Widerstand stoßen. Da sie sich der Hegemonie ihrer Meinungsmache-Macht so sicher sind, schweigen sie solche selbstverständlichen Vorschläge nach bewährtem Muster einfach tot.

IV. Das Versagen der Wächter

Kapitel 20

Meinungsmache zur Sicherung von Macht und Einfluss

Wahlergebnisse, Koalitionen und innerparteiliche Entwicklungen nehmen wir vor allem als Folgen des Verhaltens von Parteipolitikern wahr, als Resultate ihrer Erfolge und Misserfolge, ihrer Leistungen und Fehlleistungen. Wenn es einer Partei bei Umfragen schlechtgeht, suchen wir nach objektiven Gründen dafür. Und wenn das Ansehen des Bundespräsidenten, der Bundeskanzlerin und des Außenministers steigt, folgern wir daraus, dass dies ein Spiegelbild ihrer Leistung sein müsse.

Dabei gilt gerade in Bezug auf das Ansehen von Parteien und der in den Parteien tätigen Spitzenpolitiker, dass der Einfluss der Meinungsmache extrem hoch ist. Meinungsmache beeinflusst das Ergebnis von Umfragen zur Parteipräferenz und zur Beliebtheit von Politikern, und sie beeinflusst die Chancen bei Wahlen. Meinungsmache beeinflusst aber auch die innere Willensbildung der Parteien sowohl in programmatischer und strategischer Hinsicht als auch bei der Personalauswahl. Und nicht zuletzt bestimmt Meinungsmache wesentlich, welche Koalitionsoptionen die Parteien haben.

Erstes Beispiel: Die Stigmatisierung der Grünen

Als die Grünen in den siebziger Jahren die politische Bühne betraten – zunächst noch aufgesplittert in verschiedenen Gruppierungen, im Januar 1980 dann auf Bundesebene als Partei –, wurden sie zunächst über Jahre hinweg systematisch stigmatisiert: von der Wirtschaft, vom größeren Teil der Parteienforscher, von den anderen Parteien und von mächtigen Medien. Erst mit der Bildung der rot-grünen Koalition mit Ministerpräsident Holger Börner in Hessen im Oktober 1985 lösten sich einige der weitverbreiteten Feindseligkeiten und Vorbehalte auf – aber den Grünen haftete bis zur

Gründung der Bonner rot-grünen Koalition 1998 ein Makel an und in konservativen Kreisen noch lange darüber hinaus.

Sachlich begründet war die Feindseligkeit, mit der dieser neuen politischen Bewegung begegnet wurde, von Anfang an nicht. Die Gründung der Grünen war unter anderem eine Reaktion darauf, dass sich die SPD unter Helmut Schmidt in der Sache ein wenig und verbal massiv von der bereits Ende der sechziger Jahre begonnenen Umweltpolitik abwandte. Die Grünen artikulierten diese wichtige Problematik und darüber hinaus einige Probleme der Friedens- und der Frauenpolitik und der vernachlässigten Integration von Zuwanderern. Sie dafür zu schelten oder gar zu mobben war sachlich nicht gerechtfertigt. Und doch ist das massiv betrieben worden.

Die rechtskonservativen Kräfte im Land, Union und FDP, hatten ein durchschaubares Interesse an dieser Diskriminierung: Damit war zumindest atmosphärisch dafür gesorgt, dass die Option der SPD, mit dieser neuen Gruppierung zu koalieren, blockiert war – bis zur ersten Durchbrechung dieser Blockade auf Landesebene in Hessen.

Mit der Stigmatisierung der Grünen wirkten die Meinungsmacher zugleich voll hinein in die innere Willensbildung der SPD. Sie mobilisierten damit vor allem den rechten Teil der SPD, den sogenannten Seeheimer Kreis. Für den waren die Grünen in jener Zeit ungefähr das gleiche Feindbild wie heute die Linkspartei. Auch damals schon stellten diese SPDler sich gewissermaßen in den Dienst der Strategie der rechtskonservativen Meinungsführer, die darauf aus waren, einen Teil des fortschrittlichen Wählerpotenzials auszuschalten und damit die Option der Sozialdemokratie für eine linke Mehrheit zu eliminieren.

Zweites Beispiel: Die Stigmatisierung der Linkspartei

Auch heute hat die Stigmatisierung einer politischen Gruppierung zur Folge, dass ihre Wählerinnen und Wähler und die gewählten Abgeordneten bei der Entscheidung über mögliche Koalitionen außen vor bleiben. Diesem Umstand verdankt Roland Koch die Fortdauer seiner Macht in Hessen. Und diesem Umstand »verdankt« seine Gegenkandidatin Andrea Ypsilanti, dass sie in Hessen die rechnerisch mögliche Koalition aus SPD, Grünen und der Linken nicht bilden durfte. Aus neutraler Warte betrachtet, hat die Linke in Hessen keinesfalls so viel »verbrochen« wie der weiterregierende Roland Koch. Er hat eine Welle der Privatisierung öffentlicher Einrichtungen in Hessen zu verantworten, die Einführung von Studiengebühren, aggressive Agitation gegen Ausländer und junge Leute, ziemlich üble Wahlkämpfe und eine besondere Variante der Parteienfinanzierung: In seiner Zeit als Landesvorsitzender und Spitzenkandidat konnte die CDU auf Gelder zurückgreifen, die aus Schwarzgeldkonten stammten, jedoch zu Vermächtnissen jüdischer Emigranten umdeklariert wurden.

Der mit Hilfe von Meinungsmache vollzogene Ausschluss der Wahlstimmen für die Linke aus der koalitionspolitischen Zählung hat Anfang 2009 zu einem Disput innerhalb der Grünen geführt, als die Spitzenkandidaten Renate Künast und Jürgen Trittin für eine Ampelkoalition auf Bundesebene und damit für die Zusammenarbeit der Grünen mit der FDP plädierten. Sie beriefen sich dabei auf »die Realität«, also auf die inzwischen üblich gewordene Nichtberücksichtigung der Linkspartei bei einer potenziellen Koalitionsbildung. Angesichts der eigenen Erfahrungen der Grünen mit stigmatisierender Meinungsmache ist das eine bemerkenswerte Linie, zumal die Grünen ansonsten großen Wert darauf legen, sich von der stark neoliberal geprägten modernen FDP zu unterscheiden.

Rechts oder links?
Meinungsmache raubt uns die Wahlmöglichkeit

In vielen westlichen Ländern existierten über lange Jahre grob gesprochen zwei politische Lager: eine eher konservative, wirtschaftsnahe Gruppierung und eine eher progressive, sozial orientierte linke. Die Hegemonie des rechtskonservativen wirtschaftsnahen Lagers hat in vielen Ländern dazu geführt, dass es keine handlungsfähige linke Alternative mehr gibt. Auch in Deutschland wird über die Auflösung des Rechts-Links-Schemas debattiert – eine Auflösung, die seltsamerweise oft als Fortschritt betrachtet wird –, und es gibt sogar eine Debatte über ein mögliches Ende der bisher größten Repräsentantin des linken Lagers, der Sozialdemokratie.

Über den Niedergang der Sozialdemokratie zu schreiben macht keinen Spaß. Es würde mir nicht einmal dann Vergnügen bereiten, wenn ich ein politischer Gegner der Sozialdemokraten wäre. Denn alle Menschen, die verstanden haben, dass die Idee der Demokratie entscheidend darauf gründet, dass es Alternativen gibt, alle Menschen, die erkannt haben, dass Demokratie nur dann funktioniert, wenn die Herrschenden wissen, dass sie kontrolliert werden und auf Zeit gewählt sind, müssen zwingend ein Interesse an einer Alternative zur herrschenden Macht haben. Wenn das Prinzip von Macht und Gegenmacht wegfällt, dann ist das Führungspersonal der machthabenden Gruppierung nahezu frei, zu tun, was es will.

Genau in diese Situation kommen wir, wenn die Sozialdemokratie als gewichtige Kraft und potenzielle Kanzlerpartei ausscheidet. Dabei hätte die große Mehrheit jener Menschen, die nicht zu der privilegierten Schicht unserer Gesellschaft gehören, ein besonders großes Interesse an einer linken mehrheitsfähigen Alternative zur neoliberal geprägten herrschenden Meinung und Gruppierung.

Zweierlei Maß

Es wäre an der Zeit für einen Pendelschlag der politischen Machtverteilung zugunsten solidarischer Lösungen und Regeln des Zusammenlebens und der sie repräsentierenden Kräfte. Aber diesen Pendelschlag gibt es nicht. Die Meinungsmache hat Schlagseite. Die Asymmetrie im Umgang mit den politischen Lagern ist offensichtlich. Die Union und ihre Repräsentanten, allen voran die Bundeskanzlerin und der Bundespräsident, sind über weite Strecken die Hätschelkinder der Meinungsmacher. Bei den Linken widerfährt diese Pflege nur jenen, die sich der rechtskonservativen Seite anpassen. Dass hier mit zweierlei Maß gemessen wird, kann uns nicht gefallen, ganz unabhängig davon, ob unser Herz nun konservativ oder progressiv schlägt. Hätschelkinder sind nicht gezwungen, Leistung zu bringen.

Was ist die Leistung des Bundespräsidenten Köhler? Sind von ihm bisher Impulse ausgegangen, die die Zukunft unseres Landes sicherten oder das Zusammenleben der Menschen wesentlich gefördert haben? Hat er in unserem Land Nachdenken ausgelöst, wie wir das bei Bundespräsident Rau noch erlebt haben[155] und bei seinem Vor-Vorgänger Richard von Weizsäcker oder bei Gustav Heinemann? Wenn es solche Vorbilder nicht gäbe, würde man wohl zufrieden sein mit Bundespräsidenten auf »Bild«-Niveau.

Von Horst Köhler, dem früheren Chef des Internationalen Währungsfonds und ehemaligen Finanzstaatssekretär, konnte man in der Finanzkrise nur wenig hören. Die Medien jedoch sind gnädig mit ihm umgegangen. Sie haben das nicht moniert, und sie sind auch nicht der Frage nachgegangen, welche Mitverantwortung für die Misere er hat.

Auch Angela Merkel wird ausgesprochen gnädig behandelt. Nach ihrer Leistung wird nicht kritisch gefragt, ebenso wenig nach ihrer Verantwortung für die Finanz- und Wirtschaftskrise und ihren Verbindungen zur Finanzwirtschaft. Angela Merkel hat den Nutzen von der asymmetrischen Behandlung durch Meinungsmacher. Noch deutlicher wird das im Vergleich zum Personal jenseits der Sozialdemokratie, bei der Linkspartei: Gregor Gysi muss sich trotz einschlägigen Gerichtsentscheids immer wieder gegen den Vorwurf wehren, ein IM der DDR-Staatssicherheit gewesen zu sein, und sich eine Kampagne zu diesem Vorwurf gefallen lassen; Angela Merkel hingegen kann sich offenbar darauf verlassen, dass die deutschen Medien ihrer FDJ-Vergangenheit nicht nachgehen.

Wie man Mehrheiten gewinnt

Angela Merkel und die Union können sicher sein, dass ihre Machterhaltungs- und Machtsicherungsstrategie von den Medien und Meinungsmachern nicht gestört, sondern unterstützt und gefördert wird. Das lässt sich an zwei zentralen strategischen Linien zeigen:

- Anhand der für Volksparteien wichtigen Frage, ob es gelingt, die nötige Breite der Wähleransprache zu erreichen und abzusichern.
- Anhand der Frage nach der Erweiterung der Koalitionsoptionen.

Beide Fragen sind miteinander verbunden. Wie diese Ziele zu erreichen sind, lässt sich am besten dann nachvollziehen, wenn wir uns in die Rolle von Strategen der Union versetzen.

Erstens: Vielfältig Wählergruppen erschließen

Als Planer einer Volkspartei weiß man, dass man den für den Führungsanspruch notwendigen Wähleranteil von 40 Prozent plus nur dann erreicht, wenn man ein breites Spektrum anspricht, den Mittelstand und die sich der Wirtschaft nahe Fühlenden genauso wie die Arbeitnehmer und ihre Familien; Menschen, die an traditionellen Familienstrukturen hängen, genauso wie Personen mit einem emanzipatorischen und individualistischen Lebensstil; Menschen, die den technischen Fortschritt hochhalten und alles realisieren wollen, was möglich ist, genauso wie ökologisch engagierte Kreise.

Als Planer von CDU und CSU weiß man, dass die andere Volkspartei, die SPD, dann hervorragende Wahlergebnisse erreicht hat, wenn sie diese Breite der Ansprache beherrschte, so zuletzt 1998, als Schröder und Lafontaine gemeinsam Wahlkampf machten und der eine, Gerhard Schröder, eher die Aufsteiger ansprach, während der andere, Oskar Lafontaine, eher die an sozialer Gerechtigkeit und an ökologischer Erneuerung Interessierten ansprach. Auch Helmut Schmidts äußerst knapper Wahlsieg von 1976, als Helmut Kohl für die Union 48,6 Prozent erreichte, war der Arbeitsteilung mit dem Parteivorsitzenden Willy Brandt zu verdanken. Wenn es diese Arbeitsteilung zwischen Brandt und Schmidt nicht gegeben hätte, dann hätte Helmut Schmidt die Kanzlerschaft schon 1976 an Helmut Kohl verloren. Und das herausragende Ergebnis der SPD von 1972 ist ohne eine breitangelegte Zielgruppenplanung gar nicht denkbar.[156]

Auch die CDU und vor allem die CSU haben ihre großen Erfolge nur dann geschafft, wenn sie über den engeren Bereich traditionell wirtschaftsfreundlicher Wählerinnen und Wähler hinaus die Arbeitnehmerschaft bis hin zu gewerkschaftlich organisierten Arbeitnehmerinnen und Arbeitnehmern anzusprechen vermochten. Früher gab es dafür einen starken Arbeitnehmerflügel – lange Zeit versammelt um Hans Katzer, später um Norbert Blüm. Auf dem Leipziger Parteitag im Dezember 2003 jedoch wurde Norbert Blüm ausgepfiffen; Angela Merkel und die CDU legten sich auf einen einseitig wirtschaftsfreundlichen, neoliberalen Kurs fest. Das kam beim CDU-Wirtschaftsflügel gut an, aber es war nach Meinung einiger Kenner der Materie eine der Ursachen dafür, dass CDU und CSU bei der Bundestagswahl 2005 ihr selbstgestecktes Ziel, gemeinsam mit der FDP die neue Regierung zu bilden, nicht erreichten.

In dieser Situation wird man als Planer der CDU/CSU dringend empfehlen, zumindest eine Image-Erweiterung vorzunehmen, die sowohl den sozialen als auch den ökologischen Bereich umfassen sollte. Als Stratege wird man auch empfehlen, diese Image-Erweiterung an Personen festzumachen und zur Erleichterung der Meinungsbildung Konflikte zwischen einzelnen Personen und Gruppen zuzulassen. Als Zuschauer und Zuhörer kennen wir die Ergebnisse dieser strategischen Planung:

- Angela Merkel und eine Reihe anderer Unionspolitiker kritisieren laut und mit harten Worten »den Kapitalismus«. Das kommt bei Linken gut an, auch bei solchen innerhalb der Grünen. Taten müssen daraus nicht folgen.
- Sie beschweren sich lautstark über die »Gier« der Manager und der Spitzenverdiener. Das hindert sie aber nicht daran, sich gegen die Einführung von allgemein geltenden Mindest-

löhnen zu stellen, Hedgefonds weiter steuerbefreit Tür und Tor zu öffnen, großen Vermögen mit einer Erbschaftssteuerreform noch mehr unter die Arme zu greifen und zu Lasten der Steuerzahler die Wettschulden der Banken zu übernehmen.

- Jürgen Rüttgers, der Ministerpräsident von Nordrhein-Westfalen, profiliert sich als Arbeiterführer, er macht Vorschläge für eine Verlängerung des Arbeitslosengelds. Zwischen Merkel und Rüttgers gibt es Streit, Merkel beklagt sich über Rüttgers. Das läuft zwar der gängigen Meinung zuwider, für den Erfolg einer Volkspartei sei Geschlossenheit das Wichtigste, aber es hilft der Profilierung. Im Konflikt mit Rüttgers genauso wie im Konflikt mit der CSU.

- Angela Merkel profiliert sich als Klimaschützerin. Sie reist zum Nordpol und empfängt Al Gore. Das kostet nichts. Ansonsten werden Straßen gebaut, Autobahnen privatisiert und erweitert und die Bahn aus der Verpflichtung entlassen, die ökologisch wichtige flächendeckende Versorgung sicherzustellen. Eine Geschwindigkeitsbegrenzung für Pkws und die naheliegende und notwendige Kerosinbesteuerung für Flugzeuge gibt es in Deutschland auch nicht.

- Die Bundeskanzlerin profiliert sich als Menschenrechtlerin, beklagt sich über China, empfängt den Dalai Lama und parliert mit Alice Schwarzer – alles wichtige Signale mit Blick auf bisher der Union wenig geneigte Zielgruppen.

Die Image-Erweiterung der Union seit dem Leipziger Parteitag vom Dezember 2003 ist professionell gemacht und sehr erfolgreich. Es waren zwar auch einige sachliche Korrekturen notwendig wie etwa beim Arbeitslosengeld I, aber diese Korrekturen betrafen nie den Kern der eigenen Position. Trotzdem hat es die Union erreicht, dass gesagt und geglaubt wird, Angela Merkel und ihre Partei hätten sich von Leipzig wegbewegt, der Dresdner Parteitag von 2007 habe die »Rückwende zum Sozialen« eingeleitet, wie die »Frankfurter Allgemeine Sonntagszeitung« schreibt.[157] Das geht so weit, dass einige Wissenschaftler und auch Vertreter der Jungen Union warnend von einer Sozialdemokratisierung der Union sprechen. Und Friedrich Merz geißelt den angeblichen Linksruck der Union.[158]

Doch all das ist nicht das Spiegelbild der faktischen Politik, es sind Ergebnisse von Meinungsmache. Die politische Realität ist gekennzeichnet von Mehrwertsteuererhöhung und Unternehmensteuersenkungen, von Privatisierung und Ausverkauf, von Härte gegenüber den Schwächeren, von der Auslieferung unserer Universitäten an die Wirtschaft und von Rettungsschirmen für die Großen der Finanzindustrie. An der Agenda 2010 wird nur verbal gerüttelt. Tatsächlich stehen vermutlich neue Reformen dieser Art ins Haus. Tatsächlich hat die Regierung Merkel nichts getan zur besseren Kontrolle von Hedgefonds und der anderen großen Finanzgruppen. Ganz im Gegenteil: Sie werden weiter gefördert. Man hat den Eindruck, dass die Finanzwirtschaft nicht nur nahe am Ohr des sozialdemokratischen Finanzministers, sondern auch an dem der Bundeskanzlerin ist.

»Ist Leipzig Geschichte?« fragte die »Zeit« in einem Bericht über den Dresdner Parteitag.[159] Der Vorsitzende des Wirtschaftsrats der Union, Kurt Lauk, antwortete: »So ein Quatsch!« Eine Abkehr von Leipzig? »Schauen Sie doch mal in den Leitantrag, den die CDU auf diesem Parteitag verabschiedet hat!« Der sei ein Spiegelbild der Forderungen des Wirtschaftsrats. Das würde man bei der ganzen Sozialrhetorik bloß nicht so mitbekommen, berichtete die »Zeit«.

An den Äußerungen und Aktionen eines der Strategen der Union, von Heiner Geißler, werden die Konzeption und der Erfolg der Strategie des breiten Auftritts besonders deutlich: So ist Geißler zum Beispiel 2007 der Organisation attac beigetreten und hat wenig später verlautbart, die Ziele von attac und von Angela Merkel seien identisch. Damit hat er den Aktionsradius der Bundeskanzlerin erweitert und ihr ein Terrain von Personen und Gruppen zugänglich gemacht, das ihr und der Union bisher verschlossen war.

Geißler betreibt diese Strategie zur Image-Erweiterung für seine Partei konsequent und mit bemerkenswerter Phantasie. In einem Interview mit der »SZ« beispielsweise sagte er, Schröder habe mit der Agendapolitik die Seele der SPD verkauft, die Agenda 2010 habe Millionen Menschen enteignet und arm gemacht, und es sei Schröder und nicht Oskar Lafontaine, der dafür gesorgt habe. Der Kapitalismus sei nicht die Wirtschaftsform des Grundgesetzes, meinte Geißler, er könne sich einen humanen Sozialismus vorstellen; seine Parole für die Union wäre »Solidarität statt Kapitalismus«.[160] Nach der Lektüre solcher Sätze wundere ich mich nicht mehr sehr darüber, dass ein so kritischer Zeitgenosse wie Günter Wallraff sagt, er stimme heute in vielen Dingen politisch mit Heiner Geißler überein. Dass auch Günter Wallraff von Rüttgers' »sozialen Vorschlägen« spricht, zeigt, wie erfolgreich die Imageprägung ist.

Welche Politik tatsächlich realisiert wird, zeigen dagegen die unverblümten Äußerungen von Innenminister Wolfgang Schäuble:

> »CDU-Präsidiumsmitglied Wolfgang Schäuble sagte, das Thema soziale Gerechtigkeit sei zwar bedeutsam, müsse aber ›in der globalen Perspektive‹ gesehen werden. Der Bundesinnenminister fügte hinzu: ›Natürlich ist die Spanne zwischen denen, die bei uns nicht ruhig schlafen können, weil sie für ihr ererbtes Millionenvermögen Steuern zahlen müssen, und denen, die mit Hartz IV auskommen sollen, gewaltig. Aber wenn wir uns anschauen, wie die Lebenschancen für Chinesen, für Inder oder für Südamerikaner sind, relativiert sich das.‹«[161]

Geißler ist ein exzellentes Demonstrationsobjekt für die Strategie, eine Volkspartei breiter aufzustellen. Man hat den Eindruck, die Medien und die sonstigen Beobachter vor allem in der Wissenschaft haben ihre Freude an dieser gekonnten Wahlkampfstrategie. Die eigentlichen Größen im Hintergrund, die Vertreter des Wirtschaftsrats der Union und der Wirtschaft insgesamt, wissen sehr genau, dass es in ihrem Interesse ist, wenn die Union ihr Image in Richtung Soziales und Ökologisches erweitert und zugleich mit wenigen Abstrichen jene Politik macht, die in ihrem und insbesondere im Interesse der nationalen und internationalen Finanzwirtschaft ist.

Gelingt diese Strategie zur breiten personellen und programmatischen Aufstellung und die gezielte Ansprache des Multiplikatoren- und Wählerpotenzials links von der Union, ist damit zugleich die Grundlage für eine neue Koalitionsstrategie geschaffen, die in Hamburg schon realisiert worden ist: Die Verbreiterung des Images zielt auch darauf, die Bildung von schwarz-grünen Koalitionen zu erleichtern für den Fall, dass es mit der FDP alleine nicht reicht. Um schwarz-grüne Koalitionen zu ermöglichen, müssen Brücken im ökologischen und im sozialen Bereich geschlagen werden. Die Doppelstrategie der Union, einerseits die Sozialdemokratie voll für die Agenda 2010 und die unseligen Reformen haftbar zu machen und andererseits mit Hilfe von Rüttgers, Geißler und der CSU selbst ein soziales Image aufzubauen, dient diesem Zweck.

Für die einst undenkbare Koalition aus Schwarz und Grün haben nicht nur die genannten Personen Vorarbeit geleistet. Andere waren im Hintergrund damit beschäftigt, diese neue Koalitionsoption zu öffnen. Zum Beispiel der frühere Abteilungsleiter beim CDU-Vorstand und Mitarbeiter Geißlers in dessen Zeit als Generalsekretär, Warnfried Dettling, der mit seinen Artikeln – oft in der »taz« – in das linke und grüne Wählerpotenzial hineinwirkt. Oder der Politikwissenschaftler Joachim Raschke, der mit mehreren Beiträgen Schwarz-Grün in Hamburg mit vorbereitet hat. Als besonderes Prädikat einer schwarz-grünen Koalition hat Raschke herausgestellt, dass sich die beiden Parteien deutlich unterscheiden. Nach dieser neuen Theorie kommt es also bei Koalitionsbildungen nicht auf möglichst viele Gemeinsamkeiten und Schnittmengen an, sondern man muss sich ergänzen. Wenn man dieses Argument ein paarmal herumdreht, dann wirkt es sogar schlüssig. Jedenfalls nach einem ordentlichen Quantum Meinungsmache.

Ohne vorbereitende Meinungsbildung wäre der Brückenschlag von Hamburg nicht möglich gewesen und wären auch weitere Brückenschläge nicht möglich. Wie groß die Rolle der Meinungsmache im Vorfeld solcher politischen Entwicklungen ist, kommt einem erst dann so richtig zu Bewusstsein, wenn man sich die Gegenseite anschaut: die Optionsverengung auf Seiten der SPD und den Niedergang der SPD und ihres Personals bei Wahlen und Umfragen.

Die SPD ist über weite Strecken fremdbestimmt

Mit dem Scheitern des Neoliberalismus und der wachsenden Spaltung unserer Gesellschaft ist eine Situation eingetreten, in der solidarische und fortschrittliche Lösungen gefragt wären. Eine an diesen Werten orientierte Sozialdemokratie hätte gute Chancen. Warum nimmt die SPD sie nicht auf?

Als Erklärung für dieses Phänomen wird uns allenthalben folgende Diagnose präsentiert: mangelnde Geschlossenheit, der Linksruck, die zögerliche Unterstützung aus den eigenen Reihen für Schröders Agenda 2010. Selbst einem einigermaßen unabhängigen Autor wie dem Parteienforscher Franz Walter fällt vor allem Vordergründiges ein: Die SPD stehe ohne Zentrum, ohne Mitte da; Kommunikationsfehler, mangelhafte Synchronisierung der Spitze seien schuld; anders als zu Wehners Zeiten hielten sich auch führende Sozialdemokraten nicht an gemeinsame Beschlüsse. Doch schon der Hinweis auf Wehner, den großen Disziplinierer, stimmt nicht: Gerade Wehners Disziplinlosigkeit, von Moskau aus den damaligen Bundeskanzler und Parteivorsitzenden Willy Brandt zu diffamieren (»Der Herr badet gerne lau«), hat die heute spürbare personelle und programmatische Erosion der SPD kräftig befördert.

Die eigentlichen Ursachen des Niedergangs der SPD liegen tiefer: Die innere Willensbildung der SPD – und der Grünen übrigens auch – ist über weite Strecken fremdbestimmt. Das gilt für die in der Praxis wirksame Programmatik, für die politische Strategie, für Koalitionsentscheidungen und für wichtige Personalentscheidungen. Von außen betriebene Meinungsbildung beeinflusst wichtige Beschlüsse mindestens so sehr wie innere Konstellationen und eigene Fehler.

Schon seit der Wahl Willy Brandts zum Bundeskanzler 1969 ist erkennbar, dass die konservative Rechte nicht nur versucht, mit Hilfe ihrer Medienmacht und ihrer finanziellen Macht Einfluss auf die Wählerinnen und Wähler zu bekommen, sondern auch die innere Willensbildung des politischen Gegners zu beeinflussen sucht. »Wir können nicht länger schweigen« war eine Anzeige von Spitzenmanagern überschrieben, die im November 1971 erschien und unter anderem die Steuerpolitik der SPD beeinflussen sollte. Diese Versuche halten bis heute an. Dass sie erfolgreich sind, kann man an Schröders Politik und auch daran sehen, dass die SPD-Führung bei der Formulierung des Regierungsprogramms für die Wahl 2009 davor zurückschreckte, die Wiedereinführung der Vermögensteuer zu fordern – eine Steuer, die selbst in stark neoliberal gefärbten Ländern üblich ist.

Die Anpassung an die eher rechten Glaubensmuster begann in der rot-grünen Koalition schon 1998 mit der Bereitschaft, unser Land an militärischen Einsätzen außerhalb des Nato-Bereichs, konkret an der Intervention im Kosovo-Krieg, zu beteiligen. Diese von außen erwirkte Entscheidung schwächte die SPD in ihrer inneren Struktur. In der Folge verabschiedeten sich viele engagierte Mitglieder und Wähler 1999 von der SPD, weil sie skeptisch sind gegenüber militärischen Einsätzen. Dieser Bruch wurde im Wahlkampf 2002 wieder etwas geheilt, als Gerhard Schröder sich gegen die – offene – Beteiligung am Irak-Krieg entschied und daraus ein wichtiges Wahlkampfthema machte.

Auch der Verzicht auf eine aktive makroökonomische Politik zur Förderung der Beschäftigung und die Anpassung an die Theorie der Monetaristen wie auch die Agenda 2010 waren zum großen Teil von außen bestimmt. Die Abkehr von der beschäftigungspolitischen Verantwortung folgt aus der Verinnerlichung der Sprüche der herrschenden Ökonomie über keynesianische Instrumente. Schon beim »Bündnis für Arbeit« wie auch bei der Agenda 2010 war die Bertelsmann Stiftung im Spiel. Die Regierung Schröder öffnete ihre eigene Willensbildung auch formal für den Einfluss von außen: In den Hartz-Kommissionen und der Rürup-Kommission wurden die Agenda-Politik und die Förderung der privaten

Altersvorsorge vorbereitet; Mitarbeiter von Verbänden und internationalen Rechtsanwaltskanzleien wurden zur Formulierung von Gesetzen wie etwa dem ÖPP-Beschleunigungsgesetz zur Teilprivatisierung öffentlicher Einrichtungen herangezogen. Auch die unentwegte Senkung von Unternehmensteuern und die gleichzeitige Erhöhung der Mehrwertsteuer um drei Punkte, die entgegen dem Versprechen im Wahlkampf 2005 erfolgte, sowie die Förderung der Heuschrecken durch Steuerbefreiung und Erleichterung des Zugangs auf den deutschen Markt sind Belege für die Fremdbestimmung der SPD. Mit der eigenen Programmatik hat dies alles nicht mehr viel zu tun. Die SPD hat sich in ihrer praktischen Politik an die konservativen Inhalte angepasst.

Bei den Grünen ist dieser Prozess mit Ausnahme des engeren Kapitels Umweltpolitik mindestens so sehr fortgeschritten. Ihre sozialkritischen Wurzeln sind weitgehend gekappt.

In der Begründung für ihre sogenannte Reformpolitik haben sich beide Parteien an die neoliberale Agitation angepasst. Sie haben über demographische Entwicklung und die angeblich völlig neue Herausforderung der Globalisierung genauso schwadroniert wie die neoliberalen Originale. Wichtige Vertreter sowohl der SPD als auch der Grünen hatten auch keine Scheu, sich mit den Kampforganisationen der neoliberalen Bewegung gemeinzumachen: Sie arbeiteten mit der Initiative Neue Soziale Marktwirtschaft zusammen (Wolfgang Clement, Oswald Metzger, Florian Gerster und Christine Scheel zum Beispiel); sie lehnen sich an Bertelsmann und die Wirtschaftsverbände an und machen bei sogenannten Initiativen wie dem Konvent für Deutschland mit. Das hat nebenbei noch den Vorteil für sie, Rückhalt bei jenen Medien zu finden, die mit den erwähnten Kampforganisationen verbunden sind.

Innerparteiliche Brückenköpfe

Die Außensteuerung der Willensbildung der SPD in wichtigen Fragen wäre nicht so wirksam, wenn es nicht immer bereitwillige

Helfer innerhalb der SPD gegeben hätte: die Seeheimer, die Schröderianer und die Netzwerker (das ist eine Vereinigung jüngerer SPD-Mitglieder und Mandatsträger) sind schon wegen ihrer inhaltlichen Nähe zu den Meinungsmachern außerhalb der SPD geneigt, den Stichwortgeber zu spielen.

Außerdem ist dieses Zusammenspiel lukrativ und hilfreich für das eigene Fortkommen, jedenfalls für die eigene Publizität. Wenn man sich nämlich als Kronzeuge zur Verfügung stellt, wird man attraktiv für die Medien und für die vielfältigen Initiativen und einschlägigen Organisationen. Die »Bild«-Zeitung, »Spiegel-Online«, die »Welt«, die »Zeit«, die Talkshows – sie alle bieten Zeugen von innerhalb der SPD immer gerne ein Forum. Und zwar nicht erst seit dem Auftreten Wolfgang Clements gegen den angeblichen Linksruck in der SPD.

Solches Verhalten hat Tradition. Der frühere Bundeswirtschaftsminister Karl Schiller hat schon nach der Wahl 1969 diese Methode benutzt, um sich im Schatten des neuen Bundeskanzlers Willy Brandt populär zu halten und seine Linie innerhalb der SPD durchzusetzen. Damals ohne Erfolg. Heute sind die gemeinsamen Kampagnen der sogenannten Reformer in der SPD und der Meinungsführer von außerhalb der SPD so durchsetzungsfähig, dass die SPD ihr eigenes Profil verliert. Permanent stellen sich Stichwortgeber zur Verfügung – gegen den Mindestlohn und gegen die Verlängerung des Arbeitslosengeldes I, als Kronzeugen des angeblichen Linksrucks der SPD und gegen den Versuch einer Koalitionsbildung links von der Mitte.

Stichwortgeber von innen

»Clement warnt seine Partei vor dem Wortbruch.« (»Welt-Online« vom 26. Februar 2008)
»Im Bund wäre es eigentlich ganz schön, wenn wir mit denen koalieren könnten. Das würde uns das Leben erleichtern. Aber mit einer Partei, die sich im Pazifismus des 20. Jahrhunderts

festgebissen hat, die aus der Nato austreten will oder ähnliche Flausen im Kopf hat, kann man nicht regieren.« (Erhard Eppler in der »Frankfurter Allgemeinen Sonntagszeitung« vom 29. Juni 2008)

»Ich will von denen nicht mitregiert werden.« (SPD-Vize Peer Steinbrück über den Umgang mit der Linkspartei in der »Frankfurter Rundschau« vom 1. März 2008)

Über Personalentscheidungen bestimmt die Meinungsmache

Wolfgang Clement, Hans Eichel und Peer Steinbrück waren Wahlverlierer und hatten auch in der Sache nicht viel geleistet, als sie überraschend zu Bundesministern mit ausgesprochen mächtigen Ministerien aufstiegen. Hans Eichel war 1999 als hessischer Ministerpräsident seinem Herausforderer Roland Koch unterlegen – und wurde Finanzminister in Berlin. Die Ministerpräsidenten Wolfgang Clement und Peer Steinbrück haben Wahlen in Nordrhein-Westfalen verloren und wesentlich zur personellen Auszehrung und zum Niedergang der dortigen SPD beigetragen. Und siehe da: Der eine wurde Superminister für Wirtschaft und Arbeit, der andere Nachfolger von Hans Eichel als Bundesfinanzminister. Mit innerparteilicher Willensbildung und Entscheidungsfindung haben diese neuen Karrieren nichts zu tun. Möglich wurden sie, weil Clement wie Steinbrück von rechtskonservativer Seite und vor allem von den damit verbundenen Medien gemocht und propagiert wurden.

Peer Steinbrücks von den Medien kreiertes Image als Spar-Minister ist so gut ausgebaut, dass er es sich im Juli 2008 leisten konnte, die Fortsetzung der großen Koalition nach der Bundestagswahl 2009 vorzuschlagen. Das bedeutete, mit der CDU-Bundeskanzlerin Merkel weiterzuregieren. Legt man die Regeln einer Partei wie der SPD zugrunde, so ist das ein erstaunlicher, um nicht zu sagen skandalöser Vorgang: Da schlägt der stellvertretende Vorsitzende einer der beiden großen Parteien vor, sie solle auf den Führungsanspruch im Land verzichten!

Wäre die SPD noch eine eigenständig entscheidende Kraft, dann hätte sich der Vorstand eine solche Desavouierung seines Führungsanspruchs nicht bieten lassen. Doch bis auf eine kritische Anmerkung des SPD-Präsidiums geschah nichts. Die Vermutung liegt nahe, dass keine weitergehende Reaktion erfolgte, weil die Meinungsmacher in den Medien und Verbänden den Bundesfinanzminister stützen. Das war auch beim Management der Finanzkrise zu sehen: Steinbrücks offenkundige Fehler im Umgang mit der Industriekreditbank IKB, seine Bereitschaft, uns Steuerzahler für die Wettschulden privater Banken wie der HRE aufkommen zu lassen, und seine Willkommensgrüße für die angeblichen Investoren haben ihm nicht geschadet.

Diese Beispiele zeigen, dass die Fremdbestimmung der SPD (wie auch anderer Parteien) durchaus von allgemeinem Interesse ist, denn im konkreten Fall zahlen wir alle, die Steuerbürger dieses Landes, für den Verlust der Eigenständigkeit einer großen Partei. Die Fremdbestimmung dieser Partei durch interessierte Kreise beraubt uns, die Bürger, einer politischen Alternative. Es handelt sich also nicht nur um eine innere Angelegenheit dieser Partei.

Viele Personalentscheidungen der SPD sind schon seit langem medial bestimmt: die Diskreditierung von Willy Brandt 1973 und 1974; die gegen ihn ausgespielte Popularität von Helmut Schmidt (»Der richtige Mann, aber in der falschen Partei«); die medial gemachte Kampagne zugunsten Rudolf Scharpings bei der Wahl zum Parteivorsitzenden über eine Mitgliederbefragung; die Entscheidung zwischen Lafontaine und Schröder zugunsten von Schröder – immer spielten Kampagnen außerhalb der SPD eine wichtige Rolle. Auch die Ablösung des ehemaligen Vorsitzenden Kurt Beck und die Nominierung von Frank-Walter Steinmeier zum Kanzlerkandidaten ist im Zusammenspiel mit Interessen innerhalb der SPD von außen betrieben worden.

Außensteuerung – wie eine professionelle Kampagne zum Sturz von Kurt Beck führte

»Wirtschaft warnt SPD vor Linkskurs« (»Spiegel-Online« vom 3.3.2008)

»SPD-Rechte fordern Verzicht Becks« (»Stern« vom 10.3.2008)

»SPD in der Krise – Beck zieht Partei nach unten« (»Spiegel-Online« vom 12. März 2008)

»Wie Beck den Traum von der neuen SPD begräbt« (»Spiegel-Online« vom 12. März 2008)

»Neues Umfragetief: SPD sackt auf 22% ab – Beck verliert weiter« (»Spiegel-Online« vom 18. März 2008)

»Umfrage: Steinmeier sticht Beck aus – Ruf des SPD-Chefs völlig ramponiert« (»Spiegel-Online« vom 2. April 2008)

»Nachruf auf die SPD: Eine Volkspartei implodiert« (»Spiegel-Online« vom 4. Juni 2008)

Der Weg zu einer anderen Politik ist versperrt

Kurt Becks Niedergang ist wesentlich beschleunigt worden durch seinen Versuch, wenigstens für Hessen die Koalitionsoption zu öffnen hin zu einer Koalition aus SPD, Grünen und Linkspartei – mit der bekannten Folge: einem Sturm der Entrüstung in den Medien. Die »Bild«-Zeitung und »Spiegel-Online« als Leitmedien machten nahezu täglich und in hetzerischen Variationen mobil gegen den Versuch, die auf absehbare Zeit einzig verbliebene Option der SPD für die politische Führung im Land zu nutzen: eine linke Mehrheit.

Die öffentlichen Debatten im Umfeld der beiden Landtagswahlen in Hessen und Hamburg Anfang 2008 boten reichlich Anschauungsunterricht für die asymmetrische Behandlung der großen Parteien durch die Medien. Nach den vorliegenden Wahlergebnissen mussten nahezu alle Parteien vorher gegebene Versprechen und Ankündigungen aufgeben, wenn sie zu regierungs-fähigen Koalitionen kommen wollten. Doch nur bei den Sozialdemokraten Andrea Ypsilanti und Kurt Beck wurde das als »Wortbruch« angeprangert. Der Wortbruch der Grünen in Hamburg, nämlich entgegen dem zuvor gegebenen Votum pro Rot-Grün mit der CDU zu koalieren, wurde nicht so bezeichnet, sondern eher als Ausdruck einer klugen Strategie gedeutet.

Die Stigmatisierung der Linken und das daraus folgende selbst-verhängte Koalitionsverbot für die SPD mit all seinen Konsequenzen ist nur zu verstehen, wenn man die Hegemonie der konservativen Kräfte bei den Medien in Rechnung stellt. Denn eigentlich ist die Festlegung, dass es Koalitionen mit der Linken im Osten geben darf, im Westen und im Bund jedoch nicht, logisch nicht nachvollziehbar. Dass die SPD-Führung trotzdem an einer solch absurden Festlegung festhält und damit die eigene Partei schachmatt setzt, ist mit normalem Menschenverstand nicht zu begreifen.

Dass die Stigmatisierung des Links-Bündnisses im Interesse der rechts-konservativen Machterhaltung ist, ist nachvollziehbar. Dass sich Sozialdemokraten für diese Strategie zur Verringerung ihrer eigenen Regierungsoptionen einspannen lassen, ist rätsel-haft. Diese Selbstbeschränkung und Selbstbeschädigung haben zur Folge, dass das führende Personal der Union und ihrer Koalitionspartner nahezu grenzenlos agieren kann. Angesichts der Dominanz der Wirtschaft bei der Union bedeutet das, dass wir auf absehbare Zeit keine Chance haben, nach einer anderen gesellschaftspolitischen Konzeption zu leben als nach der herrschenden Ideologie. Und das geschieht ausgerechnet in einer Wirtschaftskrise, die geradezu nach einer Neuorientierung schreit, und in einer Zeit, in der die Werte und politischen Ideen der echten Sozialdemokratie gebraucht würden wie im 19. und im 20. Jahrhundert.

Kapitel 21

Das Verschwinden der Medien
als kritische Instanz

Angesichts der Vorherrschaft der Meinungsmache kann von einer demokratischen Willensbildung, von demokratischen Entscheidungen in der Politik nur noch eingeschränkt die Rede sein. Wo aber bleiben angesichts des Gewichts, das Meinungsmache und Manipulation im politischen und gesellschaftlichen Leben gewonnen haben, die Wächter der Demokratie?

Artikel 5 des Grundgesetzes adelt die Medien. Sie sollen ein Leuchtfeuer der Meinungsfreiheit sein, Garant und Beispiel für Pluralität und freie Meinungsbildung. Solche Medien müssten die Politik, die Verbände, die Parteien und Eliten kontrollieren, und zwar aus eigener Kraft. Von ihnen müssten Fragen und Impulse ausgehen. Sie müssten die laufenden Kampagnen der Meinungsbildung aufdecken und gesellschaftliche Entwicklungen vorausdenken, um Anstöße zu einer breiten Debatte darüber zu liefern. Die verschärfte Spaltung unserer Gesellschaft, das Ungleichgewicht der Einkommens- und Vermögensverteilung, die Plünderung von öffentlichen und privaten Unternehmen, die Verflechtung der Politik mit der Finanzwirtschaft und die daraus folgende unfassbar hohe Belastung für uns alle, die Kommerzialisierung vieler Lebensbereiche, der Klimawandel, die Neigung, die Politik mit militärischen Mitteln fortzusetzen – all das sind Beispiele für die Dringlichkeit, vorauszudenken und rechtzeitig davor zu warnen, wenn die Entwicklung ein kritisches Maß erreicht.

Unsere Medien jedoch werden diesen Aufgaben nur ungenügend gerecht. Stattdessen erleben wir zunehmend, dass sie zum konstitutiven Element von Manipulation und Meinungsmache werden und sich mit den wirtschaftlich und politisch Mächtigen verbünden. Ob aus Bequemlichkeit oder um des schnellen Profits willen oder aus Mangel an Zeit und Ressourcen sei dahingestellt. Nötig wären wachsame und unabhängige Medien. Doch ...

- wir haben Kampagnen- statt kritischem Journalismus.
- wir bekommen Kommerz statt Aufklärung, Verblödung statt Bildung.
- wir werden mit der Gefolgschaft zu Parteien und dem Personal der Politik abgefertigt, statt kritische Distanz zu wahren.
- wir bekommen eine Berichterstattung, die geprägt ist durch Nähe und Kooperation mit Wirtschaft und Verbänden statt durch Vorsicht und Abstand.
- wir sehen die Verneigung vor den Mächtigen und vermissen die Zuneigung zu den Schwächeren.
- wir erleben Nachklappern und Nachplappern statt Analyse und Nachdenken.

Nur wenige Journalisten legen sich mit den Mächtigen an. Viele sind von Kontrolleuren zu Helfern der einflussreichen Kreise geworden. Für diese Entwicklung gibt es eine Reihe von Ursachen:
- Machtverschiebungen im Zeitungs- und Zeitschriftenmarkt und der wachsende Zwang zum Sparen – letztlich an der Qualität
- der Aufstieg einer neuen Generation von meinungsführenden und meinungsmachenden Journalisten
- die schleichende Aushöhlung des öffentlich-rechtlichen Rundfunks durch selbstauferlegten Quotendruck in der Konkurrenz zum Kommerzfunk
- die dominante Rolle des Fernsehens
- die Etablierung des Internets als künftiges Leitmedium mit einigen positiven, aber auch vielen problematischen Folgen für die politische Öffentlichkeit
- die schlechte Lage auf dem Arbeitsmarkt für Journalisten

Konzentration der Anbieter

Vier Konzerne beherrschen den Zeitschriftenmarkt: Bauer, Springer, Burda und Gruner+Jahr. Sie verbreiten 62,9 Prozent der verkauften Auflage.[162] Bei den Zeitungen werden über 40 Prozent der Auflage von nur fünf Verlagsgruppen getragen; 55,7 Prozent von den zehn größten.[163] Die Großen im Geschäft sind Springer, Südwestdeutsche Medienholding, WAZ-Gruppe, Ippen, DuMont Schauberg, Holtzbrinck, Madsack. Der Springer-Verlag hat mit einem Marktanteil von rund 80 Prozent das Quasimonopol bei Boulevardzeitungen und eine ausgeprägte Meinungsmacht bei den Tageszeitungen. Er verkauft jede vierte deutsche Zeitung.[164] Seine »Bild«-Zeitung verliert zwar an Auflage, liegt aber mit 3,4 bis 3,5 Millionen Exemplaren immer noch mit großem Abstand an der Spitze.

Die Anzahl der Monopolgebiete ist gestiegen:[165] In über 60 Prozent der Städte und Kreise gibt es nur noch eine Regional- oder Lokalzeitung.[166]

In Deutschland gibt es mehr frei empfangbare (analoge) Fern-sehprogramme als in jedem anderen europäischen Land. 2005 konnte ein Zuschauer im Schnitt aus 48 Programmen wählen.[167] Das Kommerzfernsehen wird beherrscht von einem »Duopol« aus der RTL-Gruppe, die zu Bertelsmann gehört, und Pro Sieben. Sat.1, die maßgeblich im Besitz der angelsächsischen Beteili-gungsgesellschaften KKR und Permira sind.

Die ARD blieb 2008 zwar wie schon 2007 mit 13,4 Prozent Zuschaueranteil an der Spitze, verlor aber zum Jahr 2006 0,8 Prozentpunkte. Das ZDF folgte mit 13,1 Prozent, Dritter war RTL mit 11,7 Prozent, dann folgen Sat.1 mit 10,3 Prozent und Pro7 mit 6,6 Prozent Marktanteil.[168]

Das Internet spielt eine wachsende Rolle im Bereich der Infor-mation.[169]

Konzentration der Meinungen

Lange Zeit war die meinungsführende Publizistik in zwei Lager gespalten: Das linksliberale Lager um »Spiegel«, »Zeit«, »Stern«, »Frankfurter Rundschau« und »Süddeutsche Zeitung« stand der liberal-konservativen »FAZ«, der rechten »Welt« und anderen Pu-blikationen aus dem Springer-Verlag, den Illustrierten des Bauer-

Verlags und dem Gros der regionalen und lokalen Blätter gegenüber. Im Fernsehen kam eher linke Kritik von »Monitor« und »Panorama«, die rechten Töne lieferte früher Gerhard Löwenthals »ZDF Magazin« und »Report« aus München. Das ist heute nicht mehr so, und viele feiern deshalb das Ende der »Lagermentalität« und des »Parteibuchjournalismus«. Wenn heute ein bekannter Journalist vom »Focus« zum »Spiegel« wechselt oder von der »Süddeutschen Zeitung« zur »Welt«, dann ist das keine Meldung mehr wert. Das ZDF hat konsequenterweise aus einem eher linken und einem eher rechten Politmagazin ein einziges gemacht, aus »Kennzeichen D« und dem »ZDF Magazin« ab 2001 »Frontal 21«. Links und rechts gibt es nicht mehr, so scheint es.

Allerdings ergreifen meinungsführende Journalisten heute zum Teil genauso offen Partei wie früher. Gerhard Schröder fiel das erst auf, als sich die Lobredner seiner Agenda-Politik im Wahlkampf des Jahres 2005 von ihm abwandten und offen für eine schwarz-gelbe Regierung warben. Trotz dieser Erfahrungen sagte er in der Wahlnacht: »Ich bin stolz auf eine demokratische Kultur, mit der bewiesen worden ist, dass Medienmacht und Medienmanipulation das demokratische Selbstbewusstsein nicht erschüttern können.«[170] Schröders Freund, der ehemalige Hauptstadtkorrespondent von RTL Gerhard Hofmann, hat zu dieser These ein ganzes Buch geschrieben: »Die Verschwörung der Journaille zu Berlin«.[171]

Da ist viel Interessantes und Richtiges zu lesen, was allerdings zu kurz kommt, ist die schlichte Einsicht, dass die Kampagne gegen Schröders Wiederwahl nichts anderes war als die logische Fortsetzung der publizistischen Offensive für die Agenda-Politik, von der Schröder zuvor profitiert hatte. Es war schließlich immer geschrieben worden, der Kanzler habe wichtige Schritte in die richtige Richtung gemacht, aber die Reformen seien zu zaghaft. Klar, dass man Schrödersche Politik konsequenter von Angela Merkel erwarten durfte.

Bis heute verfolgen wichtige Meinungsführer die Weiterführung der sogenannten Reformen: Hans-Ulrich Jörges vom »Stern« zum Beispiel, der fleißig am guten Image von Angela Merkel mitwirkte[172] und die von ihr betriebene Inthronisation von Bundespräsident Horst Köhler parallel zur »Bild«-Zeitung unterstützte. Oder Gabor Steingart, der als Büroleiter des »Spiegel« in Berlin einer der Hauptpropagandisten des neoliberalen Umbaus war.[173] Aus heutiger Sicht wirken die Katastrophenszenarien, die er für Deutschlands Entwicklung heraufbeschworen hat, lächerlich, aber sein Buch »Abstieg eines Superstars«, das mit der üblichen Panikmache vor Überalterung und globaler Konkurrenz aufwartete, taugte genauso gut als Begründung für Schröders Agenda-Politik wie für Merkels »Schlusslicht«-Slogans.

Vielleicht nicht ganz so einflussreich, aber inhaltlich genau in dieselbe Richtung schrieb Christoph Keese, der frühere Chefredakteur der »Financial Times Deutschland«. In seinem Buch »Rettet den Kapitalismus« unternahm er die »Umsegnung des Kapitalismus zu einem linken Anliegen«.[174]

Die »Zeit« glänzt hin und wieder mit erhellenden Einsichten, aber mit ihrem stellvertretenden Chefredakteur Bernd Ulrich hat sie einen zuverlässigen Streiter im Kampf für ein »Bündel unausweichlicher Sozialkürzungen«.[175] Er schreibt im Namen einer »geläuterten« grünen Vision gegen die Linken an[176] und darf als einer der profilierten intellektuellen Wegbereiter schwarz-grüner Bündnisse gelten: »Wenn diese Kombination einen Sinn hat, dann weil sie die beiden Parteien einschließt, die ihre Wähler am wenigsten als Anspruchsberechtigte ansprechen, sondern zuerst als Bürger, als Menschen, die zu etwas fähig und verpflichtet sind.«[177]

Der Mainstream, zu dem diese Flüsse und Einflüsse zusammenströmen und in dem in der Folge viele mitschwimmen, transportiert in etwa folgende Botschaft: Die Deutschen müssen sich an mehr Ungleichheit gewöhnen; die Risiken des Lebens müssen privatisiert werden; Unternehmer und Eliten müssen durch niedrige Steuern im Land gehalten werden; die wahren Ausbeuter sitzen in der Unterschicht; »Chancengerechtigkeit« ersetzt eine gerechtere Verteilung von Einkommen und Vermögen; die Deutschen müssen in der Welt größere Verantwortung übernehmen und dazu auch Kampfeinsätze durchführen. Wir haben

keinen kritischen Journalismus, wir haben Kampagnenjournalismus.

Die journalistischen Meinungsführer haben mittlerweile einen
ganzen Setzkasten von Textbausteinen entwickelt, aus dem sich
viele andere gern bedienen. Wer den Mainstream besonders
schön beim Fließen beobachten will, der braucht sich nur die
Artikel und Kommentare zum Mindestlohn, zur Demographie, zu
Kurt Beck, zum Niedergang der SPD, zum angeblichen Linksruck
der SPD, zum Wortbruch Andrea Ypsilantis, zum Populismus des
Oskar Lafontaine und seiner Flucht aus der Verantwortung im
März 1999 durchlesen. Denken alle schon das Gleiche oder
schreiben sie voneinander ab?

Es wäre wichtig gewesen, die Folgen der Entstaatlichung und
Privatisierung vieler öffentlicher Tätigkeiten früh zu kommentie-
ren. Es wäre wichtig gewesen, mit Hilfe seit langem bekannter
Ergebnisse der ökonomischen Wissenschaft zu beschreiben, dass
die Privatisierung dann problematisch wird, wenn es sich um
sogenannte Unteilbarkeiten handelt. Es wäre wichtig gewesen,
die Folgen der Verarmung des Staates für die Ausstattung unserer Hochschulen und Schulen rechtzeitig zu beschreiben. Es wäre
wichtig gewesen, die Spaltung der Gesellschaft in Reich und
Arm, die ungeheure Ballung von Vermögen auf der einen Seite
und von Schulden auf der andern Seite zu prognostizieren und
davor zu warnen. Es wäre wichtig gewesen, die Folgen der mangelnden Integration ausländischer Jugendlicher rechtzeitig zu
thematisieren.

Stattdessen haben die Medien großenteils den Privatisierungs-
wahn mitgemacht und nachgeplappert, was die Profiteure der
Privatisierung erzählt haben. Stattdessen wurden die Kampagnen
»Jeder ist seines Glückes Schmied« oder »Leistung muss sich wieder lohnen« nachempfunden, nachgebetet, nachgeschrieben und
nachgesendet.

Bei alledem sind die Medien nicht alleine verantwortlich. Sie
sind aber einer der Träger öffentlicher Debatten um den richtigen
Weg unserer Gesellschaft. Und als dieser Träger haben sie versagt. Meist im Verein mit anderen, wie etwa der Wissenschaft

und den Parteien, denn alle leiden unter mangelnder Pluralität. Die Vereinheitlichung der inhaltlichen und ideologischen Ausrichtung führt zu einer Verarmung der Debatten und Entscheidungsprozesse.

Die Wirtschafts- und Finanzkrise harmlos begleitet

Das Versagen der meisten Medien im Vorfeld und im Kontext der Wirtschafts- und Finanzkrise ist besonders eklatant und gravierend: Sie haben über Jahre hinweg mehrheitlich die Kampagne gegen Konjunkturprogramme mitgemacht. Sie haben die Ausreden der Bundesregierung, die Krise komme nur aus den USA und habe die Verantwortlichen in Deutschland überrascht, multipliziert. Die Mehrheit der Medien hat einen Spieler wie Josef Ackermann für dessen Vorstellung von einer Kapitalrendite von 25 Prozent nicht grundlegend kritisiert; die Mehrheit bewunderte die Ergebnisse der Spekulation und den Casinobetrieb. Und sie fordert auch trotz der Milliardenschäden nicht, dass die Spekulation, dass Wetten und Kettenspiel auf den Finanzmärkten beendet und untersagt werden. Die Medien haben mehrheitlich akzeptiert, was uns die Verantwortlichen in der Bundesregierung über die notwendige Rettung der Banken erzählt haben: Banken dürften nicht eingehen, sie seien systemrelevant. Der kriminelle Charakter dessen, was in den letzten zwei Jahrzehnten auf den Finanzmärkten geschehen ist, wird von den Medien nicht ans Licht geholt; Beiträge, auch solche von Wissenschaftlern, die dies beschreiben, werden allenfalls kurz erwähnt, aber dann wieder vergessen.

Die Medien haben als kritische Instanz versagt. Vermutlich folgt dies aus der engen Interessenverflechtung von Finanzindustrie und Medien, von Wallstreet und Madison Avenue, von Gütersloh, Hamburg, Köln, München und Frankfurt. Viele der führenden Medienschaffenden sind höchstwahrscheinlich mit ihren eigenen Vermögensdispositionen in das Geschehen involviert. Das Sein bestimmt das Bewusstsein.

Der Wandel des »Spiegel«

Die inhaltlich fruchtbare Konkurrenz und das Gleichgewicht zwischen rechtskonservativen und linksliberalen Medien geriet unter anderem durch den Einflussverlust und Wandel des »Stern«, aber vor allem durch den Seitenwechsel des »Spiegel« aus den Fugen. Unter Chefredakteur Stefan Aust veränderte der »Spiegel« seinen Charakter. In einem Buch über Aust sammelte der ehemalige »Spiegel«-Mitarbeiter Oliver Gehrs am Beispiel des Umgangs mit Themen wie Atomkraft, Windkraft oder Dosenpfand eine Reihe von Belegen für die Wende des »Spiegel« zur Beliebigkeit.[178] Wer sich die wirtschaftsliberalen oder gewerkschaftsfeindlichen »Spiegel«-Titelgeschichten der letzten Jahre ansieht, der wird ohne bösen Vorsatz zu der Überzeugung kommen, dass aus diesem ehemals recht kritischen Magazin, dessen Selbstverständnis es war, Stachel im Fleisch der Mächtigen zu sein, geradezu ein Kampfblatt der neoliberalen Bewegung, ein zynisches Propagandainstrument der Sozialstaatszerstörung geworden ist. Wir könnten bei »www.NachDenkSeiten.de« quasi täglich Geschichten aus »Spiegel« und »Spiegel-Online« dokumentieren, die der gezielten Meinungsmache zugunsten von Privatisierung und Deregulierung, für »Reformen« und gegen die Sozialstaatlichkeit dienen. Der »Spiegel« war zwar nie ein linkes Blatt, aber er hatte einen aufklärerischen Biss. Mit Ausnahme weniger Themenfelder ist davon nichts geblieben.

Da der »Focus« unter seinem der FDP zugehörigen Chefredakteur Helmut Markwort ursprünglich als Gegengewicht zum »Spiegel« gegründet worden war und der »Stern« mit Protagonisten wie Jörges politisch mehr oder weniger schwankend mit Schlagseite nach rechts Position bezogen hatte, entstand so etwas wie eine »unkritische Masse«. Zudem wurde von Aust die alte Feindschaft mit dem Springer-Verlag und die Skepsis gegenüber der bürgerlich-konservativen »FAZ« beendet. Gegenseitige Kontrolle und Korrektur wich unter den Chefredakteuren Aust und Matthias Döpfner (»Bild«) und »FAZ«-Mitherausgeber Frank Schirrmacher einer friedlichen Koexistenz und sogar einer offenen Kooperation, wie im Fall der Kampagnen der drei Blätter gegen die Rechtschreibreform, zur demographischen Entwicklung und dem Werben für Privatvorsorge. Man muss den Anlass des Bündnisses gegen die Rechtschreibreform nicht für gravierend halten, entscheidend ist, dass die drei Mächtigen ihre Kampagnenfähigkeit gezeigt haben und Politik und Öffentlichkeit damit klar zu verstehen gaben, »wo der Hammer hängt«. Seitdem Stefan Aust von den Mitarbeitern des »Spiegel« entmachtet wurde, ist die Fortsetzung dieser Allianz personell nicht mehr so offenkundig, aber inhaltlich nach wie vor erkennbar.

In seinem Buch »Nervöse Zone« beschreibt Lutz Hachmeister die Entstehung dieses »Zentristischen Mainstreams«: »Der meinungsführende Journalismus hat sich in der Berliner Republik nach rechts bewegt, in die Richtung eines neokonservativen Zentrismus [...]. Das einstige linksliberale Projekt in der Publizistik, institutionell gespeist aus öffentlich-rechtlichem Rundfunk, dem ›Hamburger Kartell‹ (›Stern‹, ›Zeit‹, ›Spiegel‹), ›FR‹ und ›SZ‹, ist an sein Ende gekommen.« »Durch immer neue Formen des Establishment-Engagements verbunden, nähern sich die Eliten in Journalismus, Politik und auch der nationalen Ökonomie in ihrem Habitus, ihren Ängsten, Konzepten und in ihrer Weltsicht an.«[179]

Dafür, dass mit der eigenen, teilweise als peinlich empfundenen linken Vergangenheit zuverlässig auch all diejenigen lächerlich gemacht werden, die heute noch für Frieden und Gerechtigkeit eintreten und ein ums andere Mal als »Gutmenschen« denunziert werden, sorgt zuverlässig der Typus des reumütigen Achtundsechzigers, von dem sich fast jede große Zeitung mindestens einen im Feuilleton leistet. Da ist es fast schon selbstverständlich, dass die Wirtschaftsteile aller großen Zeitungen – mit wenigen Ausnahmen bei der »Zeit«, der »Financial Times Deutschland«, der »Frankfurter Rundschau« und einiger kleiner Blätter – dominiert werden von Leitartiklern und Kommentatoren neoliberaler Prägung.

Ebenso auffällig wie der Gleichklang in Fragen der Wirtschafts- und Sozialpolitik ist die Hinwendung zu den Werten

»Familie, Arbeit, Vaterland«, wie Lutz Hachmeister ironisch schreibt: »Die wesentliche Formel dieses Neo-Journalismus ist jener Wahlspruch, den Marschall Pétain für das kollaborierende Frankreich der 1940er Jahre gefunden hatte: travail, famille, patrie – Arbeit, Familie, Vaterland, angereichert heute noch um Gottesfürchtigkeit und Papstbegeisterung.«[180]

Der Sozialstaat wird zerschlagen. Zusammenhalt und Sinnstiftung übernehmen die traditionellen »Werte«. Die journalistischen Protagonisten der neuen Bürgerlichkeit, der alten Stammtischdebatten in intellektuellem Gewand, sind dabei nicht auf ihren eigenen Bereich beschränkt: Viele von ihnen haben zunächst Bücher geschrieben, diese aber meist durch einen prominenten Vorabdruck oder begleitende Berichterstattung in den eigenen Blättern oder als »Crosspromotion« in befreundeten Blättern beworben oder bewerben lassen.

Unkritische Identifikation mit den Interessen von Wirtschaft und Spitzenverdienern

Wenn man über Jahre ihre Artikel und Kommentare gelesen hat, erstaunt es kaum noch, dass Chefredakteure und Journalisten ganz die Seite wechseln: Stefan Baron, seit März 1991 Chefredakteur der »Wirtschaftswoche«, wurde zum 1. Juni 2007 Head of Communications der Deutschen Bank, also ihr Chefsprecher. Michael Inacker, früher »Welt«, »WamS«, »FAZ« und »FAS«, wechselte zu DaimlerChrysler als Leiter der Außenbeziehungen und im Oktober 2006 wieder zurück zum Journalismus als neuer Leiter des Berliner Redaktionsbüros und stellvertretender Chefredakteur der »Wirtschaftswoche«. Jörg Howe, seit 1996 Chefredakteur bei Sat.1, wechselte im März 2004 als Direktor Konzernkommunikation zur Karstadt-Quelle AG. Für den Energieversorger EnBW macht Ex-»Spiegel«-Redakteur Jürgen Hogrefe Informationspolitik. Die Initiative Neue Soziale Marktwirtschaft wurde bis 2006 vom Ex-»Financial-Times«-Redakteur Tasso Enzweiler gemanagt. Nico Fickinger, der in der »FAZ« bis zuletzt zum Beispiel gegen den Mindestlohn anschrieb, ist seit 1. März 2008 Leiter Strategische Kommunikation beim Arbeitgeberverband Gesamtmetall. Besonders interessant ist es natürlich auch umgekehrt, wenn etwa der ehemalige Allianz-Sprecher Oliver Santen als Redakteur der »Bild«-Zeitung für die private Rente trommelt.

Die Spitzenkräfte der Medien gehörten immer auch zu den Spitzenverdienern. Und dennoch gab es unter ihnen viele, die ihre eigene wirtschaftliche Lage und ihre eigenen wirtschaftlichen Interessen nicht zur Richtschnur ihrer Meinungsbildung machten. Ihre Haltung zum Sozialstaat, zu den Gewerkschaften, zum Spitzensteuersatz und zum Kindergeld war nicht in erster Linie geprägt von dem, was ihnen selbst nutzen würde. Es gab wirtschaftsnahe Medienmacher und wirtschaftsferne, rechte und linke. Das hat sich geändert: Die überwiegende Mehrheit identifiziert sich heute mit den Interessen der Wirtschaft. Intellektuelle mit dem Anspruch geistiger und wirtschaftlicher Unabhängigkeit gibt es im Mediensektor kaum noch. Damit ist auch Qualität verlorengegangen. Der folgende Vorgang ist symptomatisch.

Am 13. Juni 2008 berichtete der Berliner »Tagesspiegel« – mit Berufung auf die »Mallorca Zeitung« – unter der Überschrift »Nichts wie weg« über einen erstaunlichen Vorgang: Im Mai hätten sich in Potsdam Prominente informell getroffen, um darüber zu beraten, was zu tun sei, wenn Oskar Lafontaine an die Macht käme. Unter den Teilnehmern des Gesprächs seien auch bekannte und populäre Medienschaffende gewesen: Frank Plasberg, Günther Jauch, Anne Will, Miriam Meckel, Michel Friedman, Dieter Bohlen, Heidi Klum, Iris Berben. Es sei Stillschweigen vereinbart worden. Dieter Bohlen hat dennoch geplaudert und gleich angemerkt, dass er nach Spanien gehe, »wenn der Lafontaine kommt«. An diesem Vorgang ist gleich dreierlei bemerkenswert:

Erstens die Fehleinschätzung der politischen Verhältnisse. Anzunehmen, Oskar Lafontaine käme in absehbarer Zeit oder überhaupt an die Macht, ist einfach lächerlich. Selbst wenn die Linke demnächst 15 oder gar 20 Prozent erreichen würde, wäre das ja noch nicht »die Macht«. Selbst mit der SPD zusammen ist auf absehbare Zeit ausgeschlossen, dass Lafontaine maßgeblich Macht ausüben könnte. Sollten sich Talkmaster wirklich solche Fehleinschätzungen leisten, wäre das ziemlich erstaunlich. Denn wer so wenig politisches Wissen hätte und die Verhältnisse so schlecht einschätzen könnte, wie sollte der eine Gesprächsrunde im Fernsehen moderieren? Oder war das Treffen als Teil einer Kampagne zur Meinungsbildung initiiert worden?

Das wäre die zweite Merkwürdigkeit, denn damit würde ja unterstellt, dass sich unsere Spitzenmedienleute für die bewusst betriebene Stigmatisierung einer Person und einer politischen Gruppierung einspannen ließen: für die Kampagne gegen die Linke und gegen die SPD wegen deren angeblichem Linksruck und ihrer angeblichen Neigung zu einer Koalition mit der Linken.

Drittens ist bemerkenswert, wie selbstverständlich hier von den Interessen von Spitzenverdienern ausgegangen wird. Von Medienschaffenden eines Formats wie Jauch, Plasberg, Will und Friedman sollte man erwarten, dass sie zwischen ihren eigenen Interessen und dem, was sie öffentlich vertreten, zu unterscheiden vermögen. Man sollte erwarten, dass sie sich in die Situation von Normalverdienern versetzen können und in der Lage sind, politische Vorgänge aus deren Blickwinkel heraus zu beurteilen. Wenn die Erbschaftssteuer etwas mehr greifen würde, wenn die Vermögensteuer wieder eingeführt würde, wenn man den Spitzensteuersatz bei der Einkommensteuer von heute 42 Prozent auf – wie früher – über 50 Prozent erhöhen würde, sollte das für die davon Betroffenen noch lange kein Grund zur Flucht aus Deutschland sein, schon gar nicht für Talkmaster im öffentlich-rechtlichen Fernsehen. Bleibt zu hoffen, dass nicht alle der Genannten die Haltung von Dieter Bohlen teilen und sich derart mit den Interessen der Oberen identifizieren.

Trotz aller Zweifel daran, was in Potsdam tatsächlich und mit welchem Ergebnis besprochen wurde: Der Vorgang als solcher ist bemerkenswert. Den Wandel, der hier stattgefunden hat, vermag man besser einzuschätzen, wenn man sich in die Zeit von Hans-

Joachim Kulenkampff und Peter Frankenfeld, von Günter Gaus und Rudi Carrell zurückversetzt. Kulenkampff oder Carrell bei einem Treffen zur Beratung über Fluchtwege anlässlich der drohenden Machtübernahme durch die Linken? Unvorstellbar! Das wäre ja ungefähr so, als hätten die Showmaster von damals an die Parole »Die Russen kommen« geglaubt.

Der Abschied einschlägiger Medien von der Pluralität und einer kritischen Begleitung des öffentlichen Geschehens wäre kein so großes Problem, wenn den Nutzern diese Veränderungen bewusst wären. Doch das dürfte in der Mehrheit der Fälle nicht der Fall sein. Die Veränderungen beim »Spiegel« zum Beispiel oder bei der »Zeit« wie auch die Veränderungen beim Fernsehen sind vielen nicht als gravierend aufgefallen. Das heißt aber, dass gerade die meinungsprägenden Organe wie der »Spiegel« und die »Zeit« ihre Glaubwürdigkeit bei ihren Lesern erhalten konnten. Diese Leser, die teilweise richtiggehende Anhänger »ihrer« Blätter sind, haben nicht wahrgenommen, dass ihre geliebten Zeitungen und Zeitschriften teilweise ähnlich in Kampagnen eingebunden sind wie die verachtete »Bild«-Zeitung. Jeder Versuch, aufklärend zu wirken, sollte die Glaubwürdigkeit dieser Medien hinterfragen, ganz besonders in den so wichtigen Kreisen der Multiplikatoren, die zur Kernleserschaft von »Spiegel«, »Zeit« und anderen Leitmedien gehören.

Wenn diese Medien ihre Glaubwürdigkeit bei den bisherigen Stammlesern behalten, hat die skizzierte Positionsverschiebung der als linksliberal geltenden Medien, insbesondere von »Spiegel« und »Stern«, zur Folge, dass die Medien auf der anderen Seite des politischen Spektrums als in die Mitte gerückt erscheinen. Konkret: Wenn sich die Haltung des »Spiegel« zu zentralen Fragen wie etwa der Agenda 2010 und zur Privatisierung wichtiger öffentlicher Einrichtungen nicht mehr wesentlich von dem unterscheidet, was »FAZ«, »Focus« und »Bild« der Öffentlichkeit bieten, dann gelten diese Blätter nicht mehr als ausgeprägt rechtskonservativ. Ähnliches gilt für die Methoden der Meinungsmache und den Umgang mit journalistischen Prinzipien: Wenn der »Spiegel« Kampagnenjournalismus betreibt, warum sollte das dann »Bild« nicht tun? Wenn der »Spiegel« die Interessen der Versicherungswirtschaft auch redaktionell unterstützt, warum sollten »Bild« und »Bild-t-online« dann diesen PR-Journalismus meiden? Wenn »Spiegel« und »Stern« die Gewerkschaften treten, warum sollte die »FAZ« das dann unterlassen? Und wenn »Zeit« und »Spiegel« und »Stern« Angela Merkel und Horst Köhler für die beste aller möglichen Besetzungen ihrer Ämter halten, warum dann nicht »Bild« und »Welt«?

Eine Auswahl von Überschriften von »Spiegel Online« zur Hamburg-Wahl 2008

22.2., 13.44 Uhr: »Voscherau wirft Beck rücksichtslose Kampagne vor«

23.2., 8.04 Uhr: »SPD ist eine demokratische Volkspartei – bis jetzt«. Ein Interview mit der Generalsekretärin der CSU

23.2., 10.43 Uhr: »Rot-Rot-Grün-Debatte. Unionspolitiker drohen Beck mit Bruch der Großen Koalition«

23.2., 18.39 Uhr: »Rot-Rot-Grüne Kooperation. Beck stürzt SPD und Große Koalition ins Chaos«

24.2., 8.24 Uhr: »Rot-Rot-Grüne Planspiele. Hamburg wählt, SPD zittert«

24.2., 13.37 Uhr: »Wahlkampf bis zur letzten Minute – Naumann kämpft gegen den Beck-Faktor. Nervöse SPD: Die Hamburger Genossen bangen, dass ihnen die Linken-Debatte das Ergebnis in Hamburg verhagelt – Spitzenkandidat Naumann macht sogar am Sonntag noch Wahlkampf. CDU-Amtsinhaber Ole von Beust hofft auf eine Quittung für Kurt Becks Liebäugeln mit der Linken.

»Bild« am Sonntag am 24.2.:

»Jetzt kommt der Lager-Wahlkampf! Mit dem Wortbruch des SPD-Chefs Kurt Beck hat ein neues politisches Zeitalter begonnen: Deutschland zerfällt in zwei Lager. Das eine ist schwarz und gelb, das andere rot, grün und DDR.«

Die »Bild«-Zeitung erscheint heute – angesichts der Positionsver-
schiebungen bei den anderen Medien und weil ihre Bedeutung
immer wieder von hochmögenden Personen unterstrichen wird
– als ein eher seriöses Blatt, obwohl die Methoden und die
Schlagseite der Zeitung sich kaum geändert haben: »Bild« macht
in nationaler Stimmung und fördert Sexismus; »Bild« wirbt un-
geniert gemeinsam mit der Allianz für die »VolksRente« und ver-
letzt damit journalistische Grundregeln wie das Gebot, Redaktion
und Werbung zu trennen; »Bild« hetzt gegen alles Linke, so etwa
anlässlich des Versuchs der hessischen SPD-Vorsitzenden, eine
Regierung gegen Roland Koch zustande zu bringen. Auch wenn
»Bild« kaum eine Schamgrenze kennt, hält das die Spitzen des
Landes nicht davon ab, die Glaubwürdigkeit dieses Mediums immer wieder mit Interviews und anderen Verneigungen zu pflegen. Ein Beispiel dafür war der Aufmarsch der Prominenz, als
»Bild« am 24. Juni 2008 den »Osgar« verlieh: Helmut Schmidt,
Bill Clinton, Udo Lindenberg, Oliver Kahn, Hartmut Mehdorn
und eine Reihe von Schauspielern ließen sich von der »Bild«-
Zeitung ehren. Bundeskanzlerin Merkel hielt die Laudatio auf
Helmut Schmidt. Und selbstverständlich wurde durch die Auswahl der Preisträger und ihre Begründung politische Stimmung
gemacht: Helmut Schmidt zum Beispiel wurde auch deshalb geehrt, weil sein Festhalten am Nato-Doppelbeschluss eine entscheidende Weichenstellung für das Zustandekommen der deutschen Einheit gewesen sei. Bahnchef Hartmut Mehdorn wurde als
Modernisierer und Privatisierer geehrt. Und die ARD änderte ihr
Programm und übertrug das Spektakel. All diesen willigen Helfern wäre eine Dokumentation der menschenverachtenden und
verblödenden Artikel dieses Blattes und seines elektronischen
Ablegers als Bettlektüre zu wünschen. Aber für solch eine kritische Dokumentation gibt es weder Zeit noch Geld – und von den
etablierten Medien ist keines bereit, kritisch mit dem eigenen
Verein umzugehen.

In den USA beobachten Medienforscher das Abtreten großer Verlegerfamilien und das Eindringen von neuen Eignern ins Medienengeschäft. In Frankreich haben sich die Besitzverhältnisse im Zeitungs- und Zeitschriftenmarkt in den letzten Jahren deutlich zugunsten von Finanzinvestoren und Rüstungskonzernen verschoben. Auch in den deutschen Zeitungsmarkt ist Bewegung gekommen: Zeitungen und Verlage wechseln die Besitzer. Noch sind es keine Rüstungskonzerne oder »Heuschrecken«, sondern andere Großverlage, die an Masse und Einfluss zulegen, wie zum Beispiel die Südwestdeutsche Medienholding, die 2008 die Mehrheit an der »SZ« übernommen hat.

Die erste vollständige Übernahme einer deutschen Zeitung durch ausländische Investoren war der Verkauf der »Berliner Zeitung« (mit »Berliner Kurier« und »Tip«) an den britischen Mecom-Konzern des Medienunternehmers David Montgomery im Jahr 2005. Die Vorgänge bei der »Berliner Zeitung« lohnen eine nähere Betrachtung. Thomas Rogalla, der Sprecher des Redaktionsausschusses, erklärte im März 2008: »Das Problem mit Mecom ist die völlig absurde Renditevorstellung von 18 bis 20 Prozent und darüber. Das geschieht ohne Rücksicht auf die Marktgegebenheiten.«[181] Solche astronomischen Renditeerwartungen führen zu rücksichtslosen Sparmaßnahmen. Aus der »Hamburger Morgenpost«, die ebenfalls zum Mecom-Reich gehört, kommen die gleichen Klagen.

Die Einsetzung eines Chefredakteurs (in diesem Fall Josef Depenbrocks), der in Personalunion als Geschäftsführer des Verlags fungierte, war in der Branche bislang ein Tabu. Von einer solchen Doppelfunktion ist kein Widerstand gegen radikale Sparmaßnahmen und Umstrukturierungen in der Redaktion zu erwarten. Aus der meinungsfreudigen und kritischen »Berliner Zeitung« sollte offensichtlich ein angenehmes »Anzeigenumfeld« werden, zumindest legte Montgomerys eigenes Motto nahe, dass es im Kern um die stärkere Vermischung von Werbung und Journalismus ging: »Der Newsroom wird näher an die Anzeigenabteilung gerückt.«[182]

Die Auflage der »Berliner Zeitung« sank zwar bedrohlich, aber Montgomery nahm das in Kauf. Er wollte keine teuren Neuabonnenten, sondern ein treues Werbepublikum. So war denn die Redaktionsrebellion am Ende auch so etwas wie der Kampf um die Leser als Leser.[183]

Die Redaktion wehrte sich gegen Chefredakteur und Eigentümer: In einem öffentlich gemachten Brief forderte sie den Rücktritt ihres Chefs und den Verkauf ihrer Zeitung. Die Redakteure gingen sogar vor Gericht, um gegen die Doppelfunktion ihres Chefs zu klagen – vergebens.

So rigoros die Axt an ihre Redaktionen zu legen, wagten bisher nur Verleger von Regionalzeitungen. Die Notrufe der Journalisten aus der »Provinz« wurden nur selten gehört; der offene Kampf der Redakteure der »Berliner Zeitung« mit ihrem neuen Chefredakteur und ihrem Verleger Montgomery hob das Problem erstmals ins allgemeine Bewusstsein. Viele Journalisten wissen: Was mit der »Berliner Zeitung« geschah, kann auch ihnen geschehen.[184]

Nach dem Platzen der Börsenblase im Jahr 2000 rutschten die Verlage durch den Einbruch der Anzeigengelder und missglückte Experimente im Internet in eine Krise. Gespart wurde an Inhalt und Personal. »Auflage und Reichweite sinken, und die Werbeeinnahmen liegen immer noch deutlich unter jenen vom Ende der neunziger Jahre«, notierte der Medienwissenschaftler Horst Röper.[185] Man hatte offenbar gemerkt, dass man auch mit weniger und billigerem Personal die Spalten füllen kann. Und was im einen oder anderen Fall mehr Luft in der Krise verschaffte, schafft heute mehr Rendite.

Beim Einsparen von Personal orientiert man sich an US-Vorbildern: Als große Innovation gilt das sogenannte Newsroom-Prinzip. Das heißt zunächst mal nichts anderes, als dass die gesamte Redaktion in einem Raum sitzt und eingehendes Nachrichten- und Bildmaterial von Agenturen zu Beiträgen unterschiedlicher Form und Länge für die verschiedenen Zeitungs- und Onlineformate des Verlags verarbeitet. Ideal ist es, wenn Reporter im Außeneinsatz die Fotos gleich noch selber machen oder mit der Digitalkamera Bilder drehen. Das Prinzip sei, analysierte der »Spiegel«, Inhalte über alle möglichen Kanäle (Zeitung, Internet, SMS, Online-TV) gewinnbringend zu verkaufen. Dazu passe der Vorschlag des Verlegers der »Münsterschen Zeitung«, Lambert Lensing-Wolff, den »rasenden Reporter« einzuführen, »der mit Laptop und Kamera nah am Geschehen ist, online, on air und für Print«. Setzte sich dieses Modell durch, dann werde die Zukunft des Lokaljournalismus auf eine weitgehende Entprofessionalisierung des Berufsstands zulaufen, meinte der »Spiegel«.[186]

Was als Anpassung an eine veränderte technische Situation erscheint, ist also in erster Linie eine Sparmaßnahme, unter der die Qualität von Recherche und Umsetzung leidet. Heribert Prantl, Leiter des Ressorts Innenpolitik der »SZ«, bringt es auf den Punkt, wenn er schreibt: »Der Manchester-Journalist ist demnach ein Trommelaffe: Mit den Händen patscht er die Tschinellen zusammen, mit den Ellenbogen schlägt er die Trommel auf seinem Rücken, an die Füße kriegt er ein paar Klappern und Rasseln, in den Mund steckt man ihm eine Trompete. Das ist die neue Multifunktionalität der Pressefreiheit. So kehrt der Journalismus zurück zu seinen marktschreierischen Ursprüngen auf den Marktplätzen des Mittelalters.«[187]

Besonders innovative Verleger machen sich gar nicht erst die Mühe, den Abbau als Umbau zu bemänteln. Ihnen geht es nicht nur darum, weniger Redakteure zu beschäftigen, sie wollen vor allem billige Schreiber. Die Mittel dazu sind: Ausgliederung von Redaktionsteilen; Einsatz von Leiharbeit, zum Teil erbracht von den eigenen Volontären. Der Ideenreichtum ist groß, wenn durch Tarifflucht der Gewinn gesteigert werden kann: Outsourcen und Zurückleihen von Mitarbeitern ist ein beliebtes Kostensenkungsinstrument.

Ein Pionier auf diesem Weg ist Verleger Walterpeter Twer von der »Rheinzeitung«, der es salopp formuliert: »Wir können uns den Luxus von Tarifverträgen nicht mehr leisten.«[188] Der Medienwissenschaftler Siegfried Weischenberg beschreibt, wie verbreitet dieses Vorgehen mittlerweile ist: »Der Bremer ›Weserkurier‹, die

Oldenburger ›Nordwestzeitung‹ und zuletzt die Dortmunder ›Ruhr Nachrichten‹ folgten diesem Modell des Outsourcing. Der Schleswig-Holsteinische Zeitungsverlag, der das ›Flensburger Tageblatt‹ herausgibt, entließ im Rahmen seiner Rationalisierungsaktionen gleich alle 16 Sportredakteure – um sie zu deutlich schlechteren Bedingungen in einer Tochterfirma wieder einzustellen. Vor einigen Jahren führte der – vom Mitbesitzer SPD offenbar tolerierte – Versuch einiger wildgewordener Jungmanager von Gruner + Jahr zum Streik, aus der ›Sächsischen Zeitung‹ in Dresden per Auslagerung von Lokalredaktionen ein paar Prozent Gewinn mehr herauszuquetschen.«[189]

Einsame Spitze auf seinem Gebiet, sozusagen »Weltmeister im Outsourcen«,[190] ist allerdings Lensing-Wolff, der es unter anderem schaffte, die gesamte Lokalredaktion seiner »Münsterschen Zeitung« vor die Tür zu setzen, um eine neue Mannschaft unter Tarif über eine neue GmbH anzuheuern. Die »taz« staunte in ihrer Ausgabe vom 5. November 2007 über ein »Zeitungshaus, das ganz ohne Redaktion auskommt«: »Das ›Delmenhorster Kreisblatt‹ bezieht seinen überregionalen Teil seit je von anderen Blättern. Für die Lokalseiten aber hatte das Kreisblatt vor zwei Jahren eine ganz besondere Tochter in die Welt gesetzt: Die PR-Firma ›Rieck 24 News-Service‹. Deren Motto: ›Wir bieten Unternehmenskommunikation nach Maß‹, man rühmt sich ›allerbester Beziehungen zu den Medien im Nordwesten‹. Kein Wunder – schließlich produziert man neben PR ja den Lokalteil des ›Delmenhorster Kreisblatts‹ mit. Und ›Kreisblatt‹-Chefredakteur Ralf Freitag ist in Personalunion Geschäftsführer bei Rieck. Da kann die PR-Website (www.rieck-24.de) also wahrheitsgemäß mit dem ›dichten Netz von Kontakten‹ werben: ›Sozusagen auf Augenhöhe, von Chefredakteur zu Chefredakteur.‹«[191]

Lutz Hachmeister beschreibt die Folgen dieser Entwicklung: »Eine Dreiklassen-Gesellschaft bildet sich heraus: der ›Luxusjournalismus‹, der über genügend Eigenzeit, Recherche- und Reisemöglichkeiten, Hintergrundwissen und eine fundierte Ausbildung verfügt, das mittlere Management der technischen Konzeptionisten und die neuen Bergleute des Gewerbes, im Newsroom oder als freie Mitarbeiter zu Hause vor dem Computer sitzend, drei oder vier Medien parallel bedienend, in steter Konkurrenz zu allen möglichen unsicheren Nachrichtenquellen. Das Internet bietet gerade dem Journalistennachwuchs, der nicht mehr so richtig weiß, was er eigentlich sagen und bewirken will, unendliche Möglichkeiten für Plagiate, kritiklose Übernahmen dubioser Behauptungen und den großen Remix schon existierender Texte.«[192]

Dass unter den Arbeitsbedingungen der Journalisten, redaktionellen Mitarbeiter und Fotografen die Qualität der Zeitungen leidet, ist vielen Verlegern offenbar egal. Eine Zeitung war immer schon auch ein Unternehmen mit Gewinnerzielungsabsicht, und der Verlegerwitz, wonach das Überflüssigste an einer Zeitung die Redaktion sei, hat einen langen Bart. Doch die Überzeugung, dass eine Zeitung auch etwas anderes sein könnte, verschwindet in erstaunlicher Geschwindigkeit.

Wo Journalismus geht, kommt die PR

Anders als noch vor 20 oder 30 Jahren finden die Verleger sofort Ersatz für fehlende, selbstrecherchierte oder selbstgenerierte Inhalte: Wo der Journalismus geht, kommt die PR. Eine riesige Branche liefert kostenlos Meldungen, Artikel und Bilder; kostenlos und zum Teil hochprofessionell. Es bezahlen der Absender und der Adressat, nur dass der Leser davon nichts mitbekommt. So gewinnt das Wort »Medium« eine etwas andere Bedeutung.

John Stauber, der Gründer des medienkritischen »Center for Media and Democracy« kümmert sich in den USA um die Aufdeckung von Kampagnen und unerlaubter Einflussnahme auf die Medien. In einem Interview sagte er:[193]

»Vorsichtige Schätzungen gehen aber davon aus, dass 40 bis 50 Prozent all dessen, was ein US-Bürger täglich als ›Informationen‹ sieht, hört oder liest, tatsächlich das Ergebnis einer organisierten PR-Kampagne ist.

Wie ist das möglich?

378

Ganz einfach: Eine der ältesten Taktiken der PR-Industrie besteht darin, die Meinung ihrer Kunden jemandem in den Mund zu legen, der in der Öffentlichkeit als glaubwürdig gilt. Geschönte Informationen von gekauften ›Experten‹ werden auch Journalisten untergejubelt, man nutzt den zunehmenden Zeit- und Finanzdruck in Fernsehredaktionen aus, um komplette Werbefilme, die als Nachrichten getarnt sind, zu plazieren. Das ›Center for Media and Democracy‹ hat unlängst aufgedeckt, wie es ein von Siemens finanzierter Werbefilm unerkannt in sechs amerikanische TV-Programme geschafft hat.«

Die Voraussetzungen, die John Stauber hier nennt, sind in Deutschland genauso gegeben. Die PR-Industrie wächst und wächst. Während sich die Zahl der hauptberuflichen Journalisten in den neunziger Jahren von 55 000 auf 48 000 verringerte, stieg die Zahl der PR-Mitarbeiter von 15 000 auf 25 000.[194]

Für eine ihrer wichtigsten Aufgaben haben die Journalisten immer weniger Zeit: zum Recherchieren. Im Jahr 2005 betrug die dafür verfügbare Zeit im Schnitt zwei Stunden, nach immerhin 140 Minuten 1993. Weniger als die Hälfte der Journalistinnen und Journalisten ist mit diesem Zustand zufrieden.[195]

Jeden Tag lesen wir in unseren Tageszeitungen – meist ohne es zu merken – Texte, die nicht von unabhängigen Redakteuren erstellt oder gegenrecherchiert wurden: »Die Öffentlichkeitsarbeiter müssen nicht mehr nur hoffen, den Journalisten Informationen unterschieben zu können«, hat der Medienberater Klaus Kocks, früher VW-Kommunikationschef, im »Manager-Magazin« vom 1. Juni 2007 gesagt: »Die Nachfrage nach PR-Material ist so stark gestiegen, dass wir gar nicht so viele Geschichten erfinden können, wie die Zeitungen drucken wollen.«

Diese Feststellung aus berufenem Munde wirft ein erhellendes Licht darauf, wie es möglich ist, dass Kampagnen zur Meinungsmache so rasch und umfassend verbreitet werden – beispielsweise in folgenden Fällen: die nahezu lückenlose Weitergabe einer Falschinformation Mitte März 2006, wonach Deutschland die niedrigste Geburtenrate der Welt haben sollte; die Stilisierung der Lohnnebenkosten zum Mittelpunkt wirtschaftlicher Bedrohung; Lafontaines Stigmatisierung; die Demontage von Kurt Beck; die Auferstehung der Lichtgestalt Steinmeier; Eichels und Steinbrücks Stilisierung zu Sparkommissaren; die Lobeshymnen auf Angela Merkel und so weiter. Ohne die Mitwirkung von PR-Operationen sind viele dieser Vorgänge kaum zu erklären.

Kapitel 19 über die Zerstörung des Vertrauens in die gesetzliche Rente hat gezeigt, wie der Einfluss der Allianz AG auf den redaktionellen Teil der »Bild«-Zeitung und von »Bild-t-online« zur Werbung für das Allianzprodukt »VolksRente« vereinbart worden war. Ähnliche Fälle gibt es tausendfach, allerdings ohne den glücklichen Zufall, dies in einer Vertreterinformation des werbe- und PR-treibenden Unternehmens, im konkreten Fall der Allianz-Gruppe, dokumentiert und belegt zu bekommen. Die Meinungsmache zugunsten kommerzieller Produkte funktioniert, und sie wird zwischen den Produzenten und den Medien auch so verabredet. Die Mehrheit der Menschen jedoch weiß um den Einfluss von Public-Relations auf die redaktionellen Produkte nicht, und weil die Menschen nichts davon wissen, nehmen sie die Ergebnisse dieses Zusammenspiels ernst und halten für objektive Information, was in Wahrheit nur bezahlte Werbung ist.

Thomas Schnedler fasst die Entwicklung zusammen: »Eine empirische Studie der Universität Leipzig ergab 2005, dass sich der Anteil der PR-Texte im redaktionellen Teil von Regionalzeitungen seit 2000 deutlich erhöht hat. Die Forscher analysierten die Lokal- und Wirtschaftsteile sowie die Ressorts Auto und Reisen von sechs Regionalzeitungen. Dabei suchten sie nach Texten, die aus der Sicht der Zeitungsleser von der Redaktion verfasst waren, jedoch ein Thema, ein Produkt, eine Marke oder eine Dienstleistung einseitig positiv als Tatsache darstellten und keine überprüfende Recherche erkennen ließen. In den untersuchten Lokalteilen waren in diesem Sinne neun Prozent der Artikel eindeutig als PR-Texte zu identifizieren, in den Wirtschaftsteilen waren es vier Prozent, im Ressort Reisen bis zu 25 Prozent. ›Die für Glaubwürdigkeit und Leservertrauen maßgebliche journalistische Leistung wurde abgebaut‹, kommentiert der Leipziger Wissenschaftler Michael Haller.«[196]

Der Einfluss auf die redaktionellen Teile von Zeitungen, Zeitschriften und elektronischen Medien kommt aus Quellen, die entweder an einer bestimmten politischen und ideologischen Linie interessiert sind oder die kommerzielle Interessen verfolgen. Zur ersten Gruppe gehört inzwischen ein ansehnlicher Pulk von Propagandamaschinerien, unter anderem die Initiative Neue Soziale Marktwirtschaft, deren Hauptaufgabe es ist, für die Ideologie und die Interessen der neoliberal eingefärbten Wirtschaftselite PR zu machen, dann die vielen damit verbundenen und auf ähnlicher Linie agierenden »Initiativen«, außerdem verschiedene Stiftungen, allen voran die Bertelsmann Stiftung. Obwohl bei vielen dieser Einrichtungen leicht erkennbar ist, dass ihre Hauptaufgabe in der Werbung für eine Ideologie oder für bestimmte Interessen besteht, haben die meisten Medien keine Scheu, eng mit solchen Institutionen zusammenzuarbeiten. Da werden Berichte über Rankings zu den Hochschulen und Befragungen zum Wirtschaftsstandort Deutschland, die von der Bertelsmann Stiftung[197] bzw. ihrem Ableger Centrum für Hochschulentwicklung (CHE)[198] und der Initiative Neue Soziale Marktwirtschaft[199] initiiert und bezahlt, in die redaktionellen Teile der Medien übernommen, als handele es sich um objektive Erhebungen ohne Tendenzhintergrund. Und in der Beratung für private Altersvorsorge kooperieren Zeitungen mit einschlägig bekannten Vertretern von Versicherungen, Banken und Finanzdienstleistern. Die Schranken sind gefallen, ein Unrechtsbewusstsein gibt es nicht.

Im Mai 2009 wurde ein besonders dreistes Stück von PR-Arbeit bekannt. LobbyControl, eine Initiative für Transparenz und Demokratie, hatte aufgedeckt, dass die Deutsche Bahn AG für rund 1,3 Millionen Euro eine Agentur mit dem Namen EPPA mit PR-Maßnahmen beauftragt hatte. Die EPPA wiederum beauftragte den berlinpolis e.V. mit der Durchführung der Maßnahmen – »für vorproduzierte Medienbeiträge, für Blog- und Forenbeiträge, für Leserbriefe und Meinungsumfragen«, wie die »Tagesschau« am 28. Mai 2009 berichtete. Berlinpolis, wechselweise GmbH oder gemeinnütziger Verein, ist eine Gründung von Daniel Dettling und stellt sich in der Öffentlichkeit als Think-Tank dar. Das war zwar nie wirklich glaubhaft, aber die Mehrheit der Medien hat dies berlinpolis über Jahre hinweg abgenommen. Das mag daran liegen, dass berlinpolis einen Beirat mit ehrenwerten Personen sein Eigen nannte.[200]

Berlinpolis hat Meinung für die Bahnprivatisierung und für die Position des Bahnvorstandes in der Tarifauseinandersetzung mit der GDL, der Gewerkschaft der Lokführer, zu machen versucht. Die PR-Strategen installierten dafür eigens die Internetseite www.zukunftmobil.de. Diese schalteten sie nach Aufdeckung des Skandals ab. Auch dieser Verschleierungsversuch passt zu dieser Art verdeckter PR. Die Leistungen von berlinpolis sind nicht einzigartig. Es kommt mehr und mehr in Mode, Foren, Blogs und sogenannte Communities kommerziell bearbeiten zu lassen. Die Bertelsmann-Tochter Arvato zum Beispiel bietet sogenanntes Social Media Monitoring an, so meldet das »napresseportal« vom 18. Mai 2009.[201] Unternehmen erhalten damit die Möglichkeit, relevante Foren und Blogs zu überwachen. Arvato bietet seinen Kunden – so der Bericht – die richtige Strategie, um bei negativen Ergebnissen im Internet aktiv entgegenzuwirken. Damit könne die Eigendarstellung im Netz kontrolliert und gesteuert werden.

Zu den PR-Akteuren mit kommerziellen Interessen gehören die Inserenten, eine gesellschaftspolitisch vergleichsweise harmlose Gruppe. Sie möchten ihre Anzeigen und Werbespots in einem redaktionellen Umfeld plaziert wissen, das ihrer Sache dienlich ist. Auch hierzu hat Thomas Schnedler die relevanten Daten gesammelt: »Eine Befragung von 260 Regionalzeitungsredakteuren durch Mainzer Wissenschaftler zeigte 2005, dass der Einfluss der Inserenten wächst. Gut vier Fünftel der Redakteure hatten beobachtet, dass bei ihrer Zeitung im redaktionellen Teil auf Interessen von Inserenten Rücksicht genommen wird – und mehr als die Hälfte war der Ansicht, dass Rücksichtnahmen dieser Art zugenommen haben. Das hieß konkret: 56 Prozent der Redakteure berichteten, dass ihre Zeitung ›zusätzliche redaktionelle Beiträge zur werblichen Unterstützung eines Inserenten oder einer Branche‹ veröffentlicht. Und fast die Hälfte der Befragten nannte Sonderseiten mit redaktionellen Texten und thematisch passenden Anzeigen. Ein Viertel der Redakteure berichtete schließlich, dass redaktionelle Beiträge, die einem Anzeigenkunden oder einer Branche unangenehm sein könnten, komplett weggelassen werden. Die Mainzer Wissenschaftler um Hans Mathias Kepplinger zogen ein erschreckendes Fazit: ›Die ehemals eherne Grenze zwischen Journalismus und PR sowie Werbung existiert anscheinend bei zahlreichen Regionalzeitungen nicht mehr oder nur noch teilweise. Journalisten werden zu Grenzgängern, die mit einem Bein auf jener Seite stehen, über die sie eigentlich distanziert berichten sollen.‹«[202]

Selbst die vermeintlich unabhängige Presseagentur dpa greift häufig auf PR-Meldungen zurück, fand der Medienwissenschaftler Tobias Höhn heraus – beschrieben in seiner Diplomarbeit aus dem Jahr 2005. Schon seit 1989 ist die dpa-Tochter News Aktuell als »PR-Standbein« (»taz«) der Agentur etabliert. »Der ots-Dienst bringt allen dpa-Abonnenten Pressemitteilungen über den gleichen Draht, der auch die Agenturmeldungen ausspuckt. Die redaktionelle Verantwortung für ots liegt bei den zahlenden Unternehmen, dpa spendiert das gute Image und hält dafür kräftig die Hand auf. In der Praxis funktioniert das tatsächlich, denkt man den hinterfragenden Journalisten, der sich Zusatzinformationen über eigene, unabhängige Kanäle verschafft, als Ergänzung dazu.«[203] Vermutlich wissen 95 Prozent aller deutschen Mediennutzer nicht, was »ots« bedeutet. »ots« steht für Originaltextservice. Den meisten werden diese drei Buchstaben noch nie aufgefallen sein. Und doch ist es wichtig, sie wahrzunehmen, wenn man das eigene Gespür zur kritischen Begleitung des Geschehens schulen will.

In zahlreichen Programmen des privaten und des öffentlich-rechtlichen Rundfunks in Deutschland gibt es verdeckte Formen von Werbung. Oft werden sogenannte Audio-PR-Beiträge ausgestrahlt, ohne dass sie zuvor journalistisch bearbeitet oder relativiert worden wären. Eine solche direkte Einflussnahme von Public Relations auf das Programm geht weit über eine Festlegung von Themen und Inhalten hinaus.[204] Ein markantes Beispiel für eine derartige Einflussnahme, das an die Öffentlichkeit kam, waren Radiobeiträge zur Familienpolitik, O-Töne der Ministerin Ursula von der Leyen inklusive, komplett erstellt von einer Agentur für das Bundesfamilienministerium. Von 192 Radiosendern hätten 68 das Material ausgestrahlt, berichtete »Report Mainz«. Den Hörern mussten diese Beiträge wie Berichte unabhängiger Journalisten erscheinen.[205]

Die privaten Radio- und Fernsehstationen sind naturgemäß besonders erfreut über Koppelgeschäfte zum beiderseitigen Nutzen. So laden sie zum Beispiel sogenannte Experten ein, die Börsentipps geben. Über eine Million Euro habe der Finanzdienstleister AWD bezahlt, um Beiträge und Auftritte seiner Spezialisten in Sat.1 unterzubringen – »offiziell für den Erwerb der Zweitverwertungsrechte«, berichtete das »Manager-Magazin« am 1. Juni 2007.

Über einen anderen Vorgang berichtete das NDR-Medienmagazin »Zapp« in einer Sendung vom 2. November 2005 mit dem Titel »Versteckt, verdeckt, verboten. Eine Dokumentation über Schleichwerbung und PR in den Medien«:[206]

»Auch im Frühstücksfernsehen sollen bezahlte Beiträge gelaufen sein. Klaus Ott, Redakteur der ›Süddeutschen Zeitung‹, hat dies akribisch recherchiert. [...] Ott stieß auf zahlreiche Fälle von Schleichwerbung bei Sat.1, zum Beispiel für den AWD. [...]

Dreiste Schleichwerbung, produziert von der Schweizer Firma Connect-TV. Bezahlt vom AWD. Die Hälfte der Einnahmen wurde von Connect-TV abgeführt direkt an Sat.1. Klaus Ott: ›Nach unseren Recherchen und Unterlagen hat AWD von Mitte 2000 bis Ende 2002 mindestens 52 Beiträge und Expertenauftritte geschaltet für rund 1,1 Millionen Euro. Das war also eine großangelegte Kampagne.‹ Auch die Pharmafirmen Lichtwer und Klosterfrau, der Chemieproduzent Akzo Nobel und der Tiernahrungshersteller Effem sollen gezahlt haben. Klaus Ott enthüllt, wie Sat.1 seine Zuschauer allem Anschein nach systematisch manipulierte: ›Das war bei Sat.1 ganz klar von oben organisiert.‹«

Es gibt weitere, ähnlich gelagerte Fälle:

»Eine Sat.1-Moderatorin erzählte der ›Bild am Sonntag‹ (21. Juni 1996) ganz offen: ›Bei meinem Sat.1-Magazin ›Bleib gesund‹ hat die AOK die komplette Produktion bezahlt und dafür die Inhalte bestimmt.‹ Und auch ein Werbemanager gab zu: ›Manchmal muss man nicht nur die Produktion bezahlen. Der Sender kassiert auch noch für die Ausstrahlung ab.‹ Nicht das einzige Mal, dass Jürgen Doetz mit Sat.1 wegen Schleichwerbung in die Schlagzeilen gerät. In diesem ›Plusminus‹-Beitrag aus dem Jahr 1997 beweisen die Autoren, dass bei Sat.1 systematisch für Beiträge kassiert wird. ›Plusminus‹ zitiert dazu aus internen Schreiben an Jürgen Dötz. Zitat: ›Unternehmen wie Bayer, Hoechst, Hoffroche, BASF/Knoll, Merck, ... Ciba, ... Fielmann und viele mehr haben mit uns bereits Geschäfte gemacht.‹ Ein klarer Beleg für Schleichwerbung, getarnt als Produktionskostenzuschüsse. Ein damaliger Sat.1-Manager rechtfertigte sich. Josef Buchheit, ehemaliger Sat.1-Manager: ›Wo wir auch der festen Überzeugung sind, dass es dem Zuschauer egal ist, ob irgendjemand einen Produktionskostenzuschuss gezahlt hat oder nicht.‹ Doch die vertraulichen Dokumente beweisen: Die Sat.1-Macher wussten damals sehr wohl, dass sie ein sittenwidriges Geschäft betrieben.«[207]

Obwohl dies gravierende Regelverletzungen sind und ein Angriff auf die Substanz demokratischer Willensbildung, sind derartige ideologisch oder wirtschaftlich motivierte Einflussnahmen kein großes öffentliches Thema oder gar ein breit diskutiertes Ärgernis. Öffentlich wird darüber – mit Ausnahme der raren verdienstvollen Beiträge einzelner Journalisten und Sendungen – nicht debattiert. Es wird auch nichts getan, um die Macht der Täter zu beschränken. Im Gegenteil: der zwölfte Rundfunkänderungsstaatsvertrag, der von den Ministerpräsidenten am 23. Oktober 2008 verabschiedet wurde, legt fest, dass ARD und ZDF nur ausdrücklich »sendungsbezogene Inhalte« ins Netz stellen dürfen, um der Presse keine Konkurrenz zu machen. Damit ist die Dominanz privater Interessen im öffentlichen Entscheidungsprozess zementiert.

Das Ende der Zeitung?

Viele Medienforscher sahen es kommen: Fernsehen und Internet machen der klassischen Zeitung den Garaus. Doch trotz dieser mittelfristigen Prognose halten sich die Printtitel auf den ersten Blick bislang noch recht gut (ergänzt durch entsprechende Online-Ausgaben und Internetportale). Einige Trends allerdings setzen die Verlage und ihre Mitarbeiter immer mehr unter Druck: Werbeetats wandern in immer größerem Umfang in die Onlinewerbung. Fernsehen und Internet schaffen eine Kultur der Bilder. Durch die enorm gewachsenen technischen Übertragungsraten wird auch das Netz immer mehr zu einem Medium für bewegte Bilder. Der Text ist überall auf dem Rückzug. Mit Bildern jedoch setzen sich die Menschen nicht so kritisch auseinander wie mit Texten. Bildern wird immer Authentizität unterstellt.

Wie sehr die Zeitungen bereits an Boden verloren haben, beschreibt der Medienwissenschaftler Horst Röper: »Nur noch rund drei Viertel der Bürger ab 14 Jahre lesen Tageszeitungen. Die Reichweite ist in den letzten zehn Jahren weiter gesunken, um 5,9 Prozentpunkte. Dabei waren die Verluste in den jüngeren Altersgruppen zwischen 14 und 19, 20 und 29 beziehungsweise 30 und 39 Jahre mit jeweils rund 10 Prozentpunkten besonders hoch. In diesen Altersgruppen werden Zeitungen nur noch von rund 50, 60 beziehungsweise 70 Prozent der Bürger gelesen. Der in Deutschland vorherrschende Zeitungstyp der lokalen/regionalen Abonnementzeitung erreichte [2005] noch eine Reichweite von 63,6 Prozent. Die Verluste der letzten zehn Jahre waren mit 7,6 Prozentpunkten überdurchschnittlich.«[208]

Noch lesen Kinder und Jugendliche. Aber in immer weniger Haushalten finden sie eine Tageszeitung vor. Es wächst eine Generation heran, die sich das Zeitungslesen abgewöhnt. Nicht nur die Zeitungsmacher selbst müssen sich den Kopf zerbrechen über diesen »Medienbruch«, wie Experten wie Peter Wippermann von der Universität Duisburg/Essen diesen Umbruch in der Mediennutzung nennen. Immer weniger junge Menschen zwischen 14 und 29 greifen zur Zeitung, wenn sie sich über ein Thema näher informieren wollen. Im Jahr 2000 waren es noch rund 50 Prozent, 2007 waren es nur noch 38 Prozent.[209] Die Zeitungslektüre erodiert in allen Altersgruppen, bei den Jungen kann man aber, so Tilmann Gangloff in der »Frankfurter Rundschau«, von einem »Erdrutsch« sprechen: 1992 meinten noch 58 Prozent der jungen Generation, man sollte regelmäßig eine Zeitung lesen. 2007 meinten das nur noch 29 Prozent. Immerhin zwei Drittel der Gymnasiasten haben noch eine Tageszeitung im Haushalt, aber nicht mal die Hälfte der Hauptschüler.[210]

Die Jugendlichen selbst fühlen sich durch Internet und Fernsehen ausreichend informiert. Daher auch ihr Unwille, für Informationen zu bezahlen. Axel Dammler, der Geschäftsführer von Icon Kids & Youth, konstatiert denn auch: »Klassische journalistische Kernkompetenzen wie die Auswahl und Aufbereitung von Informationen werden kaum noch gewürdigt. Die richtigen Informationen zu finden trauen sich die Jugendlichen selbst zu [...] Junge Menschen sind kaum mehr bereit, für Medienkonsum direkt zu zahlen. Diese ›Gratiskultur‹ ist ein schwerwiegendes Problem für die Verlage.«[211]

Auch wenn den einschlägigen Versuchen in Deutschland bisher noch kein Erfolg beschieden war, hat doch jeder große Verlag ein Konzept dafür in der Schublade: Die Gratiszeitung wird kommen, da sind sich die Fachleute einig. In der Schweiz, in Großbritannien, Österreich, Dänemark und Frankreich haben die Umsonstblätter schon Anteile von bis zu 30 Prozent am Tageszeitungsmarkt erreicht.[212]

Den Nutzern ist es offensichtlich zunehmend egal, ob der Preis der Zeitung von den Anzeigenkunden allein bestritten wird, die dafür immer mehr Einfluss auf die Inhalte erlangen, oder ob diese Inhalte von Praktikanten und PR-Agenturen zusammenkopiert werden. Mancher empfindet Genugtuung bei dem Gedanken, dass diese Entwicklungen den Großjournalisten, Weltdeutern und Hohepriestern der Information Einfluss entziehen. Zumindest für die Multiplikatoren allerdings werden diese Meinungsführer auch auf lange Sicht den Ton vorgeben. Für alle anderen, denen Nachrichten und Politik nicht besonders wichtig sind, übernimmt ein Heer von Auftragsschreibern den Job der Unterrichtung über die Vorgänge in der näheren und ferneren Welt – für eigene fundierte Einschätzungen, Erklärungen und Urteile fehlt dann irgendwann nicht nur das Geld, sondern auch das Personal. Denn guter Journalismus ist teuer.

Die Entpolitisierung des Fernsehens

Deutschland hat die zahlenmäßig größte Vielfalt an Fernsehsendern in Europa. Wer allerdings durch die Programme zappt, merkt schnell, wie er im medialen Einheitsbrei steckenbleibt.

Mit der Einführung des kommerziellen Rundfunks nach 1982 leitete die Regierung Kohl die eigentliche geistig-moralische Wende ein. Erklärtes Ziel der Konservativen und Liberalen war es damals, den Einfluss des angeblich von Linken dominierten öffentlich-rechtlichen Rundfunks (»Rotfunk«) zurückzudrängen. Mit Milliarden an Steuergeldern trieb Minister Christian Schwarz-Schilling die Verkabelung der Republik voran, im rheinland-pfälzischen Ludwigshafen, Kohls Heimatstadt, entstand mit dem Kabelpilotprojekt die Keimzelle des Privatfernsehens in Deutschland. Während die Union den Aufstieg des in Mainz ansässigen Senders Sat.1 förderte, bekam die sozialdemokratische Landesregierung in Nordrhein-Westfalen als industriepolitischen Anreiz zum Mitmachen die Ansiedlung von RTL in Köln.

Den politischen Förderern brachte das den millionenschweren Dank der Geförderten ein. Vor allem Leo Kirch bedankte sich später bei Kohl, Schwarz-Schilling und Co. mit Beraterverträgen. Den Fernsehzuschauern und Radiohörern jedoch bescherte die Wende eine geistige Vermüllung in riesigem Ausmaß. Information und Unterhaltung werden gleichermaßen unter einer Welle von Schund und Kitsch begraben. Es gibt immer noch gute Programme, aber ihre Bedeutung nimmt ab. Unter dem zunehmenden Druck der Quotenmessungen und der daran gebundenen Werbepreise und Werbegelder passen auch die öffentlich-rechtlichen Sender sich den neuen Sehgewohnheiten und den neuen Inhalten an.

Um der fatalen Spirale der quantitativen Bewertung durch die Zuschauermessungen der Gesellschaft für Konsumforschung (GfK) zu entkommen, machte sich die Weizsäcker-Kommission[213] schon 1993/94 Gedanken über Qualitätsmaßstäbe im Rundfunk. Eine »Stiftung Medientest«, wie die Kommission sie sich wünschte, gibt es aber immer noch nicht.

Jungen Menschen das Ausmaß der Veränderung begreiflich zu machen ist nicht einfach. Sie haben sich an so vieles schon gewöhnt, worüber wir Älteren uns noch empören können. Es wäre ein Leichtes, diese Haltung als kulturpessimistisch und moralisierend zu brandmarken. Ginge es nur um Fragen des guten oder schlechten Geschmacks oder um die Frage nach der Verletzung religiöser Gefühle, hätten die Kritiker recht. Es geht aber um nicht weniger als den Bestand der Demokratie, denn mit Informiertheit und der Urteilsfähigkeit verschwinden die Voraussetzungen der Demokratie. Die Entwicklung unserer TV-Landschaft zerstört diese Voraussetzungen.

Die wichtigste, aber zugleich am schwersten fassbare Folge der Privatisierung ist die Entpolitisierung des Fernsehens. »Politik« meint dabei nicht nur das Geschehen in Parlament und Regierung, nicht nur das Agieren von Parteien und Verbänden. Es geht vielmehr um alle Informationen, die den Bürger und Verbraucher angehen. Das Problem: Was nicht da ist, kann man nicht kritisieren, und bald wird es nicht einmal mehr vermisst. Dass die privaten Sender das Politische und Information überhaupt auf ein unbedingt notwendiges (medienrechtlich sehr lax vorgeschriebenes) Minimum zu drücken versuchen, leuchtet jedem Zuschauer ein: Quote macht man nun mal mit Unterhaltung. Während RTL sich immerhin eine Nachrichtensendung leistet, die diesen

Namen noch verdient, produzieren alle anderen Kommerzsender Alibiveranstaltungen als Nachrichten, bei deren Betrachtung man zwischen Belustigung und Entsetzen schwankt. Zum Beispiel: »Action News« auf RTL2 (heute wieder »RTL2 News« genannt). Mit Neuigkeiten aus dem »Big-Brother«-Container und Britney Spears' Hotelsuite erreicht RTL2 inzwischen mehr 14- bis 29-Jährige als die »Tagesschau«.[214]

»Der Medienforscher Torsten Maurer hat für eine Studie der Landesmedienanstalten errechnet, dass ARD und ZDF im Herbst 2006 jeweils weit über zwei Stunden täglich der aktuellen Politik widmeten. RTL kam auf 32 Minuten. Sat.1 versteckte im ganzen Sendetag 18 Minuten«, berichtete der »Spiegel«.[215]

Den letzten konsequenten Schritt ging Sat.1 unter dem Einfluss seiner renditehungrigen Eigentümer KKR und Permira. Das Informationsprogramm des Senders, das schon vorher kaum diesen Namen verdiente, wurde radikal zusammengestrichen: »Es wird auf Anraten von McKinsey so gut wie eingestellt. Dabei spielt nicht einmal eine Rolle, dass die damit verbundenen ›eingesparten‹ Personalkosten von weniger als zehn Millionen Euro ›Peanuts‹ sind im Vergleich zu den willkürlich angehäuften Schulden von rund vier Milliarden Euro. Es geht allein um billige Finanzkosmetik. Das Programm an sich stellt in den blinden Augen der Investoren keinen Wert dar.«[216] Einige Nachrichtensendungen wurden ganz abgeschafft. Die ohnehin schon kleine Belegschaft sollte weiter schrumpfen. Anchorman Thomas Kausch, mit viel Getöse vom ZDF abgeworben, wurde nicht mehr gebraucht.

Die beiden sogenannten Nachrichtenkanäle N24 und n-tv als Gegenargument anzuführen dürfte schwerfallen. Wie dort zwischen Börsenlaufband, alten aus England oder Amerika gekauften Reportagen (wie oft soll die »Bismarck« eigentlich noch untergehen?), Gesundheitstipps und Automagazinen Nachrichten gemacht werden, kann vielmehr als Musterbeispiel für einige traurige Entwicklungen gelten. Da das Fernsehen nun einmal ein Bildmedium ist, fällt es schwer, über Ereignisse zu berichten, von denen es keine bewegten Bilder gibt. Wenn also in Hückelhoven eine alte Scheune brennt und schöne Bilder von Flammenwänden vor nächtlichem Himmel mit viel Blaulicht vorliegen, kann man sicher sein, dass die Bilder zwanzigmal am Tag gezeigt werden, völlig unabhängig vom Ausmaß des Ereignisses und seiner Bedeutung für die Zuschauer. Das Prinzip »starke Bilder« vor sachlicher Gewichtung wird in der harten Konkurrenz der Nachrichtensender auf die Spitze getrieben. Dass die Qualität von Recherche und Aufbereitung und die Ausleuchtung von Hintergründen dabei zu oft auf der Strecke bleiben, hat sicher nicht in erster Linie mit der Qualität des Personals, sondern mit den Sparvorgaben der Sender zu tun.

Was die beiden privaten Nachrichtenkanäle aber vor allem auszeichnet, ist die penetrante Überbetonung von Wirtschaftsnachrichten – und die bestehen ihrerseits fast nur aus Börsennachrichten, Umschalten an die Wall Street und nach Frankfurt, Aktiencharts und Börsenlaufband. In der Interneteuphorie der späten 1990er Jahre verdiente n-tv viel Geld mit der Werbung für Börsengänge. Nach dem Platzen der Blase ist dieses Geschäftsmodell bedrohlich geschrumpft; umso merkwürdiger, dass die Senderverantwortlichen immer noch glauben, dass mehr als die knapp sechs Prozent der Deutschen, die Aktien besitzen, sich für das Laufband oder den Kurs des Yen interessieren könnten. Keine Frage, dass ARD und ZDF diesem merkwürdigen Trend gefolgt sind und zur Hauptnachrichtenzeit über die Spekulation an den Börsen berichten. Dahinter steckt auch die Absicht, das Geschehen auf den Finanzmärkten als zentralen Vorgang in einer Volkswirtschaft erscheinen zu lassen. Und selbstverständlich müssen sie alle dafür sein, dass die Börsen neues Futter bekommen, beispielsweise durch die Teilprivatisierung der Bahn. So einfach kommt es zu dieser bisherigen breiten medialen Unterstützung für Privatisierungen aller Art.

Nachrichtenlose Nachrichtensender

»Der 1992 als reiner Nachrichtensender gestartete Spartenkanal n-tv hatte 1997 noch einen Nachrichtenanteil von knapp zwei Drittel der Gesamtsendedauer. Im Jahr 2007 lag der Nachrichtenanteil bei 35 Prozent. Im Gegenzug wurde das Angebot an Dokumentationen, Reportagen und Berichten sowie Magazinen und Polit-Talkshows ausgebaut. Der erst im Jahr 2000 gestartete Spartenkanal N24 kam 2007 auf einen Nachrichtenanteil von nur 25 Prozent der Gesamtsendezeit. Der Hauptteil des redaktionellen Programms besteht auch hier aus Dokumentationen, Reportagereihen und Magazinen.

Bei n-tv hat sich mit den veränderten Anteilen der Sendungsformen seit 1997 auch das Inhaltsprofil geändert. So wurde bis 2007 der Anteil der Kategorie Politik/Sonstiges mit Politik (28 Prozent) um fast 20 Prozentpunkte reduziert. Neben dem Themenbereich Wirtschaft/Finanzen (12 Prozent) bestimmen nun die Themenbereiche Zeitgeschichte (12 Prozent) und Technik/Forschung/Wissenschaft (9 Prozent) stärker das Programmprofil von n-tv.«[217]

Einen weiteren Trend kultivieren diese Sender, und sie sind damit nicht allein: Statt die Hintergrundberichterstattung eigener Fachjournalisten zu pflegen, zerrt man zu jedem Thema ad hoc sogenannte Experten ins Studio. Die erklären dann das, was keiner sehen kann. Wie viel die Steuerexperten, die Terrorismusexperten, die Rentenexperten oder Parteienforscher von ihrem Fach jeweils verstehen, kann der Zuschauer nur schwer einschätzen. Ob sie voreingenommen sind oder einen Auftrag von interessierter Seite haben, steht nicht zur Debatte: Jeder Mensch mit einem Diplom, der gut formulieren kann und in der Nähe eines Fernsehstudios wohnt, ist ein potenzieller Experte. Nach dem zehnten Auftritt spätestens haben ihn die Zuschauer akzeptiert, schließlich ist er »bekannt aus Funk und Fernsehen«.

Vor allem Wissenschaftler leiden unter der Spontaneität des Fernsehens – im Notfall muss auch ohne Vorbereitung und ohne Kenntnis näherer Umstände munter spekuliert werden. Ihnen fällt es verständlicherweise schwer, komplexe Sachverhalte in 20 Sekunden differenziert zu erklären. Es ist auch im TV nicht unmöglich, populär *und* wissenschaftlich zu sein, die Plätze der TV-Intellektuellen werden allerdings besonders schnell und nachhaltig von jenen besetzt, die die wenigsten wissenschaftlichen Skrupel hegen. Der Politologe Joachim Raschke formuliert es so:

»Ein klein wenig Zeit und Unabhängigkeit sind Mindestvoraussetzungen. Schon das ist schwer genug zu erreichen – man lässt sich immer auf ein extrem zugespitztes Sendezeitproblem ein, wenn man beim Fernsehen mitspielt. Immer ist man geplagt von dem Dilemma, für viele nichts oder für wenige etwas zu sagen. Im Für-viele-nichts-Fernsehen sind die Analysten einfach Teil eines Arrangements, bei dem Gängiges und nicht zu Tiefgründiges auch noch einmal durch einen fiktiven Experten gesagt wird. Fiktiv deshalb, weil er im Rahmen der eingeräumten Soundbites inhaltlich gerade nicht den Experten, sondern – bestenfalls – den Common-sense-Mann im Gewand des Experten geben kann. Entscheidend ist die eingeblendete Unterzeile: Professor XY, Politikwissenschaftler. Zur Vermehrung von Einsichten kann solche dekorative Verwendung von Expertise nicht dienen.«[218]

Die öffentlich-rechtlichen Sender machen diesen Trend voll mit – mit nahezu immer den gleichen Professoren. Eine ähnliche Rolle spielen die Analysten bei den Wirtschafts- und Börsennachrichten. Man hat den Eindruck, jeder beliebige Analyst und Volkswirt einer Bank eignet sich dafür, als Experte für volkswirtschaftliche Zusammenhänge präsentiert zu werden. Das folgenschwere Ergebnis: Immer häufiger wird die Antwort zu gesamtwirtschaftlichen Fragen aus einzelwirtschaftlicher Sicht gegeben. Für uns als Wirtschaftssubjekte gilt zum Beispiel, dass wir in der Regel einen Sparerfolg erzielen, wenn wir sparen wollen und das auch tun. Für den Finanzminister gilt das jedoch nicht: Er kann mit seiner Sparentscheidung den Sparerfolg sogar zunichtemachen, wenn er durch Sparversuche (prozyklisch) die Konjunktur abwürgt. Obwohl die Anwendung einzelwirtschaftlicher Sichtweisen auf volkswirtschaftliche Zusammenhänge in vielen anderen Fällen ähnlich verwegen ist, geschieht genau dies durchgehend bei fast allen Medien. Das ist unter anderem die unbedachte Folge dessen, dass man jeden einigermaßen gutaussehenden Analysten umstandslos für ein Interview über volkswirtschaftliche Fragen rekrutiert.

Die »Experten« lassen sich ganz famos zur Meinungsmache einspannen – und zwar für alle gängigen Meinungsmuster: Wir haben einen Boom; die gesetzliche Rente bringt es nicht mehr; alle Banken sind systemrelevant; Insolvenz ist eine saubere Lösung; Konjunkturprogramme sind Strohfeuer; die Löhne sind zu hoch und die Lohnnebenkosten sowieso, und so weiter, und so fort.

Show statt Hintergrund

Über Politik zu reden ist der Auftrag der politischen Talkshows. Seit Erich Böhmes »Talk im Turm« hat es keines dieser Formate mehr in einem der »großen« Kommerzrundfunksender geschafft. Mit der Sonntagabendshow von Sabine Christiansen begann der Siegeszug der Talkshow in den öffentlich-rechtlichen Sendern: Maybrit Illner im Zweiten, Anne Will als Nachfolgerin von Sabine Christiansen, Sandra Maischberger und Frank Plasberg im Ersten. Auch in den Dritten Programmen und vor allem auf den privaten Nachrichtenkanälen wird getalkt, was das Zeug hält. Eine simple Erklärung dafür ist zunächst einmal der Preis. Wenn man nicht wie bei den vier großen Shows Starmoderatoren, gute Redakteure, Regisseure und Kameraleute bezahlen muss, ist eine Talkshow eine der billigsten Methoden, Sendezeit zu füllen. Gäste und Publikum kosten nämlich meist nichts: Im Grunde ist die Talkshow verfilmtes Radio.

Was alle Polittalks gemeinsam haben: Es wird über ein Thema geredet, über das die Zuschauer schon einigermaßen informiert sein müssen. Offensichtlich eignet sich eine Talkshow nicht dazu, komplizierte Sachverhalte zu erklären, Missstände aufzudecken oder strukturelle Probleme aufzuzeigen. Ob die Zuschauer Nutzen aus solchen Sendungen ziehen können, hängt also davon ab, wie gut sie vorab schon aus Zeitungen und TV-Nachrichten informiert sind. Die Talkrunden wirken folglich oft als Verstärker von Trends und als Verfestiger von Vorurteilen.

Obwohl sich mittlerweile alle Redaktionen bemühen, »Betroffene« in die Runden einzubeziehen, bleibt der Talk meist ein Gespräch zwischen den Mächtigen. Am deutlichsten wurde das in der Zeit von Sabine Christiansen. Ihre sonntäglichen Runden waren eine Showbühne der Reichen und Mächtigen, die gebetsmühlenartig Reformen forderten, von denen sie selbst nie negativ betroffen sein würden. Vermutlich ist die sogenannte Modernisierungspolitik der letzten zehn Jahre, die Reformpolitik nach neoliberalem Muster, ganz wesentlich in den Talkshows vorbereitet und gestützt worden, denn hier war und ist nahezu nichts anderes zu vernehmen und zu sehen.

Wie Kampagnenjournalismus funktioniert, kann man an den Talkshows prächtig studieren. Die gängigen Themen und Parolen werden dort immer und immer wieder formuliert: Globalisierung, demographischer Wandel, Steuern senken, Lohnnebenkosten senken, Linksruck und so weiter. Die Interessen der Wirtschaft sind in diesem Umfeld bestens aufgehoben. Erstaunlich oft – und im Vergleich zu Gewerkschaftsvertretern überrepräsentiert – tauchen in den Talkshows Unternehmer und Manager auf.

Für die Zuschauer einer Talkshow in den öffentlich-rechtlichen Sendern ist normalerweise nicht zu erkennen, ob die Produktion der Sendung in den Händen der Sender liegt oder ausgelagert ist in eigene Produktionsgesellschaften. Das mag organisatorisch und betriebswirtschaftlich von Vorteil sein. Nach meinem Eindruck sind diese Produktionsgesellschaften zugleich aber Brücken, über die Kampagnen Eingang ins Programm finden und PR-Agenturen mit ganz anderen Absichten ihren Einfluss geltend machen können. Für die Produktion von Sabine

Christiansen zum Beispiel arbeitete zeitweise der gleiche PR-Berater wie für den damaligen Finanzminister Hans Eichel. Dass der Anfang Januar 1999 als hessischer Ministerpräsident abgewählte Eichel kurz darauf zum öffentlich bewunderten Sparkommissar avancierte, dürfte auch dem Multitalent seines PR-Beraters Klaus-Peter Schmidt-Deguelle zu verdanken sein.[219]

Die Auslagerung in private Produktionsgesellschaften ist weit verbreitet und nicht auf Talkshows beschränkt. Sie betrifft jede Art von Fernsehsendungen und hat auch dort nachweisbar zur Konsequenz, dass private Interessen über die Produktionsgesellschaften den Weg auf öffentlich-rechtliche Sendeplätze finden. Ein Beispiel dafür war der Einfluss der Initiative Neue Soziale Marktwirtschaft (INSM) auf eine Serie von Sendungen des hessischen Rundfunks. Die von den Metallarbeitgebern finanzierte INSM sicherte sich gegen eine fünfstellige Summe die Rechte an einem Dreiteiler des Fernsehjournalisten und Sympathisanten der Arbeitgeberseite Günter Ederer. Die Fernsehreihe behandelte die typischen Themen der Initiative – Steuern, Rente, Arbeitsmarkt. Der Hessische Rundfunk musste entsprechend weniger bezahlen.[220]

Nun ist eine Talkshow an sich nichts Schlechtes, das Problem ist aber, dass die Talkshow im Fernsehen solche Formate verdrängt, die eigentlich die Grundlagen für die Talkrunden liefern müssten. Die fortschreitende Zurückdrängung, Kürzung und Verschiebung der politischen Magazine im öffentlich-rechtlichen Fernsehen ist eine längere Geschichte. Ihr vorerst letztes Kapitel: Als die ARD 2007 die »Tagesthemen« um eine Viertelstunde auf 22.15 Uhr vorzog, wurden die sechs Politmagazine gefleddert. Zwar haben sie seither alle einen einheitlichen Sendeplatz um 21.45 Uhr, dafür wurde ein Drittel ihrer Sendezeit gestrichen. Ähnliches geschieht im Hörfunk, wo die Wortanteile radikal reduziert und die Programme komplett durchformatiert werden.

Auch die zunehmende Marginalisierung der Auslandsberichterstattung ist ein allgemeiner Trend. Je mehr von Globalisierung die Rede ist, umso weniger ist davon zu sehen. Auch wenn es immer noch kleine Lichtblicke gibt wie das (selbst)kritische Medienmagazin »Zapp«, wie »Plusminus« vom Saarländischen Rundfunk oder das politische Satiremagazin »Extra-3«, die originelle, kritische Berichterstattung ist auf dem Rückzug. Zu verstehen ist das nicht, denn herausragende Beispiele für die kritische Distanz zum großen Strom zeigen, dass durchaus Bedarf besteht. Bestes Beispiel aus dem Jahr 2008 ist die Sendung »Rentenangst« des Saarländischen Rundfunks – gegen den Strich gebürstet und schon deshalb ein großer kommunikativer Anstoß.

Besonders erstaunt bei den öffentlich-rechtlichen Sendern eine mangelnde Binnenvielfalt, wenn es um grundlegende politische Fragestellungen geht. Das belegt zum Beispiel die Demographie-Kampagne des ZDF. Ein reißerischer Zweiteiler, »Aufstand der Alten«, machte 2007 Stimmung für einen Themenschwerpunkt, der sich durch alle ZDF-Sendungen zog: Überall wurde die Angst vor der Überalterung der Gesellschaft geschürt und letztlich Privatvorsorge als Heilmittel angeraten. Meinhard Miegel, einer der großen Lobbyisten der Privatvorsorge, sagte in einem Zeitungsinterview dazu: »Der Film ist Panikmache. Aber mitunter bedarf es der Panikmache, um einer größeren Öffentlichkeit Veränderungen bewusstzumachen.«[221] Diese Einlassung ist wenigstens ehrlich.

Aufgrund ihrer föderalen Struktur schneidet die ARD in puncto Vielfalt hin und wieder besser ab. Aber auch im Ersten gelangten Reportagen, die beispielsweise die INSM gesponsert hatte, ohne entsprechende Hinweise ins Programm. Auch in den Schleichwerbungsskandal der ARD war die INSM verstrickt: Für rund 60 000 Euro wurden in der Seifenoper »Marienhof« siebenmal Dialoge plaziert, die beispielsweise Eigeninitiative und Flexibilität von Arbeitslosen oder die Zeitarbeit thematisierten. Der Deutsche Rat für Public Relations sprach dazu gegenüber der INSM eine öffentliche Rüge aus. Die INSM, so ist der Urteilsbegründung zu entnehmen, habe Schleichwerbung betrieben.«[222]

Zum Teil kann man die Tendenz zur Vereinheitlichung sicher damit erklären, dass immer mehr TV-Journalisten unter dem täglichen Zeitdruck einfach die (gleichen) Zeitungen »verfilmen«.

Oft genug ist das dann die »Bild«-Zeitung. Damit ersparen sie sich und uns eigenes Nachdenken. Für die benannte Themenwoche oder Dokumentationen, die monatelang im Voraus geplant werden, kann die Berufung auf Zeitknappheit allerdings nicht gelten.

Ein besonders »gelungenes« Beispiel für eine Kooperation zwischen Zeitschrift und Fernsehen, die erkennbar im Rahmen einer Meinungsmache-Kampagne lag, ist die Globalisierungsreportage von Stefan Aust (damals Chefredakteur des »Spiegel«) und Claus Richter (Redaktionsleiter von »Frontal 21«). Sie nannten das Stück »Fall Deutschland«, eine Vorführung in drei Teilen, die im ZDF im Juni 2005 liefen. Dazu gab es das passende Buch der beiden Filmautoren Aust und Richter und eines einschlägigen Dritten im Bunde, Gabor Steingart, sowie die entsprechende Begleitung im »Spiegel«, auf »Spiegel-Online« und anderen kooperierenden Medien. Der Beitrag in »Spiegel-Online« vom 8. Juni 2005 ist hier in Auszügen dokumentiert:

Deutschlands Weg in die Wirtschaftskrise

Der frühere Wirtschaftsriese Deutschland liegt am Boden. Die Marke made in Germany hat an Glanz verloren. Die Angst vor Massenarbeitslosigkeit grassiert. Eine ZDF-Dokureihe geht den Ursachen für den Niedergang nach.

Berlin – Im möglichen Wahljahr 2005 hat die Wirtschaftsmacht Deutschland ihre Orientierung verloren und taumelt von einer Krise in die nächste. Wie es dazu kommen konnte, zeigen »Spiegel-TV«-Chef Stefan Aust und Claus Richter, Redaktionsleiter des Politmagazins »Frontal 21«, in der dreiteiligen Dokureihe »Fall Deutschland« ab Mittwoch im ZDF.

Der erste Teil, »Das Wirtschaftswunder«, zeichnet zum Auftakt den Weg von der Währungsreform bis zum Beginn der sozial-liberalen Koalition Willy Brandts (SPD). Es sind die Jahre des unbekümmerten Geldausgebens, als Adenauer die dynamische Rente einführt und als mit dem Ausbau des Föderalismus der Grundstein für spätere politische Blockaden gelegt wird.

[...] Im zweiten Teil, »Der Weg in die Krise«, wird die Brandt-Ära und die Zeit der Studentenproteste nacherzählt. Auch Brandt setzt mit kräftiger Hilfe der Union die Wohltaten fort. BAFöG, Lohnfortzahlung, Wohngeld – der warme Geldregen soll mehr Gerechtigkeit bringen, belastet aber den Bundeshaushalt über Jahre. Helmut Schmidts Versuch, die Ausgaben zu drosseln, scheitert dann am Widerstand der SPD.

Der dritte Teil, »Die globale Herausforderung«, widmet sich der Wirtschaftspolitik nach der Wiedervereinigung. Es sind die Jahre der Versprechen Helmut Kohls (CDU) von den »blühenden Landschaften« im Osten. Doch auch die entpuppten sich als Illusion. Der am Boden liegenden Volkswirtschaft der DDR sei der westdeutsche Sozialapparat übergestülpt worden, kritisiert der frühere VW-Manager Carl Hahn. Und Helmut Schmidt hat für die Währungsunion eins zu eins zwei Worte übrig: »Idiotisch, zerstörerisch.«

[...] Die meisten Interviewpartner sehen Deutschland als Nation im Bedeutungsschwund, gepeinigt von Globalisierungsangst und Kinderlosigkeit, geführt von einer parteiübergreifenden Allianz von Schönrednern. »Wenn es so weitergeht, muss ich für mein Land schwarzsehen«, sagt Alt-Bundeskanzler Schmidt mit düsterer Miene.

Ein wunderbares Stück, das dreierlei exemplarisch zeigt:
- Die Nutzung eines öffentlich-rechtlichen Mediums zur Kooperation mit einem privaten Medium beziehungsweise Medienkonglomerat aus Buch, Nachrichtenmagazin und Internetausgabe
- Die tiefe Verankerung des Kampagnenjournalismus in maßgeblichen Medien. Im konkreten Fall ging es gleich um mehrere einschlägige Botschaften: Die Wirtschaftsmacht Deutschland taumelt von einer Krise in die nächste; schuld daran ist

der Verteilungsstaat; die Krise begann in der Ära Brandt und in der Zeit der Studentenproteste; wir sind gepeinigt von Globalisierungsangst und Kinderlosigkeit.

• Die völlige Blindheit für die krisenhafte Entwicklung der Finanzmärkte. Sie war schon 2005, dem Jahr von Produktion und Ausstrahlung von »Deutschlands Weg in die Wirtschaftskrise«, zu erkennen, wenn man nur wollte.

Bewundernswert ehrlich war der Chefredakteur des ZDF Nikolaus Brender, der erklärte, die sogenannte TV-Doku wolle »Hilfestellung für eine Wahlentscheidung geben«. So war das Ganze wohl auch gedacht – eine Mischproduktion zugunsten der neoliberalen Programmatik und ihrer verlässlichen Vertreter im ursprünglich für 2006 geplanten Bundestagswahlkampf. »Ohne Partei zu ergreifen«, hatte Brender noch angefügt.

Manchmal gelangt die neoliberale Angstmache der schreibenden Kollegen also unmittelbar ins TV-Programm. Ein gewisser Konformitätsdruck kommt hinzu. Es mag durchaus sein, dass in den TV-Redaktionen auch liberale und kritische Geister sitzen, je höher man in der Hierarchie steigt, umso seltener finden sich jedoch Personen mit Meinungen und Haltungen, die vom Mainstream abweichen. Umso häufiger findet sich die Kapitalisierung der Bildschirmpräsenz zu persönlichem Profit.

Die Verquickung von Medienpräsenz und Kommerz

Dass Reinhold Beckmann und Johannes B. Kerner als Werbeträger auftreten, daran hat man sich ebenso gewöhnt wie an Günther Jauchs Werbung für Krombacher, die SKL, die Telekom oder KarstadtQuelle, auch an Thomas Gottschalks Gummibärchen und Waldemar Hartmanns Weißbier. Zu Unrecht gewöhnt, denke ich. Die Verquickung von Kommerz und Teleprominenz nagt zumindest bei den öffentlichen-rechtlichen Sendern an ihrem Image als besonders der demokratischen Meinungsbildung verpflichtete Einrichtungen. Die Verquickung macht auch gemein mit den Interessen derer, die die Werbeaufträge vergeben:

der Wirtschaft und den Arbeitgebern. Die für eine kritische Begleitung des öffentlichen Geschehens nötige Distanz geht verloren. Die Arbeitnehmer und ihre Vertreter, die Gewerkschaften, sind bei den Medienschaffenden hoffnungslos ins Hintertreffen geraten.

Wozu diese Verquickung der Interessen führt, wurde zum Beispiel im Februar 2006 deutlich, als Johannes B. Kerner für den Börsengang von Air Berlin warb. »Es muss natürlich keinen Zusammenhang damit geben, dass er Air-Berlin-Chef Joachim Hunold im November zuvor in seine Talkshow eingeladen und dessen Unternehmer-Philosophie gelobt hatte.«[223] Aber es kann ein weiterer Beleg für den Verfall der Sitten sein – die Nutzung der öffentlich-rechtlich aufgebauten Bekanntheit und des öffentlich-rechtlichen Mediums für kommerzielle Meinungsmache. Ähnlich bei Reinhold Beckmann, der für den Finanzdienstleister WWK wirbt und zusammen mit seiner Kollegin Nina Ruge, die vor Beckmann schon für WWK geworben hatte, in seiner Sendung vom 20. März 2006 versuchte, den Ex-Sozialminister Norbert Blüm wegen dessen allseits gegeißelten (aber dennoch richtigen) Satzes zur Sicherheit der gesetzlichen Rente vorzuführen.[224] Da tut einem Andrea Kiewel fast schon leid, die »nur« einen Vertrag mit den Weight Watchers hatte. Das war vermutlich nicht so ergiebig wie die Verbindung mit Air Berlin oder WWK.

Von einer weiteren Spielart von Nebenverdiensten auf der Basis herausragender Medienpräsenz berichtete das Medienmagazin »Zapp«.[225] Spezialagenturen vermitteln bekannte Gesichter von ZDF und ARD, von »Tagesthemen«, »heute«, »Börse im Ersten« usw. für besondere Auftritte bei der Wirtschaft. Tom Buhrow war für 20000 Euro bei Siemens in Erlangen, Claus Kleber vom ZDF wird ähnlich hoch eingeschätzt, Peter Hahne, Anja Kohl und andere etwas geringer, aber immer noch beachtlich hoch. Gegen Auftritte der Fernsehgesichter bei Firmen und Verbänden wäre nicht viel einzuwenden, wenn die Honorare nur die jeweiligen Leistungen vor Ort honorieren würden. Tom Buhrow erhielt für den einen Auftritt bei Siemens so viel wie ein Arbeiter bei einem

Mindestlohn von 10 Euro im ganzen Jahr verdienen würde. Das ist jenseits jeder Verhältnismäßigkeit. Offensichtlich dient das Honorar der Stimmungspflege. Man braucht sich angesichts dieser Nebenverdienste nicht darüber zu wundern, dass auch die öffentlich-rechtlichen Sender maßgeblich von den Interessen jener bestimmt sind, die über ausreichend Geld verfügen. Ein Verbraucher- oder ein Umweltverband, eine Gewerkschaft oder gar der Verband der Arbeitslosen und Hartz-IV-Empfänger kann ähnliche Honorare nicht bezahlen.

Die Misere der Öffentlich-Rechtlichen

Der Kampf um die Quote führt zur Anpassung – das ist nichts Neues aber dennoch von Belang. Unter dem Druck der Privaten passen sich ARD und ZDF immer mehr an: Die Boulevardisierung frisst sich durch die Programme. Nicht nur in eigenen Sendungen über Verbrechen und Popstars (»Brisant«, »Leute heute«), auch in den Reportagen und Berichten der Informationssendungen schlägt das Muster des Boulevard durch: Immer geht es um möglichst dramatische Fälle mit möglichst jungen und hübschen Protagonisten oder Opfern; O-Ton-Schnipsel der immer gleichen TV-Experten liefern den Ersatz für Erklärungen. Die Länge dieser Aussagen schrumpft. An die Stelle der schwer verkäuflichen Politik tritt der sogenannte Service-Aspekt.

Das heißt konkret: Lieber macht man einen Produktvergleich von verschiedenen Riester-Renten, statt den Sinn von Privatvorsorge zu hinterfragen. Lieber macht man einen Apothekentest, statt das Funktionieren des Gesundheitsfonds zu analysieren. Und auch hier sind das größte Problem die Gegenstände, über die kaum oder gar nicht berichtet wird. Sicher gibt es bei den öffentlich-rechtlichen Sendern kaum ein Thema, das nicht irgendwie oder irgendwo im Programm auftauchen würde. Für entsprechende Anfragen im Fernsehrat wollen die Verantwortlichen gewappnet sein. Reportagen und Dokumentationen, die man nach Mitternacht sendet oder gleich ganz zu 3Sat oder Arte entsorgt, berechtigen aber bestenfalls zu der Aussage, dass diese Themen vorkommen. Ob sie beim Zuschauer noch ankommen, scheint niemanden zu interessieren. Das Quotenargument ist heute bei ARD und ZDF genauso gegenwärtig wie bei den Privaten.

Der epd-Redakteur Volker Lilienthal sagt über diesen Prozess der Selbstkommerzialisierung: »Die öffentlich-rechtlichen Sender merken plötzlich, wie viel Publikum sie an private Wettbewerber wie RTL, Sat.1 oder Pro7 verlieren. Als Rundfunkanbieter versuche ich natürlich das Publikum zu behalten, also gleiche ich mich programmlich den Privaten an. Diese Entwicklung hat wiederum den Effekt, dass politische Informationen – für die wir auch unsere Gebühren zahlen – kürzer gefahren werden. In dieser Situation muss sich ein Programm-Macher, der publizistische Wirkung erzielen will, Gedanken über neue Darstellungsweisen machen. Dabei kann durchaus auch mit Farben und Effekten gearbeitet werden. Die Geschichte muss oft auch kürzer erzählt werden. Aber der Programm-Macher, sofern er bei einem öffentlich-rechtlichen Sender oder ambitioniert bei den Privaten arbeitet, muss aufpassen, dass er sein Thema nicht nur auf den Markt wirft und die Identität und Komplexität des darzustellenden Problems verrät.«[226]

Dabei muss man das Dilemma der öffentlich-rechtlichen Programm-Macher anerkennen: Der Kampf um das Publikum kann nur deshalb noch einigermaßen ausgeglichen gestaltet werden, weil man mit teuren Sportveranstaltungen die Zahlen oben hält und weil man mit Volksmusik wenigstens die alten Zuschauer bei Laune hält. (Als »werberelevante Zielgruppe« gelten allerdings nur die 19- bis 49-Jährigen.) Fußball und Schunkelstars wollen aber bezahlt werden, und dafür muss Werbung her. Und die werbetreibende Wirtschaft will Zuschauer – deshalb muss Quote her.

Über das öffentlich-rechtliche Fernsehen nachzudenken macht Sinn: Schließlich bezahlen wir es alle mit unseren Gebühren. Über seine Bedeutung als ein Medium unter anderen darf man sich aber nicht täuschen: Es sind vor allem die alten Menschen, die noch ARD und ZDF schauen. Dort spricht man ungern über den Altersschnitt der Zuschauer, denn die Zahlen sind erschreckend: »Der Altersdurchschnitt liegt bei beiden öffentlich-rechtlichen Programmen bei knapp unter 60 Jahren. Bei einem Politmagazin wie ›Monitor‹ sind die Zuschauer im Schnitt 59. Bei einem betont trendig und jugendlich gemachten Magazin wie ›Polylux‹ im Schnitt 53.«[227]

Nun wäre es ja kein Problem, Fernsehen für Ältere zu machen, aber auch hier droht der Generationenabriss: Wer mit RTL oder Sat.1 aufwächst, der wechselt im Alter nicht zu ARD und ZDF und fängt dann eben auch nicht an, »Tagesthemen« oder »Heute-Journal« zu schauen und zu verstehen.

Jugendliche sehen 2007 viermal mehr Pro7 als ZDF

Jugendliche	alle Zuschauer
17,9 Prozent Pro7	6,5 Prozent
14,5 Prozent RTL	12,4 Prozent
9,6 Prozent Sat.1	9,6 Prozent
4,8 Prozent ARD	13,4 Prozent
4,2 Prozent ZDF	12,9 Prozent

Quelle: »Focus« vom 14.1.2008

Ein ebenso großes Problem dürfte in Zukunft die mangelnde Akzeptanz der öffentlich-rechtlichen Sendungen in den östlichen Bundesländern sein. Der MDR durchbricht diese Regel mit einer spezifischen Mischung aus Volksmusik und Nostalgie. »Beim Fernsehkonsum unterscheiden sich alte und neue Bundesländer: Kommerzielle und Dritte haben hier eine besonders starke Position«, stellt Pro Media fest.[228] Im Osten wird auch länger ferngesehen als im Westen: »Im armen Sachsen-Anhalt läuft der Fernseher am längsten – vier Stunden und 38 Minuten täglich.« In Bayern sind es nur drei Stunden zwei Minuten.[229] Der Kampf von ARD und ZDF für ein breites Internetangebot ist insofern auch ein Überlebenskampf auf der Suche nach jungen Nutzern statt der ausfallenden Zuschauer.

Die Öffentlich-Rechtlichen müssen sparen. Das tun sie dort, wo sie keine dauerhaften Verpflichtungen eingegangen sind: bei den freien Mitarbeitern. Während ältere Redakteure und Verwaltungsangestellte meist über komfortable Verträge verfügen, wird bei den jungen freien Mitarbeitern gekürzt und gestrichen, was das Zeug hält. Festanstellungen werden mit allen juristischen Mitteln verhindert. So lastet der größte Druck auf jenen Mitarbeitern, die das Programm machen. Und immer mehr Programme werden von Freien produziert oder von privaten Firmen zugekauft. Das spart (angeblich) Geld, aber es fördert nicht unbedingt die Qualität.

Die berufliche und soziale Unsicherheit vieler Journalisten, kombiniert mit einem Überangebot an Journalisten auf dem Arbeitsmarkt, macht insbesondere der Gruppe der sogenannten Freien erheblich zu schaffen. Ihre Honorare stehen unter Druck, so dass sie kaum Zeit und Geld für Recherchen haben. Es fehlt dieser Gruppe auch das Ventil, im Zweifel leicht einen anderen Beruf zu finden, weil der Arbeitsmarkt insgesamt schlecht ist. Wegen dieser Umstände sind sie nicht so »frei«, wie es dieser wichtige Beruf verlangen würde.

Das Internet – Leitmedium der Zukunft?

Der erbitterte Streit zwischen ARD und ZDF auf der einen Seite und den Zeitungsverlegern auf der anderen Seite um die Online-Aktivitäten der Sender zeigt, wo beide Seiten ihre Zukunft sehen: im Netz. Das Fernsehen ist bei den 14- bis 29-Jährigen schon nicht mehr das Leitmedium bei der Informationssuche: Mit 60,9 Prozent liegt es hinter dem Internet mit 69,7 Prozent.[230] 2006 ist der Fernseher bei Jugendlichen erstmals vom PC als unentbehrlichstes Medium abgelöst worden.[231] Jetzt geht es im Kern darum: Soll das Netz ähnlich (de)reguliert werden wie der Zeitungsmarkt, oder soll es ähnlich zugehen wie beim dualen Rundfunksystem? Während die Verleger im Netz einen Bereich sehen, den sie ohne staatliche Einmischung mit ihren Texten bedienen können und mit dem sie zusätzlich Werbegelder erzielen wollen, stehen die Öffentlich-Rechtlichen auch im Internet für gebührenfinanzierte Angebote. Die Sender haben dabei Wichtiges zu bieten: Filme und Bilder. Durch die enorm gestiegenen Übertragungsraten ist das Fernsehen über Internet bereits Realität, TV und Computer verschmelzen tendenziell. Vollprogramme werden dadurch nicht verschwinden, aber die Individualisierung wird zunehmen: Zuschauer speichern sich das ganze Programm und wählen dann, wenn sie Zeit haben, die eine oder andere Sendung aus. Wer will, kann sich schon jetzt Dutzende von Sendern automatisch nach bestimmten Interessen durchsuchen lassen und so seinen eigenen »Spartenkanal« einrichten. Noch weniger als in der aktuellen zersplitterten Fernsehlandschaft wird es in Zukunft Programme geben, vor denen sich große Teile der Bevölkerung versammeln, noch leichter wird es, Information und Politik aus dem eigenen medialen Leben auszublenden.

Aber kann man die Hoffnung haben, dass die Meinungsbildung besser wird, wenn sich die Akzente bei den Medien verschieben, wenn das Internet an Boden gewinnt und das Fernsehen an Boden verliert? Wird manipulierende Meinungsmache dann schwieriger? Bringt die vermehrte Nutzung des Internet eventuell einen Gewinn für die Wiederbelebung der aufklärenden und kritischen Funktion der Medien?

Bei aller Zuversicht, die bezüglich des Internet in Kreisen herrscht, die mehr Demokratie wagen möchten und kritische Medien für demokratieentscheidend halten, ist zu befürchten: Auch im Internet wird sich der Mainstream ausbreiten. Nichts spricht dagegen, dass sich die herrschenden Machtverhältnisse auch in den Strukturen der Medien im Internet niederschlagen. Das zeichnet sich schon heute ab. »Bild-t-online«, »Spiegel Online«, »Stern«, »Focus«, »FAZ« und viele andere Printmedien, auch die privaten Fernsehsender und die öffentlich-rechtlichen Sender sind im Internet präsent und vertreten dort in der Regel ungefähr die gleiche Linie wie in den originären Medien. »Spiegel Online« tritt sogar mit einiger Verve auf, so dass man eine Seite wie »Spiegel-Online« schon neben der »Bild«-Zeitung als neues Leitmedium ansehen kann. Der Einfluss von »Spiegel Online« dürfte auch politisch von großer Bedeutung sein. Binnenpluralität wird dort genauso kleingeschrieben wie beim »Spiegel« selbst. Durch alle Ressorts zieht sich eine regelrechte Diffamierung alles Solidarischen – mal hämisch, mal giftig. Die notwendige kritische Distanz und damit auch die kritische Begleitung des politischen und gesellschaftlichen Geschehens ist von diesem dominanten Internetmedium leider nicht zu erwarten.

Weil die zum größeren Teil freiwillig oder unter Quotendruck angepassten öffentlich-rechtlichen Sender von den kommerziellen und den Printmedien im Internet als Konkurrenz empfunden werden, sollen sie in ihrer Entfaltung und Wirkung beschränkt werden. So wollen es die Konkurrenten, die Zeitungsverleger und privaten Rundfunksender, die interessierten Verbände und auch die Mehrheit der Ministerpräsidenten der Union. Und die Sozialdemokraten halten kaum dagegen. So ist das: Wo mediale Macht ist, neigt sie immer dazu, sich zu verstärken, weil als Politiker Angst haben muss, bestraft zu werden, wer wider den Stachel löckt.

Der zwölfte Rundfunkänderungsstaatsvertrag, der von den Ländern nach intensiver Lobbyarbeit der Verleger und Gegenwehr der öffentlich-rechtlichen Sender beschlossen wurde, kann als Sieg der Verleger gewertet werden. ARD und ZDF sollen den Zeitungen keine Konkurrenz machen, deshalb dürfen die Sender nur ausdrücklich »sendungsbezogene Inhalte« ins Netz einstellen. Ein dehnbarer Begriff, der von den Gremien der Sender allerdings auch ausgeweitet werden kann. Jedoch: Die ständig zunehmende Zusammenarbeit von öffentlich-rechtlichen Sendern mit privaten Verlagen lässt nicht hoffen, dass die Sender diese Chance für sich nutzen.

In Nordrhein-Westfalen zeichnet sich eine besondere Variante der Machtballung ab: Hier gibt es eine Absprache zwischen der privaten und dominanten »WAZ« und dem WDR, beim Internetauftritt zusammenzuarbeiten. Ministerpräsident Jürgen Rüttgers hat dieser Zusammenarbeit, die weder der Rundfunkfreiheit noch der Vielfalt dient, seinen Segen erteilt.[232]

Wir werden damit rechnen müssen, dass die privaten Printmedien und die elektronischen privaten Medien das Internetangebot beachtlich prägen werden. Wir werden auch damit rechnen müssen, dass die Vertreter großer Interessen wie auch der neoliberalen Ideologie – wie die Initiative Neue Soziale Marktwirtschaft, die Bertelsmann Stiftung und die verschiedenen, vor allem zum Zwecke der Öffentlichkeitsarbeit gegründeten Initiativen vom Schlage »Konvent Deutschland« bis »berlinpolis« – offen und verdeckt ihre Netzaktivitäten verstärken werden. Wo viel Geld ist, kann auch viel Personal eingesetzt werden, um kritische oder einfach nur zu plurale Entwicklungen im Netz zu korrigieren. Bei Wikipedia, dieser eigentlich Gutes verheißenden Einrichtung, merken wir das bereits: Bei strittigen Fragen und Einrichtungen wird die Meinung schon sehr von der herrschenden Lehre geprägt. Beim Stichwort »Demographie« zum Beispiel werden Institute wie das Berlin Institut oder das Mannheimer Institut MEA als seriöse Quellen genannt, ohne anzumerken, dass beide Institute stark mit Partikularinteressen verflochten sind; kritische Wissenschaftler und Publizisten kommen nicht vor. Ähnlich unkritisch ist der Umgang mit der Riester-Rente. Beim Stichwort »Lohnnebenkosten« wird ähnlich nahe an den gängigen Glaubensmustern informiert. Texte über Einrichtungen wie die Initiative Neue Soziale Marktwirtschaft und das geistesverwandte Institut für die Zukunft der Arbeit (IZA) werden – ganz im Sinne dieser Einrichtungen – von kritischen Anmerkungen gereinigt. Und für Kritiker des Mainstreams gilt auch bei Wikipedia oft: Wenn die davon Betroffenen keine Zeit oder keine Lust haben, zu korrigieren und ständig auf der Hut zu sein, dann setzen sich die Vorurteile jener durch, die Zeit und Geld genug haben, ständig nachzuarbeiten. Womit kritische Stimmen im Internet rechnen müssen, zeigen die Erfahrungen einiger freier Blogs, die schon mit juristischen Drohungen und juristischen Interventionen bedacht worden sind.

Trotzdem gibt es Anlass für ein bisschen berechtigte Hoffnung. Der Aufbau von Medien, die dem Mainstream etwas entgegensetzen, wird im Zeitalter einer Dominanz des Internet vermutlich leichter sein als zu Zeiten der Vorherrschaft von Printmedien und Rundfunksendern. Auch wenn es nicht ganz ohne finanzielle Ausstattung geht, braucht man doch weniger Kapital, um im Internet seine Stimme zu erheben.

Das Internet gibt auch medial ansonsten Schwachen eine Chance. Inhalte und Meinungen, die von den Großen ausgeblendet werden, finden dort eine Plattform. Gleichgesinnte können sich austauschen und vernetzen.

Es gibt die Chance zur Gegeninformation und möglicherweise zum Aufbau einer Gegenöffentlichkeit. Eine Vielzahl von Blogs wirkt daran mit. Einige setzen den Hebel bewusst da an, die Glaubwürdigkeit der herrschenden Medien in Zweifel zu ziehen. Bildblog zum Beispiel. Mit »www.NachDenkSeiten.de« setzen wir bei einem breiteren Spektrum von Medien ähnlich an. Ob aus diesen vielen Aktivitäten am Ende ein merkliches Gegengewicht zum herrschenden Glauben entsteht, ist allerdings noch offen.

Leben aus zweiter Hand

Sicher, Medien kann man intelligent nutzen, da haben die Beschwichtiger schon recht, die die Entwicklung nicht so negativ sehen. Das nennt man dann Medienkompetenz. Aber zum einen sind viele Inhalte auch mit großer Anstrengung nicht intelligent nutzbar, und zum anderen fragt es sich, wie es um die Mediennutzung und die Medienkompetenz bestellt ist. Mit dem explodierenden TV-Angebot stieg jedenfalls auch die Sehdauer von Kindern, Jugendlichen und Erwachsenen rapide an. Mit Video/DVD-Recorder, Spielkonsolen und Computer kamen in den letzten 20 Jahren noch mehr mediale Möglichkeiten hinzu; die Mediennutzung in allen Altersklassen hat sich weiter ausgeweitet. Bei den Erwachsenen scheint ein gewisser Sättigungsgrad erreicht. Das ist allerdings kaum ein Wunder, wenn man überlegt, dass den Menschen nur ein begrenztes Maß an Freizeit zur Verfügung steht.

In nur fünf Jahren, zwischen 2000 und 2005, ist das Medienbudget im Zeitraum zwischen 5 Uhr und 24 Uhr nach den Ergebnissen der Langzeitstudie Massenkommunikation[233] von 522 Minuten auf 600 Minuten gestiegen. (Immer mehr Tätigkeiten werden von Medien »begleitet«.) Beim Fernsehen stieg die tägliche durchschnittliche Nutzungsdauer deutlich auf 220 Minuten am Tag (2005). Zum Vergleich: Sie lag 1970 bei 113, 1980 bei 125 und 2000 bei 185 Minuten. Der Zuwachs fand vor allem am Nachmittag statt.[234] Bereits Zweijährige sehen durchschnittlich eine Stunde am Tag fern.[235] 6- bis 13-Jährige sehen täglich (Montag bis Freitag) rund 95 Minuten fern; 44 Prozent dieser Altersgruppe haben einen eigenen Fernseher; rund ein Drittel hat ein Handy, jeder Sechste einen Computer.[236]

Angesichts dieser Zahlen ist es erstaunlich, wie viele Menschen immer noch Sport treiben oder sich abends in der Kneipe oder im Restaurant treffen. Was könnte in den mehr als viereinhalb Stunden, die täglich vor den TV-Bildschirmen verbracht werden, nicht alles Sinnvolles getan oder Schönes erlebt werden! Denn das mediale Fühlen und Erleben ist nur eines aus zweiter Hand. Und selbst beim Chatten und Videospielen, wo die Teilnehmer mehr oder weniger aktiv werden, fehlt jede persönliche Kommunikation, jede Körperlichkeit.

In die mediale Scheinwelt ziehen sich vor allem die sozial Schwachen zurück. Immer mehr arme Menschen gucken immer mehr Fernsehen, und je mehr Zeit sie und ihre Kinder damit verbringen, umso geringer ist die Chance, dass dem Nachwuchs der Aufstieg aus dem Elend gelingt. Fernsehen und Medienkonsum beschleunigen und verfestigen soziale Ungleichheit.

Heribert Prantl hat in diesem Zusammenhang vom »Klassenfernsehen« gesprochen: »Selbst die besten Hauptschullehrer haben es in Klassen mit dreißig Schülern schwer, auch nur notdürftig zu reparieren, was dieses Fernsehen kaputtmacht. Soziale Rücksichtnahme wird in Vulgärprogrammen kaputtgesendet. Ein verzweifelter Pädagoge hat vom Bethlehemitischen Kindermord der Moderne gesprochen.«[237]

Die vorhersehbaren Erkenntnisse »rappeln in der Kiste«, so könnte man anmerken, wenn man sich seit 30 Jahren mit der

Wirkung des Vielfernsehens und der Kommerzialisierung beschäftigt. Aber besser spät als gar nicht. Der »Focus« schreibt: »TV-Enthaltsamkeit ist offenbar ein Luxus, den sich vorwiegend Menschen leisten, die gut verdienen oder hoch gebildet sind. Erwachsene, die über ein Haushaltsnettoeinkommen von mehr als 4000 Euro im Monat verfügen können, verbringen am wenigsten Zeit vor der Glotze: zwei Stunden und 20 Minuten. Zuschauer mit Abitur oder Studium bleiben ebenfalls weit unter dem Durchschnitt.«[238]

Fernsehen macht »dick, dumm und gewalttätig«, sagt der Ulmer Neurologe Manfred Spitzer – und mittlerweile sagt es fast genauso auch Bundesfamilienministerin Ursula von der Leyen. Dem Hirnforscher ist es mit dieser Zuspitzung immerhin gelungen, das Bewusstsein für ein viel zu oft ignoriertes Problem zu schärfen. Weil die mediale Müllflut mittlerweile aber ein solches Ausmaß erreicht hat, wagen selbst viele kritische Geister nicht mehr, über Lösungen nachzudenken: Wie lässt sich der Medienkonsum der Kinder kontrollieren und Medienkompetenz trainieren? Anscheinend ist das ein Luxusproblem der Ober- und Mittelschicht; die sogenannte Unterschicht liefert man schutzlos dem Mediensturm aus.

Wer sagt, dass man gegen Gewalt und Pornographie, die rund um die Uhr über die Medien verfügbar sind, nichts unternehmen kann, der sollte sich wenigstens Gedanken darüber machen, wie Kinder und Jugendliche mit diesen Themen umgehen, wie sie die gesehenen Bilder verarbeiten und was das für ihre Entwicklung bedeutet. Vor allem bei vielen männlichen Jugendlichen ist ein enormes Maß an Abstumpfung zu beobachten.

»Das allerhöchste Risiko gewalttätigen Verhaltens haben die Schüler, die alle Geräte im Zimmer stehen haben – also Fernseher, Spielkonsole und Computer«, zitiert die »FAZ« den Kriminologen Christian Pfeiffer. Ihr Risiko sei mehr als dreimal höher als das der Schüler ohne Geräte.

Nun kann man wesentlich harmlosere Dinge mit dem Computer anfangen: Pubertierende Mädchen telefonierten früher stundenlang mit der Freundin, heute chatten sie oder skypen. Aber auch wenn der Computer für das Surfen im Internet oder für Spiele genutzt wird, bleibt er – genau wie der Fernseher – eine Zeitvernichtungsmaschine. Er dient der Zerstreuung und der Ablenkung. Beides braucht man sicher auch, aber wer seine Freizeit mit PC und Handy zubringt, der wird nicht viel eigenes zustande bringen und nicht viel lernen, was er im Erwachsenenleben gebrauchen kann. Zwar ist das Argument, dass man mit und am Computer lernen kann, nicht falsch, aber ganz offensichtlich kann man ohne Computer besser lernen, und das Bedienen der Technik kann man jedem Kind in ein paar Wochen beibringen. Manfred Spitzer erklärt es so: »Das Auto braucht man auch für viele Berufe, und trotzdem lernt man Autofahren nicht in der Schule. Aber Bill Gates hat es geschafft, dass seine Produkte Word, Powerpoint und Excel heute quasi zu Schulfächern erhoben wurden. Mein Sohn hat unlängst eine Note Abzug für ein Referat bekommen, nur weil er normale Folien zur Präsentation benützte und nicht Powerpoint. Wenn das nicht so skandalös wäre, müsste man Bill Gates dafür gratulieren.«[239]

Eine der dümmsten und teuersten Initiativen ist daher die Aktion »Schulen ans Netz«. In Amerika ist man mittlerweile schon einen Schritt weiter und räumt die Terminals ab, die ohnehin mehr für Unsinn genutzt wurden als für schulische Zwecke. »Eine im April [2007] veröffentlichte Studie des amerikanischen Bildungsministeriums kommt zu dem Ergebnis, dass es für die Leistungen der Schüler keinen Unterschied mache, ob im Unterricht neue Medien eingesetzt werden oder nicht«, berichtete Elmar Jung in der »SZ«.[240]

Zwar verfügen immer mehr Jugendliche über einen eigenen PC, aber das heißt noch nicht, dass sie das Gerät auch sinnvoll nutzen. Die Handwerkskammern jedenfalls klagen, dass die meisten Lehrlinge keine vernünftigen Kenntnisse von Programmen wie Word oder Excel haben.[241] Erst langsam setzt sich die Erkenntnis durch, dass Medienkompetenz nicht darin besteht, einen Computer so aufzurüsten, dass die jeweils neuesten Ballerspiele besser darauf laufen.

Auch jenseits von Sex und Gewalt verschiebt und verändert

das Fernsehen unser Wertesystem: In den nachmittäglichen Brüllshows wird mit den Problemen und der Beschränktheit von überwiegend jungen Menschen Quote gemacht. Abends werden Bewerber in den Casting-Shows angebrüllt und gedemütigt, wie sich das kein Rekrut von einem Ausbilder beim Militär gefallen lassen würde. Im »Big-Brother«-Container oder im Dschungel-camp werden debile und erniedrigende Aufgaben verteilt. Und immer geht es um die Freude über die Blamage, die Dummheit der Verlierer und letztlich darum, dass nur das Gewinnen zählt. Dass Tausende von prominenten und weniger prominenten Kandidaten sich freiwillig diesen Idiotien unterziehen, ist ein schwaches Argument.

Uwe Kamann, der Direktor des Grimme-Instituts, stellte anlässlich eines Vortrags bei der Friedrich-Ebert-Stiftung 2007 die folgenden Äußerungen einander gegenüber:[242]

Peter Christian Hall, lange Jahre Organisator der Mainzer Tage der Fernsehkritik: »Gut sei ein ›Fernsehen, das Fenster öffnet, erhellt, Welt vermittelt, Sonden in verborgene Öffentlichkeit treibt, aufklärt, Einblick und Durchblick schafft, Intimität achtet, Spaß macht, unterhält, ohne unten zu halten, Seherlebnisse zu bieten hat, auch Schönheit, zuweilen sogar beglücken kann.‹«

Zitat des Programmplaners von Sat.1, Volker Szezinski: »Das Qualitätsmanagement des Senders hat darauf zu achten, dass der Zuschauer sein erwartetes Fernsehprogramm bekommt, damit der Werbemarkt seine erwarteten Kundenkontakte macht.«

Als in den Niederlanden eine Show gesendet wurde, in der Todkranke um eine Niere spielten, stellte sich das Ganze zwar am Ende als Bluff heraus, aber erstaunlich daran ist, dass man mittlerweile keine Mühe mehr hat, sich so ein Konzept als ernst gemeint vorzustellen.

Zum Jahreswechsel 2008 hatte offenbar auch der Vorsitzende der CDU-Medienkommission Günther Oettinger über die Feiertage Zeit, sich durch die Programme zu zappen. Empört darüber, was er bei den Privaten gesehen hatte, sprach er danach vom Scheiß-Privatfernsehen. Und Bayerns Justizministerin Beate Merk analysiert messerscharf: »Der Werteverfall hat ganz sicher auch mit dem Privatfernsehen zu tun [...] Wenn wir diese besondere Gewalttätigkeit betrachten, die in den vergangenen zehn Jahren so extrem zugenommen hat, dann müssen wir auch sehen, dass in dieser Zeit immer mehr Fernseher und Computer Einzug in die Kinderzimmer gehalten haben.«[243] Für die Erkenntnis, dass wir dieses Fernsehen ihrer Partei verdanken, braucht es offensichtlich noch etwas länger.

Zumindest einer derjenigen, die damals an der Einführung der privaten Kanäle beteiligt waren, äußert inzwischen so etwas wie Reue: der ehemalige rheinland-pfälzische Ministerpräsident Bernhard Vogel. »Das Motiv meiner Initiative aus den siebziger und achtziger Jahren, privaten Unternehmern die Möglichkeit zu geben, Fernsehprogramme in Deutschland zu machen, bestand darin, das Oligopol der Öffentlich-Rechtlichen aufzulösen und auch hier Konkurrenz zuzulassen«, sagt Vogel. »Aber ich wollte eine Konkurrenz der Vollprogramme mit unterschiedlichen Schwerpunktsetzungen. Ich wollte Fernsehen und Hörfunk in Deutschland also keineswegs nur als Wirtschaftsgut, sondern in allererster Linie als Kulturgut. Dies scheint mir jetzt in Frage gestellt zu sein. Deshalb ist die öffentliche Aufmerksamkeit sehr angebracht.«[244]

Die Folgen von Programmflut und Kommerzialisierung konnte man kennen

Man konnte nahezu alles schon vor 30 Jahren wissen. Schon damals konnte man bei einem aufmerksamen Blick in die USA erkennen, dass Fernsehen als Kulturgut tendenziell verschwindet, wenn man es dem Kommerz und damit dem Quotendruck aussetzt. Etwa zeitgleich zu der von Bernhard Vogel erwähnten Initiative zur Privatisierung des Fernsehens und Hörfunks – im Frühjahr 1978 – arbeitete die Planungsabteilung des Bundeskanzleramts[245] im Auftrag von Bundeskanzler Helmut Schmidt an einem Papier über die Folgen von Programmvermehrung und Kommerzialisierung. Man konnte wissen, dass die Kommunikation der Menschen in ihrem persönlichen Umfeld, in den Familien, im Kreis von Kollegen und Bekannten die Qualität ihres Lebens und ihr Wohlbefinden sehr berührt; man konnte spätestens bei einem Blick über den Atlantik erkennen, dass die elektronische Kommunikation über das Fernsehen mehr und mehr das Leben vieler Menschen beherrscht. Und dass die kommerzialisierte elektronische Kommunikation sichtbar und messbar die personale Kommunikation bedrängt, verdrängt und überlagert. Helmut Schmidt hat diese Sorgen und Erwartungen in einem Beitrag für die »Zeit« formuliert. Der Titel des am 26. Mai 1978 erschienenen Essays war provokant: »Plädoyer für einen fernsehfreien Tag«. Der Vorschlag, einen fernsehfreien Tag pro Woche vorzusehen, sollte eine Debatte darüber in Gang bringen, wie die Menschen das Verhältnis ihrer personalen Kommunikation in ihren Familien, im Freundes- und Kollegenkreis zur elektronischen Kommunikation gestalten wollen.

Ebenfalls im Mai 1978, wenige Tage vor dem Erscheinen von Schmidts Plädoyer, drängten die CDU- und CSU-Ministerpräsidenten in einem turnusmäßigen Gespräch mit dem Bundeskanzler auf einen ersten wichtigen Schritt zur Programmvermehrung und Kommerzialisierung: Sie verlangten die Verkabelung von elf deutschen Städten und entsprechende Mittel aus der Bundeskasse. Es ging um über 100 Millionen Mark. Damit solle ein Milliarden-Investitionsvolumen in Gang gesetzt werden, lautete eine der Begründungen für diesen Vorstoß. Der damalige Postminister Gscheidle (SPD) hatte dem Vorschlag schon zugestimmt. Der bei der CDU/CSU in Sachen Medienpolitik federführende Ministerpräsident von Rheinland-Pfalz, Bernhard Vogel, und andere Politiker der Union wie beispielsweise der spätere Postminister Christian Schwarz-Schilling pochten öffentlich auf die Durchführung des Projekts.

Den Kennern der technischen und rechtlichen Lage war klar, dass mit der Entscheidung für die Verkabelung der Weg geebnet würde für die Vermehrung der Fernsehprogramme und zugleich für ihre Kommerzialisierung. Bis dahin war die Kommerzialisierung daran gescheitert, dass das Bundesverfassungsgericht die

Gründung privater Fernsehsender wegen der Begrenztheit der terrestrischen Frequenzen nicht genehmigte. Mit der Verkabelung und dem Aufbau von Fernsehverteilnetzen würde diese Knappheit aufgebrochen. Damit war absehbar, dass das Bundesverfassungsgericht die Türen für die Kommerzialisierung öffnen würde.

Nachdem Bundeskanzler Schmidt im Gespräch mit den Ministerpräsidenten die Subvention der Flächenverkabelung in den elf Modellstädten abgelehnt hatte, startete die Union mit Unterstützung der interessierten Kreise eine langwährende Kampagne der Meinungsmache. Dem Bundeskanzler und dem Bundeskanzleramt wurde von Seiten der Union vorgeworfen, wichtige Investitionen für Arbeitsplätze zu behindern. Von »Investitionsstopp« war die Rede. Schwarz-Schilling tat so, als wären die Millionen für die Verkabelung zugunsten kommerzieller Sender wichtige Zukunftsinvestitionen. Schon damals war hingegen klar, dass es sich bei diesen Fernsehverteilnetzen noch nicht einmal in technischer Hinsicht um fortgeschrittene Investitionen handelte.

Die Kampagne gegen Schmidt und seine Mitstreiter ist damals mit allen Mitteln der Meinungsmache und unter Einsatz von viel öffentlichem Geld geführt worden: Die Verweigerer der Programmvermehrung und Kommerzialisierung seien Kulturpessimisten, die die Zeichen der Zeit nicht erkannt hätten, hieß es; Schmidt und dem Bundeskanzleramt wurde unterstellt, den angeblichen Verkabelungs- und Investitionsstopp nur verfügt zu haben, um die Fortführung des sogenannten Rotfunks sicherzustellen. »Rotfunk« war das Etikett für die angeblich einseitige politische Orientierung des öffentlich-rechtlichen Rundfunks. Es ist der Union damals gelungen, zumindest in ihren Reihen den Glauben zu nähren, das öffentlich-rechtliche Fernsehen und der Hörfunk seien von der SPD und noch weiter links stehenden Journalisten beherrscht. Das war ein frühes Musterbeispiel für eine erfolgreiche Prägung der Gehirne jenseits der Wirklichkeit. Die Kampagne wirkte zumindest bei strammen CDU/CSU-Anhängern, die wirklich glaubten, Fernsehen und Hörfunk seien links, obwohl große Teile dieser Medien schon damals fest in der

Hand nicht der Roten, sondern der Schwarzen waren: Der Bayerische Rundfunk, das ZDF, große Teile des Süddeutschen Rundfunks und des Südwestfunks waren auch damals von CDU/CSU-nahen Medienschaffenden geprägt. Nur Teile des WDR, des NDR und des hessischen Rundfunks hätte man den Linksliberalen zurechnen können.

Dennoch gab es eine massive Kampagne gegen den angeblichen Linksdrall der öffentlich-rechtlichen Sender. Sie war auf zwei Ebenen wirksam: Zum einen diente sie der Einschüchterung des politischen Gegners, zum anderen der Begründung des politischen Schwenks im Unionslager. Denn innerhalb der Union, innerhalb ihrer Wählerschaft und ihrer Funktionäre waren die Hinwendung zum Kommerz und die absehbaren Folgen für das Zusammenleben der Menschen und für die Familien ganz und gar nicht unumstritten, im Gegenteil: Der Bundeskanzler hatte mit der Thematisierung des Problems einer Überflutung mit neuen Fernsehprogrammen und noch dazu mit der Kommerzialisierung von Fernsehprogrammen den größeren Teil des konservativen Publikums in Deutschland erreicht und nachdenklich gestimmt. Das Thema war mehrheitsfähig. Schon in einer Umfrage aus dem Jahr 1970, die damals von Infratest erhoben wurde, konnte man eine klare Mehrheit für die Beibehaltung des öffentlich-rechtlichen Rundfunks erkennen.

Qualitative Erhebungen, die das Heidelberger Sozialforschungsinstitut Sinus 1978 im Auftrag der Planungsabteilung des Bundeskanzleramts machte, zeigten, wie sehr die Menschen die Kommerzialisierung und vor allem die Vermehrung der Programme als Bedrohung ihrer personalen Kommunikation in den Familien betrachteten. Die beiden Kirchen standen mehrheitlich auf Seiten des Bundeskanzlers. Auch medienpolitisch versierte Mitglieder der Union wie zum Beispiel der Intendant des Süddeutschen Rundfunks Hans Bausch unterstützten Helmut Schmidt.

Die Unionsführung um Helmut Kohl, Bernhard Vogel und Christian Schwarz-Schilling und die mit ihr verbündeten Befürworter von Programmvermehrung und Kommerzialisierung hatten ein hartes Stück Arbeit vor sich: Sie mussten die Mehrheit ihrer eigenen Anhänger vom Sinn ihres Sinneswandels überzeugen. Das taten sie mit erheblichem propagandistischem Aufwand und ziemlich harten Bandagen. Obwohl die Bundesregierung Schmidt nie im Sinn hatte, die Verkabelung zu verbieten, wurde die Mär vom Verkabelungsverbot gestreut. Obwohl die Bundesregierung sich nur geweigert hatte, öffentliche Gelder für die Verkabelung auszugeben, wurde ihr vorgeworfen, die Verkabelung gestoppt zu haben. »Verkabelungsverbot«, »Verkabelungsstopp«, »Kulturpessimismus«, »Technikfeindlichkeit«, »Schutz für den Rotfunk« – das waren die Parolen auf Seiten der Befürworter. »Droge Fernsehen«, »Zerstörung des Miteinander«, »Förderung der Gewaltbereitschaft«, »totale Fernsehwelt«, »Kommerz« – das waren die Gegenparolen in diesem Meinungskampf.

In der damaligen Debatte haben die Befürworter der Programmvermehrung und der Kommerzialisierung des Fernsehens immer wieder behauptet, diese Veränderung habe kaum Einfluss auf die Sehgewohnheiten und die Sehdauer, auf die Durchmischung der Programme mit Werbung, auf die Medienstruktur und die Meinungsvielfalt; es wurde sogar behauptet, aus der Programmvermehrung folge mehr Vielfalt. So stand es auf Veranlassung des neuen CDU-Bundespostministers ab 1984 auf den Postautos, die mit einem Kabelbaum für mehr Programme warben.

Der Kampf um die öffentliche Meinung lief den politischen Entscheidungen voraus und parallel dazu. Die damalige Regierung Kohl hat zugunsten der privaten Nutzer über zehn Milliarden Mark in die Verkabelung und andere Techniken investiert, und sie hat zugleich massiv Propaganda für die Nutzung der vermehrten elektronischen Medien gemacht. Diese Aktion weist viele Parallelen zu dem auf, was wir seit 1998 bei der Altersvorsorge und ab 2008 bei der Bahn erleben: politische Entscheidungen, gepaart mit Propaganda und Meinungsmache. Damit wird eine neue Welt durchgesetzt. In allen drei Fällen eine schlechtere Welt als jene, die wir vorher hatten, finde ich. Und immer kam die Politik unter den Druck privater Interessen, und immer bediente sie private Interessen. Insofern ist das Beispiel der Kommerzialisierung der Medien auch deshalb interessant, weil hier immerhin sichtbar wurde, dass sich ein Teil der Politik damals noch gegen den Zugriff der privaten Interessen wehrte.

Wenn der Vorsitzende der CDU-Medienkommission Günther Oettinger im Jahr 2008 von »Scheiß-Privatfernsehen« spricht, kann ich mich über diese späte Aufregung nur wundern. Jeder nur ein bisschen aufmerksame Zeitgenosse konnte bereits in den Jahren 1982 bis 1984, als Oettingers Partei unser Land in diesen »Scheißzustand« schickte, wissen, was auf uns zukommt. Wenn Bayerns Justizministerin heute beklagt, was hier an »Werteverfall in die Kinderzimmer« getragen wird, kann ich angesichts der federführenden Rolle, die gerade Bayern im Interesse von Leo Kirch und seines Kommerzfernsehens in den letzten 25 Jahren gespielt hat, nur fragen: Was sind das für Blitzmerker unter unseren Politikern, die dann jammern, wenn das Kind in den Brunnen gefallen ist? Und wenn der damals für die Medienpolitik der CDU verantwortliche Ministerpräsident von Rheinland-Pfalz, wenn Bernhard Vogel heute treuherzig erklärt, er und die Union wollten damals privaten Unternehmen die Möglichkeit geben, Fernsehprogramme in Deutschland zu machen, um das Oligopol der Öffentlich-Rechtlichen aufzulösen, dann kann man das nicht glauben. Bernhard Vogel musste wissen, dass es dieses Oligopol gar nicht gab und dass seine Partei die Geschichte vom Rotfunk erfunden hatte, um dem Kommerz Tür und Tor zu öffnen. Bernhard Vogel hätte auch nur den eindringlichen Reden seines Bruders Hans-Jochen Vogel zu lauschen brauchen, um eine plausible Prognose dafür zu bekommen, was uns und insbesondere den Familien in Deutschland mit der Kommerzialisierung und der vielfältigen Vermehrung des Fernsehens ins Haus stand. Hans-Jochen Vogel war damals einer jener SPD-Politiker, die den Bundeskanzler in seiner Position zur Kommerzialisierung und zur Vermehrung der Fernsehprogramme am deutlichsten unterstützten; vor allem die kommende Verletzung des Artikels 6 des Grundgesetzes (Schutz der Familie) hat er vorausgesehen und angeprangert.

Und wenn Familienministerin von der Leyen den heutigen Zustand beklagt, dann wäre bei aller Zurückhaltung doch darauf hinzuweisen, dass die passende Adresse ihrer Klagen eigentlich ihr Vater und Parteifreund Ernst Albrecht wäre, einer der zynischsten Vertreter des Kommerzfunkes. Ernst Albrecht freute sich schon in der beschriebenen Debatte Anfang der 1980er Jahre darüber, dass mit der Privatisierung von Hörfunk und Fernsehen endlich die Zeit des »politischen Quarks« in den Fernsehsendungen der Öffentlich-Rechtlichen aufhören würde. Davon berichtet Otto Köhler: »Der Leitsatz für die Albrechtsche Rundfunkreform lautete: ›Mehr Nachrichten, weniger politischer Quark‹, das heißt: keine Reportagen, keine Kommentare und schon gar kein kulturelles Wort. Albrecht [1980]: ›Im Übrigen bin ich es auch leid, dass ich immer dann, wenn ich Musik hören will, irgendeinen habe, der dazwischenquatscht.‹ Damals wurde die sogenannte Service-Welle entdeckt: Musik, möglichst nur unterbrochen von Kurznachrichten und Verkehrsdurchsagen.«[246]

Heute tun die führenden rechts-konservativen Kräfte so, als seien sie von der Entwicklung überrascht. Sie tun so, als hätten sie diesen Niedergang nicht eingefädelt, um die mit ihnen verbundenen Interessen zu bedienen. Sie tun so, als hätten sie nicht eine ganze Serie von Kampagnen der Meinungsmache in Gang gesetzt, um ihren Freunden die Milliarden öffentlicher Gelder und die entsprechenden politischen Entscheidungen zuzuschanzen.

Durch Meinungsmache und zur Befriedigung großer Interessen ist mit der Kommerzialisierung der Medien eine wichtige gesellschaftliche Einrichtung zerstört worden. Schlimmer noch: eine Einrichtung, die wir zur demokratischen Willensbildung dringend brauchen. Wir brauchen kritische Medien. Wir brauchen »politischen Quark« in den Medien. Andernfalls funktioniert die Demokratie nicht. Andernfalls kommt es zu immer schlechteren politischen Entscheidungen.

V. Die Gegenbewegung

Kapitel 22

David gegen Goliath: Schafft ein, zwei, viele Gegenöffentlichkeiten!

Wir sind in Not. Das politische, gesellschaftliche und wirtschaftliche Geschehen in unserem Land wird in weiten Teilen von Meinungsmache und Manipulation bestimmt, dem Herrschaftsinstrument der Mächtigen. Die große Mehrheit des Volkes hat nicht viel zu sagen. Immer wieder ist unser Denken dem Zugriff der Meinungsmacher ausgesetzt. Selbst die einzige wirkliche kleine Macht, über die wir verfügen, unsere Wahlentscheidung, ist oft fremdbestimmt. Wenn sich diese Verhältnisse verfestigen, wird man bald nicht mehr sagen können, wir lebten in einer funktionierenden Demokratie.

Die Folgen für unser Land werden dadurch noch verschärft, dass sich die tonangebenden Kreise eine ausgesprochen einfache Ideologie zurechtgelegt haben: Markt und Eigeninteresse sollen das Zusammenleben regeln. Deshalb sind Liberalisierung, Privatisierung und Deregulierung die Leitlinien der praktischen Politik. Egoismus ist die Triebfeder, Solidarität und Gerechtigkeit erscheinen als hinderliche Werte.

Diese primitive Ideologie ist rundum gescheitert, wie spätestens die Finanz- und Wirtschaftskrise offengelegt haben. Und dennoch bleiben die Sanktionen aus. Es wird, von kleinen Korrekturen abgesehen, so weitergemacht wie bisher. Weil die Meinungsmacht weiterhin in den Händen derer liegt, die die Krise verursacht haben. Weil die Medien die notwendige Pluralität und kritische Distanz vermissen lassen. Deshalb funktioniert in dieser kritischen Situation die demokratische Willensbildung nicht mehr.

Man braucht keine große konzeptionelle Phantasie, um aufzulisten, was angesichts des Versagens der Medien als kritische und stimulierende Instanz der Demokratie nötig wäre. Eine Art Wunschkatalog zur Rettung demokratischer Willensbildung zeigt die Richtung:

1. Die meisten Journalisten sind dem massiven Druck ihrer Arbeitgeber ausgeliefert und gezwungen, die vorgegebene Linie zu beachten – bis hin zu PR-Artikeln. Häufig müssen sie unter massivem Zeitdruck arbeiten, dem sie nur mit qualitativ schlechteren Produkten begegnen können. Ihre Arbeit steht oft unter dem Zwang maßloser Renditeerwartungen der Medienunternehmen. Also muss von den politisch Verantwortlichen endlich etwas unternommen werden, um sowohl die Qualität der Journalisten als auch ihre Unabhängigkeit zu sichern. Das ist eine öffentliche Aufgabe.[247]

2. Die Macht der sogenannten Bertelsmann Stiftung und ihre Verbindung mit der Politik bedroht die unabhängige Willensbildung. Sie ist alles andere als gemeinnützig. Der Konzern muss entflochten werden. Die vielfältige Verfilzung mit der Politik muss beendet werden.

3. Das Quasi-Monopol von »Bild« und »Bild am Sonntag« auf dem Markt der Boulevardzeitungen ist ein großes Problem. »Bild« macht Politik, oft mehr als der Deutsche Bundestag. Das ist ein unerträglicher Zustand. Wenn wir den Artikel 5 des Grundgesetzes und die daraus folgende Verpflichtung, für eine plurale demokratische Meinungsbildung zu sorgen, ernst nähmen, müsste für die »Bild«-Zeitung eine Art Binnenpluralität verlangt werden, also zum Beispiel die Verpflichtung des Springer-Verlags auf eine plurale Besetzung der Chefredaktion und Redaktion.

4. Die regionalen und lokalen Medienmonopole in weiten Teilen des Landes führen dazu, dass selbst zu kommunalen Fragen abweichende Meinungen kaum eine Chance haben. Das hat praktische Folgen. Lokale Bürgerinitiativen, die sich zum Beispiel gegen die Privatisierung öffentlicher Einrichtungen wehren, können ein Lied davon singen. Wenn sich die politische Spitze einer Stadt und die Chefredaktion einer regionalen Monopolzeitung darin einig sind, dass beispielsweise die Abfallwirtschaft der Stadt privatisiert werden sollte, dann ist dagegen kaum zu bestehen. Das zu regelnde Minimum wäre, dass ein und dieselben Medienunternehmen

nicht gleichzeitig die Lokalzeitung, die Anzeigenblätter, die lokalen Internetblogs und den lokalen Rundfunk kontrollieren dürfen.

5. Bundesweit und weltweit geht die Medienkonzentration im regionalen Bereich schon viel zu weit. Weil die Medien die Meinung wesentlich beeinflussen, prägen sie beziehungsweise ihre Eigentümer auch die Vorstellungen von der Regelung ihrer eigenen Verhältnisse. Deshalb geschieht viel zu wenig gegen die Konzentration von Medienmacht. Das ist aber wesentlich. Die Kontrolle von Fusionen und Übernahmen im Medienbereich muss viel entschiedener gehandhabt werden als bisher.

6. Die weitgehende Kommerzialisierung der elektronischen Medien und der daraus folgende Kampf um Einschaltquoten hat vielfältige Folgen für Art und Qualität der Programme, für das Sehverhalten, für die personale Kommunikation der Menschen, sogar für den Bildungsgrad und die Gewaltbereitschaft. Hier sind inzwischen Sitten eingerissen, die dem Geist von Artikel 5 des Grundgesetzes widersprechen. Wären wir bereit zu regeln, was nötig ist, dann müssten wir die Kommerzialisierung von Hörfunk und Fernsehen beenden und bei den öffentlich-rechtlichen Sendern gleichzeitig Standards für Qualität und vor allem für Vielfalt setzen.

7. Mehrere Informationsseiten im Internet sollten öffentlich gefördert oder öffentlich-rechtlich betrieben werden. Die Kosten dafür wären – verglichen mit den Gebühreneinnahmen für den öffentlich-rechtlichen Rundfunk – ausgesprochen gering, der Wirkungsgrad aber sehr hoch.

8. Sponsoring, Werbeauftritte von Fernsehstars und die sonstigen vielfältigen Vermischungen von redaktioneller Arbeit und Werbung müssen grundsätzlich neu geregelt werden. Wer an herausragender Stelle für ein öffentlich-rechtliches Medium tätig ist, kann nicht gleichzeitig unangemessene Honorare beziehen oder Werbeträger sein. Information ist keine Ware wie andere Waren auch.

9. Aus diesem Grund ist es auch höchst fragwürdig, Zeitungen, Zeitschriften und Sender Wirtschaftsunternehmen wie

Hedgefonds und Private-Equity-Gesellschaften zu überlassen, die nur an ihrer Rendite interessiert sind.

10. Die Betreiber wichtiger PR-Aktionen, die den öffentlichen Bereich betreffen, müssen zur Offenlegung verpflichtet werden. Offengelegt werden muss, wer und mit welchen finanziellen Mitteln PR zum Beispiel für die Privatvorsorge oder die Privatisierung öffentlicher Unternehmen macht.

11. Die Auslagerung der Produktion von Sendungen wie Talkshows und Dokumentationen in eigene Produktionsgesellschaften muss beendet werden. Wenn solche für die Willensbildung relevanten Beiträge vom öffentlich-rechtlichen Rundfunk gesendet werden, müssen sie auch in dessen tatsächlicher Programmverantwortung stehen, nicht nur formal.

12. Im Kapitel über die Medien wurde deutlich, dass in den Medien überwiegend Interessen und Sichtweisen der Großindustrie und der Finanzwirtschaft zur Sprache kommen. Das Gebot der Pluralität von Artikel 5 des Grundgesetzes verlangt aber, dass auch die Erfahrungswelt und die Perspektive der Arbeitnehmerschaft, der weniger Begüterten und der mittelständischen Wirtschaft thematisiert werden. Die politisch Verantwortlichen bei Bund und Ländern müssen die entsprechenden Voraussetzungen zur Einhaltung dieser Verpflichtung schaffen.

Einige dieser Forderungen mögen wie eine kleine Kulturrevolution klingen. In der Tat braucht unsere Demokratie eine solche kleine Revolution, zumindest aber ernsthaften Widerstand gegen die bisherige und die sich abzeichnende künftige Entwicklung, wenn sie eine Demokratie bleiben beziehungsweise eine bessere werden soll. Dass es jedoch zu einem solchen Bewusstseinswandel kommt, ist eher unwahrscheinlich. Die hier skizzierten Wunschvorstellungen tatsächlich in die öffentliche Diskussion zu bringen und auf die politische Tagesordnung zu setzen droht an der Macht jener zu scheitern, die im Geflecht von Politik, Medien und Wirtschaft den entscheidenden Einfluss haben.

Das ist die Lage. Aber es gibt eine Möglichkeit zur Überwindung dieser Blockade.

Die meisten Menschen vertrauen immer noch darauf, dass die Verantwortlichen in Politik, Wirtschaft und Medien nicht manipulativ mit ihnen umgehen, dass also in der Regel stimmt, was man ihnen sagt. Sie ziehen nicht in Betracht, dass sie systematisch in die Irre geführt werden. An vielfältigen Beispielen habe ich in diesem Buch aufgezeigt, dass das leider ein Irrtum ist. Folglich sollte unsere Grundhaltung alles andere als vertrauensvoll sein.

Es ist wichtig, skeptisch zu sein und nicht alles zu glauben. Wieder zweifeln zu lernen muss die neue Tugend sein. Wenn es Menschen gelingt, hinter die Kulissen zu schauen, dann merken sie: Was die Meinungsführer sagen, stimmt oft nicht und widerspricht unserer eigenen Wahrnehmung. Was die Meinungsführer empfehlen, ist oft erfolglos, und was sie an egoistischer Ideologie fördern, widerspricht der Lebenserfahrung.

Skeptiker, Zweifler, Kritiker sind auf gleichgesinnte Partner angewiesen. Zweifeln lernen kann man zwar alleine. Aber ohne Partner und Mitstreiter ist es ausgesprochen mühsam. So wie sich die Propagandisten der herrschenden Meinung gegenseitig stützen, so brauchen auch die Skeptiker ein Netz gegenseitiger Informationen und Hinweise.

Partner bei der kritischen Beobachtung braucht man nicht nur aus Gründen der Informationsbeschaffung. Man braucht sie auch, um beim Zweifeln nicht zu verzweifeln. Wenn man nämlich erst einmal den Grad des täglichen Betrugs erfasst, dann ist die erschreckende Wahrheit besser auszuhalten, wenn man sich darüber mit anderen austauschen kann.

Die Methoden der Manipulation kennen und durchschauen

Auch unter Gleichgesinnten ist es nicht leicht, skeptisch zu sein. Der Kopf rät zum Misstrauen, und das Gefühl verlangt nach Vertrauen. Zum Zweifeln muss man sich entschließen und es gemeinsam mit anderen systematisch betreiben. Dabei hilft die Kenntnis der Methoden der Manipulation, die oben ausführlich beschrieben sind:

- Wiederholung. Zum Beispiel: »Demographischer Wandel und Globalisierung sind die beiden großen Herausforderungen« oder: »Die Finanzkrise kam aus Amerika«.
- Eine Botschaft wird von verschiedenen, sich unterscheidenden Absendern ausgesendet. Dann wird sie glaubwürdiger.
- Nutzung des guten Klangs eines Wortes für einen anderen Zweck. Bestes Beispiel: »Reform«.
- Gruppenspezifischer Jargon. »Freiheit«, »Leistung muss sich wieder lohnen« – solche Floskeln haben zwar kaum einen Bezug zur Realität, aber um bei der Mehrheit der üblichen Talkshowgäste oder beim Auditorium von Guido Westerwelle zu bestehen, reichen die Signale.
- Affirmativ auftreten. Das können Angela Merkel und Peer Steinbrück wie auch schon Gerhard Schröder herausragend gut. Sie können belanglose Sachen als höchst bedeutsam verkaufen und Falsches als völlig richtig erscheinen lassen.
- Die selbstverständliche Gültigkeit in der Sprache anklingen lassen. »Wie wir alle wissen«, »wie schon bekannt ist«, ...
- Auf Experten berufen. Die gängige Methode bei Börsensendungen, Wirtschaftsnachrichten und vielen anderen Foren.
- »Tina«: There is no alternative. »Es gibt keine Alternative.«
- Pars pro toto. Was für einen Teil gilt, wird auf die Gesamtheit als gültig übertragen.
- Übertreibung. »Wortbruch«, »Freiheit statt Sozialismus«, »Gnade für die 68er« – Motto: Irgendwas bleibt immer hängen.
- Mit der Botschaft B wird die Botschaft A transportiert. Bewusst und unterbewusst und erst recht geplant wird diese Methode häufig eingesetzt.
- Der (strategisch geplante) Konflikt zwischen zwei Personen als Transportband für eine zu vermittelnde Meinung.
- Verschweigen, weglassen, ausblenden. Das gilt unter anderem für die gesamten Fehler der Regierung Kohl und ihrer Berater

bei der Gestaltung der deutschen Vereinigung, insbesondere der wirtschaftspolitischen Entscheidungen.

- Umfragen nutzen, um Meinung zu machen. Dieses Instrument wird ständig gebraucht. Achten Sie einmal darauf, was »Stern« und »Spiegel Online« mit Hilfe von Forsa-Umfragen anstellen. Geradezu »mustergültig«.

Wer diese Tipps kennt und beachtet, wird Meinungsbildungsvorgänge leichter durchschauen. Das ist eine wichtige Basis für den Aufbau einer Gegenöffentlichkeit.

Strategische Ansatzpunkte zum Aufbau einer Gegenöffentlichkeit

Es ist erstens zentral wichtig, die Glaubwürdigkeit der neoliberalen Bewegung und ihrer Meinungsmacher zu erschüttern.

Die Bertelsmänner und die Springers, die Merkels und die Köhlers, die Schröders und die Westerwelles, die Hundts, die Tietmeyers und die Ackermanns haben mit Hilfe ihrer eigenen beziehungsweise der ihnen gewogenen Medien enorme Mittel in der Hand, um Impulse der Information und Desinformation auszusenden. Dagegen kommt man nicht an, wenn man nur die andere, die abweichende, die widersprechende Information dagegensetzt. Wie soll sich der Zuschauer, der Zuhörer oder Leser bei einer solchen Konstellation orientieren? Ein kritischer Impuls steht gegen tausend gleichgeschaltete. So bleibt die kritische Geneninformation zwangsläufig unterlegen. Sie kann sich nur dann durchsetzen, wenn die tausend gleichgeschalteten Impulse verpuffen, weil sie nur noch wenige glauben.

Das ist die Hintergrundüberlegung für Initiative, Einführung und Betrieb der kritischen Webseite www.NachDenkSeiten.de, die wir, Wolfgang Lieb und ich als Herausgeber zusammen mit Lars Bauer als Webmaster, im Dezember 2003 gestartet haben. Deshalb gibt es dort Rubriken wie die »Manipulation des Monats« oder »Strategien der Meinungsmache« oder Informationen über typische »Denkfehler«. Die »NachDenkSeiten« sollen helfen, hinter die Kulissen zu schauen und zu erkennen, wie, mit welchen Mitteln und von welchen Einrichtungen und Personen wir manipuliert werden. Und welche Interessen dahinterstecken.

Wenn Leser der »NachDenkSeiten« mehrmals die Erfahrung machen, dass sie von den Herrschenden in Politik und Wirtschaft, in Medien und Wissenschaft manipuliert werden, dann werden sie immun. Zum einen lernen sie, wie die Mechanismen der Manipulation funktionieren – das ist der nachhaltige »Aha-*so*-ist-das-Effekt« –, zum anderen entwickeln sie eine Emotion gegen diese betrügerische Fremdbestimmung.

Wer mehrfach erfahren hat, wie mit ihm und ihr gespielt wird, der wird immun dagegen. Dann prallen die 999 weiteren Impulse wirkungslos ab. Oft verstärken sie sogar nur noch den Widerstand und die Emotion gegen die Indoktrination.

Das ist die Grundlage, um selbst aktiv zu werden. Wer die Manipulationen durchschaut und dies an sich selbst erlebt hat, wird häufig auch zu einem wirksamen Multiplikator in der Auseinandersetzung mit der herrschenden Meinung.

Es ist zweitens wichtig, die Effizienz der neoliberalen Meinungsmacher und damit die Qualität dieser dominanten Ideologie zu hinterfragen.

Die Front zwischen der neoliberalen Bewegung und ihren Gegnern verläuft häufig zwischen dem Lager, das vorgibt, für Leistung, für wirtschaftliche Effizienz, für Markt und Wettbewerb zu stehen, und dem progressiven Lager, das für mehr Gerechtigkeit einsteht – so die eigene Definition – beziehungsweise das den »Verteilungsstaat« will – so das angeheftete Etikett.

Soziale Gerechtigkeit ist nicht nur ein moralischer Wert von großer Bedeutung, die Sozialstaatlichkeit ist auch grundgesetzlich verankert, und eine gerechtere Verteilung von Einkommen und Vermögen ist eine wichtige Voraussetzung für eine demokratische Gesellschaft. Alles richtig. Und doch sollte die Auseinandersetzung mit der herrschenden Lehre der Neoliberalen auch auf deren eigenem Feld gesucht und geführt werden. Es gibt eine

Menge Angriffspunkte dafür: Die Vertreter des derzeit praktizierten Politkonzepts halten sich für Leistungsträger, sie halten sich für effizient und für korrekt. Das ist eine Täuschung: Ihre ökonomische Theorie ist einfältig. Sie haben konjunkturelle Bewegungen der Wirtschaft missachtet. In ihrer Welt kommt die Binnennachfrage als wichtige Größe nicht vor. Ihnen misslingt deshalb die Steuerung der Konjunktur. Sie verstehen nichts von Makroökonomie. Sie wollen Strukturreformen, obwohl kein Land bisher mit Strukturreformen eine Rezession überwunden hat. Auf ihr Konto gehen hohe Verluste an nicht realisiertem Sozialprodukt und Beschäftigung. Die seltsame Vorstellung, man könne mit Lohnsenkungen Arbeitsplätze schaffen, gründet in der Missachtung der Tatsache, dass Löhne eine Doppelfunktion haben: Sie sind einerseits Kostenfaktor, andererseits aber die Basis der Nachfrage vor allem auf dem Binnenmarkt. Die Missachtung dieser Tatsache hat wesentlich dazu beigetragen, dass unter der Regie neoliberal gefärbter Ökonomen der Konsum in Deutschland seit Jahren eingebrochen ist und deshalb der Einzelhandel und die dort Beschäftigten in besonderer Weise unter der favorisierten ökonomischen Handlungsstrategie zu leiden haben. Die Vertreter der neoliberalen Bewegung haben leistungslose Spekulationsgewinne bewundert und vereinnahmt. Und jetzt, nach dem Platzen der Blase, versuchen sie mit allen Vorwänden und Tricks dafür zu sorgen, dass andere, dass die wertschöpfenden Unternehmer und Arbeitnehmer für ihre Wettschulden geradestehen. Sie geben vor, Leistungsträger zu sein, und protzen mit ihren hohen Renditen. Tatsächlich erreichen sie diese nur durch Spekulation und Kettenspiele, durch Plünderung und andere kriminelle Akte.

Es ist drittens wichtig, die Wertelosigkeit der Manipulateure und ihrer Ideologie sichtbar zu machen. Ihre Werte sind jenseits des menschlich Erträglichen, ihr Egoismus ist abstoßend und passt nicht zum Geist und zu den Versprechen unseres Grundgesetzes.

»Jeder ist seines Glückes Schmied« – das ist keine humane Regel des Zusammenlebens, es ist auch nicht zukunftsweisend.

Höchste Zeit, dass wir die Auseinandersetzung mit diesem Denkmuster offensiv führen. Die Mehrheit der Menschen will nicht nur egoistischen Prinzipien folgen. Die Mehrheit der Menschen bevorzugt solidarisch organisierte soziale Sicherungssysteme. Das zeigen alle Umfragen. Lassen wir doch nicht zu, dass dieser Wille zum positiven Umgang mit den Mitmenschen als Neigung zum »Verteilungsstaat« diffamiert wird. Ein Staat, dessen gesellschaftliche Struktur von der Übernahme sozialer Verantwortung geprägt ist, ist doch die bestmögliche Vision menschlichen Zusammenlebens! Die heute gängige Verunglimpfung eines solchen Wertesystems ist nicht nur anzuprangern – sie muss ersetzt werden durch die Forderung nach verlorengegangenen solidarischen Werten.

Mediale Stützen beim Aufbau einer Gegenöffentlichkeit

Das wichtigste Medium: die Menschen

Jede Strategie zum Aufbau einer Gegenöffentlichkeit wird darauf setzen müssen, dass die Zahl derer wächst, die sich die tägliche Manipulation nicht mehr gefallen lassen und bereit sind, als menschliche Multiplikatoren in einem Umfeld zu wirken, das medial von einer ganz anderen Linie geprägt ist.

Solange unsere Parteiendemokratie noch einigermaßen intakt war, hat man sich zum Beispiel in den Gliederungen der einzelnen Parteien getroffen, um zu debattieren und Aktionen vorzubereiten. Heute findet das kaum mehr statt. Außerhalb der Kommunalpolitik gibt es in den etablierten Parteien nur wenige inhaltliche Debatten.

Warum aber sollte sich die Debatte politischer und gesellschaftlicher Fragen nicht auch zwischen den Bürgern selbst organisieren lassen?

Die Finanz- und Wirtschaftskrise stellt viele Menschen und Familien vor große Sorgen. So könnte die Krise sogar einen positiven Nebeneffekt haben: dass mehr Menschen aufwachen und merken, dass diese Krise nicht vom Himmel gefallen ist, sondern politisch und finanzpolitisch gemacht ist. Diese Erkenntnis könnte eine neue Politisierung bringen, sie könnte dazu führen, dass wieder mehr junge Menschen für eine solidarische Grundeinstellung empfänglich werden. Auf jeden Fall werden wir diese Krise nur dann fruchtbar überstehen und die richtigen Konsequenzen für die Zukunft ziehen, wenn wir selbst die Politik beeinflussen: durch den Aufbau einer Gegenöffentlichkeit zum herrschenden Meinungsstrom.

Der Aufbau von Gegenöffentlichkeit kann sich auf einige Wissenschaftler, auf kritische Autoren, auf einige Gewerkschaften, auf einige wenige Medien, die sich noch nicht voll haben vereinnahmen lassen, und auf einzelne Journalisten stützen.

In dem aufkeimenden politischen Interesse der Menschen liegt ein beachtliches Potenzial. Es wird wirksamer, wenn diese immer zahlreicher werdenden Menschen über verlässliche *Informationsquellen* verfügen können. Die große Hoffnung ruht auf dem *Internet*. Seitdem das Internet im Wahlkampf von Barack Obama eine beachtlich große Rolle gespielt hat, ist auch hierzulande die Hoffnung auf dieses Medium gestiegen. Auch bei uns tut sich inzwischen schon viel. Blogs leisten einen beachtlichen Beitrag zur Aufklärung. LobbyControl klärt auf über Lobbying, PR-Kampagnen und Denkfabriken; »Spiegelfechter« betreibt investigativen Journalismus, wie man ihn beim »Spiegel« seit langem vergebens sucht; »BILDBlog« erklärt die Wahrheitsverfälschungen der auflagenstärksten, deutschen Zeitung; »Herdentrieb« und »weissgarnix« konfrontieren die dominierenden Strömungen der Ökonomie mit ihrem Versagen; »Ad sinistram« bringt gesellschaftskritische Essays. Das ist nur eine kleine Auswahl unter vielen lesenswerten Blogs. Auch die Internetseiten mancher Organisationen und Gruppen sind oft nützliche Informationsquellen – die Internetseite der Hans-Böckler-Stiftung z.B. oder die von Attac und die von verdi.Wirtschaftspolitik und des Instituts Arbeit und Technik (IAT).

Die »NachDenkSeiten« sind inzwischen zu einem der meistgenutzten politischen Blogs geworden.[248] Bei uns finden Sie immer wieder Analysen und nahezu täglich Hinweise auf lesenswerte oder kritisch zu betrachtende Beiträge in deutschen und ausländischen Medien.

Die Wirkung von kritischen Webseiten ist ausbaufähig, am besten in Verbindung mit der skizzierten Debatte in Kreisen von Multiplikatoren. Diese Kombination ist attraktiv: Medien, die informieren und Anstöße liefern, ohne zu indoktrinieren, und Menschen, die sich in Zirkeln zusammentun, um wichtige Fragen zu besprechen. Das könnte auch helfen, die inhaltliche Diskussion in den lokalen und regionalen Gliederungen einiger Parteien wieder zu beleben.

Auch eine andere Kombination scheint attraktiv und hilfreich zu sein beim Aufbau einer Gegenöffentlichkeit: die Verbindung einer kritischen Internetseite, wie es die »NachDenkSeiten« z. B. sind, mit lokal und regional tätigen Blogs. Ein solches Medium bietet den Nutzern sowohl Nachrichten und Kommentare zum lokalen und regionalen Geschehen als auch den bundespolitischen Mantel, wie wir ihn von Tageszeitungen her kennen.

Noch eine dritte Möglichkeit ist wichtig: Internetseiten können eine große Hilfe und Quelle von Informationen für Journalisten sein, die bei herkömmlichen Medien tätig sind. Eine Reihe von Internetseiten in Deutschland wird schon jetzt als solche Katalysatoren und Quellen genutzt.

Wir bilden uns unsere eigene Meinung!

Um die Jahrhundertwende und auch in den ersten fünf Jahren seit dem Jahr 2000 gab es in Deutschland kaum eine Debatte über das Unwesen der neoliberalen Bewegung, die gezielte Meinungsmache und die Akteure. Das hat sich seitdem merklich geändert: Die Arbeit der Kampagnenorganisationen vom Typ »Initiative Neue Soziale Marktwirtschaft« wird transparent gemacht; die Bertelsmann Stiftung gilt nicht mehr nur als Philanthrop; PR-Aktionen zur Manipulation der öffentlichen Meinung einschließlich der kommerziellen Manipulation von Internet-Foren kommen aus dem Dunkel ans Licht, noch nicht umfassend, aber immerhin beispielhaft und damit ermutigend; dass der »Spiegel« kein kritisches Organ mehr ist, spricht sich langsam herum; die Manipulationen der »Bild«-Zeitung werden einigermaßen systematisch beschrieben. Diese Aufklärungsarbeit war eine Zeitlang versiegt. Aber inzwischen wissen mehr und mehr Menschen, dass leider kaum einem Medium zu trauen ist und dass auch die öffentlich-rechtlichen Sender in weitem Maße von der Wirtschaft und konservativen Gruppen und Parteien okkupiert sind. Politische Korruption ist ein Thema geworden. Dass wichtige Einrichtungen wie die gesetzliche Rente zerstört werden und wichtiges öffentliches Eigentum wie die Deutsche Bahn privatisiert werden, weil einige wenige daran verdienen wollen, ist aus der Tabuzone ins Licht zumindest einer begrenzten Öffentlichkeit geholt worden; die Glaubwürdigkeit der in solche Machenschaften involvierten Politiker ist erschüttert; manche Manager sind entzaubert.

Das sind Zeichen dafür, dass sich innerhalb kurzer Zeit der Stand der Aufklärung verbessern kann. Dann wird Meinungsmache schwieriger. Das ist gut so.

Anmerkungen

1   Ergebnisse einer Ende Juni 2008 veröffentlichten Studie des Münchener Instituts Polis/Sinus im Auftrag der Friedrich-Ebert-Stiftung.

2   ARD-Deutschlandtrend Mai 2008 von Infratest Dimap

3   Quelle: DGB Verteilungsbericht 2007, S. 32, Tabelle 5

4   Quelle: http://www.focus.de/finanzen/news/tid-11062/managergehaelter-gerechte-luecke_aid_261329.html

5   FTD.de vom 16.04.2008

6   Arbeitnehmereinkommen geteilt durch BIP zu Faktorpreisen, Quelle: AMECO

7   Quelle: Statistisches Bundesamt: Volkswirtschaftliche Gesamtrechnung. Memorandum 2008 der Arbeitsgruppe Alternative Wirtschaftspolitik

8   Das sind Forschungsergebnisse aus dem Institut Arbeit und Qualifikation der Universität Duisburg/Essen. IAQ-Report 2008-1

9   Nach Angaben von LobbyControl sind nach dem Regierungswechsel des Jahres 2005 von 44 vorigen Ministern und Staatssekretären, die nicht in politischen Ämtern blieben, 12 klar in Lobbytätigkeiten oder Tätigkeiten mit starkem Lobbybezug gewechselt. Man nennt das den Drehtüreffekt. http://www.lobbycontrol.de/blog/index.php/2007/11/heutige-lobby-jobs-des-letzten-rot-gruenen-kabinetts/

10   Quelle: Böckler Impuls http://www.boeckler.de/pdf/impuls_2008_12_3.pdf

11   Institut für Arbeitsmarkt- und Berufsforschung der Bundesagentur für Arbeit, IABKurzbericht, Nr. 25 / 19.12.2007, Seite 3

12   dpa/Der Tagesspiegel vom 10.3.2007

13   Zur Veränderung der Grünen ist eine Serie von Jutta von Ditfurth lesenswert, 1999 abgedruckt in der Neuen Revue. Ihr Titel: »Zahltag Junker Joschka!«. Hier eine Quelle im Internet: http://www.ulrich-wegener.de/spd_dsv/spd_dsv_diskussion/gruene/dittfurt_gruene.pdf

14   TNS Emnid, Befragungszeitraum 7.-8.10.2008, Quelle: http://de.statista.org/statistik/daten/studie/2018/umfrage/meinung-zur-angestrebten-bahnprivatisierung/

15   Dazu lesenswert der österreichische Standard vom 17. 4. 2000: »Wie man einen Krieg verkauft«: NATO-Sprecher Shea über sein Konzept
Bern - 78 Tage lang stand er im Zentrum der Berichterstattung über den Krieg im Kosovo. Am Montagabend erklärte NATO-Sprecher Jamie Shea in Bern Vertretern aus Wirtschaft und Verwaltung, wie man einen Krieg verkauft: »Selling a Conflict - the Ultimate PR Challenge«. Eingeladen hatte eine PR-Firma. Was man gewinnen müsse, sei die öffentliche Meinung, sagte der Mann, der während der NATO-Bombardierung im vergangenen Sommer täglich an Medienkonferenzen über den Stand des Militärbündnisses vermittelte. Und dies sei nicht einfach bei gleichzeitiger Verletzung der Souveränität eines Staates. ...
http://www.friwe.at/jugoslawien/archiv/verkaufen.rtf

16   Stand: Ende Januar 2009

17   Heimliche Interessensvertreter. Lobbyisten in Bundesministerien. Monitor vom 3.4.2008

http://www.wdr.de/tv/monitor//sendungen/2008/0403/lobbyisten.php5   und
Sascha Adamek und Kim Otto: Der gekaufte Staat, Köln 2008

18 In meinem Buch »Machtwahn« hatte ich auf diesen Vorgang schon hingewiesen.

19 Beitrag vom 5. September 2006 http://www.nachdenkseiten.de/wp-print.php?p=1668

20 Haushaltspolitiker Steffen Kampeter (CDU)

21 In »Machtwahn«, erschienen im März 2006, sind die Gefahren, die von der falschen Wirtschaftspolitik ausgehen, ausführlich beschrieben. Siehe dort die Seiten 28, 30, 33 u.a.m

22 Eine Zusammenstellung mit ausführlichen Informationen finden Leser mit Zugang zum Internet als Eintrag im Kritischen Tagebuch bei www.NachDenkSeiten.de vom 11.8.2008: http://www.nachdenkseiten.de/?p=3393

23 Deutsche Bundesbank Zahlungsbilanzstatistik Mai 2009

24 Siehe dazu das Kanzleramtspapier vom Dezember 2002, den Vorläufer der Agenda 2010. Die einschlägige Passage findet sich in Albrecht Müller: Die Reformlüge, S. 243.

25 Die Reformlüge, S. 178 ff.

26 »Insgesamt erhielten laut DGB nicht einmal 30 Prozent der Arbeitslosen das Arbeitslosengeld I. Die meisten Menschen ohne Arbeit hätten nur Anspruch auf Arbeitslosengeld II oder bekämen gar nichts. 1992 hätten noch gut 56 Prozent der Arbeitslosen Lohnersatzleistungen erhalten. 2008 habe ein Erwerbsloser im Schnitt 733 Euro im Monat bekommen – 17 Euro weniger als 2007 und 30 Euro weniger als 2006.« (Tagesschau vom 6.4.2009 über eine Studie des DGB http://www.tagesschau.de/inland/arbeitslosengeld102.html)

27 Handelsblatt vom 6.1.2004:
»Zur Zustimmung des Bundesrats zum Gesetz zur Modernisierung des Investmentwesens und zur Besteuerung von Investmentvermögen (Investmentmodernisierungsgesetz) erklärt das Bundesministerium der Finanzen, mit der Verabschiedung des Gesetzes sei die nachhaltige Förderung des Finanzplatzes Deutschland einen wesentlichen Schritt vorangekommen. ...
Das Gesetz ermöglicht u.a. erstmalig die Zulassung von Hedge-Fonds.«

28 Drei Belege aus einer Auswahl von Hunderten für die irrationale und gefährliche Schwärmerei vom Finanzplatz Deutschland:
1. Eichel will Finanzplatz Frankfurt auf Vordermann bringen
Bundesfinanzminister stellt Maßnahmenbündel vor – Aktionärsschützer begrüßen Zulassung von Hedge-Fonds
Hilfreich, aber zur Gesundung des deutschen Finanzplatzes längst nicht ausreichend. So hat die Finanzbranche den neuen Maßnahmenplan beurteilt, den Bundesfinanzminister Hans Eichel (SPD) am Donnerstag in Frankfurt vorstellte. Dieser sieht unter anderem vor, die hochspekulative Anlageform der Hedge-Fonds unter bestimmten Bedingungen auch in Deutschland für Privatinvestoren zugänglich zu machen. Der rund 30 Maßnahmen umfassende Katalog soll zudem Banken ermöglichen, in Zukunft ihre Kreditrisiken leichter zu refinanzieren.
»Der deutsche Finanzplatz ist mittlerweile reif genug, um mit alternativen Anlageinstrumenten umgehen zu können«, begründete Eichel die Einführung von Hedge-Fonds-Produkten.
Welt Online vom 7. März 2003, http://www.welt.de/print-welt/article451175/Eichel_will_Finanzplatz_Frankfurt_auf_Vordermann_bringen.html

2. Bundesfinanzminister Peer Steinbrück am 27. Juni 2008 im Bundestag: »Ein leistungsfähiger Finanzplatz Deutschland ist deshalb unverzichtbar.« 3. Peer Steinbrück (SPD), Bundesfinanzminister, hat die Übernahme der Dresdner Bank durch die Commerzbank begrüßt und als positiv für den Finanzplatz Deutschland bezeichnet. www.die-topnews.de 1. September 2008

29 Quelle: Meyers Lexikon Online http://lexikon.meyers.de/meyers/Spezial:-Zeitartikel/Finanzm%C3%A4rkte+kontrollieren+Politiker?teaserID=440622

30 Rede des Bundesministers der Finanzen, Peer Steinbrück: »Finanzplatz Deutschland: Wachstum oder Krise?« im Rahmen des Colloqiums des Centers for Financial Studies am 28. Februar 2008 in Frankfurt (Main)

31 Siehe http://www.faz.net/s/RubD16E1F55D21144C4AE3F9DDF52B6E1D9/Doc ~E949ACB3F8ABD475A813AC2B0C9AE08EA~ATpl~Ccommon~Sspezial.html

32 Spiegel Online vom 31.8.2008 http://www.spiegel.de/wirtschaft/0,1518,-575482,00.html, 01.09.2008.

33 FTD vom 02.09.2008

34 »Finanzminister Peer Steinbrück hat ein anschauliches Bild für die Bedrohungslage durch Auswirkungen von Geschäften mit US-amerikanischen Ramschhypotheken gefunden. Er sprach in einem Rundfunkinterview von Risiken aus neuartigen Finanzprodukten, sogenannten strukturierten Produkten, die einen ohne Vorankündigung wie ein »Spring-ins-Feld-Teufel« angreifen. Und dieser Teufel lauert weiter, folgt man der BaFin.« Handelsblatt vom 6.4.2008

35 http://www.handelsblatt.com/archiv/bad-bank-sorgt-fuer-aufregung;606003

36 ARD DeutschlandTREND Februar 2009, http://www.infratest-dimap.de/?id=16

37 Davon berichtet die US-amerikanische Nachrichtenagentur AP foreign am 5. Februar 2009. Siehe hier: http://www.guardian.co.uk/world/feedarticle/8344795/print

38 Siehe u.a. Roland Friedrich: Die deutsche Außenpolitik im Kosovo-Konflikt, in Schriften zur Internationalen Politik, Berlin 2005, Seite 53

39 Im Falle des Afghanistan Einsatzes vertreten Völkerrechtler wie der Hamburger Professor Dr. Norman Paech die Meinung, dieser Einsatz sei nicht vom Völkerrecht gedeckt – siehe hier: http://www.uni-kassel.de/fb5/frieden/themen/Voelkerrecht/gutachten.html . Die SPD-Fraktion im Deutschen Bundestag ist anderer Meinung – siehe hier: http://www.spdfraktion.de/cnt/rs/rs_datei/0,,8137,00.pdf. Auch beim Kosovo-Einsatz und beim Marineeinsatz im Nahen Osten ist die völkerrechtliche Basis strittig.

40 Gregor Schöllgen: Willy Brandt. Die Biographie. Berlin/München 2001, S. 198

41 Peter Merseburger: Willy Brandt 1913 bis 1992. Visionär und Realist, Stuttgart/München 2002, S. 648

42 Wolther von Kieseritzky in: Willy Brandt. Berliner Ausgabe Band 7: Mehr Demokratie wagen: Innen- und Gesellschaftspolitik 1966 – 1974, Bundeskanzler-Willy-Brandt-Stiftung (Hg.), Bonn 2001, S. 66

43 Eine der typischen Nachbetungen fand sich in einer Spiegelserie zu »60 Jahre Bundesrepublik Deutschland«, Teil II, geschrieben von Jan Fleischhauer und Christoph Scheuermann, veröffentlicht in »Der Spiegel« 8/2009: »Das innenpolitische Erbe Brandts ist eher kläglich, deshalb stellen seine Bewunderer später auch immer die Ostpolitik in den Vordergrund.«

44 Robert Leicht: Der Kanzler-Test in: Die Zeit Nr. 19 vom 30.4.2009

45 Dazu finden sich genauere Angaben in: Die Reformlüge, S. 197 ff.

46 John Maynard Keynes war ein britischer Mathematiker und Ökonom mit gro-

ßem Einfluss auf die praktische Wirtschaftspolitik von den dreißiger Jahren des letzten Jahrhunderts bis heute, allerdings in den letzten Jahren unterbrochen durch die Vorherrschaft der neoliberalen Theorie. Die entscheidende Erkenntnis von Keynes: In einer Marktwirtschaft stellt sich Vollbeschäftigung nicht automatisch durch die Kräfte des Marktes ein. Es sind fiskalpolitische und geldpolitische Maßnahmen nötig, um die Nachfrage zu stärken oder auch zu dämpfen – je nach Lage der Konjunktur.

47 Siehe Bericht des Berliner Tagesspiegels vom 1.7.2005

48 Dieser Gebrauch des Begriffs Semantik entspricht nicht dem Sprachgebrauch in der Linguistik.

49 So z.B auf dem FDP-Parteitag in Stuttgart vom 15.-17. Juni 2007: »Deutschland muss sich entscheiden. Sozialismus oder mehr Freiheit« http://58.parteitag.fdp.de/webcom/show_article.php/_c-127/_nr-8/_p-1/i.html

50 Wortlaut hier: http://www.nachdenkseiten.de/upload/pdf/lambsdorff_papier _1982.pdf

51 Genaueres dazu siehe Albrecht Müller: Machtwahn, Seite 90 und 91.

52 Naomi Klein: Die Schock-Strategie. Der Aufstieg des Katastrophen-Kapitalismus, Frankfurt a.M. 2007

53 Dieser Text ist im Gespräch mit Anke Bering-Müller entstanden. Sie ist Biologin, sie war Schulleiterin und arbeitet über die hirnphysiologischen Grundlagen des Lernens.

54 George Lakoff/Elisabeth Wehling: Auf leisen Sohlen ins Gehirn. Politische Sprache und ihre heimliche Macht, Heidelberg 2008

55 Vorrang für die Anständigen – Gegen Missbrauch, »Abzocke« und Selbstbedienung im Sozialstaat. Ein Report vom Arbeitsmarkt im Sommer 2005, Bundesministerium für Wirtschaft und Arbeit, August 2005

56 »In erster Linie profitiert von Sarkozys revolutionärer Entscheidung vor allem sein enger Freund und Trauzeuge, Martin Bouygues, Eigentümer des größten französischen Privatsenders ›TF1‹« (Deutschlandfunk vom 19.1.2008) »Frankreichs Präsident Sarkozy verspricht der Presse Rettung vor der Krise. Und treibt sie damit noch tiefer in die Abhängigkeit.« Die Zeit, 29.01.2009 Nr. 06

57 Es gibt bei besonderen Konstellationen Ausnahmen von dieser Regel: in den USA mit Barack Obama und in Deutschland vor circa 40 Jahren mit Willy Brandt zum Beispiel.

58 Ein Beispiel für die Einstellung der Kommission unter der Präsidentschaft von Barroso: »Europäische Werte in der globalisierten Welt«. Beitrag der Kommission zur Tagung der Staats- und Regierungschefs im Oktober. Brüssel, den 20.10.2005. KOM(2005) 525. http://www.nachdenkseiten.de/upload/pdf/and_ int_051024.pdf
Das Dokument ist voller Bewunderung für die USA und deren wirtschaftliche Entwicklung, sie lägen mit Abstand vor der europäischen Union; das Problem Europas seien die hohen Lohnkosten; wir bräuchten Strukturreformen, wir litten unter Überalterung – rundum alles aus dem Glaubensbekenntnis der neoliberalen Ideologie und ohne Sinn für die wirklichen Gefahren der Finanzkrise, die 2005 für den Präsidenten der Europäischen Kommission auf jeden Fall erkennbar sein mussten.

59 »Finanzplatz Deutschland: Wachstum oder Krise?«, Rede des Bundesministers der Finanzen, Peer Steinbrück, im Rahmen des Colloquiums des Centers for Financial Studies am 28. Februar 2008 in Frankfurt a.M.

60 Der Managerkreis hatte in einem Offenen Brief u.a. beklagt, in der Sendung sei nicht auf die »völlig unbestrittene überlegene Performance von Aktienanlagen« hingewiesen worden, und es sei auch nicht der Einlassung von Rudolf Dressler widersprochen worden, die Beiträge für die gesetzliche Rente lägen seit längerem bei unter 20 %. Fakt sei, »dass der Beitrag (Arbeitgeber und Arbeitnehmer) heute bei knapp 40 % liegt.« Anne Will hat mit Recht nicht interveniert, denn Dressler hat – wie nahezu alle außer dem Managerkreis wissen – recht.

61 Hermann Rauschning: Die Revolution des Nihilismus. Kulisse und Wirklichkeit im Dritten Reich, Zürich/New York 1938

62 Die Reformlüge, München 2005, S. 63

63 Auszug aus einem Interview der Süddeutschen Zeitung vom 17.4.2008 mit dem Linde-Chef Wolfgang Reitzle; http://www.sueddeutsche.de/,tt5m1/wirtschaft/artikel/70/169576/

64 Interview der Bild-Zeitung mit Altbundespräsident Roman Herzog, erschienen am 16.4.2008

65 Inzwischen wegen der Bankenrettungsschirme möglicherweise sehr viel höher. Das ist aber noch nicht genau festzustellen.

66 http://diegesellschafter.de/information/dossiers/dossier.php?did=22&print=y

67 Siehe dazu eine ausführliche Darstellung in »Machtwahn«, Seite 83 ff.

68 SpiegelOnline vom 21.3.2009 http://www.spiegel.de/wirtschaft/0,1518,614654,-00.html

69 22.12.2006

70 Siehe hier: http://www.nachdenkseiten.de/upload/pdf/090331_oecd_first_plenary_session_speech.pdf

71 Dass ich mich bei dieser Analyse vor allem auf die Bundeskanzlerin und den Bundesfinanzminister konzentriere, folgt aus der Logik der Sache. Sie sind die Hauptverantwortlichen und sie äußern sich am meisten zu den anstehenden wirtschaftspolitischen Problemen.

72 Chronik der Deutschen Sozialdemokratie, F. Osterroth/D. Schuster, Band 2, Dietz/Bonn 2006

73 In verschiedenen Ausgaben des Spiegel von 1973 und 1974 sind der Wandel der Meinung und das Wirken der Meinungsmacher und dann der politisch Entscheidenden nachzuverfolgen: in den Ausgaben vom 13.8.1973, Seite 19, vom 20.8.1973 auf Seite 21 ff., vom 17. 9.1973 auf Seite 23ff., vom 20.5.1974 auf Seite 29 ff. und vom 1.7.1974 auf Seite 28 ff. beispielsweise. Die Regierung Brandt und dann die Regierung Schmidt waren ständig dem Druck ausgesetzt, Steuern zu senken.

74 eurostat pressemitteilung GD TAXUD 92/2008 vom 26. Juni 2008

75 Die Definition der Abgabenquote nach Eurostat weicht ein bisschen ab von Veröffentlichungen des Statistischen Bundesamtes. Diese Abweichungen sind aber ohne Belang für den Vergleich.

76 Handelsblatt vom 14.5.2008

77 Was mit Unteilbarkeit gemeint ist, kann man am besten am Beispiel der Brücke über einen Fluss erklären: In der Regel macht es keinen Sinn, zwei Brücken von privaten Verkehrsunternehmen über einen Fluss bauen und dann im Wettbewerb betreiben zu lassen. Solange die Brücke nicht überlastet ist, ist die Produktion der einen Brücke nicht aufteilbar. Je mehr sie benutzt wird, umso mehr sinken die Durchschnittskosten pro Nutzer. Sinkende Durchschnittskosten sind

ein Zeichen dafür, dass die Produktion der Leistung – im konkreten Fall der Brücke – am besten öffentlich organisiert wird.

78 Dazu der Ökonom Heiner Flassbeck mit einer treffenden Anmerkung in einem Interview vom 13.1.2009 mit manager-magazin.de: »Wer in dieser Situation auf eine solche Verschuldungsgrenze pocht, hat den Ernst der Lage nicht begriffen. Dass Koalitionspolitiker jetzt eine neue Schuldenbremse ins Grundgesetz schreiben wollen, ist einfach lächerlich. Damit berauben sie die Politik ihrer Gestaltungsspielräume, und zwar langfristig.« http://www.manager-magazin.de/unternehmen/artikel/0,2828,druck-601032,00.html

79 Im Kern verrottet, Spiegel 29/2008 vom 14. Juli 2008

80 Bundestagsdrucksache 15/1495

81 Zum Gesamtkomplex siehe auch die Analyse des Denkfehlers 36 »Der Staat ist zu fett geworden« in: Albrecht Müller, Die Reformlüge, Seite 337ff.

82 So Bundespräsident Johannes Rau in seiner Ansprache beim Festakt zum 52. Hochschulverbandstag im Kurfürstlichen Schloss in Koblenz am 8.4.2002; vgl. http://www.bundespraesident.de/Reden-und-Interviews/Reden-Johannes-Rau-,11070.75074/Ansprache-von-Bundespraesident.htm?global.back=/Reden-und-Interviews/-%2c11070%2c31/Reden-Johannes-Rau.htm%3flink%3dbpr_liste

83 Das Erste, Report Mainz vom 07.04.2008 http://www.swr.de/report/-/id=233454/nid=233454/did=3220424/byvd14/index.html

84 Friedrich August von Hayek, österreichischer Nationalökonom und Inspirator der neoliberalen Gedankenwelt

85 Wissenschaftsrat, Empfehlungen zur Qualitätsverbesserung von Lehre und Studium, Berlin 2008

86 Bildung in Deutschland 2008, Autorengruppe Bildungsberichterstattung, im Auftrag der Ständigen Konferenz der Kultusminister der Länder in der Bundesrepublik Deutschland und des Bundesministeriums für Bildung und Forschung, Bielefeld 2008. http://www.bildungsbericht.de/daten2008/bb_2008.pdf

87 Dieter Dohmen, Klaus Klemm, Manfred Weiß: Bildungsfinanzierung in Deutschland. Grundbegriffe, Rahmendaten und Verfteilungsmuster, Frankfurt a.M. 2004; http://www.phil-fak.uni-duesseldorf.de/ew/bf/bf_veranstaltungen/ws04/V.1.Bildungsmanagement/bildungsfinanzierung.pdf

88 Siehe auch die Rede von Roman Herzog, Rede auf dem Deutschen Bildungskongress in Bonn am 13.04.1999 http://www.bundespraesident.de/Reden-und-Interviews/Reden-Roman-Herzog-,11072.12049/Rede-von-Bundespraesident-Roma.htm?global.back=/Reden-und-Interviews/-%2C11072%2C0/Reden-Roman-Herzog.htm%3Flink%3Dbpr_liste

89 http://www.che-concept.de/cms/?getObject=237&getLang=de

90 Heribert Prantl, Kein schöner Land, München 2005, S. 91

91 http://www.destatis.de/jetspeed/portal/cms/Sites/destatis/Internet/DE/Presse/pm/2007/12/PD07__502__213,templateId=renderPrint.psml

92 Christoph Heine / Heiko Quast / Heike Spangenberg, Studiengebühren aus der Sicht von Studienberechtigten, Finanzierung und Auswirkungen auf Studienpläne und -strategien HIS: Forum Hochschule 15/2008. http://www.his.de/pdf/pub_fh/fh-200815.pdf

93 Nach einer Umfrage des Hochschul-Informations-Systems His unter 21.000 Studierenden an 150 Hochschulen. Quelle: Die Zeit http://www.zeit.de/campus/2007/06/umfrage-studiengebuehren

94 http://www.che.de/downloads/Zehn_Anforderungen_Hochschulgesetz_ NRW_422.pdf

95 http://www.innovation.nrw.de/ministerium/innovationsminister/ministerre-den/rede_2006_01_25.pdf

96 http://www.che.de/downloads/Bewertung_NRW_Eckpunkte060127_440.pdf

97 http://www.innovation.nrw.de/presse/presseinformationen/pressearchiv/ar-chiv2006/pm061113.php

98 Hochschulen auf neuen Wegen, Ministerium für Innovation, Wissenschaft, For-schung und Technologie das Landes NRW, MIWFT 1/2007, auch die weiteren Zitate sind dem dortigen Beitrag von Pinkwart entnommen

99 F&E meint Forschung und Entwicklung

100 Hochschul Mamagement 3/2008 S. 67 ff. http://www.idruhr.de/detail.php?id=-22029

101 Jörg Bogumil, Rolf G. Heinze, Stephan Grohs, Sascha Gerber, Hochschulräte als neues Steuerungsinstrument? Eine empirische Analyse der Mitglieder und Auf-gabenbereiche, Hans-Böckler-Stiftung, 2007 http://www.boeckler.de/pdf_fof/S-2007-981-5-1

102 So hat sich eine Projektgruppe Bildungsstreik (www.bildungsstreik2009.de) zu-sammengetan; der Deutsche Hochschulverband schlägt einen Stopp für die Ein-führung weiterer gestufter Studienmodelle vor; in der FAZ vom 23.10.2008 war zu lesen: »Wann endlich wird die Phrase von der ›internationalen Wettbewerbs-fähigkeit des deutschen Hochschulsystems‹, die stets herhalten muss, um sinn-widrige Belastungen eines durchaus funktionierenden Systems zu begründen, an dem gemessen, was das deutsche Hochschulsystem ja bereits ist: nämlich international wettbewerbsfähig.«

103 Siehe dazu http://www.heise.de/tp/r4/artikel/28/28737/1.html

104 Ulrich Heublein u.a.: Die Entwicklung der Studienabbruchquote an den deut-schen Hochschulen. Ergebnisse einer Berechnung des Studienabbruchs auf der Basis des Absolventenjahrgangs 2006. HIS: Projektbericht Februar 2008, S. 16

105 Spiegel-Online vom 14.2.2009

106 Siehe dazu http://www.heise.de/tp/r4/artikel/28/28737/1.html

107 Karl-Heinz Minks/Koljar Briedis: Der Bachelor als Sprungbrett? Ergebnisse der ersten bundesweiten Befragung von Bachelorabsolventinnen und Bachelorab-solventen. Teil I: das Bachelorstudium. Kurz-Information HIS. April 2005./A 3/2005, S. 12

108 Siehe auch Kapitel 13, Die Verarmung des Staates als strategischer Hebel.

109 Alle Zahlen aus dem Jahresbericht 2007 http://www.bertelsmann-stiftung.de/ cps/rde/xbcr/SID-BABA4697-15F319AE/bst/xcms_bst_dms_24087_24088_2. pdf

110 Harald Schumann, Macht ohne Mandat, Tagesspiegel vom 25. September 2006 http://www.tagesspiegel.de/zeitung/Sonntag;art2566,2201720

111 C. Bertelsmann Verlag 2003

112 Geschäftsbericht 2008 http://www.bertelsmann.de/bertelsmann_corp/wms41// customers/bmcorp/pdf/Bertelsmann_GB_deutsch.pdf

113 Siehe Helga Spindler, »War auch die Hartz-Reform ein Bertelsmann-Projekt?«, einen guten Beitrag in: Jens Wernicke, Torsten Bultmann (Hg.) Netzwerk der Macht – Bertelsmann, Marburg 2007, S. 279ff.

114 Wie falsch die Behauptung von Tiefensee war, konnte man wenig später hören: Nach Eintritt der Finanzkrise und der Entscheidung über Investitionsprogram-

me im Rahmen des Konjunkturpakets II war auch für Tiefensee die Finanzbeschaffung kein Problem mehr.

115 Als Quelle dienen die Beteiligungsberichte von 2008 http://www.bundesfinanzministerium.de/nn_53848/sid_2DB7C3843E11C78219D79BACC3F05734/DE/ BMF__Startseite/Service/Downloads/Abt__VIII/Beteiligungsbericht_202008_2 0kle,property=publicationFile.pdf und von 2007 http://www.bundesfinanzministerium.de/nn_3974/DE/BMF__Startseite/Service/Downloads/Abt__VIII/ Beteiligungsbericht_202007_20kle,templateId=raw,property=publicationFile. pdf

116 Werner Rügemer, Klassenkampf von oben, junge Welt vom 16.8.2008, S. 10

117 Werner Rügemer, a. a. O.

118 Als Ökonom weiß ich, dass auch Spekulation und die Bündelung von Risiken Sinn machen können. Die Abläufe, auch in der realen Welt der Wirtschaft, werden kalkulierbarer. Was wir zurzeit jedoch erleben, hat mit der positiven Rolle spekulativer Elemente nichts mehr zu tun. Das scheint man inzwischen auch bei der Bankenaufsicht (BaFin) so zu sehen. Das Handelsblatt vom 6.4.2008 zitierte aus einem internen Vermerk von BaFin-Experten. Sie meinen, das, was bisher (in der Finanzkrise, der Verfasser) zutage gefördert worden sei, »steht in krassem Gegensatz zu der These, dass Finanzinnovationen per se kräftige Wohlfahrtsaspekte innewohnen, indem sie für eine bessere Verteilung von Risiken sorgen«.

119 Financial Times Deutschland vom 18.10.2008

120 John Paulson lt. FAZ.NET vom 17.4.2008

121 Frankfurter Rundschau vom 21.3.2009: »Als ein Vertreter der mehr oder weniger guten, alten Bankenwelt kann Michael Endres leichter reden. 1998 aus Protest gegen die Fixierung aufs Investmentbanking aus dem Vorstand der Deutschen Bank ausgeschieden, wies er auf den Irrsinn der vergangenen Jahre hin. In einer heutigen Bankbilanz seien zehn bis 20 Prozent auf das eigentliche Kreditgeschäft zurückzuführen. Alles andere sei ›artifiziell‹, aufgebläht durch kaum überschaubare Finanzinstrumente. Darin sieht Endres, der als Krisenmanager den Aufsichtsratsvorsitz bei der Hypo Real Estate übernommen hat, auch ein Hauptproblem bei diesem Institut: Wie kommt man von diesen Dimensionen wieder herunter?«

122 Siehe dazu auch Jörg Asmussen, Verbriefungen aus Sicht des Bundesfinanzministeriums, Zeitschrift für das gesamte Kreditwesen, 2006

123 Hauke Fürstenwerth: Geld arbeitet nicht. Wer bestimmt über Geld, Wirtschaft und Politik? Aachen 2007. Das Buch von Hauke Fürstenwerth ist eine gute Quelle für viele Informationen zur Dominanz der Finanzwirtschaft, insbesondere auch zur Ausbeutung deutscher Unternehmen.

124 Ministerialdirektor Asmussen lt. Finanznachrichten.de vom 6.9.2006

125 Produzent von Nivea z.B.

126 Von der Internetseite des BVK http://www.wir-investieren.de/was-ist-private-equity/private-equity/ übernommen am 20.4.2009

127 FOCUS Online vom 10.3.2008

128 »Aus der Substanz«, Süddeutsche Zeitung vom 18.3.2009

129 Der Spiegel 51/2006

130 Handelsblatt vom 15.4.2008

131 Hauke Fürstenwerth: Geld arbeitet nicht. Aachen 2007

132 Böcklerimpuls 13/2007

133 Der Spiegel 51/2006: Der große Schlussverkauf

134 Diese Zusammenfassung gründet auf einem Bericht der Frankfurter Rundschau vom 30.6.2007

135 Netzeitung vom 8.6.2005

136 Ein Bericht darüber in den NachDenkSeiten findet sich unter: http://www.nach-denkseiten.de/?p=3380

137 »Rentenangst! Der Kampf um die Altersversorgung«, ARD/Saarländischer Rundfunk, 9.3.2008

138 Prof. Bernd Raffelhüschen ist nicht nur Lehrstuhlinhaber an der Universität Freiburg, er ist auch noch Direktor des Forschungszentrums Generationenver-träge e.V., eines privaten Instituts, das von der Initiative Neue Soziale Markt-wirtschaft, einer Gründung der Metallarbeitgeber, und von einigen Versiche-rungsgesellschaften gefördert wird.

139 Die Volkshochschulen sind ein konstituierender Partner der »Aktion Altersvor-sorge macht Schule« http://www.altersvorsorge-macht-schule.de/ Dort wird mit Unterstützung der Bundesregierung und der Deutschen Rentenversicherung maßgeblich für die private Altersvorsorge geworben.

140 Pressemeldung des VdK vom Februar 2002, hier: http://www.vdk.de/cgi-bin/ cms.cgi?ID=de996&SID=obOZaCXhSx5nqCgxTg2YN5CRhCLynG

141 Bert Rürup beriet und hielt Vorträge; er wechselte 2009 als Chefökonom direkt zu AWD. Walter Riester hatte schon im Mai 2008 laut Veröffentlichung des Deutschen Bundestages über Nebentätigkeiten u.a. für insgesamt mindestens (!) 284.000 Euro Vortrags- und Beratungshonorar erhalten. Zum 1. Oktober 2009 wird Walter Riester Aufsichtsrat des Finanzdienstleisters Union Asset Manage-ment Holding.

142 Statistisches Bundesamt: Bevölkerung Deutschlands bis 2050 nach der 10. ko-ordinierten Bevölkerungsvorausberechnung

143 http://idw-online.de/pages/de/news310065

144 Siehe Die Reformlüge, Denkfehler Nr. 6: »Wir werden immer älter. Der Genera-tionenvertrag trägt nicht mehr«, S. 115 ff.

145 Siehe auch Die Reformlüge, S. 119:

146 Presseinfo der Bundesagentur für Arbeit Nr. 027 vom 31.03.2009

147 Quelle: eurostat Pressemitteilung 104/2008 vom 22. Juli 2008; http://www.eds-destatis.de/de/press/download/08_07/104-2008-07-22.pdf

148 Eine gute Konjunktur ist eine wichtige Basis für Produktivitätsfortschritt. Das haben die sogenannten Angebotsökonomen nicht verstanden. Auch deshalb haben sie die Bedeutung der Nachfrage unterschätzt.

149 Es lohnt sich, diese Sendung beziehungsweise den Text der Sendung anzu-sehen. Für Internetnutzer deshalb hier die Quelle des Beitrags vom 8.5.2008 mit dem Titel »Den Patienten im Visier – die Tricks der Pharmaindustrie«: http://www.rbb-online.de/kontraste/beitrag/2008/den_patienten_im_visier. html

150 Nicht zuletzt in Die Reformlüge (2004) und in Machtwahn (2006) sowie auf den www.NachDenkSeiten.de ist das verschiedentlich beschrieben worden.

151 http://www.sueddeutsche.de/finanzen/891/307841/text/

152 http://www.focus.de/finanzen/altersvorsorge/riester-rente-viele-vertraege-zu-teuer_aid_327718.html

153 http://www.vz-bawue.de/UNIQ122094889217909/link485951A.html

154 Darauf hatte ich schon 2004 in der Reformlüge hingewiesen (S. 380), besonders

auf die Rolle des heute immer noch aktiven damaligen Arbeitsministers unter Diktator Pinochet, José Piñera.

155 Zum Beleg der Hinweis auf zwei Reden: 1. »Ohne Angst und ohne Träumereien: Gemeinsam in Deutschland leben«, Berliner Rede von Bundespräsident Johannes Rau im Haus der Kulturen der Welt am 12. Mai 2000, http://www.bundespraesident.de/Reden-und-Interviews/Berliner-Reden-,12090/Berliner-Rede-2000.htm; und 2. »Wird alles gut? Für einen Fortschritt nach menschlichem Maß«, Berliner Rede von Johannes Rau im Otto-Braun-Saal der Staatsbibliothek zu Berlin am 18. Mai 2001, http://www.bundespraesident.de/Reden-und-Interviews/Berliner-Reden-,12091/Berliner-Rede-2001.htm

156 Eine Analyse dieser Zielgruppenplanung – später »Scheibchenmodell« genannt – findet sich in Albrecht Müller: Willy wählen '72, Annweiler 1997, S. 138 ff.

157 Frankfurter Allgemeine Sonntagszeitung vom 26.11.2006

158 Spiegel-Online vom 23.4.2008

159 Die Zeit vom 4.12.2008

160 Süddeutsche Zeitung vom 14.7.2008

161 PR inside vom 16.7.2008

162 Daten zum Markt und zur Konzentration der Publikumspresse in Deutschland im I. Quartal 2006: Andreas Vogel: »Stagnation auf hohem Niveau«, in: Media-Perspektiven vom 31.7.2006

163 Horst Röper: »Daten zur Konzentration der Tagespresse in der Bundesrepublik Deutschland im I. Quartal 2006. Probleme und Perspektiven des Zeitungsmarktes«, in: Media-Perspektiven vom 12.6.2006

164 a. a. O.

165 a. a. O.

166 Siegfried Weischenberg: »Medienfusionen und Meinungsbildung. Steht die Meinungsvielfalt auf dem Spiel?«, epd-Medien vom 5.4.2006

167 Maria Gerhards / Walter Klingler: »Mediennutzung in der Zukunft«, in: Media-Perspektiven vom 6.3.2006

168 Jahreszahlen: Zuschaueranteile (in Prozent) von 1985 bis 2008 http://www.kek-online.de/kek/medien/zuschauer/jahr.pdf

169 Deutsche Nachrichtenportale im Internet haben 2008 nach Angaben des Branchenverbandes BITKOM (Bundesverband Informationswirtschaft, Telekommunikation und neue Medien) einen Rekord bei den Zugriffszahlen verzeichnet. Fast fünf Milliarden Besuche wurden registriert, das ist ein Plus von 30,5 Prozent im Vergleich zu 2007. Am erfolgreichsten war erneut Spiegel-Online mit 1,09 Milliarden Besuchen und einem Marktanteil von 22,2 Prozent, Platz 2 belegt Bild.de mit 755 Millionen Besuchen. (Quelle: dpa)

170 Süddeutsche Zeitung vom 9.10.2007

171 Gerhard Hofmann: Die Verschwörung der Journaille zu Berlin. Ein politisches Tagebuch, Bonn 2007

172 »Der Glücks-Fall Merkel«, in: Stern vom 25.8.2005

173 Vgl. z.B. »Die Wohlstandsillusion« (8.3.2004), »Der deutsche Irrweg« (15.3.2004)

174 So Bruno Preisendörfer in der Frankfurter Rundschau vom 10.5.2004

175 Vgl. Zeit vom 24.4.2003

176 Bernd Ulrich: »Links, weil's bequem ist«, in: Zeit vom 3.1.2008

177 Vgl. Zeit vom 10.4.2008

178 Oliver Gehrs: Der Spiegel-Komplex. Wie Stefan Aust das Blatt für sich wendete, München 2005

179 Lutz Hachmeister: Nervöse Zone. München 2007, S. 85f., S. 29

180 Vgl. Neue Zürcher Zeitung vom 3.8.07. (Papstbegeisterung hat sich Anfang 2009 ein bisschen gelegt.)

181 Vgl. MMM (Menschen Machen Medien) Nr. 3/2008

182 Nach Financial Times Deutschland vom 9.1.2008

183 »Rendite steigt, Auflage sinkt«, in: Zeit vom 6.3.2008

184 Inzwischen gehört die Berliner Zeitung zum Kölner Medienkonzern des Alfred Neven DuMont.

185 Horst Röper: »Daten zur Konzentration der Tagespresse in der Bundesrepublik Deutschland im I. Quartal 2006. Probleme und Perspektiven des Zeitungsmarktes«, in: Media-Perspektiven vom 12.6.2006

186 Spiegel vom 17.2.2007, »Münster ist überall«

187 Süddeutsche Zeitung vom 24.2.2007

188 »Der Raubfisch vom Rhein«, in: taz vom 22.5.2003

189 Siegfried Weischenberg: »Medienfusionen und Meinungsbildung. Steht die Meinungsvielfalt auf dem Spiel?«, in: epd-Medien vom 5.4.2006

190 Horst Röper: »Münster ist überall«, in: Spiegel vom 17.2.2007

191 »Bremer Stadtmusikanten«, in: taz vom 5.11.2007

192 Lutz Hachmeister: Nervöse Zone. München 2007, S 62

193 Neues Deutschland vom 20.9.2007

194 »Halt die Presse«, in: Manager Magazin vom 1.6.2007

195 Weischenberg, Malik, Scholl: »Journalismus in Deutschland 2005«, in: Media Perspektiven vom 31.7.2006

196 Thomas Schnedler, Universität Hamburg: »Getrennte Welten? Journalismus und PR in Deutschland«, Netzwerk Recherche 2006

197 »Das Internationale Standort-Ranking der Bertelsmann Stiftung vergleicht die Entwicklung der 21 wichtigsten Industrienationen in den Zielbereichen Arbeitsmarkt und Wachstum«, zitiert aus der offiziellen Webseite http://www.bertelsmann-stiftung.de/cps/rde/xchg/SID-0A000F0A-94F269AE/bst/hs.xsl/prj_5258.htm Projektlaufzeit: 1.4.2007 – 31.3.2010

198 Das CHE (siehe Kapitel 14 u. 16) veranstaltet regelmäßig mehrere Rankings – ein CHE-ExcellenceRanking, ein CHE-ForschungsRanking und ein CHE-HochschulRanking. Bei den Rankings für Hochschulen und Forschung ist Die Zeit »Medienpartner«. Die Ergebnisse finden auch in anderen Medien Resonanz. (http://www.che-ranking.de/cms/?getObject=2&getLang=de)

199 Die INSM betreibt u.a. ein Städteranking und ein Bundesländerranking. Medienpartner ist die Wirtschaftswoche.

200 Im ThinkTank Directory Deutschland vom 30.3.2009 heißt es: »berlinpolis ist eine unabhängige und eigenverantwortliche Denkfabrik. Der im Jahr 2000 gegründete bundesweit tätige Thinktank mit Sitz in Berlin versteht sich als Ideenproduzent für die nächste Generation. Als Agenda-Setter der Themen Bürgergesellschaft, Nachhaltigkeit, Generationengerechtigkeit, Innovation und Bildung nimmt berlinpolis Einfluss auf Politik, Wirtschaft und Medien. Unterstützt wird der Thinktank von einem Beirat, dem u. a. Prof. Dr. Rita Süßmuth, Bischof Josef Homeyer, Bischof Wolfgang Huber, Marianne Birthler und Matthias Horx angehören.« (http://www.thinktankdirectory.org/directory/berlinpolis.shtml)

201 na-presseportal ist ein Service von news aktuell und damit einer Tochter der Deutschen Presseagentur. Die einschlägige Meldung findet sich hier: http://www.presseportal.de/pm/19949/1406892/arvato_online_services

202 Thomas Schnedler, Universität Hamburg: »Getrennte Welten? Journalismus und PR in Deutschland«, Netzwerk Recherche 2006

203 »Der Blätterwald und seine Parasiten«, in: taz vom 23.5.2000

204 Siehe dazu u.a. Helmut Volpers: Public Relations und werbliche Erscheinungsformen im Radio. Eine Typologisierung persuasiver Kommunikationsangebote des Hörfunks, Berlin 2007 (Schriftenreihe Medienforschung der Landesanstalt für Medien, Bd. 55.)

205 Spiegel-Online vom 29.8.2007

206 Zapp-Sendetexte im Internetarchiv des NDR, 2.11.2005: »Versteckt, verdeckt, verboten. Eine Dokumentation über Schleichwerbung und PR in den Medien. Alles über Täter, Profiteure und die vielen Betroffenen.«

207 a.a.O.

208 Horst Röper: »Daten zur Konzentration der Tagespresse in der Bundesrepublik Deutschland im I. Quartal 2006. Probleme und Perspektiven des Zeitungsmarktes«, in: Media-Perspektiven vom 12.6.2006

209 Quelle: Allensbach-Umfrage; zitiert nach Tilmann Gangloff: »Lesen ist sexy«, in: Frankfurter Rundschau vom 19.2.2007

210 Zahlen aus: »Jugend und Medien« (JIM Studie 2006 des Medienpädagogischen Forschungsverbands Südwest), 12- bis 19-Jährige (9. Studie), zitiert in: Media-Perspektiven vom 5.3.2007

211 Axel Dammler in: Horizonte vom 20.9.2007

212 FAZ vom 29.11.2007

213 Es geht um den »Bericht zur Lage des Fernsehens«, 1994 für den damals amtierenden Bundespräsidenten Richard von Weizsäcker verfasst. Die Leitung der achtköpfigen Kommission hatte Ernst Gottfried Mahrenholz (Ex-Verfassungsrichter). Zehn Jahre nach Einführung des Privatfernsehens (und -hörfunks) stellte der Bericht u.a. einen Verfall der politischen Öffentlichkeit fest.

214 Stand 2004. Quelle: Insight, Online-Medienmagazin

215 »Wo Starfriseure regieren«, in: Spiegel vom 23.7.2007

216 Michael Hanfeld: »Ran an die Rendite«, in: FAZ vom 21.7.2007

217 Udo Michael Krüger: »Programmprofile von n-tv und N24«, in: Media-Perspektiven 1/2008

218 »Eins rechts, eins links«, in: Süddeutsche Zeitung vom 28.9.2002

219 »Der seit Jahren von Schmidt-Deguelle geführte Minister ist Stammgast bei Christiansen. Ein Schelm, wer Böses dabei denkt.« 3Sat Kulturzeit 26.1.2003

220 Der Tagesspiegel 30.10.2004

221 Freies Wort Suhl vom 25.1.2007

222 Magnus-Sebastian Kutz / Sabine Nehls: »Angriff der Schleichwerber«, in: Frankfurter Rundschau vom 9.1.2007

223 Rainer Braun: »Klasse Verbindungen«, in: Frankfurter Rundschau vom 21.3.2007

224 Transskript der Sendung bei www.NachDenkSeiten.de vom 13.4.2006

225 Medienmagazin »Zapp« des NDR am 17. Juni 2009 http://www.3.ndr.de/sendungen/zapp/archiv/ethik_journalismus/nebenerwerb100.html, siehe auch SZ vom 18.6.2009: »Fernsehen und Stars – Tom Buhrow und die Gier«

226 Volker Lilienthal im Interview auf der Seite der Bundeszentrale für Politische Bildung vom 4.3.2006

227 Zahlen nach Reinhard Luke: »Jugend verzweifelt gesucht«, in: Frankfurter Rundschau vom 29.5.2007

228 Pro Media, 8.11.1999
229 Focus vom 23.10.2006
230 Allensbach-Umfrage, zitiert nach Tilman Ganglof: »Erklär mir die Welt«, in: Welt vom 29.3.2007
231 Quelle: »Jugend und Medien« (JIM Studie 2006 des Medienpädagogischen Forschungsverbands Südwest), zitiert in: Media-Perspektiven vom 5.3.2007
232 Ministerpräsident Rüttgers hatte die Kooperation angeregt und »am 11. März 2008 zu einer Pressekonferenz in die Düsseldorfer Staatskanzlei eingeladen, auf der WDR-Intendantin Monika Piel und WAZ-Geschäftsführer Bodo Hombach die Zusammenarbeit präsentierten«. (Pressemitteilung des Bundesverbandes Deutscher Zeitungsverleger vom 19.3.2008.) »Rüttgers lobt Projekt von WDR und WAZ« titelte das Onlineportal der WAZ am 9.6.2008 http://www.derwesten.de/nachrichten/kultur/fernseh/2008/6/9/news-54325132/detail.html
233 Quelle: ARD/ZDF-Langzeitstudie Massenkommunikation. »Die seit 1964 durchgeführte ARD/ZDF-Langzeitstudie ›Massenkommunikation‹ ist weltweit die einzige repräsentative Studie über alle verfügbaren Massenmedien, die das Medienverhalten der Bevölkerung über einen derart langen Zeitraum kontinuierlich beobachtet. Seit nunmehr über 40 Jahren erfüllt sie eine wichtige Funktion in der Medienbewertung und bietet ein umfassendes ›Bild‹ zur Medienentwicklung in Deutschland.« (Quelle: ZDF)
234 Maria Gerhards / Walter Klingler: »Mediennutzung in der Zukunft«, in: Media-Perspektiven vom 6.3.2006
235 Spiegel vom 14.5.2007
236 »Kinder und Medien: Ergebnisse der KIM Studie 2006«, in: Media-Perspektiven 10/2007
237 Süddeutsche Zeitung vom 11.1.2008
238 Frank Fleschner: »Schichten-Fernsehen«, in: Focus vom 23.10.2006
239 Interview im Tagesspiegel vom 24.6.2007
240 Elmar Jung: »Die Spielwütigen«, in: Süddeutsche Zeitung vom 11.5.2007
241 infratest TNS: »Fast jeder zweite Lehrling kann nicht vernünftig mit dem Computer arbeiten, 60 Prozent können nicht mit Word umgehen«, zitiert nach: Welt vom 23.8.2007
242 Das Spannungsverhältnis von Qualität und Quote, Dokumentation der Fachkonferenz vom 23.4.07, Berlin, FES
243 Zitiert nach Focus vom 14.1.2008
244 Zitiert nach FAZ vom 27.7.2007
245 Ich war damals Leiter der Planungsabteilung
246 Freitag vom 4.7.2003
247 Hier wie auch beim Problem Medienkonzentration treffen sich meine Vorstellungen mit den Vorstellungen von Hans-Jürgen Jakobs, Autor von Geist oder Geld. Der große Ausverkauf der freien Meinung, München 2008
248 Werktäglich werden die NachDenkSeiten von rund 40 000 Benutzern (Visitors) besucht. Im Monat werden die NachDenkSeiten über 2,5 Millionen Mal aufgerufen (Page Impressions). (Stand: Mai 2009)